日本後紀（上）

全現代語訳

森田　悌

講談社学術文庫

まえがき

『日本後紀』は古代国家が編纂した六国史《りっこくし》の一で、桓武《かんむ》朝の後半から平城《へいぜい》・嵯峨《さが》・淳和《じゅんな》朝に至る四代、年号で言えば延暦《えんりゃく》十一（七九二）年から天長《てんちょう》十（八三三）年に至る四十年余の歴史を記述している。都が「咲く花の匂ふがごとく」と栄華を謳歌した奈良京から長岡京へ遷《うつ》り、それも束の間、平安京への遷都が行われ千年の都城建設がすすめられる一方で、律令国家は大きな曲がり角を迎え、政治改革が模索された時代であった。桓武天皇というと英明の君主の評があり、事実造都や蝦夷《えみし》征討で積極的な施策を推進しているが、農民は疲弊し、律令支配の基礎である公地公民制が揺らぎ、戸籍・計帳《けいちょう》制度や班田《はんでん》制が弛緩する事態となっていたのである。さらに朝廷内部において父帝桓武が期待して皇太子の位につけた安殿親《あてしん》王《のう》（のちの平城天皇）は入内《じゅだい》した妃《ひ》の実母藤原薬子《ふじわらのくすこ》を寵姫《ちょうき》とし、父子間に反目が生じ、神経系《さい》の病で平城が退位し、弟嵯峨天皇が即位すると、薬子とその兄藤原仲成《なかなり》が策謀して平城の再祚《そ》を意図したいわゆる薬子の変が出来《しゅったい》している。桓武天皇が即位し得た契機は父光仁《こうにん》天皇の后であった井上内親王《いのうえないしんのう》と他戸《おさべ》皇太子母子が廃位されて皇太子となったことにあり、即位すると弟早良《さわら》親王を皇太子としたものの、安殿親王を皇太子にするため藤原種継《たねつぐ》暗殺事件を機に早良皇太子を廃位、死に至らしめている。桓武・平城天皇の即位には政治的暗闘が纏《まとわ》りついているのであるが、井上・他戸母子や早良が死後御霊、怨霊《おんりょう》となったとされ、桓武は死に至るまでそれに悩まされている。果敢な政治指導を行う一方で、朝廷内に闇の部分があったということになるが、政治改革が求められていた状況と相関しているとみることが強《あな》ち不可能ではない。

改革政治には復古路線と本来の意味での改革路線とがあるが、桓武の採った施策は多分に前者と言ってよく、戸籍・計帳制や班田制の励行を指示し、律令原則に立ち返ることにより往時の繁栄に復帰することを意図したと解することができる。この路線は父子・兄弟間の反目があったにも拘わらず平城・嵯峨朝に継承されている。何時の時代でも改革の模索は復古路線に始まることが多いのであるが、桓武朝から嵯峨朝にかけての動向にもその様相が看取されると言ってよい。ただし律令政治が行き詰まった段階で律令原則の励行を指示しても効果がないのは当然であり、嵯峨朝の後半に至り右大臣藤原園人《そのひと》が死去し藤原冬嗣《ふゆつぐ》が台閣《たいかく》を指導するようになると、政治の潮流が大きく変わり、個別人身支配を旨とする律令課税原理と異なる土地課税重視策を導入するようになっている。私はこれを「平安初期政治の基調」と称することにしているが、これにより政治の安定が齎らされ、華やいだ王朝文化が展開する契機となったとみている（拙著、講談社学術文庫『王朝政治』）。

即ち桓武朝の後半に始まる『日本後紀』の時代は対農民策、また朝廷内の動向において行き詰まり感や暗闘が展開するなかで改革が試行され、やがて復古策と異なる改革策が実施され成果をあげるようになったと概括することができる。『日本後紀』の記事は他の六国史のそれと同様に坦々と日々の事象・事件を記すのみの様相が強いが、通読していくと政治、社会の暗部、また躍動を生き生きと伝えているのである。

『日本後紀』は四十巻からなり、『続日本紀《しょくにほんぎ》』に匹敵する大部な国史であるが、中世末までに巻五・八・十二・十三・十四・十七・十八・二十一・二十二・二十四を除く三十巻が失われている。残存巻十巻も近世に入り塙保己《はなわほき》一《いち》が門人を介して捜し出し、印行《いんこう》したのであった。逸文《いつぶん》巻については六国史の記事を簡略化した『日本紀略《にほんきりゃく》』や類聚した『類聚国史《るいじゅうこくし》』ないし他の典籍を調査することにより逸文の拾集が図られ、復元が試みられてきている。第二次世界大戦前に逸文を集大成したものが佐伯有義氏により編集、出版され（朝日新聞社）、私も黒板伸夫氏と復元を図り、梅村恵子・齋藤融・佐藤道生・三橋広延の諸氏と協力して、先年残存巻とともに一書とし、『訳注日本史料日本後紀』として集英社より刊行した。

『日本後紀』逸文巻の復元は、国史の欠逸を補うというだけでなく、古代社会の大きな変革期を解明するための基礎作業という性格がある。

『日本後紀』には御製《ぎょせい》和歌が数首引かれており、国風文化の揺籃期に関わるという面もある。先に六国史の記事は坦々とした事象・事件を記すのみの様相が強いとしたが、『日本後紀』は編者の一人藤原緒《お》嗣《つぐ》の個性に依るらしく、官人《かんじん》の伝記を記述するに当たりすこぶる遠慮のない人物月旦《げったん》を行っている。『日本後紀』は文化史の看点からも興味深い内容となっているのである。

本書はさまざまな点で興味深く重要な国史である『日本後紀』を読みやすくし、読書界に提供することを目的としている。現代語訳とともに付した原文については前記集英社刊『訳注日本史料日本後紀』が前提となっているが、その刊行に尽力して下さった山岸健二氏に本書作成過程で助力をお願いした。氏および学術文庫の編集部で事に当たってくださった福田信宏氏・中田三和子氏をはじめとする講談社各位に深謝の意を表する次第である。

二〇〇六年七月

森田　悌

凡例

一、本書は、勅撰の正史「六国史」の第三、『日本後紀』の現代語訳で、原文も併記した。

一、『日本後紀』は四十巻からなる編年体の歴史書で、現存するのはそのうち十巻分である。残存巻については、行き届いた校訂本として新訂増補国史大系本（吉川弘文館刊、一九三四年）があり、散佚《さんいつ》した三十巻分については佐伯有義氏が逸文を集成し、一九四一年に朝日新聞社より刊行している。その後黒板伸夫氏と本書の著者が編集に当たり、残存巻と逸文巻とを併せ新たに判明した逸文を収集して校訂を加え、編年順に配列した『訳注日本史料日本後紀』が、二〇〇三年に集英社から刊行されている。本書所載の原文は集英社版に依拠し、その訓読・注釈に基づいて現代語訳を作成した。

一、逸文として採った文章の典拠文献は、その文末に示した。なお、表示方針、体裁は集英社版に従った。

一、現代語訳は逐語訳を旨としたが、より判りやすくするため、語句を補ったり、意訳を行っている箇所もある。

一、難解な語句や専門的な歴史用語には適宜、訳文内に訳者注を（　）で囲んで施した。原文注の訳文は〈　〉で示した。

一、漢字の表記については、原文・現代語訳共に常用漢字表にあるものは常用漢字体に改めた。

目次

中巻目次

下巻目次

日本後紀（上）

日本後紀　序（逸文）

臣緒嗣《おつぐ》らが、先人が著した書物を調べ、古来の書策を閲覧しますと、史書が作られるようになって久しいことが判ります。そこにおいては些細な悪行についても隠すことがなく、小さな善行についてもすべて記載し、明らかな戒めとすべき事柄が限りなく含まれ、これにより正しい道が照らし出されており、史書の有用性は、ここにあります。

伏して思いますに、前後の太上《だいじょう》天皇（嵯峨《さが》太上天皇と淳和《じゅんな》太上天皇）は、一天における二つの太陽と同然でして、体を異にしつつ同じ光輝を発して、共に身心を慎み、道理に明らかで文徳が輝き思慮深い、という徳をもち、世を済《すく》い万物に利益を与え、中国古代の聖帝である黄帝が牧童に学んだ、と伝える牧馬の法に同じとする政治の要諦を身につけ、大国を治めるのは小魚を煮るのと同じだと説く老子の政治哲学を体得しておられます。しかし、人民が嵯峨・淳和両天皇の盛世を満喫しないうちに、お二人は退位されてしまいました。

弘仁十年に嵯峨天皇は、大納言正三位《しょうさんみ》兼行左《さ》近衛《このえの》大将陸奥《むつ》出羽《でわの》按察使《あぜち》藤原朝臣《あそん》冬嗣《ふゆつぐ》・正三位行中納言兼民部卿藤原朝臣緒嗣・参議従《じゅ》四位上行皇后宮大夫《こうごうぐうのだいぶ》兼伊勢守《いせのかみ》藤原朝臣貞嗣《さだつぐ》・参議左衛門督《かみ》従四位下兼守《しゅう》右大弁《だいべん》行近江《おうみ》守良岑《よしみね》朝臣安世《やすよ》らに勅して、国史の編修を監督・指導

させることになりましたが、作業が終了しない間に三臣が相ついで死去し、緒嗣独《ひと》り存命する事態になりました。そこで、淳和天皇が詔《みことの》りして、左近衛大将従三位兼守権《ごん》大納言行民部卿清原真人《まひと》夏野《なつの》・中納言従三位兼行中務《なかつかさ》卿《きょう》直世《なおよ》王《おう》・参議正四位下守右近衛大将兼行春宮《とうぐうの》大夫《だいぶ》藤原朝臣吉野《よしの》・参議従四位上守刑部《ぎょうぶ》卿小野朝臣岑守《みねもり》・従五位下勲七等行大外記《だいげき》兼紀《き》伝博《でんはか》士《せ》坂上忌寸《さかのうえのいみき》今継《いまつぐ》・従五位下行大外記嶋田朝臣清田《きよた》らを副《そ》えて、編修作業を継続させることになりました。しかし、淳和天皇の譲祚《じょうそ》に至りましても完成できませんでした。

今上《きんじょう》陛下（仁明天皇）は、天地の間の優れた気を受け継ぎ、宇宙の精気を身に有して、皇位に即《つ》いて四方に徳を及ぼし、太平をもたらし、仁と孝の徳を本性として天下を治める大事業に当たられ、国史の編修を促す勅を重ねて出されましたが、作業は遅れてしまいました。ここで、さらに左大臣正二位臣藤原朝臣緒嗣・正三位守右大臣兼行東宮傅《とうぐうのふ》左近衛大将臣源朝臣常《ときわ》・正三位行中納言臣藤原朝臣吉野・中納言従三位兼行左兵衛督《さひょうえのかみ》陸奥出羽按察使臣藤原朝臣良房《よしふさ》・参議民部卿正四位下勲六等臣朝野宿禰《すくね》鹿取《かとり》らに詔《みことの》りして、作業を遂行させることになりました。そこで、前和泉《いずみ》守従五位下臣布瑠《ふる》宿禰高庭《たかにわ》・従五位下行大外記臣山田宿禰古嗣《ふるつぐ》らに、資料を排列して整った文章を準備させました。錯雑する種々の書物に関しましては要点のみを採り、煩瑣な細事はこのたびの史書では省き、先史である『続日本紀《しょくにほんぎ》』に続けて本文の叙述を完了いたしました。ただし国史編修の慣行に従い、詳しい記事を曹案（文案）に記しましたが、本文の編修に当たっては棄てて採りませんでした。延暦《えんりゃく》十一年正月丙辰(一日)から天長十年二月乙酉(二十八日)まで四十二年間の歴史を記述して四十巻にまとめ、『日本後紀』と名づけることにいたします。巻次の目録は、左記のとおりです。願わくは、この『日本後紀』により、いまの人が古《いにしえ》の社会を視《み》るがごとく後世《こうせい》の人がいまの社会を視るようになればと思います。編修に当たった私たちは、司馬遷《しばせん》の才能をもたず、識見は董狐《とうこ》（中国春秋時代の史官）に及びません。優れた能力を有する大匠《だいしょう》でない私たちは、努力したもののみずからを傷つけ、汗を流すのみで、十分な成果をあげることができませんでした。謹んで朝廷に参内して奉進し、上奏して序文といたします。

承和《じょうわ》七年十二月九日

左大臣正二位臣藤原朝臣緒嗣
正三位守右大臣兼行東宮傅左近衛大将臣源朝臣常
正三位行中納言臣藤原朝臣吉野
中納言従三位兼行左兵衛督陸奥出羽按察使臣藤原朝臣良房
参議民部卿正四位下勲六等臣朝野宿禰鹿取
前和泉守従五位下臣布瑠宿禰高庭
従五位下行大外記臣山田宿禰古嗣

日本後紀　序（逸文）

臣緒嗣等、討㆓論綿書㆒、披㆓閲嚢策㆒、文史之興、其来尚矣、無㆑隠㆓毫釐之疵㆒、咸載㆓錙銖之善㆒、炳戒於㆑是森羅、徽猷所以昭晢、史之為㆑用、蓋如㆑斯歟、伏惟前後太上天皇、一天両日、異㆑体同㆑光、並欽明文思、済㆑世利㆑物、問㆓養㆑馬於牧童㆒、得㆓烹㆑鮮於李老㆒、民俗未㆑飽㆓昭華㆒、薜蘿早収㆓渙汗㆒、弘仁十年太上天皇、勅㆓大納言正三位兼行左近衛大将陸奥出羽按察使藤原朝臣冬嗣・正三位行中納言兼民部卿藤原朝臣緒嗣・参議従四位上行皇后宮大夫兼伊勢守藤原朝臣貞嗣・参議左衛門督従四位下兼守右大弁行近江守良岑朝臣安世等㆒、監㆓修撰集㆒、未㆑了之間、三臣相尋薨逝、緒嗣独存、後太上天皇詔、副㆓左近衛大将従三位兼守権大納言行民部卿清原真人夏野・中納言従三位兼行中務卿直世王・参議正四位下守右近衛大将兼行春宮大夫藤原朝臣吉野・参議従四位上守刑部卿小野朝臣岑守・従五位下勲七等行大外記兼紀伝博士坂上忌寸今継・従五位下行大外記嶋田朝臣清田等㆒、続令㆓修緝㆒、属㆓之譲祚㆒、日不㆓暇給㆒、今上陛下、稟㆓乾坤之秀気㆒、含㆓宇宙之滴精㆒、受㆓玉璽㆒而光宅、臨㆓瑶図㆒而治平、仁孝自然、聿㆓修鴻業㆒、聖綸重畳、筆削遅延、今更詔㆓左大臣正二位臣藤原朝臣緒嗣・正三位守右大臣兼行東宮傅左近衛大将臣源朝臣常・正三位行中納言臣藤原朝臣吉野・中納言従三位兼行左兵衛督陸奥出羽按察使臣藤原朝臣良房・参議民部卿正四位下勲六等臣朝野宿禰鹿取㆒、令㆑遂㆓功夫㆒、仍令㆘前和泉守従五位下臣布瑠宿禰高庭・

従五位下行大外記臣山田宿禰古嗣等、銓二次其事一以備中釈文上、錯綜群書、撮二其機要一、瑣詞細語、不レ入二此録一、接二先史後一、綴叙已畢、但事縁レ例行、具載二曹案一、今之所レ撰、棄而不レ取、自二延暦十一年正月丙辰一、迄二于天長十年二月乙酉一、上下冊二年、勒以成二冊巻一、名曰二日本後紀一、其次第、列レ之如レ左、庶令三後世視レ今、猶二今之視一レ古、臣等才非二司馬一、識異二董狐一、代レ匠傷レ手、流レ汗如レ漿、謹詣二朝堂一、奉進以聞、謹序。

承和七年十二月九日

左大臣正二位臣藤原朝臣緒嗣
正三位守右大臣兼行東宮傅左近衛大将臣源朝臣常
正三位行中納言臣藤原朝臣吉野
中納言従三位兼行左兵衛督陸奥出羽按察使臣藤原朝臣良房
参議民部卿正四位下勲六等臣朝野宿禰鹿取
前和泉守従五位下臣布瑠宿禰高庭
従五位下行大外記臣山田宿禰古嗣

類史147　国史

日本後紀　巻第一（逸文）　延暦十一年正月より同年十二月まで

左大臣正二位兼行左近衛大将臣藤原朝臣冬嗣ら勅を奉《うけたまわ》りて撰す

皇統《あまつひつぎ》弥照《いやてらす》天皇《すめらみこと》　桓武《かんむ》天皇《てんのう》

○延暦十一年春正月丙辰《一日》　皇帝が大極殿《だいごくでん》に出御《しゅつぎょ》して、朝賀《ちょうが》を受けた。

○丁巳《二日》　天皇が侍臣（近侍する臣下）と前殿《ぜんでん》（内裏正殿）で宴を催した。被《ふすま》（寝具）を下賜した。

○壬戌《七日》　天皇が南院（大極殿の南に位置する朝堂院か）に出御した。五位以上の者と宴を催し、身分に応じて禄《ろく》を下賜した。（略）叙位が行われた。

○甲子《九日》　天皇が京内の諸院を巡覧し、猪隈院《いのくまいん》で五位以上の者に射《じゃ》（弓の競技）を行わせ、的に当たった者に銭を支給した。射が終わると、五位以上の者と内命婦《ないみょうぶ》に身分に応じて帛《きぬ》を下賜した。

○丙寅《十一日》　陸《む》奥《つ》国《のくに》が次のように言上してきた。

斯波《しわ》村（岩手県紫波郡）の夷《えみし》胆沢公《いさわのきみ》阿奴志己《あどしき》らが使いをよこして「自分達は朝廷の徳化に帰服しようと思う気持ちを、忘れたことがありません。しかし、伊治村《これはりむら》（宮城県栗原郡）の俘《ふ》（朝廷に帰順した夷）らが妨害するため、朝廷方と連絡をとることができなくなっております。願わくは、彼らの妨害を排除し、永く通路の確保されますことを」と、要請してきました。そこで朝廷の恩恵を示すため、物を下賜して帰らせました。

朝廷は、「夷狄《いてき》（夷が東北地方太平洋側の非服属民であるのに対し、狄は日本海側の非服属民）の性格は、虚言をはき、不実である。いつも帰服すると言いながら、ただ利益を求めるのみである。今後は夷の使者がやってきても、定例の賜物以上の物を下賜してはならない」と指示した。

○己巳 十四日 今日以前、時折《ときおり》、薬物が見出されたとの報告があり、公卿《くぎょう》が参内して上表を行った。（略）

○庚午 十五日 伝灯大法師位《でんとうだいほっしい》（僧侶の位階）施暁《せぎょう》が次のように奏上した。

私が心中《しんちゅう》に思いますに、仏教の真理に二なく、帝王の行う政道もまた一に尽きます。人民を教化する方法は異なりますが、万物を覆い載せ、世話をする功業の点で相異いたしません。この故《ゆえ》に世界を衛護するのは仏教の教化のみであり、その仏教を盛んにするのは帝王の力以外にありません。さて、出家した僧侶は三界《さんがい》（俗界《ぞっかい》・色界《しきかい》・無色界《むしきかい》）で修行を続ける人たちであり、国や家を出離し、親族の縁を断ち、ある者は山林に座臥《ざが》して求道《ぐどう》生活を送り、ある者は松柏《しょうはく》の下で禅定《ぜんじょう》を目指しています。彼らは俗世間を避け、出塵《しゅつじん》の気持ちを抱きながら、国を護り、人を利益《りやく》する修行を忘れていません。しかし、食料を得ることが困難で、常に深刻な飢餓《きが》の状態にありますので、伏してお願いしますには、所属する本寺から、山林等で修行する僧侶に供給するようにしていただきたいと思います。これにより僧侶らは本来の生命を永らえ、徳化を遠く千年もの永きにわたり及ぼすことができることでしょう。

また、山背国《やましろ》（延暦十三年十一月以降、山城国）の百姓《ひやくせい》秦忌寸刀自女《はたのいみきとじめ》ら三十一人が誓願を起こし、朝廷のため宝亀《ほうき》三年より今年に至るまで、毎年春秋ごとに悔過修福《けかしゆふく》（罪科を懺悔し、善行・功徳を修すること）の仏事を行ってきています。彼らの混じりけのない誠実な気持ちを思いますと、まことに随喜すべきものがありますので、伏してお願いしますには、彼らの願いを容《い》れて全員に出家することをお認めください。

朝廷では二つの要請を共に許可した。

○壬申〈十七日〉　天皇が南院に出幸して、射を観覧した。

○乙亥〈二十日〉　天皇が登勒野《とろの》（山城国の地名。現在地未詳）で狩猟をした。猟の終了後、葛野川《かどの》（大井川《おおい》）畔で扈従《こしょう》する臣下に酒を下賜した。

○戊寅〈二十三日〉　山背国の四十町の土地を大納言紀船守《ふなもり》に賜わった。

○壬午二十七日　地震があった。
○癸未二十八日　大納言正三位《しょうさんみ》藤原朝臣《あそん》小黒麻呂《おぐろまろ》が奉献《ほうけん》（財物を献納すること）し、五位以上の者と藤原氏の六位以上の者に身分に応じて物を下賜した。
○甲申二十九日　白色の靄《もや》が太陽にかかった。

日本後紀　巻第一（逸文）　起ニ延暦十一年正月一尽ニ十二月一

左大臣正二位兼行左近衛大将臣藤原朝臣冬嗣等奉レ勅撰

皇統弥照天皇　桓武天皇

○延暦十一年春正月丙辰朔、皇帝御ニ大極殿一受ニ朝賀一、〔類史〕71元日朝賀、〔紀略〕○丁巳、宴ニ侍臣於前殿一賜ニ御被一、〔類史〕71元日朝賀　○壬戌、御ニ南院一宴ニ五位以上一、賜レ禄有レ差、云々、〔類史〕32天皇遊宴・71七日節会　叙位、〔紀略〕○甲子、車駕巡ニ覧諸院一、於ニ猪隈院一令ニ五位已上射一、賜ニ中者銭一、射罷、賜ニ五位已上及内命婦帛一有レ差、〔類史〕32天皇巡幸・72十七日射礼、〔紀略〕○丙寅、陸奥国言、斯波村夷胆沢公阿奴志己等、遣レ使請曰、己等思レ帰ニ王化一、何日忘レ之、而為ニ伊治村俘等所レ遮、無レ由ニ自達一、願制ニ彼遮闘一、永開ニ降路一、即為レ示ニ朝恩一、賜レ物放還、夷狄之性、虚言不実、常称ニ帰服一、唯利是求、自レ今以後、有ニ夷使者一、勿レ加ニ常賜一、〔類史〕190俘囚　○己巳、先レ是、薬物往々出、公卿詣レ闕上表白、云々、〔紀略〕○庚午、伝灯大法師位施暁奏曰、窃以真理無レ二、帝道亦一、敷化之門

是異、覆載之功乃同、故衛二護万邦一、唯資二於仏化一、弘二隆三宝一、靡レ非二帝功一、夫沙門釈侶、三界旅人、離レ国離レ家、無レ親無レ族、或坐二山林一而求レ道、或蔭二松柏一而思レ禅、雖レ有二避レ世出レ塵之操一、不レ忘二護レ国利レ人之行一、而粮粒罕レ得、飢餓常切、伏望以二本寺供一、給二彼住処一、則緇徒獲レ全二百年之命一、聖化遠流二千載之表一、又山背国百姓秦忌寸刀自女等卅一人、倶発二誓願一、奉二為聖朝一、自二去宝亀三年一迄二于今年一、毎年春秋、悔過修福、顧二其精誠一、実可二随喜一、伏望従二其心願一、咸令二得度一、並許レ之、類史187度者 ○壬申、幸二南院一観レ射、類史72十七日射礼、紀略 ○乙亥、遊二猟于登勒野一、猟罷、臨二葛野川一、賜二従臣酒一、類史32天皇遊猟 ○戊寅、山背国地卌町賜二大納言紀船守一、紀略 ○壬午、地震、類史171地震、紀略 ○癸未、大納言正三位藤原朝臣小黒麻呂奉献、五位以上及藤原氏六位以上、賜レ物有レ差、類史78献物 ○甲申、白気貫レ日、紀略

○二月丙戌（一日）　皇帝が大極殿《だいごくでん》に出御して、視告朔《こうさく》の儀（天皇が一日に諸司の奏進する前月の公《く》文《もん》を見る儀）を行った。

○丁亥（二日）　任官があった。

○辛卯（六日）　天皇が水生野《みなせの》（大阪府三島郡島本町）で狩猟した。

○壬辰（七日）　天皇が侍臣と宴を催した。身分に応じて物を下賜した。

○乙未（十日）　任官があった。

○十五日庚子　伊予《いよ》親王が元服の儀を行った。
○十八日癸卯　天皇が大原野《おおはらの》（京都市西京区大原野）で狩猟した。
○十九日甲辰　大和国《やまと》高市郡《たけち》の水田一町を長谷寺《はせでら》と川原寺《かわらでら》へ施入《せにゅう》した。
○二十七日壬子　天皇が栗前野《くりくまの》（京都府宇治市）で狩猟した。猟の終了後、右大臣藤原朝臣是公《これきみ》の別荘に立ち寄り、身分に応じて物を下賜した。
○二十八日癸丑　諸衛府を引率して、平城京の旧宮を守衛させた。
○二十九日甲寅　天皇が京中を巡幸した。兵部大輔《ひょうぶのたいふ》従四位下《じゅしいのげ》藤原朝臣乙叡《たかとし》の邸宅に立ち寄り、宴を催して音楽を奏した。乙叡の父右大臣継縄《つぐただ》が布帛《ふはく》（麻布《あさふ》と絹布《けんぷ》）を献納し、扈従《こしょう》する官人に身分に応じて物を賜わった。右大臣の孫、正六位上諸主《もろぬし》に従五位下を授けた。
○三十日乙卯　大蔵省《おおくらしょう》が次のような奏請《そうせい》（天皇に奏上して許可を求めること）を行った。

年来、善珠《ぜんじゅ》法師に施した絁《あしぎぬ》（質の悪い絹）・綿《わた》（真綿）などを法師が辞退して受領しませんので、実物が大蔵省の倉庫に保管されています。伏して望みますには、大蔵省の官庫へ返還する手続きを取りたく思います。

天皇は、この奏請に驚いた。

○二月丙戌朔、皇帝御ニ大極殿一、聴ニ朝礼一也、[類史]28天皇聴朝、[紀略] ○丁亥、任官[紀略] ○辛卯、遊ニ猟於水生野一、[類史]32天皇遊猟、[紀略] ○壬辰、宴ニ侍臣一、賜レ物有レ差、[類史]32天皇遊宴

○乙未、任官、紀略 ○庚子、伊予親王冠、紀略 ○癸卯、遊㆓猟于大原野㆒、類史32天皇遊猟、紀略 ○甲辰、以㆓大和国高市郡水田一町㆒、施㆓入長谷・川原寺㆒、類史182寺田地 ○壬子、遊㆓猟于栗前野㆒、猟罷、御㆓右大臣藤原朝臣是公別業㆒、賜㆑物有㆑差、類史32天皇遊猟 ○癸丑、率㆓諸衛府㆒、守㆓平城旧宮㆒、紀略 ○甲寅、巡㆓幸京中㆒、御㆓兵部大輔従四位下藤原朝臣乙叡第㆒、宴飲奏㆑楽、父右大臣継縄献㆓布帛㆒、賜㆓従官㆒有㆑差、大臣孫正六位上諸主授㆓従五位下㆒、類史32天皇巡幸、紀略 ○乙卯、大蔵省奏請、頃年所㆑施㆓善珠法師㆒絁・綿類、以㆓法師辞而不㆑受、物実在㆑省、伏望依㆑数返㆓納官庫㆒、上聞而驚焉、類史186施物僧

○三月丁巳 二日 天皇が南園（宮内の南方に所在する庭園だろうが、具体的には未詳）に出幸して、禊《みそぎ》の酒宴を催し、群臣に命じて詩を作らせ、身分に応じて綿を下賜した。
○乙丑 十日 天皇が栖谷《すぎたに》（京都市西京区大原野の三鈷寺《さんこじ》付近）へ行幸《みゆき》した。
○壬申 十七日 内膳奉膳《ないぜんのぶぜん》正六位上安曇宿禰《あずみのすくね》継成《つぐなり》を佐渡《さど》国へ配流《はいる》した。事の発端は、安曇《あずみ》・高橋二氏が神事に奉仕する時の序列の前後のことで絶えず争っていたので、昨年十一月新嘗《にいなめ》の日に勅により高橋氏を先とすると決定したが、継成は勅定に従わず、職務を放棄し、出奔《しゅっぽん》してしまったのである。犯罪を取り締まる官司《かんし》は継成を死刑に処することを求めてきたが、天皇の格別の恩旨により、死罪を減じて流刑とした。

○乙亥《二十日》 美作《みまさか》国が白雉《はくち》を献上した。

○戊寅《二十三日》 伊勢国が天照大神《あまてらすおおみかみ》の宮（伊勢神宮の内宮《ないくう》）を造営した。失火に遭《あ》い、焼落したためである。

曲宴《きょくえん》（小規模な宴）が催された。五位以上の者に身分に応じて銭を下賜した。

○三月丁巳、幸二南園一禊飲、命二群臣一賦レ詩、賜レ綿有レ差、類史73三月三日、紀略 ○乙丑、行二幸楹谷一、紀略 ○壬申、流二内膳奉膳正六位上安曇宿禰継成於佐渡国一、初安曇・高橋二氏、常争下供二奉神事一行立前後上、是以去年十一月新嘗之日、有レ勅、以二高橋氏一為レ前、而継成不レ遵二詔旨一、背レ職出去、憲司請レ誅レ之、特有二恩旨一、以減レ死、類史87配流 ○乙亥、美作国献二白雉一、類史165鴆、紀略 ○戊寅、造二伊勢国天照大神宮一、以レ遭二失火一也、類史3伊勢大神、紀略」曲宴、賜二五位以上銭一有レ差、類史32天皇遊宴

○夏四月丙戌《二日》 大納言紀船守《ふなもり》が死去した。船守は天平宝字《てんぴょうほうじ》年中に官人として立身し、授刀《たちはき》に任命された。天平宝字八年九月に大師《だいし》（太政大臣《だいじょうだいじん》）藤原恵美押勝《えみのおしかつ》（仲麻呂《なかまろ》）が謀反を起こすと、高野《たかの》天皇（孝謙《こうけん》天皇）は使人を派遣して中宮院に置かれていた駅鈴《えきれい》と内印《ないいん》を回収したが、押勝はこのことを聞くと、子である訓儒麻呂《くずまろ》らに取り戻させようとした。これに対し、天皇は使人を遣わして射殺することを図り、授刀従七位下船守が射殺したのであっ

た。この功績により船守は、従五位下勲五等を授けられた。天皇は船守の死を非常に哀悼し、三日間政務をみるのをとり止め、詔《みことのり》りして正二位右大臣を贈った。

摂津《せっつ》国島上《しまのかみ》郡に所在する菅原寺《すがわらでら》の野《や》五町と梶原僧寺《かじわらそうじ》の野六町、尼寺《にじ》の野二町は、寺がみずから買得したり債務のかたに償《つぐな》わせたものなので、いずれも法の定《さだ》めにより元《もと》の持ち主に返還させることにした。大井寺《おおいでら》の野二十五町と贈《ぞう》太政大臣正一位藤原朝臣不比等《ふひと》の野八十七町、贈太政大臣正一位藤原朝臣房前《ふささき》の野六十七町、故入唐大使《にっとうたいし》贈従二位藤原朝臣清《きよ》河《かわ》の野八十町は、長期間にわたり寺の土地台帳に登載されるなり、代を重ねてそれぞれの家の野となってきているので、現状を認めて従来のままとした。

○乙巳（二十一日）　任官があった。従四位下大中臣諸魚《おおなかとみのもろうお》を近衛大将に任じた。（略）

勅により、次のように定めた。

近衛府と中衛府の大将は、元《もと》は従四位上の官であったが、天平神護《てんぴょうじんご》元年に改めて正三位の官とした。今後は元に戻して従四位上の官とせよ。

○己酉（二十五日）　曲宴が催された。五位以上の者に身分に応じて帛《きぬ》を下賜した。

○夏四月丙戌、大納言紀船守薨、天平宝字年中、起家任二授刀一、八年九月大師押勝謀反、高野天皇遣レ使収二中院鈴印一、押勝聞レ之、令二其子訓儒麻呂等奪一レ之、天皇遣レ使射二殺之一、于レ時授刀従七位下船守令レ射二殺之一、依二此功一授二従五位下勲五等一、天皇甚哀悼、不レ視レ事三日、詔贈二正二位右大臣一、〔紀略〕、公卿補任天応元年・延暦十一年」在二摂津国嶋上郡一菅原寺野五町、梶原僧寺野六町、尼寺野二町、或寺家自買、或債家所レ償、並縁二法制一、還二与本主一、大井寺野廿五町、贈太政大臣正一位藤原朝臣不比等野八十七町、贈太政大臣正一位藤原朝臣房前野六十七町、故入唐大使贈従二位藤原朝臣清河野八十町、或久載二寺帳一、或世為二家野一、因随レ旧給レ之、〔類史〕182寺田地 ○乙巳、任官、従四位下大中臣諸魚為二近衛大将一」云々、〔紀略〕」勅、近衛・中衛両府大将、元従四位上官也、去天平神護元年改為二正三位官一、宜三依レ旧為二従四位上官一、〔紀略〕 ○己酉、曲宴、賜二五位已上帛一有レ差、〔類史〕32天皇遊宴

○五月己未《六日》　五月五日節に伴う騎射《きしゃ》（乗馬して行う弓の競技）を停止した。年来しきりに旱害が起きていることによる。天皇が侍臣と宴を催した。音楽を奏し、身分に応じて物を下賜した。

○甲子《十二日》　唐の女《おんなり》李自然《じぜん》に従五位下を授けた。自然は、従五位下大春日浄足《おおかすがのきよたり》の妻である。浄足が入唐《にっとう》して自然を娶《めと》り妻とし、帰朝するとき、相随って来たのであった。

○庚午《十七日》　天皇が葛野川《かどの》へ行幸し、右大臣藤原継縄の別荘に立ち寄った。

○五月己未、停二馬射一、以三頻年有二旱災一也、宴二侍臣一、奏レ楽、賜レ物有レ差、〔類史〕73五

月五日、紀略 ○甲子、唐女李自然授㆓従五位下㆒、自然、従五位下大春日浄足之妻也、入唐娶㆓自然㆒為㆑妻、帰朝之日、相随而来、紀略 ○庚午、幸㆓葛野川㆒、便御㆓右大臣藤原継縄別業㆒、紀略

○六月甲申一日　寒い日であった。なかには綿入《わたい》れを着用する人がいた。
○丙戌三日　任官があった。
○戊子五日　畿内の名神《みようじん》（官社のうちで、特に霊験のある神社に与えられた社格）に奉幣《ほうべい》（幣帛《へいはく》を奉《たてまつ》ること）した。皇太子（安殿《あて》親王。のちの平城《へいぜい》天皇）が病に罹《かか》っていることによる。
○癸巳十日　皇太子の病が長期にわたっている。卜《うらな》ってみると、崇道《すどう》天皇（早良《さわら》親王）の祟《たた》りであることが判ったので、諸陵頭《しよりようのかみ》調使王《つきのつかいおう》らを淡路《あわじ》国へ派遣して、その霊に謝罪した。
○庚子十七日　天皇が次のように勅した。
　去る延暦九年に淡路国に命じて某親王《なにがしのしんのう》〈崇道天皇〉の塚に守家《しゆちよう》（墓守り）一戸をあて、かねて近隣の郡司に墓守りのことをもっぱらの任務とさせることにしたが、墓の守衛につかず祟りが起きてしまった。今後は、塚の周囲に隍《ほり》を築き、濫《みだ》れ穢《けが》れたりすることのないようにせよ。
○乙巳二十二日　雷雨があり、大雨で水が溢《あふ》れだして式部省の南門が倒れてしまった。

○六月甲申朔、寒、人或著レ絮、紀略 ○丙戌、任官、紀略 ○戊子、奉二幣於畿内名神一、以二皇太子病一也、紀略 ○癸巳、皇太子久病、卜レ之崇道天皇為レ祟、遣二諸陵頭調使王等於淡路国一、奉レ謝二其霊一、紀略 ○庚子、勅、去延暦九年令三淡路国充二某親王崇道天皇、守冢一烟一、兼随近郡司、専二当其事一、而不レ存二警衛一、致レ令レ有レ祟、自レ今以後、冢下置レ隍、勿レ使二濫穢一、類史25追号天皇、紀略 ○乙巳、雷雨、潦水滂沱、式部省南門為レ之倒仆、紀略

○秋七月乙卯二日　天皇が次のように勅した。
数年来左右京職では、たやすく諸王に姓（ウジ名とカバネ）を賜い、それを戸籍・計《けい》帳《ちょう》に登載することを慣例としてきている。今後は、六世以下の王が姓を賜わりたいと請願してきたときは、希望する姓を注記して太政官へ申請し、天皇の許可を得たうえで戸籍・計帳へ登載せよ。

○戊午五日　桑《くわ》と棗《なつめ》を用いた鞍橋《くらぼね》を禁止した。ただし桑・棗を素材とする既製の鞍橋は、役所に申し出て焼印をして使用を認めることにした。

○丁丑二十四日　曲宴を催した。五位以上の者に衣を下賜した。

○戊寅二十五日　天皇が次のように勅した。

いま聞くところによると、夷《えみし》尓《に》散《さ》南公《なのきみ》阿《あ》破《わ》蘇《そ》が遠方から朝廷の徳化を慕い、帰服の気持ちを抱いているという。その忠義の真心を思うと、深く讃《ほ》め称《たた》えるべきものがある。夷地から京までの路次の国は、逞《たくま》しい軍士三百騎を選んで国境で京へ向かう阿破蘇を迎接し、もっぱら威勢のほどを示せ。

○秋七月乙卯、勅、頃年京職、輙賜二諸王姓一、即著二籍帳一、以成レ常、自レ今以後、六世以下之王、情三願賜レ姓、注二所レ願姓一、先以申請、然後行之、〔類史〕79法制 ○戊午、禁二桑・棗鞍橋一、但旧者申二所司一、焼印用之、〔紀略〕 ○丁丑、曲宴、賜二五位以上衣一、〔類史〕32天皇遊宴 ○戊寅、勅、今聞、夷尓散南公阿破蘇、遠慕二王化一、情望三入朝一、言二其忠款一、深有レ可レ嘉、宜下路次之国、択二壮健軍士三百騎一、迎三接国堺一、専示中威勢上、〔類史〕190俘囚

○八月丙戌四日　山背国紀《き》伊郡の深草《ふかくさ》山（京都市伏見区）の西側に死体を埋葬することを禁止した。長岡京に近いためである。

○辛卯九日　大雨が降り、洪水となった。

○癸巳十一日　天皇が赤日《あかひ》埼《ざき》（京都市伏見区羽束師古川町赤井前）に行幸して、洪水を視察した。

○甲午十二日　使いを派遣して、百姓に物を賜わった。水害に遭遇したためである。

○己亥 十七日 曲宴を催した。五位以上の者に身分に応じて帛を下賜した。

○壬寅 二十日 次のように制定した。

年来、隼人《はやと》が貢納する特別な調は、納入したりしなかったりしてきている。施政の観点から、これではなはだ不公平である。今後は法規に従い、すべて貢納させるようにせよ。

○八月丙戌、禁レ葬ニ埋山背国紀伊郡深草山西面一、縁レ近ニ京城一也、類史79禁制、紀略 ○辛卯、大雨、洪水、紀略 ○癸巳、幸ニ赤日埼一覧ニ洪水一、紀略 ○甲午、遣レ使賑ニ贍百姓一、以レ遇ニ水害一也、紀略 ○己亥、曲宴、賜ニ五位以上帛一有レ差、類史32天皇遊宴 ○壬寅、制、頃年隼人之調、或輸或不レ輸、於ニ政事一、甚渉ニ不平一、自レ今以後、宜レ令ニ偏輸一、類史190隼人

○九月丙辰 四日 曲宴を催した。五位以上の者に身分に応じて物を下賜した。

○辛酉 九日 天皇が大原野で狩猟した。

○癸酉 二十一日 天皇が栗前野で狩猟した。五位以上の者に衣被（衣服）を下賜した。

○丁丑 二十五日 天皇が登勒野で狩猟した。

○己卯 二十七日 任官があった。

○庚辰《二十八日》　天皇が交野《かたの》（大阪府枚方《ひらかた》・交野両市）で狩猟した。

○九月丙辰、曲宴、賜二五位已上物一有レ差、類史32天皇遊宴　○辛酉、遊二猟于大原野一、類史32天皇遊猟、紀略　○癸酉、遊二猟于栗前野一、賜二五位已上衣被一、類史32天皇遊猟　○丁丑、遊二猟于登勒野一、類史32天皇遊猟　○己卯、任官、紀略　○庚辰、遊二猟於交野一、類史32天皇遊猟

○冬十月癸未《一日》　陸奥国の俘囚《ふしゅう》（朝廷に帰服した夷）である吉弥侯部真麻呂《きみこべのままろ》と大伴部宿奈麻呂《すくなまろ》を外《げ》従五位下に叙した。帰服してきた蝦夷《えみし》を懐柔するためである。

○乙未《十三日》　天皇が大原野で狩猟した。

○丁未《二十五日》　相模《さがみ》国による橘《たちばな》の献上と、伊予《いよ》国による瓜《うり》の献上を停止した。両国が京から路遠の国であることによる。

○庚戌《二十八日》　天皇が次のように勅した。

京と畿内の百姓に班田するに当たっては、男子には令規《りょうき》どおりの支給を行い、男子に支給したあまりを女子に支給せよ。奴婢《ぬひ》には支給しない。

○冬十月癸未朔、陸奥国俘囚吉弥侯部真麻呂・大伴部宿奈麻呂、叙二外従五位下一、懐二外虜一也、類史190俘囚、紀略　○乙未、遊二猟于大原野一、類史32天皇遊猟　○丁未、停二相摸国

献レ橘、伊予国献レ瓜、以二路遠一也、（類史）33御膳、（紀略）○庚戌、勅、班二京畿百姓田一者、男分依レ令給之、以二其余一給レ女、其奴婢者、不レ在二給限一、（類史）159口分田

○十一月壬子《一日》　日蝕《にっしょく》があった。

○甲寅《三日》　陸奥の帰服した夷俘《いふ》である尓散南公阿波蘇と宇漢米《うかめ》公《のきみ》隠賀《おんが》および俘囚吉弥侯部荒嶋《あらしま》らを朝堂院で饗応した。阿波蘇と隠賀には蝦夷に授ける爵位（蝦夷爵）の第一等を授け、荒嶋は外従五位下に叙した。野蛮な者を懐柔するためである。そして天皇が次のように詔《みことの》りした（宣命体《せんみょうたい》）。

朝廷《みかど》へ参上して奉仕していた蝦夷尓散南公阿波蘇と宇漢米公隠賀および俘囚吉弥侯部荒嶋らが、「いま、自分たちの国へ帰り奉仕したい」ということをお聞きになって、位を上げ、天皇《すめら》がみずから物を手渡し賜わる、と申し聞かせる。また仰せられますには、今後も誠実で勤勉に仕えれば、ますます物を賜わることになる、と仰せになる天皇のお言葉を承《うけたまわ》れ、と述べ聞かせる。

○乙丑《十四日》　故入唐大使贈従二位藤原朝臣清河の家を、仏物として捨入し、寺とすることを許可し、寺号を済恩院《せいおんいん》と称することにした。

○戊辰《十七日》　天皇が群臣と宴を催した。大歌《おおうた》（朝廷の儀場で歌われる伝統的な歌）と弾琴《だんきん》の巧者で身分に応じて物を下賜した。

ある正六位上巨勢《こせ》王と甘南備真人国成《かんなびのまひとくになり》・大宅朝臣広足《おおやけのあそんひろたり》に従五位下を授けた。
○乙亥（二十四日）雪が降った。勤務についている近衛府の官人以下の者に、身分に応じて物を下賜した。
○丙子（二十五日）大雪となり、輿《こし》を担ぐことを任とする駕輿丁《かよちょう》以上の者に、身分に応じて綿を下賜した。
○己卯（二十八日）今後永く出羽国平鹿《ひらが》・最上《もがみ》・置賜《おきたま》三郡に居住する狄《てき》に対し、田租《でんそ》を免除することにした。

○十一月壬子朔、日有レ蝕、〔紀略〕○甲寅、饗二陸奥夷俘尓散南公阿波蘇・宇漢米公隠賀、俘囚吉弥侯部荒嶋等於朝堂院一、阿波蘇・隠賀、並授二爵第一等一、荒嶋外従五位下、以レ懐レ荒也、詔曰、蝦夷尓散南公阿波蘇・宇漢米公隠賀、俘囚吉弥侯部荒嶋等、天皇朝尓参上仕奉弖、今者己国尓罷去天仕奉牟止白止聞食行弖、冠位上賜比、大御手物賜久止宣、又宣久、自レ今往前母、伊佐乎之久仕奉波、益々須治賜物曾止宣大命乎、聞食止宣、〔類史190俘囚〕○乙丑、聴下捨二故入唐大使贈従二位藤原朝臣清河家一為上寺、号曰二済恩院一、〔類史180諸寺〕○戊辰、宴二群臣一、賜レ物有レ差、大歌・弾琴人正六位上巨勢王・甘南備真人国成・大宅朝臣広足、授二従五位下一、〔類史9新嘗祭〕○乙亥、雨レ雪、近衛官人已下、賜レ物有レ差、〔類史165雪〕○丙子、大雪、駕輿丁已上、賜レ綿有レ差、〔類史165雪〕○己卯、永

免二出羽国平鹿・最上・置賜三郡狄田租一 類史83免租税

○閏《うるう》十一月壬午一日 新弾例《しんだんれい》（糾弾のために新たに制定された法律）八十三条を弾正台《だんじょうだい》へ下付した。煩雑な文章なので、記載しない。

任官があった。

○癸未二日 天皇が水生野で狩猟した。

○乙酉四日 正四位下多治比真人子姉《こなね》が死去した。故右大臣正二位大中臣朝臣清麻呂《きよまろ》の妻で、参議従四位下守近衛大将兼神祇伯《じんぎはく》行式部大輔《しきぶのたいふ》近江守《おうみのかみ》諸魚《もろうお》の母である。諸魚らは、子姉の死に先立ち、中臣朝臣で神祇伯に任命されている者は天照大神《あまてらすおおみかみ》に仕える神主で、代々近親の死に遭遇しても解官《げかん》しないことになっている、という内容の家牒《けちょう》（役所へ申し出る時の書式）を提出していた。これに対し、諸魚らがみずから葬儀のことに当たらないにしても神事に従事すべきでなく、規定どおり解官して喪に服さなければならない、という勅が出された。

○戊子七日 天皇が諸院を巡幸した。宮に帰り扈従の官人に身分に応じて禄を下賜した。

○庚寅九日 天皇が葛葉野《くずはの》（大阪府枚方市楠葉）で狩猟した。

○壬辰十一日 天皇が次のように勅した。

いま聞くところによると、畿内の百姓は邪《よこしま》で詐《いつわ》りが多く、競って戸口を詐増して口《く》分田《ぶんでん》の受田額をふやそうとしたり、年齢を加算して六歳未満の者が口分田を受けられるようにしているという。真偽を調査した上で班田すべきである。もし官人が手抜きをすれば、重罪に処せ。

伊予国が白鹿《はくろく》を献上した。

○丁酉 十六日 天皇が大原野で狩猟した。日暮れて宮へ帰り、五位以上の者に身分に応じて綿を下賜した。

○己亥 十八日 天皇が高橋津《たかはしのつ》（京都市南区吉祥院のあたり。京都府乙訓《おとくに》郡大山崎町大山崎のあたりとする説もある）に行幸し、石作丘《いしづくりのおか》（京都市西京区石作町）で狩猟した。

○辛丑 二十日 天皇が次のように勅した。

儒教の経典を学ぶ大学の学生《がくしょう》である明経生《みょうぎょうしょう》らは、音読の学習につとめていない。文字を読み、文章を読誦《どくじゅ》するに当たり、誤りを犯す状態なので、漢音（唐代、長安周辺で行われていた字音）に習熟させよ。

○乙巳 二十四日 天皇が登勒野で狩猟した。

○己酉 二十八日 征東大使《せいとうたいし》大伴乙麻呂《おおとものおとまろ》が天皇に暇乞《いとまご》いをした。

○閏十一月壬午朔、新弾例八十三条、賜二弾正台一、文多不レ載、〔類史〕107弾正台、〔紀略〕」任官、〔紀略〕○癸未、遊二猟于水生野一、〔類史〕32天皇遊猟 ○乙酉、正四位下多治比真人子姉卒、故右大臣正二位大中臣朝臣清麻呂之妻、参議従四位下守近衛大将兼神祇伯行式部大輔近江守諸魚之母也、先レ是、諸魚等進二家牒一云、中臣朝臣任二神祇伯一者、是天照大神神主也、累世相承、遭レ喪不レ解者、勅、雖レ不レ躬二喪紀一、不レ可レ供二神事一、宜レ令レ修二其服一、〔紀略〕、祭主補任 ○戊子、巡二幸諸院一、還レ宮、賜二従官禄一有レ差、〔類史〕32天皇巡幸、〔紀略〕 ○庚寅、遊二猟于葛葉野一、〔類史〕32天皇遊猟 ○壬辰、勅、今聞、畿内百姓、姧詐多端、或競増二戸口一或浪加二生年一、宜下勘二真偽一、乃給中其田上、若致二疏略一、処以二重科一、〔類史〕159口分田」伊予国献二白鹿一、〔紀略〕 ○丁酉、遊二猟于大原野一、日暮還レ宮、賜二五位已上綿一有レ差、〔類史〕32天皇遊猟 ○己亥、幸二高橋津一、便遊二猟于石作丘一、〔類史〕32天皇遊猟 ○辛丑、勅、明経之徒、不レ事レ習レ音、発声・誦読、既致二訛謬一、熟二習漢音一、〔紀略〕 ○乙巳、遊二猟于登勒野一、〔類史〕32天皇遊猟 ○己酉、征東大使大伴乙麻呂辞見、〔紀略〕

○十二月丁丑《二十七日》 東大寺の三綱《さんごう》（寺役人）が次の言上を行った。
去る天平勝宝《てんぴょうしょうほう》元年十二月二十七日勅を調べますと、「奴婢らを金光明寺《こんこうみょうじ》（東大寺）へ施入し奉《たてまつ》る。それらの奴婢のうちで、六十六歳以上の者と癈疾者（中程度の身体障害者）とは、官奴婢に准じて令規《りょうき》により放免せよ。六十六歳以上の高齢者でなくても、勤勉な性格で指示に違《たが》うことなく仕事をする者は、僧侶らがそろって矜《あわれ》み請願すれば、放免して良身分とせよ」とあります。いま奴《やっこ》広前《ひろさき》らはまじめに勤めて怠《なま》けることがなく、私どもの期待するとおりに仕事をしていますので、伏して、良身分とすることを申請いたします。

朝廷は申請を許可した。

日本後紀　巻第一（逸文）

○十二月丁丑、東大寺三綱言、案二去天平勝宝元年十二月廿七日勅一曰、以二奴婢等一奉レ施二金光明寺一、其年至二六十六已上一及癈疾者、准二官奴婢一、依レ令行之、雖レ非二高年一、立性恪勤、駆使無レ違、衆僧矜請、放免従レ良者、今奴広前等、恪勤非レ懈、駆使合レ心、伏請従レ良、許レ之焉、東大寺要録一〇

日本後紀　巻第一（逸文）

日本後紀　巻第二（逸文）　延暦十二年正月より同十三年六月まで

左大臣正二位兼行左近衛大将臣藤原朝臣冬嗣ら勅を奉《うけたまわ》りて撰す

皇統弥照天皇《あまつひつぎいやてらすすめらみこと》　桓武《かんむ》天皇《てんのう》

○十二年春正月庚辰一日　皇帝が大極殿《だいごくでん》に出御《しゅつぎょ》して、朝賀《ちょうが》を受けた。侍臣《じしん》と前殿で宴を催し被《ふすま》を下賜《かし》した。

○辛巳二日　大雪が降った。

○壬午三日　宴を催した。五位以上の者に身分に応じて物を下賜した。

○丙戌七日　天皇が五位以上の者と宴を催した。女性の歌舞を奏して、身分に応じて禄《ろく》を下賜した。叙位を行った。（略）

○癸巳十四日　三十九人の僧侶を宮中に喚《よ》んで、はじめて『薬師経』を読ませ、天下に対して七日間の殺生《せっしょう》禁断を指示した。

○甲午十五日　大納言《だいなごん》藤原小黒麻呂《ふじわらのおぐろまろ》と左大弁《さだいべん》紀古佐美《きのこさみ》らを派遣して、山背国葛野郡《やましろのくにかどののぐん》の宇太村《うだむら》（京都市右京区宇多野）の土地のようすを視察させた。遷都のためである。
○乙未《十六日》　天皇が五位以上の者と宴を催した。身分に応じて禄を下賜した。
○丙申《十七日》　射礼《じゃらい》を停止した。射《じゃ》を行う射場《いば》に不審事が発生したことによる。
○庚子《二十一日》　天皇が内裏《だいり》の東方に位置する東院へ遷御《せんぎょ》した。内裏の宮を解体することになったためである。
○甲辰《二十五日》　諱《いみな》〈淳和太上天皇〉が奉献した。曲宴が催された。従五位上《じゅごいのじょう》藤原朝臣《あそん》縄主《ただぬし》に正《しょう》五位下、正六位上板茂《いたもちの》連《むらじ》浜主《はまぬし》に外従五位下を授け、事に当たった五位以上の者に身分に応じて禄を下賜した。
○乙巳《二十六日》　任官があった。
○丙午《二十七日》　大納言正三位藤原朝臣小黒麻呂が奉献した。五位以上の者に身分に応じて禄を下賜した。

日本後紀　巻第二（逸文）　起㆓延暦十二年正月㆒尽㆓同十三年六月㆒

左大臣正二位兼行左近衛大将臣藤原朝臣冬嗣等奉㆑勅撰

皇統弥照天皇　桓武天皇

○十二年春正月庚辰朔、皇帝御㆓大極殿㆒受㆓朝賀㆒、宴㆓侍臣於前殿㆒賜㆑被、〔類史〕71元日朝賀、〔紀略〕○辛巳、大雪、〔類史〕165雪　○壬午、宴飲賜㆓五位已上物㆒有㆑差、〔類史〕32天皇遊宴　○

丙戌、宴二五位已上一、奏二女楽一、賜レ禄有レ差、叙位、云々、類史32天皇遊宴・71七日節会、紀略○癸巳、請二卅九僧於宮中一、始読二薬師経一、令三天下断二殺生一七日、類史182禁殺生 ○甲午、遣二大納言藤原小黒麻呂・左大弁紀古佐美等一、相二山背国葛野郡宇太村之地一、為二遷都一也、紀略 ○乙未、宴二五位已上一、賜レ禄有レ差、類史72十六日踏歌 ○丙申、停レ射、以二射場有一レ怪也、類史72十七日射礼、紀略 ○庚子、遷二御於東院一、縁レ欲レ壊レ宮也、類史28天皇遷御、紀略 ○甲辰、諱、淳和太上天皇、奉献、曲宴、従五位上藤原朝臣縄主授二正五位下一、正六位上板茂連浜主外従五位下、其供レ事五位已上賜レ禄有レ差、類史32天皇遊宴・78献物 ○乙巳、任官、紀略 ○丙午、大納言正三位藤原朝臣小黒麻呂奉献、賜二五位已上禄一有レ差、類史78献物

○二月辛亥《二日》 参議治部卿壱志《いちし》濃《の》王《おう》らを遣わして、遷都のことを賀《か》茂《もの》大神《おおかみ》に報告した。

○壬子《三日》（略） 高津《たかつ》内親王が奉献した。曲宴が催され、外従五位下雲飛宿禰《うねびのすくね》浄永《きよなが》と正六位上坂上大宿禰《さかのうえのおおすくね》広人《ひろひと》に従五位下を授けた。高津内親王の外戚であることによる。五位以上の者に衣《きぬ》を下賜した。

○癸丑《四日》 天皇が栗前野《くりくまの》で狩猟した。五位以上の者に衣《い》被《ひ》を下賜した。伊予《いよ》親王の別荘に立ち寄り、親王と山背国司らが奉献して、五位以上の者に衣被を下賜した。

○戊午《九日》 播磨《はりま》国が次のように言上してきた。

故左大臣従一位藤原朝臣永手《ながて》の位田《いでん》□町は、神護景雲《じんごけいうん》三年の勅により四天王寺《してんのうじ》へ施入されましたが、位田は一代限りで支給されるものですので、位田を永く寺へ入れたままにしておくのは国法に乖《そむ》いています。

この言上に対し勅で、四天王寺への位田施入は先朝（称徳《しょうとく》朝）が行ったことなので、収還しないと指示した。

〇己未《十日》　大隅《おおすみ》国曾於《そお》郡の大領《だいりょう》外正六位上曾乃君牛養《そのきみうしかい》に外従五位下を授けた。隼人《はやと》を引率して朝廷に出頭したことによる。

大学寮が「（略）釈奠《せきてん》（孔子とその弟子たちを祀る典礼）で犠牲《いけにえ》を解体せず祭場へ進めるに当たっては、偏《ひとえ》に礼法に従い実施したいと思います」と言上してきたので、許可した。

〇壬戌《十三日》　天皇が水生野《みなせの》で狩猟した。

〇丙寅《十七日》　征東使《せいとうし》を改めて征夷使《せいいし》とした。

〇己巳《二十日》　任官があった。

〇庚午《二十一日》　征夷副使である近衛少将《このえのしょうしょう》坂上田村麻呂《たむらまろ》が天皇に暇乞《いとまご》いをした。

僧綱《そうごう》を任命した。

〇乙亥《二十六日》　皇太子（安殿《あて》親王。のちの平城《へいぜい》天皇）が奉献した。諸王と外戚関係にある藤原氏の人たちが諸種の音楽を奏し、身分に応じて、物を下賜した。

○丁丑（二十八日） 右大臣従二位藤原朝臣継縄《つぐただ》が奉献した。宴を催し、音楽を奏した。

○二月辛亥、遣㆓参議治部卿壱志濃王等㆒、告㆓遷都於賀茂大神㆒、〔紀略〕 ○壬子、云々、高津内親王奉献、曲宴、外従五位下雲飛宿禰浄永・正六位上坂上大宿禰広人、授㆓従五位下㆒、以㆓親王外親㆒也、五位已上賜㆑衣、〔類史〕32天皇遊宴・78献物 ○癸丑、遊㆓猟于栗前野㆒、便御㆓伊予親王荘㆒、親王及山背国司等奉献、五位以上賜㆓衣被㆒、〔類史〕32天皇遊猟 ○戊午、播磨国言、故左大臣従一位藤原朝臣永手位田□町、神護景雲三年有㆑勅入㆓四天王寺㆒、夫賜㆓位田㆒者、以㆑身為㆑限、永入㆓寺家㆒、事乖㆓国憲㆒、勅、先朝既行、宜㆑莫㆓収還㆒、〔類史〕182寺田地 ○己未、大隅国曽於郡大領外正六位上曽乃君牛養授㆓外従五位下㆒、以㆘率㆓隼人㆒入朝㆖也、〔類史〕190隼人」大学寮言、云々、供牲全体、令㆑進㆓祭庭㆒、一依㆓礼法㆒、許㆑之、〔紀略〕 ○壬戌、遊㆓猟於水生野㆒、〔類史〕32天皇遊猟 ○丙寅、改㆓征東使㆒為㆓征夷使㆒、〔紀略〕 ○己巳、任官、〔紀略〕」任僧綱、〔紀略〕 ○庚午、征夷副使近衛少将坂上田村麻呂辞見、〔紀略〕 ○乙亥、皇太子奉献、諸王及藤原諸親等奏㆓雑楽㆒、賜㆑物有㆑差、〔類史〕78献物 ○丁丑、右大臣従二位藤原朝臣継縄奉献、宴飲奏㆑楽、〔類史〕78献物

○三月己卯（一日） 天皇が葛野《かどの》に行幸《みゆき》して、新京（平安京）を巡覧した。
○辛巳（三日） 天皇が南園で禊《みそぎ》を行った。文人に詩を作らせ、五位以上の者と文人に身分に応じて

禄を下賜した。
○乙酉《七日》　新京の宮城《きゆうじよう》の敷地の中へ入ることになる百姓《ひやくせい》の土地四十四町の代価として、賃租（耕地の賃貸借）に出して得られる収益の三年分を支給した。
○丁亥《九日》　摂津《せっつ》職《しき》を改めて摂津国とした。
○戊子《十日》　参議壱志濃王らを遣わして伊勢大神宮へ奉幣《ほうべい》し、遷都の由を奉告した。
○庚寅《十二日》　五位以上の者と諸司の主典《しゆてん》以上の者に役夫《えきふ》を提供させ、新京の宮城を造る工事に充てた。
○癸卯《二十五日》　遷都のことを山陵《さんりよう》〈山階《やましな》（天智《てんじ》天皇）・後田原《のちのたわら》（光仁《こうにん》天皇）・先田原《さきのたわら》（施基《しき》皇子）〉に報告した。
○己酉（乙酉か）《七日》　正親大令史《おおきみのだいさかん》正六位上多治比真人弥高《たじひのまひといやたか》と散位《さんに》従六位上桜嶋部石守《さくらじまべのいわもり》を共に除名《じよみよう》（官人身分の剝奪）に処した。弥高は監督の任にありながら官物を盗取し、石守は匿名《とくめい》の投書で告発を行ったことによる。

○三月己卯朔、幸二葛野一巡二覧新京一、紀略 ○辛巳、禊二于南園一、令二文人賦レ詩、五位已上及文人、賜レ禄有レ差、類史73三月三日 ○乙酉、新京宮城之内百姓地卌四町、給三三年価直一、紀略 ○丁亥、改二摂津職一為レ国、紀略 ○戊子、遣二参議壱志濃王等一、奉三幣於伊勢大神宮一、告以二遷都之由一、紀略 ○庚寅、令下五位已上及諸司主典已上、進二役夫一、築㆗新京宮城㆖、紀略 ○癸卯、告㆓遷都由於山陵㆒、山階・後田原・先田原、紀略 ○己酉、正親大令史正六位上多治比真人弥高・散位従六位上桜嶋部石守、並除名、以㆘弥高監主取㆓官物㆒、石守投㆗匿名書㆖也、類史87断罪

○夏四月己酉一日　曲宴を催した。五位以上の者に衣を下賜した。
○辛亥三日　天皇が葛野に行幸した。右大臣（藤原継縄）の別荘に立ち寄った。
○乙卯七日　天皇が五位以上の者と宴を催した。身分に応じて禄を下賜した。
○戊午十日　曲宴を催した。参議以上の者に衣を下賜した。
○丙子二十八日　今後、年分度《ねんぶんど》者《しゃ》（年ごとに定員枠が定められている得度《とくど》者）は、漢音を学んでいなければ、得度させない、と制定した。

○夏四月己酉朔、曲宴、賜㆓五位已上衣㆒、類史75二孟 ○辛亥、幸㆓葛野㆒、便幸㆓右大臣別業㆒、紀略 ○乙卯、宴㆓五位已上㆒、賜㆑禄有㆑差、類史32天皇遊宴 ○戊午、曲宴、賜㆓参議以上衣㆒、類史32天皇遊宴 ○丙子、制、自㆑今以後、年分度者、非㆑習㆓漢音㆒、勿㆑令㆓得度㆒、類史187度者、紀略

○五月戊寅一日　曲宴を催した。五位以上の者に身分に応じて物を下賜した。

○辛巳 四日 任官があった。
○戊子 十一日 特別に銭三十万と長門《ながと》・阿波《あわ》両国の稲各千束を河内《かわち》国交野《かたの》郡の百済寺《くだらでら》へ施入《せにゅう》した。
○癸巳 十六日 山背・摂津両国で放生《ほうじょう》を実施した。

○五月戊寅朔、曲宴、賜二五位已上物一有レ差、類史75曲宴 ○辛巳、任官、紀略 ○戊子、銭三十万、及長門・阿波両国稲各一千束、特施二入河内国交野郡百済寺一、類史182施入物 ○癸巳、遣二山背・摂津両国放生一、類史182放生

○六月乙卯 八日 祈雨《あまごい》を行った。
○丙寅 十九日 五位以上の者に身分に応じて銭を下賜した。
○己巳 二十二日 日照りが続いている。
○庚午 二十三日 諸国に命じて新宮《しんぐう》の諸門（宮城門）を造らせることにした。（略）

○六月乙卯、祈雨、紀略 ○丙寅、賜二五位已上銭一有レ差、類史78賞賜 ○己巳、炎旱経レ日、紀略 ○庚午、令三諸国造二新宮諸門一、云々、紀略

○秋七月丁丑 一日 曲宴を催した。侍臣に衣を下賜した。

○癸未七日　天皇が馬埒殿《うまばどの》（平安宮の武徳殿《ぶとくでん》に相当）に出御して、相撲《すまい》を観覧した。

○辛卯十五日　天皇が次のように勅した。

葛野郡の百姓の口分田《くぶんでん》の多くが平安京の中へ入り収公されることになったので、山背国の雑色田《ぞうしきでん》（位田《いでん》・職田《じきでん》・功田《こうでん》・神田・寺田その他種々の地目の田地）を停止して、それを百姓に班給せよ。代わりの雑色田は四畿内（大和《やまと》・河内・摂津・和泉《いずみ》）に置くようにせよ。また神田には近隣の郡の田を充てよ。ただし、寺田は従前のあり方に従い、代給することをしない。

○乙未十九日　天皇が大原野《おおはらの》で狩猟した。

○辛丑二十五日　天皇が新宮を巡覧し、造宮使《ぞうぐうし》と将領《しょうりょう》に衣を下賜した。

○秋七月丁丑朔、曲宴、賜二侍臣衣一、類史75曲宴　○癸未、御二馬埒殿一観二相撲一、類史73相撲、紀略　○辛卯、勅、葛野郡百姓口分田、多入二都中一、宜下停二山背国雑色田一、班中給百姓上、其代於二四畿内一置、又神田以二便郡田一充之、但寺田准二旧例一、莫レ充二其代一、類史159口分田・182寺田地　○乙未、遊二猟于大原野一、類史32天皇遊猟　○辛丑、巡二覧新宮一、賜二造宮使及将領衣一、紀略

○八月癸丑七日　蓮葉《れんよう》を観賞して宴を催した。音楽を奏して、禄を下賜した。

○丙辰《十日》　平安京周辺の諸山での死体埋葬と樹木の伐採を禁止した。

○壬戌《十六日》　任官があった。

○丁卯《二十一日》　天皇が大原野で狩猟した。南園へ戻り五位以上の者に衣を下賜した。

本日夜、内舎人《うどねり》山辺真人春日《やまのべのまひとかすが》と春宮坊《とうぐうぼう》の帯刀舎人紀朝臣国《たちはきのとねりきのあそんくに》が共同して帯刀舎人佐伯《さえき》宿禰成人《なるひと》の殺害を謀った。翌日、事件が発覚し、春日らは逃亡して身を隠した。桓武天皇ははなはだ怒り、天下に罪人を捜求した。のちに伊予国が捕らえたと申上してきたので、左衛《さえ》士佐《じのすけ》従五位上巨勢《こせ》朝臣嶋人《しまひと》を派遣して、素手で殴殺させた。春日らは皇太子の密命を受けて殺人の謀議を行った、と噂《うわさ》する者がいた。

○戊辰《二十二日》　筑前《ちくぜん》国那賀《なか》郡の人である三宅連真継《みやけのむらじまつぐ》を郷里へ逓送《ていそう》（路次の国の責任で順次送り届けること）し、京に入ることを禁止した。在京中、真継がしばしば濫行を犯したからである。

○庚午《二十四日》　衛門府《えもんふ》の門部《かどべ》である壬生年《みぶのとし》が宮城（あるいは衛門府庁か）の西門に登り、首を括《くく》り自殺した。自殺の理由は不明であった。

○壬申《二十六日》　天皇が京中を巡覧した。左京大夫《さきょうのだいぶ》従四位下藤原朝臣乙叡《たかとし》の邸宅の園池に立ち寄り、四位以上の者に衣を下賜し、日暮れ時に宮へ帰った。

○甲戌《二十八日》　天皇が葛野で狩猟した。右大臣藤原朝臣継縄の別荘に立ち寄り、侍臣と右大臣の子弟に衣を下賜した。

○丙子三十日　地震があった。

○八月癸丑、翫ニ蓮葉一、宴飲奏レ楽、賜レ禄、類史32天皇遊宴、紀略 ○丙辰、禁下葬ニ瘞京下諸山一、及伐中樹木上、類史79禁制 ○壬戌、任官、紀略 ○丁卯、遊ニ猟于大原野一、還ニ御南園一、賜ニ五位已上衣一、類史32天皇遊猟」是夜、内舎人山辺真人春日・春宮坊帯刀舎人紀朝臣国、共謀ニ殺帯刀舎人佐伯宿禰成人一、明日事覚、春日等即逃隠、帝大怒募ニ求天下一、後伊予国捕レ之、以聞、遣ニ左衛士佐従五位上巨勢朝臣嶋人一挌殺、或曰、春日等承ニ皇太子密旨一、類史87断罪 ○戊辰、逓ニ送筑前国那賀郡人三宅連真継於本郷一、莫レ聴ニ入京一、以ニ其在京中屢有ニ濫行一也、類史87断罪 ○庚午、衛門府門部壬生年、登ニ西門一自絞死、時人不レ知ニ其故一、紀略 ○壬申、車駕巡ニ覧京中一、御ニ左京大夫従四位下藤原朝臣乙叡園池一、賜ニ四位已上衣一、日暮還レ宮、類史32天皇巡幸、紀略 ○甲戌、遊ニ猟于葛野一、御ニ右大臣藤原朝臣継縄別業一、賜ニ侍臣及大臣子弟衣一、類史32天皇遊猟 ○丙子、地震、類史171地震

○九月戊寅二日　菅野真道《すがののまみち》と藤原葛野麻呂《かどののまろ》らを派遣して、新京（平安京）の宅地を班給した。

○癸未七日　天皇が大原野で狩猟した。

○丙戌十日　天皇が次のように詔《みことの》りした。

（略）現任の大臣と良家《りょうけ》の子孫が、三世以下の女王と結婚することを許可する。ただし、藤原氏については代々相承《う》けて執政の任に就いてきているので、他氏と同等とすることはできない。そこで特別に二世以下の女王を妻とすることを許す。（略）

○戊戌 二十二日 天皇が栗前野で狩猟した。伊予親王の川（木津川）沿いの屋敷に立ち寄った。伊予親王と左衛士督《かみ》従四位下藤原朝臣雄友《おとも》らが奉献した。親王と雄友の子弟に衣を下賜した。

○庚子 二十四日 天皇が瑞野《みずの》（京都市伏見区淀美豆《よどみず》町）で狩猟した。

○九月戊寅、遣㆓菅野真道・藤原葛野麻呂等㆒、班㆓給新京宅地㆒、紀略 ○癸未、遊㆓猟于大原野㆒、類史32天皇遊猟 ○丙戌、詔曰、云々、見任大臣・良家子孫、許㆑娶㆓三世王已下㆒、但藤原氏者、累代相承、摂㆑政不㆑絶、以㆑此論㆑之、不㆑可㆓同等㆒、殊可㆑聴㆑娶㆓二世王已下者㆒、云々、紀略 ○戊戌、遊㆓猟於栗前野㆒、便御㆓伊予親王江亭㆒、親王・左衛士督従四位下藤原朝臣雄友等奉献、親王及雄友子弟賜㆑衣、類史32天皇遊猟 ○庚子、遊㆓猟於瑞野㆒、類史32天皇遊猟

○冬十月丙午 一日 日蝕があった。

○辛亥 六日 四世王である深草《ふかくさ》が父を殴った。律《りつ》によれば斬刑《ざんけい》とすべきであるが、勅により死刑を減じて隠岐《おき》国へ配流した。

正四位下和気《わけ》朝臣清麻呂《きよまろ》が、能登《のと》国の墾田《こんでん》五十八町を神願寺《じんがんじ》（神護寺《じんごじ》の前身）へ施入したいと奏請してきたので、許可した。

○己未　十四日　大安寺《だいあんじ》の僧侶伝灯法師位《でんとうほっしい》行秀《ぎょうしゅう》に五十戸の封戸《ふこ》を賜わった。

○庚申　十五日　地震があった。

○乙丑　二十日　曲宴が催された。五位以上の者に身分に応じて禄を下賜した。

○冬十月丙午朔、日有レ蝕、〔紀略〕○辛亥、四世王深草毆レ父、拠レ律合レ斬、勅、降レ死、流ニ隠伎国一、〔類史〕87配流、〔紀略〕」正四位下和気朝臣清麻呂奏請、能登国墾田五十八町、施ニ入神願寺一、許レ之、〔類史〕182寺田地 ○己未、大安寺僧伝灯法師位行秀、賜ニ封五十戸一、〔類史〕185僧封 ○庚申、地震、〔類史〕171地震 ○乙丑、曲宴、賜ニ五位已上禄一有レ差、〔類史〕32天皇遊宴

○十一月丁丑　二日　天皇が新京を巡覧した。右大臣従二位藤原朝臣継縄の別荘に立ち寄り、五位以上の者に衣を下賜した。

○庚辰　五日　天皇が葛野で狩猟した。

○乙酉　十日　天皇が交野《かたの》で狩猟した。右大臣従二位藤原朝臣継縄が摺衣《すりごろも》を献上して、五位以上の者と命婦《みょうぶ》・采女《うねめ》らに下賜した。

○丁亥十二日　大雪が降った。諸司の官人らが雪を掃った。身分に応じて物を下賜した。
○辛丑二十六日　天皇が栗倉野（栗前野か）で狩猟した。

○十一月丁丑、巡二覧新京一、御二右大臣従二位藤原朝臣継縄庄一、賜二五位已上衣一、類史78賞賜、紀略　○庚辰、遊二猟於葛野一、類史32天皇遊猟　○乙酉、遊二猟於交野一、右大臣従二位藤原朝臣継縄献二揩衣一、給二五位已上及命婦・采女等一、類史32天皇遊猟　○丁亥、大雪、諸司掃レ雪、賜レ物有レ差、類史165雪　○辛丑、遊二猟於栗倉野一、類史32天皇遊猟

○十二月辛亥七日　水鳥が太政官の曹司《ぞうし》（正庁）へ入り、捕らえられた。
○甲寅十日　天皇が瑞野で狩猟した。
○壬戌十八日　勅により、長岡京建設の際に立ち退いた百姓に支給した代価の返還を求めないことにした。（略）
○癸亥十九日　天皇が岡屋野《おかのやの》（京都府宇治市五ヶ庄岡屋）で狩猟した。左大弁従三位紀朝臣古佐美《こさみ》と右兵衛督《うひょうえのかみ》従四位下紀朝臣木津魚《こつお》が奉献した。侍臣以上の者に身分に応じて物を下賜した。

○十二月辛亥、有二水鳥一、入二太政官曹一、獲レ之、紀略　○甲寅、遊二猟於瑞野一、類史32天

皇遊猟　○壬戌、勅、長岡京百姓、宅地価直不レ可ニ悔返一、云々、〔紀略〕○癸亥、遊ニ猟於岡屋野一、左大弁従三位紀朝臣古佐美・右兵衛督従四位下紀朝臣木津魚奉献、賜ニ侍臣已上物ニ有レ差、〔類史〕天皇遊猟

○十三年春正月乙亥（一日）　天皇が朝賀の儀をとり止めた。宮殿（長岡宮）の解体が開始されたからである。

征夷大将軍大伴弟麻呂《おとまろ》に節刀《せっとう》（天皇の名代であることを示す儀刀）が下賜された。

○丙子（二日）　天皇が侍臣と宴を催した。身分に応じて禄が下賜された。

○丁丑（三日）　任官があった。

○癸未（九日）　雉《きじ》が主鷹司《たかのつかさ》の垣《かき》の上に集まった。

○己丑（十五日）　地震があった。

○庚寅（十六日）　天皇が五位以上の者と宴を催した。身分に応じて禄を下賜した。

蝦夷《えみし》征討のことを山陵〈山階《やましな》（天智天皇）・田原《たわら》（光仁天皇。後田原の後が脱落したか）〉へ報告した。

○辛卯（十七日）　参議大中臣諸魚《おおなかとみのもろうお》を伊勢大神宮へ派遣して、奉幣した。蝦夷征討を祈願してのことである。

○甲午（二十日）　右大臣従二位藤原朝臣継縄が奉献した。音楽を奏し、五位以上の者に衣被を下賜し

た。

○乙未二十一日　天皇が射を東馬埒《ひがしのうまば》殿《どの》で観覧した。

○己亥二十五日　天皇が栗前野で狩猟した。

○庚子二十六日　天皇が瑞野で狩猟した。

本日、大雪が降った。

○十三年春正月乙亥朔、廃朝、以二宮殿始壊一也、類史71元日朝賀」賜二征夷大将軍大伴弟麻呂節刀一、紀略○丙子、宴二侍臣一、賜レ禄有レ差、類史71元日朝賀○丁丑、任官、紀略○癸未、有レ雉、集二主鷹司垣上一、紀略○己丑、地震、類史171地震○庚寅、宴二五位以上一、賜レ禄有レ差、類史72十六日踏歌」告二征夷事於山陵一、山階・田原、紀略○辛卯、遣二参議大中臣諸魚一、奉二幣於伊勢大神宮一、為レ征二蝦夷一也、紀略○甲午、右大臣従二位藤原朝臣継縄奉献、奏レ楽、賜二五位已上衣被一、類史78献物○乙未、観二射於東埒殿一、類史72十七日射礼○己亥、遊二猟於栗前野一、類史32天皇遊猟○庚子、遊二猟於瑞野一、類史32天皇遊猟」是日、大雪、類史32天皇遊猟

○二月丙辰十三日　天皇が葛野で狩猟した。

○乙丑二十二日　天皇が五位以上の者と宴を催した。身分に応じて物を下賜した。

○庚午二十七日　天皇が水生野で狩猟した。

○二月丙辰、遊二猟于葛野一、紀略 ○乙丑、宴二五位已上一、賜レ物有レ差、類史32天皇遊宴 ○庚午、遊二猟於水生野一、類史32天皇遊猟

○三月丙子三日　天皇が南園で宴を催した。五位以上の者に身分に応じて禄を下賜した。
○丁丑四日　天皇が大原野で狩猟した。
○戊寅五日　少僧都《しょうそうず》伝灯大法師位等定《とうじょう》らを豊前《ぶぜん》国の宇佐《うさ》八幡宮《はちまんぐう》および筑前国の宗像《むなかた》神社・肥後《ひご》国の阿蘇《あそ》神社へ派遣して読経《どきょう》を行い、三神のために七人を得度させることにした。
○辛卯十八日　大監物《だいげんもつ》従五位上石淵王《いわぶちおう》と参議従四位上守兵部卿《しゅひょうぶきょう》兼近衛大将行神祇伯《じんぎはく》近江守《おうみのかみ》大中臣朝臣諸魚らを伊勢大神宮へ遣わして、幣帛《へいはく》を奉納した。

○三月丙子、宴二於南園一、賜二五位已上禄一有レ差、類史72三月三日 ○丁丑、遊二猟於大原野一、類史32天皇遊猟 ○戊寅、遣二少僧都伝灯大法師位等定等於豊前国八幡・筑前国宗形・肥後国阿蘇三神社一読経、為二三神一度二七人一、類史5八幡大神・187度者 ○辛卯、遣二大監物従五位上石淵王・参議従四位上守兵部卿兼近衛大将行神祇伯近江守大中臣朝臣諸魚等一、奉二幣帛於伊勢大神宮一、類史3伊勢大神

○夏四月癸卯（一日）　日蝕があった。

○庚午（二十八日）　天皇が新京を巡覧して、右大臣従二位藤原朝臣継縄の高橋津《たかはしのつ》の別荘まで戻り、宴を催して五位以上の者に衣を下賜した。

○夏四月癸卯朔、日有レ蝕、〔紀略〕 ○庚午、巡二覧新京一、還二御右大臣従二位藤原朝臣継縄高橋津荘一、宴飲賜二五位已上衣一、〔類史〕32天皇遊宴、〔紀略〕

○五月丁丑（六日）　騎射をとり止めた。征夷のために大軍を動員したことによる。天皇が侍臣と宴を催した。禄を下賜した。

○乙未（二十四日）　甲斐《かい》国が白烏《はくう》を二羽献上した。

○己亥（二十八日）　皇太子妃である諱帯子《おびこ》が急病となった。木蓮子院《いたびいん》（長岡京内の邸宅か）へ移すと、すぐに死去した。

○五月丁丑、停二馬射一、以レ発二大軍一也、宴二侍臣一賜レ禄、〔類史〕73五月五日 ○乙未、甲斐国献二白烏二一、〔類史〕165烏、〔紀略〕 ○己亥、皇太子妃諱帯子忽有レ病、移二木蓮子院一、頓逝、〔紀略〕

○六月甲寅《十三日》　地震があった。

○壬戌《二十一日》　征夷副将軍坂上大宿禰田村麻呂以下の者が蝦夷を征討した。

○癸亥《二十二日》　肥前《ひぜん》国が白雀《はくじゃく》を献上した。

○丙子（甲子《二十三日》または丙寅《二十五日》か）　諸国の人夫五千人を動員して、新宮の掃除を行うことにした。

日本後紀　巻第二（逸文）

○六月甲寅、地震、〔類史〕171地震、〔紀略〕」副将軍坂上大宿禰田村麻呂已下征二蝦夷一、〔紀略〕○壬戌、肥前国献二白雀一、〔類史〕165雀○癸亥、任官、〔紀略〕○丙子、発二諸国夫五千一、掃二新宮一、〔紀略〕

日本後紀　巻第二（逸文）

日本後紀　巻第三（逸文）　延暦十三年七月より同十四年閏《うるう》七月まで

左大臣正二位兼行左近衛大将臣藤原朝臣冬嗣ら勅を奉《うけたまわ》りて撰す

皇統弥照天皇《あまつひつぎいやてらすすめらみこと》　桓武《かんむ》天皇《てんのう》

○秋七月辛未一日　長岡京の東西の市を新京（平安京）へ遷した。店舗を築造する一方で市人を移住させた。

○己卯九日　山背《やましろ》・河内《かわち》・摂津《せっつ》・播磨《はりま》等の国の稲一万一千束を従三位《じゅさんみ》百済王《くだらのこにきし》明信《めいしん》・従四位上五《い》百井《おい》女王・従五位上置始《おきそめ》女王・従四位上和気朝臣《わけのあそん》広虫《ひろむし》・因幡国造《いなばのくにのみやつこ》浄成《きよなり》ら十五人に賜わった。新京に家を造るためである。

○庚辰十日　宮中と京・畿内《きない》の官舎および人家が地震により揺動した。この地震により死亡した者がいた。

日本後紀　巻第三（逸文）　起㆓延暦十三年七月㆒尽㆓同十四年閏七月㆒

左大臣正二位兼行左近衛大将臣藤原朝臣冬嗣等奉レ勅撰

皇統弥照天皇　桓武天皇

○秋七月辛未朔、遷ニ東西市於新京一、且造ニ廛舎一、且遷ニ市人一、紀略 ○己卯、以ニ山背・河内・摂津・播磨等国稲一万一千束一、賜ニ従三位百済王明信・従四位上五百井女王・従五位上置始女王・従四位上和気朝臣広虫・因幡国造浄成等十五人一、為レ作ニ新京家一也、類史78賞賜 ○庚辰、震ニ于宮中幷京畿官舎及人家一、或有ニ震死者一、紀略

○八月乙巳五日　安房《あわ》国で疫病が発生した。

○庚戌十日　天皇が大原野《おおはらの》で狩猟した。

○癸丑十三日　右大臣従二位兼行皇太子傅《こうたいしのふ》中衛大将《ちゅうえのたいしょう》　藤原朝臣継縄《つぐただ》らが、勅を奉じて国史（『続日本紀《しょくにほんぎ》』）を編修する事業が完了し、参内して次の上表文（臣下が天皇へ上申する時の書式）を捧呈した。

私（継縄）たちは、「中国古代の伝説上の皇帝である三皇五帝の一人である黄帝《こうてい》が暦をとり、天下を治めた時、沮誦《しょしょう》が史官として仕え、中国古代の王朝である周の世に伯陽《はくよう》（老子）が文王《ぶんおう》に召されて史官となった。これより三墳五典《さんぷんごてん》に始まる史書が作成され、歴史の跡を尋ねることが可能になり、その記述により善を勧め、悪を懲《こ》らしめることができるようになった。司馬遷《しばせん》と班固《はんこ》が交互に実録である『史記』と『漢書《かんじょ》』を著作し、

范曄《はんよう》と謝承《しゃしょう》が事実に即して後漢時代の歴史を編録したことにより、天子の言動を記録して伝え、百王が守るべき道を広め、君徳を照らしだし、臣下の過《あやま》ちを防ぎ、千年ののちに至るまで明らかになるようにした」と聞いています。歴史書の有用性にはまことに大なるものがあります。伏して思いますに、桓武天皇は正しい道理を求めて皇位に即《つ》き、その徳光は天地人の三才を貫き、太陽と同様の明るさで、八州《はっしゅう》すなわち日本国に満ちみちています。皇居の近くは言うまでもなく、辺境の人たちも安楽に暮らし、天下は一統して穀物は稔《みの》り、気候が順調で、現世の人も死後の霊魂もみな安らかで幸せとなっており、英声は中国古代の皇帝である胥陸《しょりく》（赫胥《かくしょ》）を越え、徳は堯《ぎょう》・舜《しゅん》を凌駕しています。さて、桓武天皇は王者として天下に臨み、気持ちを引き締めて広く思慮し、国史編纂事業の途絶を憂え、その欠を補おうと意図し、私（継縄）と正五位上行民部大輔《みんぶのたいふ》兼皇太子《こうたいしの》学士《がくし》左兵衛佐《さひょうえのすけ》伊予守《いよのかみ》臣菅野朝臣真道《すがののあそんまみち》・少納言従五位下兼侍従守右兵衛佐行丹波介《たんばのすけ》臣秋篠《あきしのの》朝臣《あそん》安人《やすひと》らとに命じて、編修事業を推進して、先典である『日本書紀』に続く国史を作らせることになりました。

瓊瓊杵命《ににぎのみこと》が襲山《そのやま》（高千穂峰）に降臨して日本国の基を開いて以降、飛鳥浄御原朝廷《あすかきよみはらのみかど》（持統天皇朝）以前の創草期の功業や過去の皇帝らが行った人民愛護の方略は『日本書紀』に記述され、明らかに知ることができ、文武天皇から聖武天皇に至る間の歴史も整った文章となっていて、功業が纏《まと》められています。ただし、天平宝字《てんぴょうほうじ》から宝亀《ほうき》に至る間については、淳仁《じゅんにん》天皇が即位するもののその事績は纏められておらず、平城京（南朝）で即位した称徳・光仁《こうにん》天皇朝の事業も一書に編述されていませんでした。そこで故中納言従三位兼行兵部卿石川朝臣名足《なたり》・主計頭《かぞえのかみ》従五位下上毛野公大川《かみつけぬのきみおおかわ》らが光仁天皇の詔《みことの》りを奉じて、編修を行い二十巻にまとめましたが、完成したものとは言えず、史書として十分に整えられたものではありませんでした。私たちはさらに桓武天皇の勅を奉じて重ねて検討を行い、瑣事《さじ》を省いて重要事項を取り上げ、忘却されている逸事を拾集して補充を行い、前後の矛盾を削り、首尾の食い違いを訂《ただ》しました。それぞれの役所に委《ゆだ》ねるのが相応《ふさわ》しい時節ごとの恒例行事や、少なくない後代にとり、参考にならない一時期的な詔勅は、今回の編修にあっては採録しておりません。外国使節の来朝や重要な詔勅ないし天皇の教化に関わり、勧善懲悪に役立つ事柄はすべて記述し、参考となるようにしました。淳仁天皇から光仁天皇に至るまでの国史を十四巻にまとめ、先に撰上してあります国史に継続しています。その目録は左記のとおりです。

　私たちは学問を十分に研鑽せず、詞《ことば》が足らず意を十分に伝えることができません。国史編修の詔りを受けてから長い年月が過ぎてしまいました。伏して、深く慄《おのの》くしだいです。

　勅により、奏進された国史を朝廷の書庫である図書寮《ずしょりょう》へ納めた。

○丙辰《十六日》　天皇が大原野で狩猟した。

○八月乙巳、安房国疫、（類史173疾疫）○庚戌、遊二猟于大原野一、（類史32天皇遊猟）○癸丑、右大臣従二位兼行皇太子傅中衛大将藤原朝臣継縄等、奉レ勅、修二国史一成、詣レ闕拝表曰、臣聞、黄軒御レ暦、沮誦摂二其史官一、有周闢レ基、伯陽司二其筆削一、故墳典斯闡、歩驟之蹤可レ尋、載籍聿興、勧沮之議允備、曁下乎班馬迭起述二実録於西京一、范謝分レ門、騁中直詞於東漢上、莫レ不下表レ言旌レ事、播二百王之通猷一、昭レ徳塞レ違、垂中千祀之炯光上、史籍之用、蓋大矣哉、伏惟聖朝、求レ道纂レ極、貫二三才一而君臨、就レ日均レ明、掩二八州一而光宅、遠安邇楽、文軌所以大同、歳稔時和、幽顕於レ焉禔福、可レ謂下英声冠二於胥陸一、懿徳跨二於勲華一者上焉、而負レ扆高居、凝レ旒広慮、修二国史之墜業一、補二帝典之欠文一、爰命三臣与二正五位上行民部大輔兼皇太子学士左兵衛佐伊予守臣菅野朝臣真道・少納言従五位下兼侍従守右兵衛佐行丹波介臣秋篠朝臣安人等一、銓二次其事一、以継二先典一、若下夫襲山肇基以降、浄原御寓之前、神代草昧之功、往帝庇民之略上、前史所レ著、粲然可レ知、除レ自二文武天皇一、訖二于聖武皇帝一、記注不レ昧、余烈存焉、但起レ自二宝字一、至二于宝亀一、廃帝受禅、韞二遺風於簡策一、南朝登祚、闕二茂実於従湧一、是以故中納言従三位兼行兵部卿石川朝臣名足・主計頭従五位下上毛野公大川等、奉レ詔編緝、合成二廿巻一、唯存二案牘一、類無二綱紀一、臣等更奉二天勅一、重以討論、芟二其蕪穢一、以撮二機要一、摭二其遺逸一、以補二闕漏一、刊二彼此之枝梧一、矯二首尾之差違一、至レ如二時節恒事一、各有司存、一切詔詞、非レ可レ為レ訓、触レ類而長、其例已多、今之所レ修、並所レ不レ取、若下其蕃国入朝、非常制勅、語関二声教一、理帰中勧懲上、総而書レ之、以備二故実一、勒成二一十四巻一、繋二於前史之末一、其目如レ左、臣等学謝二研精一、詞慙二質弁一、奉レ詔淹レ歳、伏深二戦兢一、有レ勅、蔵二于秘府一、類史147国史、紀略 ○丙辰、遊二猟于大原野一、類史32天皇遊猟

○九月辛未一日　地震があった。

○壬申二日　地震があった。

○癸酉三日　天下の諸国に対して、三日間殺生を禁止させることにした。『仁王経《にんのうきょう》』を講読することになったからである。

○乙酉十五日　任官があった。

○壬辰二十二日　天皇が交野《かたの》で狩猟した。

○戊戌二十八日　諸国の名神に奉幣《ほうべい》した。新京（平安京）への遷都と蝦夷《えみし》征討の成功を祈願してのことである。

○己亥二十九日　百人の僧侶を新京の宮中へ喚《よ》んで、『仁王経』の講会《こうえ》を行った。

○九月辛未朔、地震、類史171地震 ○壬申、地震類史171地震 ○癸酉、令三天下諸国、三日之

内、禁二断殺生一、以レ講二仁王経一也、類史177仁王会・182禁殺生、紀略○乙酉、任官、紀略○壬辰、遊二猟于交野一、類史32天皇遊猟○戊戌、奉二幣帛於諸国名神一、以下遷二于新都一、及欲レ征二蝦夷一也、紀略○己亥、請二百法師一、講二仁王経於新宮一、類史177仁王会、紀略

○冬十月甲辰 五日 天皇の衣服・調度等を掌《つかさど》る装束司《しょうぞくし》と、行幸《みゆき》の時の行列を指揮する次第司を任命した。新京へ遷都の行幸をするためである。

○庚戌 十一日 越前《えちぜん》国の人船木直《ふなきのあたい》安麻呂《やすまろ》が次のように言上した。

父外従五位下馬養《うまかい》は公用に供するため、米千斛《こく》を収積いたしました。しかし、計画を実現しないまま、不幸にして早逝してしまいました。伏して、収積した米を平安宮の造宮料に供したいと思います。亡父も泉下で喜ぶことでしょう。

言上を許可した。

○壬子 十三日 天皇が交野で狩猟した。百済王《くだらのこにきし》らに物を下賜した。

○辛酉 二十二日 天皇が新京へ遷った。

○甲子 二十五日 造宮使と山背国が奉献して、五位以上の者に衣被《いひ》と笠および農具等の器物を下賜した。詔《みことの》りが出された。（略）

○乙丑 二十六日 近江《おうみ》国が物を献上した。

○丙寅 二十七日 摂津・河内両国が物を献上した。

○丁卯二十八日 征夷大将軍大伴弟麻呂《おとまろ》が、斬首四百五十七級、捕虜百五十人、馬の捕獲八十五疋《ひき》、焼落した村七十五処の戦果を挙げたと奏上した。
鴨《かも》神社と松尾《まつのお》神社の神に神階の加階を行った。新京に近接する郡に鎮座していることによる。従二位鴨御祖命《かものみおやのみこと》と鴨別雷命《かもわけいかずちのみこと》の二神には正二位を授けた。

授位があった。

任官があった。

遷都が行われ、天皇は次のように詔《みことの》りした（宣命体）。

（略）葛野《かどの》の宮が営まれることになった土地は、山川も麗しく、四方の百姓《ひゃくせい》が参上するに際し好都合である。（略）また、愛宕《おたぎ》・葛野二郡の今年の田租は免除する、と仰せになる天皇のお言葉を、みなの者承《うけたまわ》れ、と述べ聞かせる。
○己巳三十日 和泉《いずみ》国が物を献上した。

○冬十月甲辰、任二装束司・次第司一、以レ将レ幸二新京一也、紀略 ○庚戌、越前国人船木直安麻呂言、父外従五位下馬養、為レ供二公事一、収二米一千斛一、而未レ遂二其志一、不幸早亡、伏望所レ収之物、供二造宮料一、亡父之情、泉壌有レ悦、許レ之、類史78献物 ○壬子、遊二猟於交野一、賜二百済王等物一、類史32天皇遊猟 ○辛酉、車駕遷二于新京一、類史78献物、紀略 ○甲子、造宮使及山背国奉献、賜二五位已上衣被、幷笠及産業器物一、詔曰、云々、類史78献物 ○乙丑、近江国献レ物、類史78献物 ○丙寅、摂津・河内二国献レ物、類史78献物 ○丁卯、征夷大将軍大伴弟麻呂奏、斬首四百五十七級、捕虜百五十人、獲馬八十五疋、焼落七十五処、紀略「鴨・松尾神加階、以二近郡一也、紀略 従二位鴨御祖命・鴨別雷命二神、奉レ授二正二位一、鴨脚秀文文書「授位、紀略「任官、紀略「遷都詔曰、云々、葛野乃大宮地者、山川毛麗久、四方国乃百姓乃参出来事毛便之弖、云々、紀略 詔曰、云々、又愛宕・葛野二郡乃今年田租免賜布止宣布勅命乎、衆聞食止宣、類史83免租税 ○己巳、和泉国献レ物、類史78献物

○十一月辛未二日　天皇が北岡《きたおか》（平安京北方の丘陵地であろう）で狩猟した。

○丙子七日　天皇が次のように詔りした。

古《いにしえ》の王者は教学を先とし重んじた。（略）さて、去る天平宝字《てんぴょうほうじ》元年に設置を決めた大学寮田三十町では、大学の生徒数が漸次ふえてきているので、賄《まかな》いきれなくなっている。さらに越前国の水田百二町を加えよ。以前の大学寮田と併せて百三十余町とし、勧《かん》学田《がくでん》と名づけることにする。（略）

○丁丑八日　天皇が次のように詔りした。

（略）山背国の地勢はかねて聞いていたとおりである。（略）この国は山と川が襟と帯のように配置し、自然の要害である城の様相を呈している。このすばらしい地勢に因《ちな》

み、新しい国号を制定すべきである。そこで、山背国を改めて山城国とせよ。また、天皇を慕い、その徳を称える人々は、異口同辞して平安京と呼んでいる。また、近江国滋賀《しが》郡の古津《ふるつ》は天智《てんじ》天皇が都を置いたところで、いま平安京の近接地となっている。往時の地名を追って大津と改称せよ。（略）

○戊寅《九日》　天皇が康楽岡《かぐらがおか》（京都市左京区吉田神楽岡町の吉田山）で狩猟した。

○己卯《十日》　伊勢・美作《みまさか》両国が物を献上した。

○丙戌《十七日》　美濃・但馬《たじま》両国が物を献上した。

○乙未《二十六日》　左京の人海上真人《うなかみのまひと》真直《まなお》が下獄して死亡した。真直は故大宰少弐《もとのだざいのしょうに》従五位上三狩《みかり》の男で、積年の怨みがあって父の妾の婢一人を殺したのであった。

○戊戌《二十九日》　播磨《はりま》国が物を献上した。

○十一月辛未、遊二猟於北岡一、[類史]32天皇遊猟　○丙子、詔曰、古之王者、教学為レ先、云々、其去天平宝字元年所レ置大学寮田卅町、生徒稍衆、不レ足レ供レ費、宜三更加二越前国水田一百二町一、通レ前一百卅余町、名曰二勧学田一、云々、[類史]107大学寮、[紀略]　○丁丑、詔、云々、山勢実合二前聞一、云々、此国山河襟帯、自然作レ城、因二斯形勝一、可レ制二新号一、宜下改二山背国一、為中山城国上、又子来之民、謳歌之輩、異口同辞、号曰二平安京一、又近江国滋賀郡古津者、先帝旧都、今接二輦下一、可下追二昔号一改中称大津上、云々、紀略 ○戊寅、遊二猟於康楽岡一、類史32天皇遊猟 ○己卯、伊勢・美作両国献レ物、類史78献物 ○丙戌、美濃・但馬二国献レ物、類史78献物 ○乙未、左京人海上真人真直下獄死、真直、故大宰少弐従五位上三狩之男、以二宿怨一殺二父妾婢一人一、類史87断罪 ○戊戌、播磨国献レ物、類史78献物

○十二月辛丑 二日 斎宮寮《さいぐうりょう》が物を献じ、曲宴が催された。斎宮助正六位上三嶋《みしま》真人年継《としつぐ》と 斎内《いつきのひめ》親王《みこ》（朝原内親王《あさはらないしんのう》）の乳母である無位朝原忌寸大刀自《いみきのおおとじ》に従五位下を授けた。
○丙午 七日 越前国が物を献上した。
○庚戌 十一日 山城国《やましろ》の乙訓《おとくに》社の仏像を大原寺《おおはらでら》へ遷し置くことにした。はじめ平安京の西方の山地で薪を採っていた人が乙訓社で休憩した折、木を刻んで仏像を作ったところ、神験《しんげん》があると評判になり、多くの人が参集して、世間の関心を集めるようになった。そこで遷すことにしたのである。
○丙辰 十七日 天皇が大原野で狩猟した。
○癸亥 二十四日 天皇が山階野《やましなの》（京都市山科区）で狩猟した。

○十二月辛丑、斎宮寮献レ物、曲宴、助正六位上三嶋真人年継・斎内親王乳母無位朝原忌寸大刀自授二従五位下一、類史32天皇遊宴・78献物 ○丙午、越前国献レ物、類史78献物 ○

庚戌、遷二置山城国乙訓社仏像於大原寺一、初西山採レ薪人、休二息此社一、便刻レ木成二仏像一、称レ有二神験一、衆庶会集驚二耳目一、故遷、[紀略] ○丙辰、遊二猟於大原野一、[類史]32天皇遊猟 ○癸亥、遊二猟于山階野一、[類史]32天皇遊猟

○十四年春正月庚午一日　朝賀の儀をとり止めた。大極殿《だいごくでん》が未完成のためである。天皇は侍臣と前殿で宴を催し、大歌とさまざまな音楽を奏した。宴終了後、被《ふすま》を下賜した。

○丙子七日　天皇が群臣と宴を催した。身分に応じて束帛《そくはく》（被物《かずけもの》にするため一疋ずつ巻いてある絹）を下賜した。

○壬午十三日　大雪となる。公卿以下諸衛府の者に至るまで、身分に応じて綿を下賜した。

○乙酉十六日　天皇が侍臣と宴を催した。集団の歌舞である踏歌《とうか》を奏し、次のような意味の歌を詠《うた》った。

　山城国が安楽であるのは、昔から伝えられている。天皇の宮が新造され、この上なくめでたい。京の郊外には平坦な道が続き、千里のかなたまで望見することができる。山河はその美しさを思う存分に示して、周囲を取り巻いている。〈新京は安楽で、平安京は楽土であり、いつも春の穏やかさを湛《たた》えている〉。人の心はこだわりがなく和ぎあらゆる方角に恵みを与え、わずかな日時の間に一億年も伝えられるであろう宮が完成した。壮麗な宮は宮殿としての規模に適《かな》い、不朽のものとして伝えられ、平安を宮名とし

て無窮のものであることを示している。〈新年は安楽で、平安京は楽土であり、いつも春の穏やかさを湛えている〉。新年正月を迎え北極星（天皇をさす）を中心に宇宙の秩序が整い、春の長閑《のどか》な光が満ちてどこもあけ放たれた状態である。美しい婦人たちが春の風情とともに、列を分かち、袂を連ね、宮城で舞っている。〈新年は安楽で、平安京は楽土であり、いつも春の穏やかさを湛えている〉。身分の低い者も高い者も恩沢に浴してみなが喜ばしい気持ちを抱き、内外に和やかな雰囲気が広がり、讃め称える声が満ちている。今日舞っている新京を称える太平楽（雅楽の一）を、これからも長く皇帝の宮の庭で奉《たてまつ》ることにしよう。〈新京は安楽で、平安京は楽土であり、いつも春の穏やかさを湛えている〉。

五位以上の者に身分に応じて物を下賜した。

○戊戌《二十九日》　征夷大将軍大伴弟麻呂《おとまろ》が参内して天皇に拝謁し節刀《せっとう》を返進した。

○十四年春正月庚午朔、廃朝、以二大極殿未一レ成也、宴二侍臣於前殿一、奏二大歌及雑楽一、宴畢賜レ被、〔類史〕71元日朝賀、〔紀略〕 ○丙子、宴二群臣一、賜二束帛一有レ差、〔類史〕71七日節会 ○壬午、大雪、公卿以下、至二于諸衛一、賜レ綿有レ差、〔類史〕165雪 ○乙酉、宴二侍臣一、奏二踏歌一曰、山城顕レ楽旧来伝、帝宅新成最可レ憐、郊野道平千里望、山河擅レ美四周連、新京楽、平安楽土、万年春、沖襟乃眷二八方中一、不レ日爰開二億載宮一、壮麗裁レ規伝二不朽一、平安作レ号験二無窮一、新年楽、平安楽土、万年春、新年正月北辰来、満宇韶光幾処開、麗質佳人伴二春色一、分行連レ袂儛二皇垓一、新年楽、平安楽土、万年春、卑高泳沢洽二歓情一、中外含レ和満二頌声一、今日新京太平楽、年々長奉二我皇庭一、新京楽、平安楽土、万年春、賜二五位已上物一有レ差、類史72十六日踏歌、紀略 ○戊戌、征夷大将軍大伴弟麻呂朝見、進二節刀一、紀略

○二月庚子二日　任官があった。
○乙巳七日　天皇が詔りした。（略）征夷大将軍以下の者に加階を行った。
○丁巳十九日　任官があった。
○甲子二十六日　出雲《いずも》国国造《くにのみやつこ》外正六位上出雲臣人長《ひとなが》に対し、特別に外従五位下を授けた。遷都に関連して神賀事《かんよごと》（天皇の世や寿命を称える寿詞）を奏上したことによる。
○乙丑二十七日　伊予《いよ》親王が物を献上して宴を催した。音楽を奏して五位以上の者に綿を下賜した。

○二月庚子、任官、紀略 ○乙巳、詔曰、云々、征夷大将軍以下加二爵級一、紀略 ○丁巳、任官、紀略 ○甲子、出雲国国造外正六位上出雲臣人長特授二外従五位下一、以下縁二遷都一奏中神賀事上也、類史19国造 ○乙丑、伊予親王奉レ物、飲宴奏レ楽、五位以上賜レ綿、類史78献物

○三月辛未《四日》　勅により、再度許可なく鷹《たか》を養《か》うことを禁止した。
○癸未《十六日》　天皇が日野《ひの》（京都市伏見区）で狩猟し、五位以上の者に衣を下賜した。
○壬辰《二十五日》　正四位上藤原朝臣産子《うぶこ》に十一人の尼僧の出家枠を賜わった。
○甲午《二十七日》　天皇が交野《かたの》で狩猟した。

○三月辛未、勅、重禁二私養一レ鷹、〔紀略〕 ○癸未、猟二於日野一、賜二五位已上衣一、〔類史〕32天皇遊猟 ○壬辰、賜二正四位上藤原朝臣産子度尼十一人一、〔類史〕187度者 ○甲午、遊二猟于交野一、〔類史〕32天皇遊猟

○夏四月戊戌《一日》　日蝕があった。
先に信濃国《しなののくに》介《のすけ》正六位上石川朝臣清主《きよぬし》が、当たらなかったとは言え矢を射かけられる事件が起きたので、従五位下藤原朝臣都麻呂《みやこまろ》らを遣わして犯人を捜索したが、捕らえることができなかった。そこで、衛門佐《えもんのすけ》大伴宿禰《すくね》是成《これなり》を遣わして、小県《ちいさがた》郡の人久米舎人望足《くめのとねりもちたり》を尋問したところ、罪を認めたので、讃岐《さぬき》国へ配流した。
○戊申《十一日》　曲宴が催された。天皇が次の古歌を誦《しょう》した。
いにしえの野中古道《のなかふるみち》あらためばあらたまらんや野中古道
（人が往来している野中の古道は、たやすく変えることはできない。同様に、古く

からの扈従者《こしょうしゃ》は大切にしなければならない）

天皇は尚侍《ないしのかみ》従三位百済王明信に勅して応答の歌を作ることを求めたが、作ることができなかった。そこで、天皇はみずから明信に代わって次の和歌を詠んだ。

きみこそは忘れたるらめにぎ珠《たま》のたわやめ我は常の白珠

（陛下は私のことを忘れてしまっているかもしれませんが、私は常に光の変わらない白珠《しらたま》のような状態でいます）

この応答歌に侍臣は万歳を叫んだ。

○辛亥　十四日　伊予国が物を献上した。

○丁巳　二十日　大和国の稲二千束を菩提寺《ぼだいじ》へ施入《せにゅう》した。火災に遭ったことによる。

○庚申　二十三日　天皇が次のように勅した。

去る延暦《えんりゃく》四年に出された制では、「多くの僧尼らが仏教の教旨に反し、勝手に檀越《だんおち》（寺の後援者）を定めて村里に出入したり、仏教による霊験を偽り称して、民を欺き誤らせている。このような僧尼は外国《げこく》（畿外の国）へ追放せよ」と指示したが、守られずにきており、違犯者が多数となっている。髪を切り俗世間と縁を断つのは、もとより修行のためであるのに、うわつき濫《みだ》りがましいさまは右のとおりである。これでは僧尼でありながら、かえって仏教の教えを破り、徒《いたず》らに教界を汚すだけでなく、国家の法を乱すことになる。僧綱《そうごう》（仏教界を指導・監督する僧官）が率先して是正につとめれば、従わないものがいるだろうか。再度教喩を行い、濫りがましいことのないようにせよ。

○甲子《二十七日》　天皇が次のように勅した。

田宅・園地の寺への施入と売買・交換による譲渡は、久しい以前から禁止されてきている。しかし、いま聞くところによると、往々にして、寺が他人の名義を借りて、実は自分のものにすることが行われているという。このような事態を糺《ただ》さなければ、どうして国法ありなどと言えよう。そこで、すでに寺へ施入されている土地について調査して報告せよ。今後は寺が得た土地は官が没収することにし、このようなことのないようにせよ。

○夏四月戊戌朔、日有レ蝕、〔紀略〕「先レ是、信濃国介正六位上石川朝臣清主、為レ人被レ射而不レ中、遣二従五位下藤原朝臣都麻呂等一、勘二捜射人一不レ得焉、更遣二衛門佐大伴宿禰是成一、推二問小県郡人久米舎人望足一服焉、流二讃岐国一、〔類史〕87配流　○戊申、曲宴、天皇誦二古歌一曰、以邇之弊能、能那何浮流弥知、阿良多米波、阿良多麻良武也、能那賀浮流弥知、勅二尚侍従三位百済王明信一令レ和レ之、不レ得レ成焉、天皇自代和曰、記美己蘇波、和主黎多魯羅米、尓記多麻乃、多和也米和礼波、都祢乃詩羅多麻、侍臣称二万歳一、〔類史〕75曲宴　○辛亥、伊予国献レ物、〔類史〕78献物　○丁巳、大和国稲二千束、施二入菩提寺一、以レ遭二火災一也、〔類史〕182施入物　○庚申、勅、去延暦四年制、僧尼等多乖二法旨一、或私定二檀越一、出二入閭巷一、或誣二称仏験一、詿二誤愚民一、如レ此之類、擯二出外国一、而未レ有二遵悛一、違犯弥衆、夫落髪遜レ俗、本為二修道一、而浮濫如レ此、還破二仏教一、非三徒汙二穢法門一、実亦紊二乱国典一、僧綱率而正レ之、誰敢不レ従、宜下重教喩、不上レ得二更然一、類史186僧尼雑制、紀略 ○甲子、勅、以二田宅・園地一捨施、及売易与レ寺、禁制久矣、今聞、或寺借附二他名一、実入二寺家一、如レ此之類、往々而在、此而不レ粛、豈曰二皇憲一、宜二其先既施捨、勘録申一レ之、以後皆没官、以懲二将来一、類史79禁制・182施入物

○五月丁卯 一日 任官があった。

○己巳 三日 右京の人上毛野兄国女《かみつけぬのえくにめ》を土佐国へ配流《はいる》した。諸天《しょてん》（仏教で天部に属する諸神）を自称して妖言で人を惑わしたことによる。

○辛未 五日 天皇が馬埒殿《うまばどの》（後の武徳殿）に出御して、騎射を観覧した。

○壬申 六日 筑後《ちくご》国の高良神《こうらのかみ》に従五位下を授けた。

○丙子 十日 俘囚《ふしゅう》である大伴部阿弖良《あてら》らの妻子・親族六十六人を日向《ひゅうが》国へ配流した。俘囚である外従五位下吉弥侯部真麻呂《きみこべのままろ》父子二人を殺害したことによる。

○己卯 十三日 造宮使主典《ぞうぐうしのさかん》以下将領《しょうりょう》以上百三十九人に、それぞれの功績に従い位を授けた。

○庚辰 十四日 正五位下文室八多麻呂《ふんやのはたまろ》ら十八人に命じて、交互に長岡京の旧宮を守衛させることにした。

正四位下藤原朝臣綿手《わたて》に四人の尼の得度枠を賜わった。

○五月丁卯朔、任官、紀略 ○己巳、右京人上毛野兄国女流ニ土左国一、以下自称ニ諸天一、妖言或上衆也、紀略 ○辛未、御ニ馬埒殿一観ニ騎射一、類史73五月五日、紀略 ○壬申、筑後国高良神奉レ授ニ従五位下一、紀略 ○丙子、配ニ俘囚大伴部阿弖良等妻子・親族六十六人於日向国一、以レ殺ニ俘囚外従五位下吉弥侯部真麻呂父子二人一、類史190俘囚、紀略 ○己卯、造宮使主典已下将領已上一百卅九人、各随ニ其功一叙レ位、紀略 ○庚辰、令三正五位下文室八多麻呂等十八人遁守ニ長岡旧宮一、紀略」賜ニ正四位下藤原朝臣綿手度尼四人一、類史187度者

○六月丙申一日　周防《すおう》国の田百町と山八百町を茨田《まんた》親王に賜わった。

○己亥四日　丹後《たんご》国介《すけ》正六位上御長真人仲嗣《みながのまひとなかつぐ》が、国内に帳簿に記載されていない余剰稲が四万六千一束ある、と言上してきた。稲を仲嗣に賜給し、続く者を勧奨することにした。

○己酉十四日　天皇が次のように勅した。

今後は左右大舎人《さゆうのおおどねり》には蔭子《おんし》孫《そん》（五位以上の者の子・孫《まご》）をもって補任《ぶにん》せよ。位子《いし》（六位以下八位以上の者の嫡子）については、軍防令により試験をして身のこなし方がよく、事務能力のある者を大舎人に任用せよ。雑色《ぞうしき》人（官人有資格者。ただしここは蔭子

孫・位子以外の者）や畿外の人を任用してはならない。
○庚戌十五日　天皇が近東院へ行幸した。
○辛亥十六日　天皇が次のように勅した。
　定額の散位および種々の官人となる有資格者で才能のある者について式部省と兵部省がそれぞれ試験を行い、選抜された者を太政官へ引率して申上せよ。太政官では通常の叙位者に准じて簡閲を行い、以後は被選抜者の差し替えをしてはならない。
○壬戌二十七日　天皇が大堰《おおい》（葛野川に設置された井堰）へ行幸した。

○六月丙申朔、周防国田百町・山八百町賜二茨田親王一、【紀略】○己亥、丹後国介正六位上御長真人仲嗣言、国内有二乗稲四万六千一束一、即賜二仲嗣一、以勧二後輩一、【類史】84乗官物 ○己酉、勅、自レ今以後、左右大舎人、以二蔭子孫一補之、其位子者、依レ令簡試、以下容止端正工二於書筭一者上補之、不レ得下妄以二雑色及畿外人一補上之、【類史】107大舎人寮、【紀略】○庚戌、幸二近東院一、【紀略】○辛亥、勅、定額散位及雑色等有二芸能一者、式・兵二省各加二簡試一、率二将其身一申二太政官一、官准二選人一列見、一定之後、不レ得二輙替一、師光年中行事 ○壬戌、幸二大堰一、【紀略】

○秋七月丁丑十二日　天皇が京中を巡幸した。

○戊寅 十三日 天皇が佐比津《さいのつ》（京都市南区吉祥院）へ行幸した。

○辛巳 十六日 唐人（ここは外国人の意）ら五人に官を授けた。遠方からやって来た外国人を優遇するためである。

○癸未 十八日 曲宴が催された。五位以上の者に身分に応じて物を下賜した。

使人を七大寺（東大《とうだい》・興福《こうふく》・元興《がんごう》・大安《たいあん》・薬師《やくし》・西大《さいだい》・法隆《ほうりゅう》寺）へ派遣して、常住する僧尼を調査した。

○戊子 二十三日 天皇が佐比津へ行幸した。

○辛卯 二十六日 左兵衛佐橘入居《いりい》を派遣して、近江・若狭《わかさ》両国の駅路を調査した。

○秋七月丁丑、巡二幸京中一、〔類史〕32天皇巡幸、〔紀略〕○戊寅、幸二佐比津一、〔紀略〕○辛巳、唐人等五人授レ官、以レ優二遠蕃人一也、〔紀略〕○癸未、曲宴、賜二五位已上物一有レ差、〔類史〕32天皇遊宴」遣二使七大寺一、検二校常住見僧尼一、〔類史〕180諸寺 ○戊子、幸二于佐比津一、中古京師内外地図 ○辛卯、遣二左兵衛佐橘入居一、検二近江・若狭両国駅路一、〔紀略〕

○閏七月乙未 一日 天皇が次のように詔りした。

人民を養う道は憐み慈しむことであり、国を富ます方法は税を軽くすることにある。朕《ちん》は謹んで天命を受けて皇位を守り、身は宮殿内に置くも、心は広く全国のことを思っている。そして、穀物を丘のごとく蓄積して、礼儀正しい風を人民の間に興したいと願っている。しかし、国内はまだ和らぎ楽しむに至らず、百姓《ひやくせい》は窮乏状態である。現在、諸国では正税《しようぜい》（国郡の倉庫に蓄積した租稲穀）を出挙《すいこ》して五割の利息を収めているが、貧しい百姓は返済することができず、多くの者が家産を失い、自存できなくなっている。ここにいま、深く憐むしだいである。古《いにしえ》の人は「百姓が満ち足りていれば、いったい誰とともに君主が不足するなどということがあろうか」と言っている。取り敢えず公廨稲《くげとう》（租税の欠負・未納分を補充し、国司の俸料を得るために出挙する稲）や雑色稲《ぞうしきとう》（さまざまな経費を賄うために出挙する稲）などの出挙の利息を改定し、今年から軽減しようと思う。そこで、十束につき利息を三束収めるようにせよ。願わくは、豊かな財物が役に立つように使われ、人民を衰弊から救い、家も人も満ち足り、世が太平となることを。この詔りを遠方にまで布告し、朕の意を知らせよ。

○丙申 二日　畿内・七道《しちどう》に遣わされる巡察使《じゆんさつし》を任命した。

○辛丑 七日　天皇が大堰《おおい》に行幸した。

○乙巳 十一日　大風が吹き、官舎や京中の家屋が壊れた。

○丁未 十三日　武蔵国司の介である従五位下勲六等都努《つの》朝臣筑紫《つくし》麻呂《まろ》と他の者を免官（有位者に対する付加刑。官位・勲位を剝奪して、三年後に本位より二等降《くだ》して再叙）処分とした。官物を盗取したことによる。

○己酉（十五日）　天皇が次のように詔りした。

（略）　雑徭《ぞうよう》に差発する日数は三十日を限度とせよ。

○辛亥（十七日）　駅路（ここは近江・若狭国方面の駅路であろう）を廃止した。

○乙卯（二十一日）　天皇が次のように勅した。

諸国の百姓のなかには、出挙稲を貸し付ける日には多量の正税を借り受け、返済する段になると死亡したと申告する者がいる。このため調庸を負担する課口がいなくなり、多くの正税が失われる事態になっている。改革を行わないことには、どうして不正の源を絶つことができようか。今後は、死亡した百姓が負っている出挙稲を免除しないようにせよ。

日本後紀　巻第三（逸文）

○閏七月乙未朔、詔曰、字レ民之道、義資二恤隠一、富レ国之方、事在二薄斂一、朕祇膺二霊命一、嗣守二丕基一、身在二巌廊一、心遍二区域一、思レ俾下菽粟之積等二於京坻一、礼譲之風興中於萌俗上、而四海之内、未レ洽二雍熙一、百姓之間、致レ有二罄乏一、如今諸国出二挙正税一、例収二半倍息利一、貧窮之民、不レ堪二備償一、多破二家産一、或不二自存一、興言於此深以閔焉、古人有レ言、百姓足、君孰与不レ足、且其論二定公廨及雑色等稲出挙息利一、始レ自二今年一、一従二省減一、仍率二十束一、収二利三束一、庶阜レ財利レ用、済二生民於顛弊一、

家給人足、緝ニ隆平於当今一、布ニ告遐邇一、使レ知ニ朕意一、〔類史〕83正税 ○丙申、任ニ畿内・七道巡察使一、〔紀略〕 ○辛丑、幸ニ大堰一、〔紀略〕 ○乙巳、大風、官舎・京中屋破壊、〔紀略〕 ○丁未、武蔵国司介従五位下勲六等都努朝臣筑紫麻呂、云々等、並免官、以レ隠ニ截官物一也、〔類史〕84隠截官物 ○己酉、詔、云々、雑徭宜下以ニ卅日一為上レ法、〔紀略〕 ○辛亥、廃ニ駅路一、〔紀略〕 ○乙卯、勅、諸国百姓、出挙之日、多受ニ正税一、収納之時、競申ニ死亡一、課口因レ斯隠没、正税由レ其多損、自レ非ニ釐革一、何絶ニ姧源一、自レ今以後、身死百姓所レ負官稲、不レ合ニ除免一、〔類史〕83正税、〔紀略〕

日本後紀　巻第三（逸文）

日本後紀　巻第四（逸文）　延暦十四年八月より同十五年六月まで

左大臣正二位兼行左近衛大将臣藤原朝臣冬嗣ら勅を奉《うけたまわ》りて撰す

皇統弥照天皇《あまつひつぎいやてらすすめらみこと》　桓武天皇《かんむてんのう》

○八月丁卯《三日》　天皇が大堰《おおい》に行幸《みゆき》した。

○己巳《五日》　天皇が柏原野《かしわばらの》（京都市伏見区）で狩猟した。

○辛未《七日》　陸奥《むつ》鎮守将軍《のちんじゅしょうぐん》百済王《くだらのこにきし》俊哲《しゅんてつ》が死去した。

○甲戌《十日》　刑部省《ぎょうぶしょう》が次のように言上した。

罪人に判決を下したり刑を執行するに当たっては獄令《ごくりょう》に規定があり、死刑執行は決められている時期に行い、違反することがあってはなりません。いま従前のあり方を調べますと、立春から秋分に至る間は死刑を奏上したり執行できないにもかかわらず、秋分を過ぎ、立春に入って奏上や執行を行うことがあり、また、軽罪でありながら裁判が遅延して、長期にわたり獄舎に収監されている者がいます。法律に反し、まったく基準とすべきものがない状態です。伏して、令規《りょうき》に従い、流罪《るざい》は遅延することなく判決を下し、死刑は秋分以降年末までに、判断結果を陛下に上奏《じょうそう》する定めとすることを要請します。

言上を許可した。

○十二日丙子　天皇が次のように勅した。

諸国の国師《こくし》（国ごとに置かれた僧官で、寺・僧尼の監督や経典の読誦を行った）の任期は六年で、かねて僧尼の監督や経典等以外のことにも関与し、交替の時には解由《げゆ》（官有財物の管理に不正や不備のないことを証明する文書）を授受することになっている。今後は国師の名称を改めて講師《こうじ》とし、国ごとに一人置け。講師の補佐役である読師《とくし》には、国分寺僧のなかから序列に従い起用せよ。

○十五日己卯　近江国《おうみのくに》の相坂剗《おうさかのせき》（滋賀県大津市逢坂）を廃止した。

○十六日庚辰　天皇が大原野《おおはらの》で狩猟した。

○十八日壬午　天皇が北野《きたの》（京都市北区北野）へ行幸した。
越中《えっちゅう》国の高瀬神《たかせのかみ》・雄神《おのかみ》・二上神《ふたかみのかみ》を従五位上に叙した。

○十九日癸未　天皇が朝堂院に行幸して、工事中の現場を視察した。

○二十二日丙戌　天皇が柏原野で狩猟した。

○二十八日壬辰　天皇が日野で狩猟した。

○二十九日癸巳　曲宴が催された。五位以上の者に身分に応じて綿《わた》を下賜した。
○三十日甲午　宮中と左右京《さうきょう》、畿内《きない》・近江《おうみ》・伊賀《いが》・伊勢《いせ》等の諸国で大祓《おおはら》えを行った。伊勢大神宮へ装束を奉納するためである。諸国は路次国であることによる。
巡察使の派遣をとり止めた。

日本後紀　巻第四（逸文）　起二延暦十四年八月一尽二同十五年六月一

左大臣正二位兼行左近衛大将臣藤原朝臣冬嗣等奉レ勅撰

皇統弥照天皇　桓武天皇

○八月丁卯、幸二大堰一、[紀略]○己巳、遊二猟於柏原野一、[類史]32天皇遊猟、[紀略]○辛未、陸奥鎮守将軍百済王俊哲卒、[紀略]○甲戌、刑部省言、断二決囚徒一、令有二正文一、順レ時粛殺、不レ合二虧違一、今検二前例一、或過二秋分節一、延入二立春一、或軽罪之徒、禁経二歳月一、既乖二法式一、都無二准的一、伏請依二令条一、流罪者不レ待レ時且断、其死刑者、亦待二秋分一年終断奏、許レ之、[類史]87断例○丙子、勅、諸国々師、任限二六年一、名曰二国師一、兼預二他事一、煩以二解由一、自レ今以後、宜下改二国師一曰二講師一、毎レ国置中一人上、但読師者国分寺僧依レ次請之、西宮記臨時一（甲）○己卯、廃二近江国相坂剗一、[紀略]○庚辰、遊二猟於大原野一、[類史]32天皇遊猟、[紀略]○壬午、幸二北野一、[紀略]」越中国高瀬神・雄神・二上神、叙二従五位上一、[紀略]○癸未、幸二朝堂院一観二匠作一、[紀略]○丙戌、遊二猟於柏原野一、[類史]

32天皇遊猟、[紀略] ○壬辰、遊ニ猟於日野一、[類史]32天皇遊猟、[紀略] ○癸巳、曲宴、賜ニ五位已上綿一有レ差、[類史]32天皇遊宴 ○甲午、大ニ祓宮中及左右京、畿内・近江・伊賀・伊勢等国一、為レ奉ニ伊勢大神宮装束物一也、[類史]3伊勢大神、[紀略]」停レ遣ニ巡察使一、[紀略]

○九月戊戌《四日》 天皇が東院《とういん》に行幸した。

○己酉《十五日》 天皇が次のように詔《みことの》りした。

真実の教えである仏教には支えとなるものが伴うもので、それを興隆するのは国王である。万物の相状についての仏教の教えには限りがなく、その要諦を明らかにするのは僧侶である。朕《ちん》は天下を治め、多くの民に思いを馳《は》せ、徳と礼で導き整え、治国の規範に従ってきているが、さらに仏の果法とよき因縁《いんねん》を示しているところのこのうえなく勝《すぐ》れている仏教の教えを広めようと思っている。そこで、景勝の地を開いて仏寺を創建し、土木の妙を尽くして伽藍の装飾を行い、寺名を梵釈寺《ぼんしゃくじ》とし、清行《しょうぎょう》の禅師《ぜんじ》（禅行に通じた僧侶）十人を置き、寺役人である三綱《さんごう》は禅師のなかから任ずることにした。そして、近江国の水田百町と下総《しもうさ》国の食封《じきふ》五十戸・越前《えちぜん》国の食封五十戸を施入《せにゅう》し、寺の修理と供養の費用に充てた。願わくは、時が経過しても永く正しい仏教の教えを伝え、丘陵や渓谷の地形が変わるほどの時間が経っても、人々がこの寺を崇《あが》めることを。この寺院創建が良因となって、上は皇祖霊のいる宝界《ほうかい》（浄土）が尊さを増し、下は仏教の教えが全国に及び、よく治まり、すべてが喜ばしくなろう。天皇の事業の基礎が永く固められ、代は永続し、皇室の本宗も別れた枝族《しぞく》もよく栄え、内外共に安楽で冥界も現世も長く幸福となり、それがすべての人々に及び、慈《いつく》しみの雲を見つつ迷いの世を出て、日光のような仏教の智恵を仰ぎ、悟《さと》りの道を進むことになろう。

○乙卯（二十一日）肥後《ひご》国を大国とした（国の等級には大・上・中・下がある）。

○丙辰（二十二日）天皇が登勒野《とろの》で狩猟した。

○壬戌（二十八日）金星が日中に見えた。

○九月戊戌、幸㆓東院㆒、紀略 ○己酉、詔曰、真教有㆑属、隆㆓其業㆒者人王、法相無辺、闡㆓其要㆒者仏子、朕位膺㆓四大㆒、情存㆓億兆㆒、導㆑徳斉㆑礼、雖㆑遵㆓有国之規㆒、妙果勝因、思㆑弘㆓無上之道㆒、是以披㆓山水名区㆒、草㆓創禅院㆒、尽㆓土木妙製㆒、荘㆓飾伽藍㆒、名曰㆓梵釈寺㆒、仍置㆓清行禅師十人㆒、三綱在㆓其中㆒、施㆓近江国水田一百町、下総国食封五十戸、越前国五十戸㆒、以充㆓修理・供養之費㆒、所㆑冀還経㆓馳驟㆒、永流㆓正法㆒、時変㆓陵谷㆒、恒崇㆓仁祠㆒、以㆓茲良因㆒、普為㆓一切㆒、上奉㆓七廟㆒、臨㆓宝界㆒而増㆑尊、下覃㆓万邦㆒、登㆓寿域㆒而治㆑慶、皇基永固、卜㆓年無窮㆒、本枝克隆、中外載逸、綿該㆓幽顕㆒、傍及㆓懐生㆒、望㆓慈雲㆒而出㆓迷途㆒、仰㆓恵日㆒而趣㆓覚路㆒、類史180諸寺・182寺田地、紀略 ○乙卯、以㆓肥後国㆒為㆓大国㆒、紀略 ○丙辰、遊㆓猟於登勒野㆒、類史32天皇遊猟、紀略

○壬戌、太白昼見、紀略

○冬十月甲子《一日》 天皇が紫野《むらさきの》（京都市北区）で狩猟した。
○己卯《十六日》 天皇が交野《かたの》に行幸した。右大臣藤原継縄《つぐただ》の別荘を行宮《かりみや》とした。
○乙酉《二十二日》 本日、天皇は平安宮へ戻った。
○辛卯《二十八日》 天皇が栗栖野《くるすの》（京都市東山区）で狩猟した。近衛将監《このえのしょうげん》従五位下《じゅごいのげ》住吉朝臣綱主《すみのえのあそんつなぬし》に従五位上を授けた。
○癸巳《三十日》 勅により縫殿助《ぬいどののすけ》板茂連《いたもちのむらじ》浜主《はまぬし》と式部少輔《しきぶのしょうふ》和気《わけ》朝臣広世《ひろよ》に帯剣《たいけん》を認めた。

○冬十月甲子朔、遊㆓猟於紫野㆒、類史32天皇遊猟、紀略 ○己卯、幸㆓交野㆒、以㆓右大臣藤原継縄別業㆒、為㆓行宮㆒、紀略 ○乙酉、是日、車駕還㆑宮、紀略 ○辛卯、遊㆓猟於栗栖野㆒、近衛将監従五位下住吉朝臣綱主授㆓従五位上㆒、類史32天皇遊猟、紀略 ○癸巳、縫殿助板茂連浜主・式部少輔和気朝臣広世、有㆑勅、特令㆓両人帯剣㆒、紀略

○十一月丙申《三日》 出羽《でわ》国が渤海国使《ぼっかいこくし》呂定琳《りょていりん》ら六十八人が夷地志理波《いちしりは》村（秋田県能代市のあたりか）に漂着して襲撃を受け、人・物共に失われたと言上してきた。そこで、生存している人たちを越後《えちご》国へ遷し、規定に従い給養せよとの勅を下した。

○十五日戊申　天皇が次のように勅した。

薬師寺の賤《せん》身分から解放されて良《りよう》身分となった者が、朝臣・宿禰《すくね》・臣《おみ》・連《むらじ》などの姓《かばね》を申請することを一切禁止する。みな氏《うじ》名の下に部《べ》の字を付けよ。

○二十二日乙卯　公卿《くぎよう》が次のように奏上した。

諸国で出挙《すいこ》されている七大寺の稲は、施入《せにゆう》されて以来、年月を経ており、年々の出挙による収益は莫大なものになっていますが、時の盛衰に従い改革する必要があるにもかかわらず、革《あらた》めることがなく、往時の出挙数を維持したまま、今日《こんにち》の疲弊した人民に貸し付けています。このため国司《こくし》は出挙行政が円滑にいかず、百姓《ひやくせい》は返済できない状態となり、家業を失い、家を滅ぼす人が続出しています。政治において民はひとしなみに大事な子供と同様の存在であり、恩愛を先とすることが必要です。現在実施されている出挙のあり方では、どうして父母としての態度で臨んでいると言えましょうか。伏して、七大寺に現に居住する僧侶が必要とする経費を調べ、出挙する稲の数を削減して百姓の苦しみを救い、後日、豊かになった段階で、減省する以前の出挙数に戻すことを要請します。

奏上を許可した。

○二十五日戊午　天皇が大原野で狩猟した。

○十一月丙申、出羽国言、渤海国使呂定琳等六十八人、漂二著夷地志理波村一、因被二劫略一、人物散亡、勅、宜下遷二越後国一、依レ例供給上、類史193渤海、紀略 ○戊申、勅、薬師寺奴婢放賤従良之輩、請二朝臣・宿禰・臣・連等姓一、宜三一切禁止並作二部字一、寛平二年三月記 ○乙卯、公卿奏、諸国挙七大寺稲、施入以来、経レ代懸遠、毎レ年出挙、其利極多、誠可下随二代盛衰一、稍有中沿革上、而猶執二昔時之全数一、挙二今日之耗民一、国司由レ其、有レ煩二於徴納一、百姓為レ此、無レ堪二於酬償一、喪レ業破レ家、寔繁有レ輩、夫衆生一子、恩愛為レ先、徴責如レ此、豈称二父母一、伏望取二寺家所在見僧支度年中雑用一、省二出挙之数一、息二百姓之愁一、待二其豊給一、更復二前例一、許レ之、類史182施入物 ○戊午、遊二猟于大原野一、類史32天皇遊猟、紀略

○十二月甲子 一日 天皇が京中を巡幸した。
○丁卯 四日 従四位下多治比真人《たじひのまひと》大刀自《おおとじ》に得度《とくど》の枠七人分を賜わった。
○丙子 十三日 参議以上の者に白玉《はくぎょく》をつけた帯の着用を許可した。
○戊寅 十五日 武蔵《むさし》国足立《あだち》郡の大領《だいりょう》外《げ》従五位下武蔵宿禰弟総《おとふさ》を国造《くにのみやつこ》に任命した。
○辛巳 十八日 天皇が京中を巡幸した。
○壬午 十九日 流人が京へ戻ることを許可した。
○癸未 二十日 佐渡権守《さどのごんのかみ》吉備朝臣《きびのあそん》泉《いずみ》を備中《びっちゅう》国へ移した。

○乙酉〔二十二日〕淡路《あわじ》国へ配流されていた不破内親王《ふわないしんのう》を和泉《いずみ》国へ移した。
○己丑〔二十六日〕出征中の軍隊から逃亡した諸国の兵士三百四十人に対して死罪を免《ゆる》し、陸奥国に配置して永く柵戸《さくこ》（城柵所属の民）とすることにした。

○十二月甲子朔、巡㆓幸京中㆒、【類史】32天皇巡幸、【紀略】 ○丁卯、賜㆓従四位下多治比真人大刀自度七人㆒、【類史】187度者 ○丙子、聴㆔参議已上著㆓白玉帯㆒、【紀略】 ○戊寅、武蔵国足立郡大領外従五位下武蔵宿禰弟総為㆓国造㆒、【類史】19国造 ○辛巳、巡㆓幸京中㆒、【類史】32天皇巡幸、【紀略】 ○壬午、免㆓流人㆒令㆑入㆑京、【紀略】 ○癸未、佐渡権守吉備朝臣泉移㆓備中国㆒、【紀略】 ○乙酉、配㆓淡路国㆒不破内親王移㆓和泉国㆒、【紀略】 ○己丑、逃㆑軍諸国軍士三百卌人、特宥㆓死罪㆒、配㆓陸奥国㆒、永為㆓柵戸㆒、【紀略】

○十五年春正月甲午〔一日〕皇帝が大極殿《だいごくでん》に出御《しゅつぎょ》して朝賀を受けた。石見《いわみ》国が白雀《はくじゃく》を献じ、長門《ながと》国が白雉《はくち》を献上した。天皇は侍臣と前殿《ぜんでん》で宴を催し、被《ふすま》を下賜した。
○乙未〔二日〕曲宴が催された。五位以上の者に身分に応じて物を下賜した。
○庚子〔七日〕天皇が五位以上の者と宴を催した。身分に応じて束帛《そくはく》を下賜した。授位があった。
また、紀梶長《きのかじなが》を参議に任じた。
○癸卯〔十日〕伊《い》予《よ》親王《しんのう》に帯剣を許可した。

○甲辰 十一日 天皇が芹川野《せりかわの》（京都市伏見区）で狩猟した。
○己酉 十六日 天皇が五位以上の者と宴を催した。身分に応じて物を下賜した。
○庚戌 十七日 天皇が射礼《じゃらい》を観覧した。
○辛亥 十八日 大射《たいしゃ》が行われた。
○壬子 十九日 任官があった。
○癸丑 二十日 天皇が登勒野で狩猟した。四位以上の者に衣《きぬ》、五位の者に帖綿《じょうめん》（真綿《まわた》を平たく重ねたものか）を下賜した。
○戊午 二十五日 任官があった。
○辛酉 二十八日 天皇が水生野《みなせの》で狩猟した。五位以上の者に被衣《ひい》を下賜した。

○十五年春正月甲午朔、皇帝御ニ大極殿一受ニ朝賀一、石見国献ニ白雀一、長門国献ニ白雉一、宴ニ侍臣於前殿一賜レ被、〔類史〕71元日朝賀・165雉・雀、〔紀略〕○乙未、曲宴、賜ニ五位以上物一有レ差、〔類史〕32天皇遊宴 ○庚子、宴ニ五位已上一、賜ニ束帛一有レ差、〔類史〕71七日節会 授位、〔紀略〕」又紀梶長為ニ参議一、〔紀略〕○癸卯、令ニ伊予親王帯剣一、〔紀略〕○甲辰、遊ニ猟于芹川野一、〔類史〕32天皇遊猟、〔紀略〕○己酉、宴ニ五位以上一、賜レ物有レ差、〔類史〕72十六日踏歌 ○庚戌、観レ射、〔類史〕72十七日射礼、〔紀略〕○辛亥、大射、〔類史〕72十七日射礼、〔紀略〕○壬子、任官、〔紀略〕○癸丑、遊ニ猟於登勒野一、賜ニ四位以上衣、五位帖綿一、〔類史〕32天皇遊猟、〔紀略〕○戊午、任官、〔紀略〕○辛

酉、遊二猟於水生野一、賜二五位已上被衣一、類史32天皇遊猟、紀略

○二月癸亥（一日）　天皇が侍臣と宴を催した。身分に応じて物を下賜した。

○庚午（八日）　叙位があった。

○甲戌（十二日）　天皇が紫野《むらさきの》に行幸した。

○乙亥（十三日）　斎内親王《いつきのひめみこ》（朝原内親王）が帰京することになり、頓宮《かりみや》を大和国《やまと》に造営した。

○丁丑（十五日）　使人を伊勢大神宮へ派遣して奉幣《ほうべい》した。斎内親王が帰京することになったためである。

○丁亥（二十五日）　天皇が次のように勅した。

南海道《なんかいどう》の駅路《えきろ》は遠廻りとなっていて、命令の伝達が困難となっている。そこで、これまでの駅路を廃止して、新道を通すことにせよ。

○二月癸亥朔、宴二侍臣一、賜レ物有レ差、類史75曲宴 ○庚午、叙位、紀略 ○甲戌、幸二紫野一、紀略 ○乙亥、斎内親王欲レ帰レ京、造二頓宮於大和国一、類史4伊勢斎宮 ○丁丑、遣レ使奉二幣於伊勢大神宮一、以二斎内親王退一也、類史4伊勢斎宮、紀略 ○丁亥、勅、南海道駅路迴遠、使令難レ通、因廃二旧路一通二新道一、紀略

○三月壬辰《一日》　任官があった。
○癸巳《二日》　天皇が日野で狩猟した。
○甲午《三日》　天皇が侍臣と宴を催した。身分に応じて禄を下賜した。
○丙申《五日》　従五位上守左少弁《しゆさしようべん》兼左兵衛佐《さひようえのすけ》　橘《たちばな》　朝臣入居《いりい》らを派遣して、斎内親王を迎えさせることにした。
はじめて主計《かぞえ》・主税《ちから》二寮に印を賜わった。
○庚子《九日》　唐人《とうひと》に姓《せい》を賜わった。
○丁未《十六日》　任官があった。
○庚戌《十九日》　諸国に対し、武芸に勝れている者を推挙させた。
　天皇が次のように勅した。

　北辰《ほくしん》を祀《まつ》ること（北極星に御灯《ごとう》を捧げて祀る）に朝廷の禁制が出されてからすでに久しいが、取り締まりに当たるべき官司《かんし》は侮り怠って取り締まっていない。いま、京・畿《き》内《ない》では役人も民も春秋の時期が来ると職務・家業を忘れて、北辰を祀る祭礼の場に集まり、男女が入り混じり、清浄とは言いがたい状態である。□（欠字未詳）。これではかえって災《わざわ》いを招くことになってしまう。今後は特に禁断せよ。もし、止むを得ず北辰を祀る場合は、人ごとに日を異にし、人が集合しないようにせよ。本日の決定に違反すれば、僧侶は名前を僧綱《そうごう》の執務所へ通知し、俗人については違勅罪《いちよくのつみ》に処せ。

○乙卯二十四日　天皇が朝堂《ちょうどう》と諸院を巡覧した。近東院《ちかきとういん》に寄り、終日宴を催した。侍臣と護衛の諸衛府の者に身分に応じて物を下賜した。

○三月壬辰朔、任官、紀略 ○癸巳、遊二猟于日野一、類史32天皇遊猟、紀略 ○甲午、宴二侍臣一、賜レ禄有レ差、類史73三月三日 ○丙申、遣二従五位上守左少弁兼左兵衛佐橘朝臣入居等一、迎二斎内親王一、類史4伊勢斎宮、紀略」始賜二主計・主税二寮印一也、紀略 ○庚子、唐人賜レ姓、紀略 ○丁未、任官、紀略 ○庚戌、令三諸国挙二武芸秀レ衆者一、類史79選挙、紀略」勅、禁レ祭二北辰一、朝制已久、而所司侮慢、不レ事二禁止一、今京畿吏民、毎レ至二春秋□月一、棄レ職忘レ業、相二集其場一、男女混殽、事難二潔清一、□祐、反招二其殃一、自レ今以後、殊加二禁断一、若不レ獲レ已、毎レ人異レ日、莫レ令二会集一、若乖二此制一、法師者送二名綱所一、俗人者処二違勅罪一、類史10雑祭、紀略 ○乙卯、巡二覧朝堂及諸院一、御二近東院一、宴飲終日、侍臣及諸衛等、賜レ物有レ差、類史32天皇巡幸、紀略

○夏四月丙寅五日　□庭（掖庭《えきてい》ならば後宮の意）で曲宴を催した。酒たけなわとなり、天皇が次の和歌を詠んだ。

今朝《けさ》のあさけなごといいつるほととぎすいまも鳴かぬか人の聴くべく

（今朝鳴くといったほととぎすよ、いまは鳴いていないが宴席の場にいる人が聴く

ことができるように、鳴け）

○庚午 九日 大学寮を飛び過ぎていった五、六羽の鳥の一羽が、寮の南門の前に落ちた。その形は鵜《う》のようで、毛は鼠《ねずみ》に似て背に斑毛《まだらげ》があった。誰もその鳥の名を知らなかった。

○辛未 十日 天皇が京中を巡幸した。

○乙亥 十四日 右大舎人《みぎのおおどねり》白鳥村主《しらとりのすぐり》（名前欠）が井戸の中から白青《はくしょう》（青色の顔料とする岩群青）を得て、献上した。白鳥村主を肥前国の史生《ししょう》に任じた。

○丙子 十五日 雹《ひょう》が降った。

○戊子 二十七日 渤海国《ぼっかいこく》が使節を派遣して、方物《ほうもつ》（特産物）を献上した。渤海王（康王大嵩璘《こうおうだいすうりん》）の啓（目上の者に差し出すときの書式）は、次のとおりである。

祖父である文王大欽茂《ぶんおうだいきんも》の死については、本啓とは別の告葬啓で詳しく報告します。伏して思いますに、天皇陛下は立ち居振る舞いに喜ばしさが満ち、日々の生活も常より勝れています。しかし、私嵩璘（渤海国王）はなすこともなく生き長らえ、急に先代（大欽茂）の死に遭い、喪に服することになりました。ただし、役人たちは政務のことを思い、喪に服そうとの気持ちを抑えて官に出仕し、私も王位を継ぎ輝かしい伝統を守り、国法は以前と同様とし、領域も先代と同じとしています。顧み思いますに、天皇陛下が渤海国王に目をかけてくださっておりますが、大海の荒波が日本と渤海を隔て、お仕えしようと願いましても手だてがなく、ただ天皇陛下への思いが募るばかりです。そこで匡諫大夫《ようかんたいふ》工部郎中《こうぶろうじゅう》呂定琳《りょていりん》らを遣わして渡海し、旧《ふる》くからの好《よしみ》を修めたいと思います。わずかながら献上します土産物については別状に記しました。乱文となってしまいました。

また、文王大欽茂の死を告げる告葬啓は、次のとおりである。

天が禍《わざわ》いを降《くだ》し、祖父大行大王《たいこうだいおう》（大行は諡号《しごう》がおくられていない段階）大欽茂は大興《だいこう》五十七年三月四日に死亡いたしました。善隣友好関係にある国の間では、吉事や凶事がありますと、必ず通知することになっています。日本と渤海国とは大海で隔てられていますので、通報が遅れてしまいました。私嵩璘は行いが悪く、祖父の死という禍いを招きましたが、みずからは死なず、不孝の罪咎《ざいきゅう》によりひどい苦しみにあっています。謹んでここに別に認めた告喪啓を捧呈いたします。乱れた文章となってしまいました。孤《こ》孫《そん》、大嵩璘頓首《とんしゅ》。

また、渤海使節は、在唐学問僧永忠《ざいとうがくもんそうようちゅう》らが依頼した書状をもたらし、差し出した。

渤海国は高句麗の旧領土を引き継いでいる。天命開別天皇《あめみことひらかすわけのすめらみこと》（天智）七年に高句麗王高氏《こうし》は唐に滅ぼされ、その後、天之真宗豊祖父天皇《あめのまむねとよおおじのすめらみこと》（文武）二年に大祚栄《だいそえい》がはじめて渤海国を建てたのであった。和銅《わどう》六年に唐の冊《さく》（王侯に任ずるときの勅書）を受けている。国土は辺境に位置し、広大で二千里もあるが、州県《しゅうけん》に交通施設である館駅《かんえき》を欠いている。ここかしこに分布する村落は、みな靺鞨人《まつかつじん》（原住民で沿海州方面のツングース系諸族）の部落である。居住する百姓は靺鞨人が多く、高句麗人は少ない。村（行政区画）の長にはみな高句麗人が任用されていて、大村の長を都督《ととく》、次の規模の村の長を刺史《しし》と呼び、その下の百姓を首領《しゅりょう》と称している。土地ははなはだ寒冷で、水田に適していない。人々はたいそう書物の知識に富んでいる。渤海建国以前の高句麗時代から一貫して日本へ朝貢してきている。

○夏四月丙寅、曲二宴□庭一、酒酣、上乃歌曰、気左能阿沙気、奈呼登以非都留、保登々擬須、伊万毛奈可奴加、比登能綺久倍久、〔類史〕32天皇遊宴 ○庚午、有二鳥五、六一、飛過二大学寮一、其一落二寮南門前一、其形如レ鵜、毛似レ鼠、背有二斑毛一、人不レ知二其名一也、〔紀略〕○辛未、巡二幸京中一、〔類史〕32天皇巡幸、〔紀略〕○乙亥、右大舎人白鳥村主得二白青於井中一献之、任二肥前史生一、〔紀略〕○丙子、雹、〔紀略〕○戊子、渤海国遣レ使献二方物一、其王啓曰、哀緒已具二別啓一、伏惟天皇陛下、動止万福、寝膳勝レ常、嵩璘視息苟延、奄及二祥制一、官僚感レ義、奪レ志抑レ情、起続二洪基一、祗統二先烈一、朝維依レ旧、封域如レ初、顧自思惟、実荷二顧眷一、而滄溟括レ地、波浪漫レ天、奉レ膳無レ由、徒増二傾仰一、謹差二匡諫大夫工部郎中呂定琳等一、済レ海起居、兼修二旧好一、其少土物、具在二別状一、荒迷不次、又告レ喪啓曰、上天降レ禍、祖大行大王、以二大興五十七年三月四日一薨背、善隣之義、必問二吉凶一、限以二滄溟一、所以緩告、嵩璘無状招レ禍、不二自滅亡一、不孝罪咎、酷罰罹レ苦、謹状、另奉レ啓、荒迷不次、孤孫大嵩璘頓首、又伝二奉在唐学問僧永忠等所レ附書一、渤海国者、高麗之故地也、天命開別天皇七年、高麗王高氏、為二唐所一レ滅也、後以二天之真宗豊祖父天皇二年一、大祚栄始建二渤海国一、和銅六年受二唐冊一立二其国一、延袤二千里、無二州県館駅一、処々有二村里一、皆靺鞨部落、其百姓者、靺鞨多、土人少、皆以二土人一為二村長一、大村曰二都督一、次曰二刺史一、其下百姓皆曰二首領一、土地極寒、不レ宜二水田一、俗頗知レ書、自二高氏一以来、朝貢不レ絶、類史193渤海、紀略

○五月甲午四日　吉備魚主《きびのうおぬし》を山陽道《さんようどう》諸国へ派遣して、賊の捜索を行わせた。

○乙未五日　天皇が馬埒殿《うまばどの》で騎射《きしゃ》を観覧した。

○壬寅十二日　大雨が降り、洪水となった。

○丁未十七日　渤海国使呂定琳らが帰国することになった。正六位上行上野介《かみつけのすけ》御長真人広岳《みながのまひとひろおか》と正六位上行式部大録《しきぶのだいさかん》桑原公秋成《くわばらのきみあきなり》らに渤海国使らを送り届けさせることとし、渤海国王へ次のような璽書《じしょ》（天皇御璽〈内印〉が捺《お》してある文書）を与えた。

天皇が謹んで渤海国王に近況を問う。朕《ちん》は先皇の跡を継いで天下を治める任についている。朕の徳沢《とくたく》は全国に及び、名声は国の内外を問わず広まっている。渤海国王大嵩璘は先王を引き継いで以前からの領土に臨み、日本に良い計略を求め、礼に適《かな》った贈物を差し出した。王の誠意を顧み思うと、深く喜び安らぐものである。しかるに、役人が奏

上してきたところを見ると、「天平勝宝《てんぴょうしょうほう》より以前にもたらされた数度の渤海国王の啓は文体は整い、言葉遣いも礼儀に適っていましたが、今回定琳が提出した啓は前後がきちんとしておらず、従来のあり方に反しています」と述べている。朕が思うに、国と国が交わるに当たっては礼と敬を何よりも重んじる必要があり、これに背《そむ》くようであれば、往来する必要はまったくない。ただし、定琳らが辺境の夷地《いち》に漂着して略奪され、わずかに命だけ助かったという苦難を思うと、心中に憐みの気持ちが生じてくるので、手厚く賞物を与え、十分に手当てした上で帰国させることにした。

また、先王大欽茂は恵まれることなく、長寿を全《まっと》うすることができず、亡くなったことを聞いて朕は憐れんで心をいため、悲しみの気持ちの止むことがない。いま、定琳らの帰国に寄せて、特に絹二十疋《ぴき》・絁《あしぎぬ》二十疋・糸百絇《く》・綿《わた》二百屯《とん》を托し、遠国間の贈物とする。到着したならば、納めてほしい。夏の暑熱の時季となっている。王および首領(渤海国の有力貴族。日本の大夫《まえつきみ》に相当。四月戊子条の首領とは意味が異なる)・百姓らが平安で健やかであるように。ここに略体の書を送る。一、二委《い》を尽くしていないところがある。

また、定琳に太政官の書を托して、在唐僧永忠らに送った。(略)いま、定琳らの帰国に際して、砂金を小《しょう》(小斤)三百両ほど渡し、永忠らに届けてもらうことにした。

○五月甲午、遣二吉備魚主於山陽道諸国一、索二捕賊一、紀略 ○乙未、於二馬埒殿一観二騎射一、類史73五月五日、紀略 ○壬寅、大雨、洪水、紀略 ○丁未、渤海国使呂定琳等還レ蕃、遣二正六位上行上野介御長真人広岳・正六位上行式部大録桑原公秋成等一押送、仍賜二其王璽書一曰、天皇敬問二渤海国王一、朕運承二下武一、業膺二守天一、徳沢攸レ覃、既有レ洽二於同軌一、風声所レ暢、庶無レ隔二於殊方一、王新纉二先基一、肇臨二旧服一、慕二徽猷於上国一、輸二礼信於闕廷一、眷二言款誠一、載深慶慰、而有司執奏、勝宝以前、数度之啓、頗存二体制一、詞義可レ観、今検二定琳所レ上之啓一、首尾不レ慥、既違二旧儀一者、朕以、脩聘之道、礼敬為レ先、苟乖二於斯一、何須二来往一、但定琳等、漂二著辺夷一、悉被二劫掠一、僅存二性命一、言念二艱苦一、有レ憫二于懐一、仍加二優賞一、存撫発遣、又先王不慭、無レ終二遐寿一、聞レ之惻然、情不レ能レ止、今依二定琳等帰次一、特寄二絹廿疋・絁廿疋・糸一百絇・綿二百屯一、以充二遠信一、至宜レ領レ之、夏熱、王及首領・百姓、平安好、略此遺レ書、一、二無レ委、又附二定琳一、賜二太政官書於在唐僧永忠等一曰、云々、今因二定琳等還一、賜二沙金少三百両一、以充二永忠等一、類史193渤海、紀略

○六月庚申一日 任官があった。

○壬戌三日 木工大允《もくのだいじょう》上道広成《かみつみちのひろなり》に外《げ》従五位下を授けた。備前《びぜん》国で銀を採取した功績を褒賞してのことである。

肥前国が白雀を献上した。

○丙寅 七日 正六位上尋来津公関麻呂《ひろきつのきみせきまろ》に外従五位下を授けた。関麻呂は箏《そう》を弾《ひ》くのが上手で、かつ方磬《ほうけい》（金属製の板を音律順に並べ懸けた打楽器）を作ることができた。

○戊辰 九日 任官があった。

○乙亥 十六日 天皇が葛野川《かどのがわ》に行幸《みゆき》した。

○戊子 二十九日 故右兵衛督《こうひょうえのかみ》従四位上紀《き》朝臣木津雄《こつお》に得度《とくど》の枠二人分を賜わった。

日本後紀　巻第四（逸文）

○六月庚申朔、任官、〔紀略〕○壬戌、木工大允上道広成授二外従五位下一、裒下採二備前国銀一之功上也、〔紀略〕」肥前国献二白雀一、〔紀略〕○丙寅、正六位上尋来津公関麻呂授二外従五位下一、関麻呂善レ弾レ箏、亦解レ造二方磬一、〔類史〕77箏○戊辰、任官、〔紀略〕○乙亥、幸二葛野川一、〔紀略〕○戊子、賜二故右兵衛督従四位上紀朝臣木津雄度二人一、〔類史〕187度者

日本後紀　巻第四（逸文）

日本後紀　巻第五

延暦十五年七月より同十六年三月まで

左大臣正二位兼行左近衛大将臣藤原朝臣冬嗣ら勅を奉《うけたまわ》りて撰す

皇統《あまつひつぎ》弥照《いやてらす》天皇《すめらみこと》　桓武天皇《かんむてんのう》

○秋七月丙申（七日）　天皇が馬埒殿《うまばどの》に出御して、相撲《すまい》を観覧した。

○戊戌（九日）　天皇が南院に行幸《みゆき》した。五位以上の者に身分に応じて物を下賜した。無品朝原内親王《あさはらないしんのう》に三品《さんぼん》、従《じゅ》四位上五百井女王《いおいじょおう》に正《しょう》四位下、正五位下高嶋《たかしま》女王に正五位上、従四位上藤原朝臣《あそん》雄友《おとも》に正四位下、従五位下石上《いそのかみの》朝臣宅子《やかこ》に従五位上を授けた。外従五位上物部多芸連建麻呂《もののべのたぎのむらじたけるまろ》を造宮大工《ぞうぐうのだいこう》に任じ、外《げ》従五位下秦忌寸都岐麻呂《はたのいみきつきまろ》を少工《しょうこう》に任じた。

○乙巳（十六日）　右大臣正二位兼行皇太子傅中衛大将《こうたいしのふちゅうえのたいしょう》　藤原朝臣継縄《つぐただ》が死去した。使いを遣わして葬儀の監護（監督と警護）に当たらせ、必要とする葬具を官から支給し、詔《みことのり》りして従一位を贈った。継縄は右大臣従一位豊成《とよなり》の第二子で、天平宝字《てんぴょうほうじ》の末に従五位下を授けられ、信《しな》濃守《ののかみ》に任官した。天平神護《てんぴょうじんご》のはじめに従五位上に叙され、次いで従四位下を授けられ、参議となっている。宝亀《ほうき》二年には正四位上に叙され、十一月に従三位《じゅさんみ》を授けられ、大蔵卿《おおくらきょう》、左兵衛督《さひょうえのかみ》を歴任し、中納言《ちゅうなごん》となった。天応《てんおう》元年には正三位を授けられている。延暦《えんりゃく》二年に大納言《だいなごん》となり、同五年に従二位に叙され、中衛大将を兼任し、同九年に右大臣となり、正二位を授けられている。右大臣には七年間在任した。行年《こうねん》七十。継縄は文武《ぶんぶ》の官を歴任して、朝臣《ちょうしん》の首座《しゅざ》の重職に就き、曹司《ぞうし》（役所）に詰める一方で朝座《ちょうざ》で政務に従事した。遜《へりくだ》り慎み深い態度で自制し、政績ありとの評判はなく才識もなかったが、世の批判を受けることがなかった。

○戊申 十九日 尾張国《おわりのくに》で飢饉が発生したので、使人を派遣して物を恵み与えた。

大和国《やまと》の人正六位上大枝《おおえ》朝臣長人《ながひと》、河内国《かわち》の人正六位上大枝朝臣氏麻呂《うじまろ》・正六位上大枝朝臣諸上《もろかみ》・正七位下菅原朝臣常人《つねひと》・従七位上秋篠《あきしの》朝臣全継《またつぐ》ら十一人を右京に貫付《かんぷ》（戸籍に付すること）した。

○辛亥 二十二日 天皇が次のように詔《みことの》りした。

朕《ちん》は微小な身ながら、畏《おそ》れ多くも皇位を受け継ぎ、民を治めている。食事の刻限が過ぎ、日暮れ時になっても食事をとらず政務に励み、たった一人でも不平等な扱いを受ける者がいれば憐れみの気持ちを抱き、早朝に起き五行（木《もっ》・火《か》・土《ど》・金《ごん》・水《すい》で、天地の秩序を意味する）の乱れることを恐れている。ところで、先日大宰府《だざいふ》が「肥後国《ひご》阿蘇《あそ》郡の山上《さんじょう》に神霊池《しんれいいけ》という名の沼があります。この沼の水は大雨や日照りが続いても増減することがありませんでしたが、このたび原因の判らないまま涸《か》れて、二十余丈《じょう》も減ってしまいました」と言上してきた。そこで亀卜《きぼく》と筮竹《ぜいちく》により占ってみると、旱害《かんがい》と疫疾の予兆であることが判明した。人民に罪がないのに災害を被ることを恐れ、朕は徳を修め恵みを施し、災いを消去して民を救おうと思う。天下の鰥《かん》・寡《か》・惸《けい》・独《どく》（六十一歳以上の男のやもめ・五十歳以上のやもめ・十六歳以下の父のいない子・六十一歳以上で子のいない者）で自活できない者に実情に応じて物を恵み与えよ。併せて寺ごとに三日間、斎戒《さいかい》・読経《どきょう》・悔過《けか》を行え。願わくは、民を思う朕の気持ちが天高くまで届き、霊妙な感応が国土全体を覆うように。

生江臣家道女《いくえのおみいえみちめ》を郷里へ逓送《ていそう》した。家道女は越前《えちぜん》国足羽《あすわ》郡の人で、京内の市で妄《みだ》りに人の運命について説教して惑わし、越の優婆夷《うばい》と呼ばれていた。

○癸丑二十四日　造宮職《ぞうぐうしき》官人の官職・位階を中宮職《ちゅうぐうしき》と同様にした。ただし、大属《だいさかん》は特に七位相当の官とした。

○丁巳二十八日　従三位神王《みわおう》と正三位紀《き》朝臣古佐美《こさみ》を大納言に任じた。

正四位下石川《いしかわ》朝臣真守《まもり》・大中臣《おおなかとみ》朝臣諸魚《もろうお》に正四位上、従四位上藤原朝臣内麻呂《うちまろ》・従四位下和《やまと》朝臣家麻呂《いえまろ》に正四位下を授けた。

日本後紀　巻第五　起二延暦十五年七月一尽二十六年三月一

左大臣正二位兼行左近衛大将臣藤原朝臣冬嗣等奉レ勅撰

皇統弥照天皇　桓武天皇

○秋七月丙申、御二馬埒殿一観二相撲一、○戊戌、幸二南院一、賜二五位已上物一有レ差、無品朝原内親王授二三品一、従四位上五百井女王正四位下、正五位下高嶋女王正五位上、従四位上藤原朝臣雄友正四位下、従五位下石上朝臣宅子従五位上、」外従五位上物部多芸連建麻呂為二造宮大工一、外従五位下秦忌寸都岐麻呂為二少工一、○乙巳、右大臣正二位兼行皇太子傅中衛大将藤原朝臣継縄薨、遣レ使監二護喪事一、葬事所レ須、令二官給一焉、詔贈二従一位一、継縄者、右大臣従一位豊成之第二子也、天平宝字末、授二従五位下一、為二信濃守一、天平神護初、叙二従五位上一、尋授二従四位下一、拝二参議一、宝亀二年隷叙二正四位上一、十一月授二従三位一、歴二大蔵卿、左兵衛督一、俄拝二中納言一、天応元年授二正三位一、延暦二年転二大納言一、五年叙二従二位一、兼二中衛大将一、九年□右大臣、授二正二位一、在レ任七年、薨時年七十、継縄、歴二文武之任一、居二端右之重一、時在二曹司一、時就二朝位一、謙恭自守、政迹不レ聞、雖レ無二才識一、得レ免二世譏一也、○戊申、尾張国飢、遣レ使賑給、」大和国人正六位上大枝朝臣長人、河内国人正六位上大枝朝臣氏麻呂・正六位上大枝朝臣諸上・正七位下菅原朝臣常人・従七位上秋篠朝臣全継等十一人、貫二付右京一、○辛亥、詔曰、朕以二眇身一、忝承二司牧一、日旰忘レ食、憫二一物之向一レ隅、昧□求レ衣、懼二五行之紊一レ序、比来大宰府言、肥後国阿蘇郡山上有レ沼、其名曰二神霊池一、水旱経レ年、未二嘗増減一、而今無レ故涸、減二二十余丈一、考二之卜筮一、事主二旱疫一、民之無レ辜、恐レ蒙二其殃一、方欲二修レ徳施レ恵、消レ妖、拯一レ民、其天下鰥寡惸独不レ能二自存一者、量加二賑給一、兼令二毎レ寺三日、斎戒・読経・悔過一、庶憮隠之感、格二於上天一、霊応之徴、被二於率土一焉、」生江臣家道女遞二送於本国一、家道女、越前国足羽郡人、常於二市鄽一、妄説二罪福一、眩二惑百姓一、世号曰二越優婆夷一、○癸丑、造宮職官位准二中宮職一、但大属特為二七位官一、○丁巳、従三位神王・正三位紀朝臣古佐美、為二大納言一、」正四位下石川朝臣真守・大中臣朝臣諸魚授二正四位上一、従四位上藤原朝臣内麻呂・従四位下和朝臣家麻呂正四位下、

○八月己未一日　日蝕があった。

○甲子六日　大和国で山が崩れ洪水が発生した。東大寺の墻垣《しょうえん》が倒壊した。

○乙丑七日　長雨で晴れず、畿内の諸社に奉幣《ほうべい》した。

○丙寅八日　筑後《ちくご》国で洪水が発生したので、詔りして物を恵み与えた。使人を派遣して、京中の百姓《ひゃくせい》に物を恵み与えた。長雨が続き、穀価《こっか》が騰貴したことによる。

○戊辰十日　内兵庫正《うちのひょうごのかみ》外従五位下尾張宿禰《おわりのすくね》弓張《ゆみはり》を遣わして、佐比《さい》川橋を築造させた。

山城《やましろ》国の人正六位上大野《おおの》朝臣犬養《いぬかい》を右京に貫付した。

○甲戌 十六日 上野《かみつけ》国山田《やまだ》郡の賀茂神《かものかみ》・美和《みわ》神および那波《なわ》郡の火 雷《ほのいかずち》 神を共に官社に列格した。

○己卯 二十一日 天皇が京中を巡幸した。はじめて正親 司《おおきみのつかさ》に史生《ししょう》二員を置くことにした。

本日、天皇が次のように勅した。

諸国の地図は内容が粗雑であるだけでなく、作製されてから日時が経ち、文字が欠けているものがあるので、更《あらた》めて作製し直すべきである。国郡・郷里や駅道の遠近、名山・大川《たいせん》のようすについて詳しく記載し、遺漏のないようにせよ。

○癸未 二十五日 天皇が大蔵省に行幸して、侍臣以下の者に身分に応じて布を下賜した。

○丙戌 二十八日 天皇が登勒野《とろの》で狩猟した。

○丁亥 二十九日 左兵衛佐従五位上《さひょうえのすけ》 橘《たちばな》 朝臣入居《いりい》を兼右中弁《うちゅうべん》に任じ、右兵衛佐従五位上秋篠朝臣安人《やすひと》を兼左少弁に任じた。

○八月己未朔、日有㆑蝕之、○甲子、大和国山崩水溢、東大寺墻垣倒頽、○乙丑、縁㆓淫雨不㆑晴、奉㆓幣於畿内諸□㆒、筑後国澇、詔令㆓賑恤㆒、○丙寅、遣㆑使賑㆓給京中百姓㆒、以㆓霖雨経㆑日、穀価騰躍㆒也、○戊辰、遣㆓内兵庫正外従五位下尾張宿禰弓張㆒、造㆓佐比川橋㆒、山城国人正六位上大野朝臣犬養貫㆓付右京㆒、○甲戌、上野国山田郡賀茂神・美和神、那波郡火雷神、並為㆓官社㆒、○己卯、巡㆓幸京中㆒」始置㆓正親司史生二員㆒」是日、勅、諸国地図、事迹疏略、加以年序已久、文字闕逸、宜㆓更令㆑作㆑之、夫郡国郷邑、駅道遠近、名山大川形体・広狭、具録無㆑漏焉、○癸未、幸㆓大蔵省㆒、賜㆓侍臣以下布㆒有㆑差、○丙戌、遊㆓猟於登勒野㆒、○丁亥、左兵衛佐従五位上橘朝臣入居為㆓兼右中弁㆒、右兵衛左従五位上秋篠朝臣安人為㆓兼左少弁㆒、

○九月己丑 一日 天皇が次のように勅した。

平安京へ遷都して以来三年が経過した。牡山《おとこやま》（男山。京都府八幡市）の烽火《とぶひ》（のろし）が前後とうまく連絡できないが、非常のための備えなので、しばしの間も放置できない。そこで、山城・河内両国間の適当な土地を選定して、烽を設置せよ。

○癸巳 五日 従五位上阿保《あぼ》朝臣人上《ひとかみ》を陰陽頭《おんようのかみ》に任じ、播磨守《はりまのかみ》は故《もと》のままとした。

○丙申 八日 山城国紀伊《きい》郡の陸田《りくでん》二町を典侍《ないしのすけ》和気《わけ》朝臣広虫《ひろむし》に賜わった。

○癸卯 十五日 越前国坂井《さかい》郡の公田《こうでん》二町と荒田《こうでん》八十四町を諱《いみな》〈淳和太上天皇〉に賜わった。

○戊申 二十日 山城国葛野《かどの》郡の公田二町を従三位和気朝臣清麻呂《きよまろ》に賜わった。

○己酉 二十一日 天皇が栗前野《くりくまの》で狩猟した。

○乙卯 二十七日 山城国の人正六位下御犬連《みいぬのむらじ》広額《ひろぬか》らに姓《せい》御坂《みさか》連を賜わった。

○九月己丑朔、勅、遷都以来、于レ今三年、牡山烽火、無レ所二相当一、非常之備、不レ可二蹔闕一、宜下山城・河内両国、相共量二定便処一置中彼烽燧上、○癸巳、従五位上阿保朝臣人上為二陰陽頭一、播磨守如レ故、○丙申、山城国紀伊郡陸田二町賜二典侍従四位上和気朝臣広虫一、○癸卯、越前国坂井郡公田二町・荒田八十四町賜レ諱、淳和太上天皇、○戊申、山城国葛野郡公田二町賜二従三位和気朝臣清麻呂一、○己酉、遊二猟于栗前野一、○乙卯、山城国人正六位下御犬連広額等賜二姓御坂連一、

○冬十月己未二日　正六位上御長真人《みながのまひと》広岳《ひろおか》らが渤海国《ぼっかいこく》から帰国した。もたらされた渤海国王（大《だい》嵩璘《すうりん》）の啓は次のとおりである。

渤海国王嵩璘が申し上げます。外交では海を越えて使節を派遣し、心情や儀礼を伝えることが大切です。私はたくさんの恵みを受けて仰ぎ慕うものの何もできずにいたところ、桓武天皇がにわかに厚情を示し、使人（送渤海客使《そうぼっかいきゃくし》）を派遣してくださいました。陛下のありがたいお言葉が耳に満ち、珍しい贈物をたくさん頂戴して俯仰しては嬉しく慰悦の気持ちが増すばかりです。

さて、私が派遣しました呂定琳《りょていりん》らは夷地へ漂着して掠奪を被ったにもかかわらず、助けていただき、生きて本国へ戻ることができました。これは天のお蔭であり、その配慮によります。嵩璘は徳が少ないにもかかわらず、好運に恵まれ、官は先王（文王大欽

茂）と同じ渤海国王を受け、旧来の領土を統治しています。渤海国王に任命する唐国の冊書《きくしょ》はこの冬（延暦十四年）に到来して、国王を象徴する金印紫綬《きんいんしじゅ》は遥かかなたまで輝きわたっています。

ところで、私は勝《すぐ》れた方角である貴国、日本国と礼に基づく交わりを結び、折々に拝謁するため使船を派遣しようと思います。しかし、当国には大船の建造に可能な巨木がなく、小船を使用すると遭難の恐れがあります。また、海に乗り出しても夷地に漂着して害されることがあり、教化の進んでいる日本国を慕いますものの、交通の困難のほどには如何《いかん》ともしがたいところがあります。もし旧来の修交を引き継いで、使節の派遣を認めていただけますならば、使人の員数は二十人以下として今後これを永く守り、使節派遣の間隔については、日本の朝廷の判断に従いたいと思います。その判断結果を連絡する使人を、来年の秋までに派遣していただければと思います。従前どおりの間隔での派遣を認めていただけるならば、善隣関係が引き続き維持されることになるでしょう。私の希望に違うようなことになりますと、相互の信頼関係を欠くことになります。

陛下から贈られました絹二十四・絁《あしぎぬ》二十四・糸百絇《く》・綿二百屯《とん》は数量どおり受領いたしました。渤海使を送り届ける御長広岳《ひろおか》らの任務は完了し、日本への帰国を申し出てきました際に、陛下が新たに私に示された御恩に感謝するため使人を派遣しようと思いましたが、広岳らは本国から渤海使を受け入れるとの意向を得ていないので、辞退すると言っています。そこで敢えて広岳らを引き留めることはせず、帰国する広岳らに土産物を託してお送りします。具体的には別状に記しました。田舎じみた劣った品で恥ずかしいかぎりです。

○辛酉四日　正六位上御長真人広岳に従五位下、正六位上桑原　公秋成《くわはらのきみあきなり》に外従五位下を授けた。ともに送渤海客使として天皇の意に適った任を果たしたことによる。

○壬戌五日　天皇が大原野で狩猟した。

はじめて典薬寮《てんやくりょう》に史生四員、造酒司《みきのつかさ》に史生二員を置くことにした。

○癸亥六日　天皇が　紫　野《むらさきの》で狩猟した。五位以上の者に衣被を下賜した。

○丙寅九日　天皇が日野で狩猟した。五位以上の者に衣を下賜した。

○戊辰十一日　造宮職《ぞうぐうしき》の算師《さんし》を従八位相当の官とした。

○辛未十四日　はじめて主鷹司《たかのつかさ》に史生二員を置くことにした。

○壬申十五日　以前渤海国王が朝廷へ差し出した書状は文体が整わず不遜《ふそん》な言葉が多かったが、今回の啓は終始一貫して無礼でなく、誠意が読みとれた。そこで、群臣が慶賀して、次のように上申した。

臣神王らが申し上げます。私たちは「立派な人物による治政は徳を旨とし、聡明な君主が世に臨む時には、遠方の人を懐《なつ》かせることを重視する。この故に殷《いん》代には四方《よも》の人々が帰服し、周《しゅう》　朝では東方の蕃人が帰順した」と聞いています。伏して思いますに、天皇陛下は天地を仰ぎ掌握して法規を制定し、日本全国に支配を及ぼし、人々はそれを慕い、風化を広め、人民を教化に向かわせています。誠に多くの帝王を育み、多数の王者を懐《ふところ》に抱くように懐かせることのできる方であります。

さて、送渤海客使御長広岳らが帰国し、伏して渤海国が差し出しました啓を見ますと、言葉遣《ことばづか》いが穏やかで、心情や礼儀に見るべきものがあり、これまでの不遜な態度を悔い、礼儀正しかった先祖の態度に復しています。さらに山を越え海を渡り、難儀する往還を顧みることなく来朝し、みずから反省して、はじめて朝貢の期限について朝廷の判断を仰いできています。中国古代の聖帝舜《しゅん》のときに西王母《せいおうぼ》が白環《はっかん》を貢上し、周の武王《ぶおう》の朝に楛矢《こし》（楛は矢の材料とする木）が献上されたのと同様でして、従前と同日に論ずることはできません。私たちは幸いに周朝のような立派な朝廷に出仕し、殊《こと》の外《ほか》の慶事に逢うことができ、喜びに堪えません。謹んで参内《さんだい》して、上表いたします。

この上表に対して、天皇は、次のように詔りした（宣命体《せんみょうたい》）。

上表文を読んだ。汝《なんじ》らがつとめ励むことにより、外国（渤海国）も従順な態度を取るようになったのだと思い、悦《よろこ》んでいるとの天皇のお言葉を、みなよく承れ、と申し聞かせる。

正四位上因幡国造《いなばのくにのみやつこ》浄成女《きよなりめ》が死去した。浄成女はもと因幡国高草《たかくさ》郡の采女《うねめ》で、天皇の格別な寵愛を受け、正四位上という顕位に到達したのであった。

○癸酉《十六日》　志摩《しま》国に飢饉が発生したので、使人を派遣して、物を恵み与えた。
本日、天皇が登勒野で狩猟した。

○己卯《二十二日》　陸奥《むつ》国の博士と医師《くすし》の官位を少目《しょうさかん》なみとした。
陸奥国の多賀《たが》神に従五位下を授けた。
先日来、四十人の僧侶を宮中へ招いて七日間の薬師悔過《やくしけか》を行い、本日終了した。

○甲申《二十七日》　従五位上橘朝臣安麻呂《やすまろ》を少納言に任じ、正五位上大原真人美気《おおはらのまひとみけ》を諸陵頭《しょりょうのかみ》に任じ、外従五位下尾張《おわり》宿禰弓張《ゆみはり》を主油正《しゅゆのかみ》に任じ、外従五位下桑原公秋成《あきなり》を大和介《やまとのすけ》に任じ、正五位下巨勢《こせ》朝臣野足《のたり》を下野守《しもつけのかみ》に任じ、従五位下多治比《たじひ》宿禰真浄《まきよ》を肥後《ひご》介に任じ、従五位下三諸《みもろ》朝臣綿麻呂《わたまろ》を近衛将監《このえのしょうげん》に任じ、従五位下藤原朝臣最乙麻呂《いやおとまろ》を内兵庫正《うちのひょうごのかみ》に任じ、近衛少将従四位下坂上大宿禰《さかのうえのおおすくね》田村麻呂《たむらまろ》を兼鎮守将軍《ちんじゅしょうぐん》に任じ、□（人名不詳）を軍監《ぐんげん》に任じた。
鼓吹司《くすいし》の笛吹きを担当する伴部《とものみやつこ》の名称を吹部《ふきべ》とし、定員を三十四人とした。大宝《たいほう》以来吹人《すいじん》・角吹《かくすい》などと注記し、番上・吹部などと称し、名称が一定せず員数も定まっていなかったが、今回名称を吹部とし、雅楽寮《うたりょう》の種々の生《しょう》（音楽を習い奏楽に当たった専門職）に倣《なら》い勘籍《かんじゃく》（採用するに当たり戸籍について身許《みもと》調査を行う意。官人としての身分標識となっている）扱いとすることにした。

○冬十月己未、正六位上御長真人広岳等帰レ自二渤海国一、其王啓曰、嵩璘啓、差二使奔波一、貴レ申二情礼一、佇承二休眷一、瞻望徒労、天皇頓降二敦私一、貺二之使命一、佳問盈レ耳、珍奇溢レ目、俯仰自欣、伏増二懽悦一、其定琳等、不レ料二辺虜一、被レ陥二賊場一、俯垂二恤存一、生還二本国一、奉レ惟二天造一、去留同頼、嵩璘猥以二寡徳一、幸属二時来一、官承二先爵一、土統二旧封一、制命策書、冬中錫及、金印紫綬、遼外光輝、思下欲修二礼勝方一、結二交貴国一、歳時朝覲、桅帆相望上、而巨木楡材、土之難レ長、小船汎レ海、不レ没即危、亦或引レ海不レ諧、遭二羅夷害一、雖レ慕二盛化一、如二艱阻一何、儻長尋二旧好一、幸許二来往一、則送使数不レ過レ廿、以レ玆為レ限、式作二永規一、其隔レ年多少、任聴二彼裁一、裁定之使、望二於来秋一、許以二往期一、則徳隣常在、事与レ望異、則足レ表二不依一、其所レ寄絹廿匹・絁廿匹・糸一百絇・綿二百屯、依レ数領足、今広岳等、使事略畢、情求レ迨レ時、便欲下差レ人送レ使奉上レ謝二新命之恩一、使等辞以レ未レ奉二本朝之旨一、故不二敢淹滞一、随レ意依レ心、謹因二廻次一、奉レ付二土物一、具在二別状一、自知二鄙薄一、不レ勝二羞愧一、○辛酉、正六位上御長真人広岳授二従五位下一、正六位上桑原公秋成外従五位下、並以二奉レ使称レ旨也、○壬戌、遊二猟於大原野一」始置二典薬寮史生四人、造酒司史生二人一、○癸亥、遊二猟于紫野一、賜二五位已上衣一、○丙寅、遊二猟於日野一、賜二五位已上衣一、○戊辰、造宮職竿師為二従八位官一、○辛未、始置二主鷹司史生二人一、○壬申、先レ是、渤海国王所レ上書疏、体無二定例一、詞多二不遜一、今所レ上之啓、首尾不レ失レ礼、誠款

見ニ于詞一、群臣上表奉レ賀曰、臣神等言、臣聞、大人馭レ時、以レ徳為レ本、明王応レ世、懐レ遠是崇、故有ニ殷代則四海帰レ仁、周日則九夷順レ軌、伏惟、天皇陛下、仰レ天作レ憲、握レ地成レ規、窮ニ日域一而慕レ声、布ニ風区一而向レ化、誠可下以孕ニ育千帝一、巻中懐百王上者矣、近者送渤海客使御長広岳等廻来、伏見ニ彼国所レ上啓一、辞義温恭、情礼可レ観、悔ニ中間之迷図一、復ニ先祖之遺跡一、況復縁レ山浮レ海、不レ顧ニ往還之路難一、克レ己改レ過、始請ニ朝貢之年限一、与ニ夫白環西貢、楛矢東来一、豈可ニ同レ日而道一哉、臣等幸忝ニ周行一、得レ逢ニ殊慶一、不レ任ニ凫藻之至一、謹詣レ闕奉レ表以聞、詔曰、献表波見行都、然卿等乃勤之久供奉尓依弖之、水表乃国毛順仕良之止奈毛所思行之、嘉備悦備御坐止詔天皇詔旨乎、衆聞食宣、」正四位上因幡国造浄成女卒、浄成女、元因幡国高草郡之采女也、天皇特加ニ寵愛一、終至ニ顕位一、○癸酉、志摩国飢、遣レ使賑給、」是日、遊ニ猟于登勒野一、○己卯、陸奥国博士・医師官位准ニ少目一、」奉レ授ニ陸奥国多賀神従五位下一、」先レ是、請ニ卌僧一、一七日於ニ宮中一行ニ薬師悔過一、是日、事畢焉、○甲申、従五位上橘朝臣安麻呂為ニ少納言一、正五位上大原真人美気為ニ諸陵頭一、外従五位下尾張宿禰弓張為ニ主油正一、外従五位下桑原公秋成為ニ大和介一、正五位下巨勢朝臣野足為ニ下野守一、従五位下多治比宿禰真浄為ニ肥後介一、従五位下三諸朝臣綿麻呂為ニ近衛将監一、従五位下藤原朝臣最乙麻呂為ニ内兵庫正一、近衛少将従四位下坂上大宿禰田村麻呂為ニ兼鎮守将軍一、□為ニ軍監一、」定ニ鼓吹司吹部号一、置ニ員卌四人一、初大宝降、或注ニ吹人一、

或著二角吹一、或称二番上一、或号二吹部一、名既不レ定、数亦無レ限、今定二名吹部一、准二雅楽寮雑色生一、乃聴二勘籍一焉、

○十一月戊子（一日）　曲宴が催された。侍臣以上の者に被《ふすま》を下賜した。

○己丑（二日）　天皇が北野《きたの》で狩猟した。

河内国志紀《しき》郡の荒田一町を正七位下秋篠朝臣清野《きよの》に賜わった。

陸奥国の伊治城《これはりじょう》（宮城県栗原市築館町）と玉造塞《たまつくりのせき》（宮城県古川市名生《みょう》館遺跡か）との間は三十五里ほどあるので、中間に駅家《うまや》を置いて、急事に備えることにした。

○辛卯（四日）　陸奥国の人従五位下道嶋《みちしま》宿禰赤竜《あかたつ》を右京に貫付した。

○壬辰（五日）　故右大臣贈従一位藤原朝臣継縄《つぐただ》に得度《とくど》の枠七人分を賜わった。

外正六位上上毛野《かみつけぬ》朝臣益成《ますなり》・吉弥侯部弓取《きみこべのゆみとり》・巨勢部楯分《こせべのたてわき》・大伴部広椅《おおともべのひろはし》・尾張連大食《おわりのむらじおおはみ》らに外従五位下を授けた。蝦夷《えみし》征討で功績をあげたことによる。

○乙未（八日）　天皇が次のように詔りした。

周朝が天下を治めるようになって財貨を掌《つかさど》る九府が置かれ、漢代になると鋳銭《じゅせん》を管掌する均輸・鍾官・弁銅の三官が置かれて、銭により有無を交易して、等しく利益が得られるようにし、国の内外を通じ便宜が図られるようになった。民を済《すく》う要諦が国益を増す良策であり、賢い指導者はこの原則に拠《よ》り、時機に適うよう事に当たり、軽財であ

る銭を使用して円滑な経済活動を推進している。ただし、最近私鋳《しちゆう》による悪銭が行われて紛糾し、代価の役割を果たさず、蓄銭《ちくせん》しても無用な状態である。悪銭を禁止しようとしても、すぐには徹底しがたいので、銭の価値を手直ししてこの悪弊を除くべきである。そこで、新しく銭を制定し、価値の増加を図ろうと思う。銭名を隆平永宝《りゆうへいえいほう》と言い、新銭一を旧銭（神功開宝《じんぐうかいほう》）十相当として、新旧ともに流通させよ。ただし、旧銭は来年から数えて四年間のみ流通させ、その後は廃止せよ。

伊勢《いせ》・参河《みかわ》・相模《さがみ》・近江《おうみ》・丹波《たんば》・但馬《たじま》等の諸国の婦人各二人を二年間の予定で陸奥国へ派遣して、養蚕を教習させることにした。

○丁酉 十日 無位嶋野女王《しまのじよおう》・百済王《くだらのこにきし》孝法《こうほう》・百済王恵信《けいしん》・和気朝臣広子《ひろこ》・橘朝臣常子《つねこ》・紀朝臣内子《うちこ》・紀朝臣殿子《とのこ》・藤原朝臣川子《かわこ》・錦部連《にしごりのむらじ》真奴《まぬ》らに従五位上、無位弓削《ゆげ》宿禰美濃人《みのひと》に従五位下を授けた。

○庚子 十三日 天皇が次のように勅した。

朝廷への貢納はその地方の産物によるのが原則である。産出しない物品では、人民は困惑することになる。いま、備前《びぜん》国では鍬・鉄を生産しないので、隣国から買い入れて調として納入している。今後は鉄の貢納をとり止め、絹ないし絹糸をもって適宜納入せよ。

○辛丑 十四日 新銭の流通を開始した。伊勢神宮・賀茂《かも》上下二社・松尾社《まつのおしや》へ奉納し、また七大寺と野《の》寺《でら》へ施入《せにゅう》した。皇太子（安殿《あて》親王）・親王以下職事《しきじ》で正六位以上の者および僧都《そうず》・律師《りっし》らに身分に応じて下賜した。

○甲辰十七日　天皇が群臣と宴を催した。身分に応じて帛《きぬ》を下賜した。

従四位上和気朝臣広虫《ひろむし》に正四位上、無位藤原朝臣名子《なこ》に従五位上、外従五位下刀佩首《はかしのおびと》広刀自《ひろとじ》に従五位下を授けた。

○戊申二十一日　天皇が日野で狩猟した。

相模・武蔵《むさし》・上総《かずさ》・常陸《ひたち》・上野《かみつけ》・下野《しもつけ》・出羽《でわ》・越後《えちご》等の国の民九千人を移住させ、陸奥国の伊治城所属とした。

○己酉二十二日　天下の諸国で逃亡している飛騨工《ひだのたくみ》の捜索を行い、もし匿《かく》まう者がいれば、違勅罪《いちょくのつみ》に処することにした。

安芸《あき》国沼田《ぬた》郡の采女佐伯直《さえきのあたい》那賀女《なかめ》に外従五位下を授けた。

○丙辰二十九日　天皇が栗栖野《くるすの》で狩猟した。

○十一月戊子朔、曲宴、賜二侍臣已上被一、○己丑、遊二猟於北野一、河内国志紀郡荒田一町賜二正七位下秋篠朝臣清野一、陸奥国伊治城、玉造塞、相去卅五里、中間置レ駅、以備二機急一、○辛卯、陸奥国人従五位下道嶋宿禰赤竜貫二于右京一、○壬辰、賜二故右大臣贈従一位藤原朝臣継縄度七人一、外正六位上上毛野朝臣益成・吉弥侯部弓取・巨勢部楯分・大伴部広椅・尾張連大食、授二外従五位下一、以二戦功一也、〇乙未、詔曰、周朝撫レ暦、肇開二九府之珍一、漢室膺レ期、爰設二三官之貨一、用能遷二有無一以均レ利、通二華夷一而得レ宜、済レ民之要須、乃益レ国之嘉策、然而□機適レ時、賢哲所以成レ務、権レ軽作レ重、母子於レ是並行、頃者私鑪滋起、奸鋳紛然、施二之交関一、既為二軽賤一、宛二之貯蓄一不レ堪二宝用一、即欲二禁止一、卒難二懲清一、事須三平量以救二流弊一、是以更制二新銭一、仍増二其直一、文曰二隆平永宝一、宜下以二新銭一一、当二旧銭十一、新旧両色、兼使中行用上、但旧銭者、始レ自二来歳一、限以二四年一、然後停廃、」遣二伊勢・参河・相摸・近江・丹波・但馬等国婦女各二人於陸奥国一、教三習養□二□以二二年一、〇丁酉、無位嶋野女王・百済王孝法・百済王恵信・和気朝臣広子・橘朝臣常子・紀朝臣内子・紀朝臣殿子・藤原朝臣川子・錦部連真奴等授二従五位上一、無位弓削宿禰美濃人従五位下、〇庚子、勅、納レ貢之本、任二於土宜一、物非レ所レ出、民以為レ患、今備前国、本無二鍬・鉄一、毎レ至二貢調一、常買二比国一、自レ今以後、宜下停レ貢レ鉄、非レ絹則糸、随レ便令上レ輸、〇辛丑、始用二新銭一、奉二伊勢神宮・賀茂上下二社・松尾社一、亦施二七大寺及野寺一、賜二皇太子・親王已下職事正六位已上、僧都・律師等一各有レ差、〇甲辰、宴二群臣一、賜レ帛有レ差、」従四位上和気朝臣広虫授二正四位上一、無位藤原朝臣名子従五位上、外従五位下刀佩首広刀自従五位下、〇戊申、遊二猟於日野一、」発二相摸・武蔵・上総・常陸・上野・下野・出羽・越後等国民九千人一、遷二置陸奥国伊治城一、〇己酉、令三天下諸国捜二捕逃亡飛騨工一、若有二容隠一、科二違勅罪一」 安芸国沼田郡采女佐伯直那賀女授二外従五位下一、○丙辰、遊二猟於栗栖野一。

○十二月辛酉《四日》　従五位下多治比《たじひ》宿禰真浄《まきよ》を内匠頭《たくみのかみ》に任じ、正四位下藤原朝臣雄友《おとも》を兼中衛大将に任じ、参議《さんぎ》・大蔵卿《おおくらきょう》は故《もと》のままとし、従四位下三嶋真人名継《なつぐ》を左衛士督《さえじのかみ》に任じ、従五位下藤原朝臣清主《きよぬし》を内厩頭《ないきゅうのかみ》に任じ、従五位下都努《つの》朝臣筑紫麻呂《つくしまろ》を内厩助に任じた。外従五位下阿倍安積臣継守《あべのあさかのおみつぐもり》に外従五位上を授けた。

鉸帯《かたい》（朝服用の銅装の革帯）の使用を禁止した。鋳銭の原料である銅を確保するためである。

○癸亥《六日》　大和《やまと》国十《と》市《いち》郡の荒田一町を左衛士督従四位下三嶋真人名継《なつぐ》に賜わった。

○丙寅《九日》　天皇が次のように詔りした。

皇親に与えられる蔭《おん》（高位の者の子孫がうける恩典）は令《りょう》に詳細である。しかし、多数に枝分かれした皇親は員数が多く、高位を授けようと思ってもみなに及ぼすことができない。このため官司《かんし》へ出仕しようとしても位を欠き、白髪の老人になっても勤仕できない者がいるほどである。これを思うと憐れまざるを得ない。そこで、四世・五世王と五世王の嫡子《ちゃくし》で二十一歳になった者は、正六位上に叙せ。五世王の庶子は、一階下して正六位下に叙せ。今後はこれを永例とせよ。

○辛未十四日　天皇が京中を巡幸した。三品朝原内親王《さんぼんあさはらないしんのう》の邸宅に立ち寄り、五位以上の者に物を下賜した。
○戊寅二十一日　出雲《いずも》臣家継《いえつぐ》を土佐《とさ》国へ配流した。家継は叔父である乙上《おとかみ》と親しまず、共に相手を傷つけようと謀《はか》り、発覚して罪に服すことになったのである。乙上は佐渡権目《ごんのさかん》に左遷され、職務につくことは認められず、公廨《くげ》（俸料）にのみ与ることになった。
○辛巳二十四日　少僧都行賀《しょうそうずぎょうが》を大僧都《だいそうず》に任じた。
○丙戌二十九日　勅により、流人氷上川継《ひがみのかわつぐ》（伊豆国三島へ配流されていた）の課役を免除することにした。
陸奥国の人外少初位《げしょうそい》下吉弥侯部善麻呂《きみこべのよしまろ》ら十二人に姓上毛野陸奥公《かみつけぬのむつのきみ》を賜わった。

○十二月辛酉、従五位下多治比宿禰真浄為二内匠頭一、正四位下藤原朝臣雄友為二兼中衛大将一、参議・大蔵卿如レ故、従四位下三嶋真人名継為二左衛士督一、従五位下藤原朝臣清主為二内廏頭一、従五位下都努朝臣筑紫麻呂為レ助、外従五位下阿倍安積臣継守授二外従五位上一、禁二銙帯一、以レ支二鋳銭一也、○癸亥、大和国十市郡荒田一町賜二左衛士督従四位下三嶋真人名継一、○丙寅、詔曰、皇親之蔭、事具二令条一、而宗室之胤、枝族已衆、欲レ加二栄班一、難レ可二周及一、是以進仕無レ階、白首不レ調、眷二言於此一、実合二矜恕一、宜下其四世・五世王、及五世王嫡子年満二廿一一者叙中正六位上上、但庶子者降二一階一叙、自レ今而後、永以為レ例、○辛未、巡二幸京中一、便御二三品朝原内親王第一、賜二五位以上物一、○戊寅、流二出雲臣家継於土左国一、家継与二叔父乙上一不レ協、謀二相傷一、事覚及レ罪、乙上任二佐渡権目一、不レ預二釐務一、唯給二公廨一而已、○辛巳、少僧都行賀為二大僧都一、○丙戌、勅、免二流人氷上川継課役一」陸奥国人外少初位下吉弥侯部善麻呂等十二人、賜二姓上毛野陸奥公一、

○十六年春正月戊子（一日）天皇が大極殿《だいごくでん》に出御《しゅつぎょ》して、朝賀を受けた。大宰府《だざいふ》が白雀《はくじゃく》を献上し、侍臣以上の者と前殿で宴を催し、被を下賜した。

○甲午（七日）天皇が五位以上の者と宴を催した。身分に応じて束帛《そくはく》を下賜した。従五位上篠嶋王《しのしま》に正五位下、正六位上坂本王《さかもと》・安曇王《あずみ》に従五位下、従四位下百済《くだら》王玄鏡《げんきょう》・藤原朝臣乙叡《たかとし》・多治比真人海《あま》に従四位上、正五位下紀朝臣作良《つくら》・羽栗臣翼《はくりのおみつばさ》・橘朝臣綿裳《わたも》に正五位上、従五位上阿保《あぼ》朝臣人上《ひとがみ》・藤原朝臣大継《おおつぐ》・紀朝臣□（人名不詳）に正五位下、従五位下藤原朝臣仲成《なかなり》・藤原朝臣今川《いまかわ》・蜷淵《になふち》真人岡田《おかだ》・和《やまと》朝臣入鹿麻呂《いるかまろ》に従五位上、外従五位上麻田《あさだ》連真浄《まきよ》・伊勢朝臣諸人《もろひと》・正六位上多治比真人道作《みちつくり》・淡海《おうみ》真人福良麻呂《ふくらまろ》・多治比真人今麻《いまま》呂《ろ》・大原真人真福《まふく》・藤原朝臣星雄《ほしお》・大中臣《おおなかとみ》朝臣諸人《もろひと》・紀朝臣永継《ながつぐ》・粟田《あわた》朝臣入鹿《いるか》・大野《おおの》朝臣犬養《いぬかい》・安倍《あべ》朝臣家守《いえもり》・大伴宿禰大関《おおぜき》・平群《へぐり》朝臣広道《ひろみち》・田口《たぐち》朝臣息継《おきつぐ》・百済王聡哲《そうてつ》・佐伯宿禰鷹成《たかなり》・石川朝臣道益《みちます》・和朝臣建男《たけお》・安倍小殿《おとの》朝臣野守《のもり》・中臣丸《なかとみのわに》朝臣豊国《とよくに》に従五位下、

正六位上錦部《にしごり》連春人《はるひと》・民忌寸広成《たみのいみきひろなり》・山口忌寸諸上《もろかみ》・林宿禰沙婆《さば》・中科《なかしな》宿禰巨都雄《こつお》に外従五位下を授けた。

○戊戌《十一日》　正六位上槻本公奈《つきもとのきみな》弖《で》麻呂《まろ》・嵩山《すせ》忌寸道光《どうこう》に外従五位下を授けた。

○庚子《十三日》　陸奥国白川《しらかわ》郡の人外□（正か従）八位□（上か下）大伴部足猪《あしい》らに大伴白河《しらかわ》連、曰理《わたり》郡の人五百木部黒人《いおきべのくろひと》に大伴曰理連、黒河《くろかわ》郡の人外少初位上大伴部真守《まもり》・行方《なめかた》郡の人外少初位上大伴部兄人《えひと》らに大伴行方連、安積《あさか》郡の人外少初位上丸子《まるこ》部古佐美《べのこさみ》・大田部山前《おおたべのやまざき》・富田《とみた》郡の人丸子部佐美《さみ》・小田《おだ》郡の人丸子部稲麻呂《いなまろ》らに大伴安積連、遠田《とおた》郡の人外大初位上丸子部八千代《やちよ》に大伴山田連、磐瀬《いわせ》郡の人□（人名不詳）に大伴宮城《みやぎ》連を賜わった。

従四位下三嶋真人名継《なつぐ》を大和守に任じ、従五位下淡海真人真直《まなお》を伊勢介に任じ、従五位上高橋朝臣祖麻呂《おやまろ》を駿河《するが》守に任じ、従五位下百済王元勝《げんしょう》を安房《あわ》守に任じ、従五位下大野朝臣犬養《いぬかい》を上総介《かずさのすけ》に任じ、大外記《だいげき》外従五位下中科宿禰巨都雄《こつお》を兼常陸少掾《ひたちのしょうじょう》に任じ、従五位下大神《おおみわ》朝臣仲江麻呂《なかえまろ》を美濃《みの》介に任じ、従五位下百済王聡哲《そうてつ》を出羽守に任じ、従五位下大枝朝臣真仲《まなか》を能登《のと》守に任じ、従五位下石川朝臣道益《みちます》を但馬《たじま》介に任じ、従五位下安倍朝臣家守《いえもり》を伯耆《ほうき》介に任じ、従五位下紀朝臣真賀茂《まかも》を石見《いわみ》守に任じ、従五位下石川朝臣嗣人《つぐひと》を備後《びんご》守に任じ、外従五位下山口忌寸諸上《もろかみ》を備後介に任じ、従五位下巨勢《こせ》朝臣訓備《ときたり》を安芸《あき》守に任じ、外従五位下林宿禰沙婆《さば》を安芸介に任じ、従五位下多治比真人今麻呂《いままろ》を肥後介に任じた。

○辛丑《十四日》 伝灯大法師《でんとうだいほっし》位《い》善珠《ぜんじゅ》を僧正《そうじょう》に任じ、伝灯大法師位等定《とうじょう》を大僧都に任じ、伝灯大法師位施暁《せぎょう》を少僧都に任じた。
○壬寅《十五日》 長岡京の地一町を従四位下菅野《すがの》朝臣真道に賜わった。
○癸卯《十六日》 天皇が五位以上の者と宴を催した。禄を下賜した。
○甲辰《十七日》 天皇が朝堂院《ちょうどういん》で射《じゃ》を観覧した。
○丙午《十九日》 天皇が水生野《みなせの》で狩猟した。
○丁未《二十日》 天皇が京中を巡幸した。
○己酉《二十二日》 大和国の稲三百束《そく》を僧正善珠法師の弟子慈厚《じこう》に施与した。倦《う》むことなく師に仕えたことによる。
従五位下粟田《あわた》朝臣入鹿《いるか》を中務少輔《なかつかさのしょうふ》に任じ、外従五位下内蔵《くら》宿禰賀茂麻呂《かもまろ》を主計《かぞえ》助に任じた。
○庚戌《二十三日》 天皇が次のように勅した。
参議以上の者および左右大弁・八省の卿は任務は重く、多くの官人らが仰ぎみる官である。ところで、これらの高官が諸国の国司を兼任して国から送られてきた文書をもって諸官司へ出頭すると、官司のほうでは高官を憚《はば》り十分な対処ができない事態となっている。今後は兼任する高官に国の文書を送り官へ提出することを停止せよ。

壱岐《いき》島の飢饉に悩む民に物を恵み与えた。

○辛亥《二十四日》 能登国羽咋《はくい》・能登二郡の没官田《もっかんでん》（官の没収田）と野七十七町を尚侍《ないしのかみ》従三位百済王明信《めいしん》に賜わった。

○壬子《二十五日》 天皇が大原野で狩猟した。

本日、天皇が次のように勅した。

山城《やましろ》国愛宕《おたぎ》・葛野《かどの》両郡では、人が死ぬと住宅地のかたわらに埋葬することが慣《なら》いとなっている。いま両郡共に平安京に近接しているので、汚穢《おわい》を避けなければならない。国《こく》司《し》・郡司《ぐんし》に通知して禁止せよ。違犯した場合は外国《げこく》（畿外諸国）へ追放せよ。

○癸丑《二十六日》 天皇が近東院《ちかきとういん》へ行幸《みゆき》して五位以上の者と宴を催した。身分に応じて銭を下賜した。

○甲寅《二十七日》 阿波《あわ》国の駅家□および伊予《いよ》国の駅家十一と土佐国の駅家十二を廃止して、新たに土佐国に吾椅《あはし》（高知県長岡郡本山町）・舟川《ふなかわ》（丹川《たじかわ》の誤りであろう。高知県長岡郡大豊町立《たじ》川《かわ》）二駅を置いた。

○十六年春正月戊子朔、皇帝御㆓大極殿㆒受㆓朝賀㆒、大宰府献㆓白雀㆒、宴㆓侍臣已上於前殿㆒賜㆑被、○甲午、宴㆓五位已上㆒、賜㆓束帛㆒有㆑差、従五位上篠嶋王授㆓正五位下㆒、正六位上坂本王・安曇王従五位下、従四位下百済王玄鏡・藤原朝臣乙叡・多治比真人海従四位上、正五位下紀朝臣作良・羽栗臣翼・橘朝臣綿裳正五位上、従五位上阿保朝臣人上・藤原朝臣大継・紀朝臣□正五位下、従五位下藤原朝臣仲成・藤原朝臣今川・蜷淵真人岡田・和朝臣入鹿麻呂従五位上、外従五位上麻田連真浄・伊勢朝臣諸人・正六位上多治比真人道作・淡海真人福良麻呂・多治比真人今麻呂・大原真人真福・藤原朝臣星雄・大中臣朝臣諸人・紀朝臣永継・粟田朝臣入鹿・大野朝臣犬養・安倍朝臣家守・大伴宿禰大関・平群朝臣広道・田口朝臣息継・百済王聡哲・佐伯宿禰鷹成・石川朝臣道益・和朝臣建男・安倍小殿朝臣野守・中臣丸朝臣豊国従五位下、正六位上錦部連春人・民忌寸広成・山口忌寸諸上・林宿禰沙婆・中科宿禰巨都雄外従五位下、○戊戌、正六位上槻本公奈弖麻呂・嵩山忌寸道光授二外従五位下一、○庚子、陸奥国白川郡人外□八位□大伴部足猪等賜二大伴白河連一、曰理郡人五百木部黒人大伴曰理連、黒河郡人外少初位上大伴部真守、行方郡人外少初位上大伴部兄人等大伴行方連、安積郡人外少初位上丸子部古佐美・大田部山前・富田郡人丸子部佐美、小田郡人丸子部稲麻呂等大伴安積連、遠田郡人外大初位上丸子部八千代大伴山田連、磐瀬郡人□大伴宮城連一、」従四位下三嶋真人名継為二大和守一、従五位下淡海真人真直為二伊勢介一、従五位上高橋朝臣祖麻呂為二駿河守一、従五位下百済王元勝為二安房守一、従五位下大野朝臣犬養為二上総介一、大外記外従五位下中科宿禰巨都雄為二兼常陸少掾一、従五位下大神朝臣仲江麻呂為二美濃介一、従五位下百済王聡哲為二出羽守一、従五位下大枝朝臣真仲為二能登守一、従五位下石川朝臣道益為二但馬介一、従五位下安倍朝臣家守為二伯耆介一、従五位下紀朝臣真賀茂為二石見守一、従五位下石川朝臣嗣人為二備後守一、外従五位下山口忌寸諸上為レ介、従五位下巨勢朝臣訓備為二安芸守一、外従五位下林宿禰沙婆為レ介、従五位下多治比真人今麻呂為二肥後介一、○辛丑、伝灯大法師位善珠為二僧正一、伝灯大法師位等定為二大僧都一、伝灯大法師位施暁為二少僧都一、○壬寅、長岡京地一町賜二従四位下菅野朝臣真道一、○癸卯、宴二五位以上一賜レ禄、○甲辰、観二射於朝堂院一、○丙午、遊二猟於水生野一、○丁未、巡二幸京中一、○己酉、大和国稲三百束施二僧正善珠法師弟子僧慈厚一、以二事レ師無レ倦也、」従五位下粟田朝臣入鹿為二中務少輔一、外従五位下内蔵宿禰賀茂麻呂為二主計助一、○庚戌、勅、参議已上・左右大弁・八省卿、委任既高、群寮所レ仰、而介帯之国、遥附二公文一、因レ茲参二対諸司一、事不二隠便一、自レ今以後、宜レ停二遥附一焉、」賑二給壱伎嶋飢民一、○辛亥、能登国羽咋・能登二郡没官田幷野七十七町、賜二尚侍従三位百済王明信一、○壬子、遊二猟於大原野一、」是日勅、山城国愛宕・葛野郡人、毎レ有二死者一、便葬二家側一、積習為レ常、今接二近京師一、凶穢可レ避、宜下告二国郡一、厳加中禁断上、若有二犯違一、移二貫外国一、○癸丑、幸二近東院一、宴二五位已上一、賜レ銭有レ差、○甲寅、廃二阿波国駅家□一、伊予国十一、土左国十二一、新置二土左国吾椅・舟川二駅一、

○二月丁巳《一日》天皇が京中を巡幸した。

山城国相楽《さからか》郡の田二町六段を贈右大臣従二位藤原朝臣百川《ももかわ》の墓地として賜わった。

○己未 三日 内廏《ないきゅう》寮に史生四員を置いた。本日、曲宴を催した。五位以上の者に身分に応じて綿を下賜した。

○辛酉 五日 天皇が北野で狩猟した。

○癸亥 七日 天皇が次のように勅した。

従五位上嶋野《しまの》女王・百済王孝法《こうほう》・百済王恵信《けいしん》・和気朝臣広子《ひろこ》・橘朝臣常子・紀朝臣内子・紀朝臣殿子・藤原朝臣川子・錦部連真奴《まぬ》・従五位下弓削《ゆげ》宿禰美濃人らの位田を男子並みに支給せよ。

○乙丑 九日 外従五位下内蔵宿禰賀茂麻呂《かもまろ》を大外記《だいげき》に任じ、従五位下浄野《きよの》宿禰最弟《いやおと》を兼縫殿《ぬいどの》頭に任じ、左衛士大尉《だいじょう》・近江《おうみ》□（大・少・権のいずれかであろう）掾は故《もと》のままとし、外従五位下槻本公奈弖麻呂《きみなでまろ》を内蔵助に任じ、従五位下淡海真人福良麻呂《ふくらまろ》を治部少輔《じぶのしょうふ》に任じ、外従五位下上道《かみつみち》朝臣広成《ひろなり》を玄蕃助《げんばのすけ》に任じ、従五位下平群《へぐり》朝臣広道《ひろみち》を主計助に任じ、参議従四位上藤原朝臣真友《まとも》を兼大蔵卿に任じ、右京大夫《うきょうのだいぶ》は故のままとし、従五位下中臣丸《なかとみのわに》朝臣豊国《とよくに》を主殿《とのも》助に任じ、従五位下田中《たなか》朝臣浄人《きよひと》を造酒正《みきのかみ》に任じ、大納言正三位勲四等《くんしとう》紀朝臣古佐美《こさみ》を兼東宮傅《とうぐうのふ》に任じ、式部卿は故のままとし、文章《もんじょう》博士外従五位下賀陽《かや》朝臣豊年《とよとし》を兼東宮学士に任じ、右大弁従四位下藤原朝臣葛野麻呂《かどのまろ》を兼春宮大夫《とうぐうのだいぶ》に任じ、従四位上藤原朝臣乙叡《たかとし》を越前守に任じ、左京大夫・中衛大将は故のままとし、大判事《だいはんじ》従五位下藤原朝臣縵麻呂《かずらまろ》を兼因幡《いなば》守に任じ、正五位下橘朝臣入居《いりい》を播磨《はりま》守に任じ、右中弁・左兵衛佐は故のままとし、従五位下多治比宿禰真浄《まきよ》を讃岐《さぬき》介に任じ、参議正四位下藤原朝臣雄友《おとも》を大宰《だざいの》帥《そち》に任じ、従五位下和朝臣建男《たけお》を大尉（大宰大監《だいげん》の誤りであろう）に任じた。

○己巳《十三日》　以前再度の勅を下して、従四位下行民部大輔《みんぶのたいふ》兼左兵衛督皇太子学士《こうたいしのがくし》菅野朝臣真道《まみち》・従五位上守左少弁兼行右兵衛佐丹波守秋篠朝臣安人《やすひと》・外従五位下行大外記兼常陸少掾中科宿禰巨都雄らに『続日本紀《しょくにほんぎ》』の編修を命じていたが、ここに至り完成し、次の上表文を捧呈した。

　私たちは「中国古代の伝説上の皇帝である三皇五帝の書である三墳五典《さんぷんごてん》には聖君が天下を治めた上代のようすが伝えられ、王者に近侍してその言動を記録する史官である左史・右史により中世（三皇五帝に続く時代）の事跡が記録され、その後、世々《よよ》王朝に史官が置かれるようになった。これにより瑣細な小事であっても善事は記録され、悪事も隠蔽されないようになり、史籍に記された功業は多くの王者の模範となり、明らかな戒めは千年にもわたって役に立っている」と聞いています。伏して思いますに、天皇陛下（桓武）は周の文王よりも徳光が光り輝き、堯《ぎょう》と同様に聖道に通暁し、世を隅々《すみずみ》まで映す明鏡を手にして政治をみ、深い道理を体《てい》して全国に臨み、仁は渤海の北まで覆い渤海人を心服させ、威勢は日河（白河の誤りか）の東方にまで振《ふる》い蝦夷・狄人らを鎮圧しています。前代の天皇が教化できなかった者たちを教化し、不臣の者たちを臣従させました。陛下の高山のような徳なくして、誰《だれ》がよくこのようなことができたでしょう。そして、陛下は治政の余閑に国史に関心を向け、真道らに勅して、国史を編纂して先代の天皇の功業を称えることにしたのでした。

先に、私たちは天平宝字《てんぴょうほうじ》二年から延暦《えんりゃく》十年に至るまで三十四年分の国史を二十巻に編修しましたが、文武《もんむ》天皇元年から天平宝字元年に至るまでの六十一年分については、三十巻の下書きがありましたものの瑣事が多く、記述漏れがありました。そこで、光仁《こうにん》天皇朝において故中納言従三位石川朝臣名足《なたり》と刑部卿《ぎょうぶきょう》従四位下淡海真人三船《みふね》・刑部大輔従五位上当麻《たいま》真人永嗣《ながつぐ》らに詔りして、巻を追って編修事業を進め、『日本書紀』に続く国史とすることを企てましたが、もとの下書きに拘泥《こうでい》して十分に整えることができず、進上したものは二十九巻分のみで、天平宝字元年の分は亡失してしまいました。そこで、私たちは諸官司に資料を求め、旧事を故老に問い、散逸を免れた資料を綴り合わせ、文書の伝わらない箇処は補い編修し、正しい議論や策略で後世に伝えるに足るものはすべて記述し、細事や日常的な事項で記録する必要のないものは省略して二十巻とし、先に上進した分と併せて九十五年、四十巻としました。私たちは作業を開始して完成するまでに七年かかり、浄書を終了しました。目録は別に記してあります。願わくは、これまでの天皇の勝れたさまを明らかにし、天地と共に教化に役立ち、善を賞して悪を罰し、万代に伝えて模範となりますことを。

私たちは狭い知見のまま国史を編修してしまいました。愚かなまま歳月を重ね、伏して慄《おのの》くばかりです。謹んで進上し、宮中の書庫である策府《さくふ》（図書寮《ずしょ》）へ納めたいと思います。

本日、天皇は上表に対して、次のように詔りした（宣命体）。

天皇の仰せになる、菅野真道朝臣ら三人が『日本書紀』に続く国史未編修の時代の歴史を調査して編修し、『続日本紀』四十巻として上進した労苦を、功績があり喜ばしいこととお思いになられ、そのため官位を上げることにする、とのお言葉をみながよく承れ、と述べ聞かす。

従四位下菅野朝臣真道に正四位下、従五位上秋篠朝臣安人に正五位上、外従五位下中科宿禰巨都雄に従五位下を授けた。

○辛未　十五日　天皇が次のように勅した。

故従三位勲二等坂上大宿禰苅田麻呂《さかのうえのおおすくねかりたまろ》と正四位上勲二等道嶋宿禰嶋足《みちしましまたり》らは天平宝字八年の恵美押勝《えみのおしかつ》の乱に遭遇し、奮いたって身を顧みず功績をあげた。このため勲功により叙階するに際して、勲二等を授け功田《こうでん》二十町を賜い、子に伝えさせることにした。その後嶋足の功績を大功《だいこう》並みとし、賜田《しでん》を永く子孫に伝えさせることにしたが、苅田麻呂《かりたまろ》と功績が同等なので、褒賞を異にするのは失当である。功績に酬いる基準に不備ありとなりかねないので、あらためて嶋足の功田を前年（天平神護二年二月）の勅に従い、子にのみ伝えるようにせよ。

従五位下多治比真人八千足《やちたり》を少納言に任じ、従五位下広庭王《ひろにわ》を侍従兼河内守に任じ、侍従従五位下大庭王《おおにわ》を兼 左 大舎人頭《ひだりのおおどねり》に任じ、讃岐守は故のままとし、従五位上三諸《みもろ》朝臣真屋麻呂《まやまろ》を右大舎人頭に任じ、内匠頭《たくみ》従四位下川村王《かわむら》を兼□（画工・内薬・内礼のいずれかであろう）正《かみ》に任じ、従五位下藤原朝臣二起《ふたおき》を雅楽頭に任じ、従五位下田口朝臣息継《おきつぐ》を雅楽助に任じ、従五位下大伴宿禰大関《おおぜき》を主計助に任じ、従五位下田中朝臣清人《きよひと》を宮内少輔《くないのしょうふ》に任じ、従五位下田中朝臣大魚《おおうお》を造酒正に任じ、従五位下坂本王《さかもと》を園池《えんち》正に任じ、従五位下紀朝臣永継《ながつぐ》を左京亮に任じ、従五位下橘朝臣嶋田麻呂《しまだまろ》を春宮亮《すけ》に任じ、従五位下平群朝臣広道《ひろみち》を摂津《せっつ》介に任じ、従五位下紀朝臣奥手麻呂《おくてまろ》を土佐守に任じた。

○壬申 十六日　天皇が登勒野で狩猟した。

本日、畿内《きない》の国司に与えられる事力（使役丁《しえきちょう》）と職田《しきでん》（官職に伴う給田）を停止した。

○癸酉 十七日　太政官《だいじょうかん》史生従七位下安都《あと》宿禰笠主《かさぬし》・式部《しきぶ》省史生賀茂県主《かものあがたぬし》立長《たてなが》に位二階、中務省史生大初位下 勝 継成《すぐりのつぐなり》・民部省史生大初位下別公 清成《わけのきみきよなり》・式部省書生《しょしょう》無位雀部 豊公《ささきべのとよきみ》に位一階を叙した。撰日本紀所に出仕したことによる。

○甲戌 十八日　朝原内親王が物を献上し、五位以上の者に綿を下賜した。

○丙子 二十日　天皇が京中を巡幸した。

○丁丑 二十一日　参議左大弁近衛大将兼神祇《じんぎ》伯《はく》正四位上大中臣朝臣諸魚《もろうお》が死去した。諸魚は故右大臣正二位清麻呂《きよまろ》の第四子である。宝亀の初めに従五位下を授けられて、衛門員外 佐《えもんのいんがいのすけ》となり、宝亀八年に衛門佐に任じ、抜擢されて中衛少将《ちゅうえのしょうしょう》に転任して、下野守を兼ねた。その後正五位上となり、延暦年中に式部大輔に遷り、右京大夫を兼ね、にわかに従四位下を授けられて、参議となり、近江守を兼ねた。ついで従四位上を授けられ、神祇伯に任じ、近衛大将を兼ね、正四位上を授けられた。行年五十五。諸魚は生来、琴や歌謡を好み、他に才能がなかった。喪に服していても興に乗ずると、慎むことを忘却した。財貨を貪り経済活動を営み、このため当時の人々は諸魚を卑しんだ。

○二十二日戊寅　長岡京の地二町を諱《いみな》〈淳和太上天皇〉に賜わった。

○二十四日庚辰　従五位下中臣朝臣宅成《やかなり》を雅楽助に任じ、従五位下田口朝臣息継《おきつぐ》を鋳銭次官《じゅせんのじかん》に任じた。

○二十八日甲申　天皇が次のように勅した。

田租を蓄積するのは、水害・旱害による飢饉に対処するためである。銭や帛《きぬ》などの財貨は飢えた時に食することができない。ところで、聞くところによると、京職《きょうしき》では租税を銭で収納することが多いという。租税収取においては、本来の方式である稲穀により、銭による収納は止めるべきである。ただし、人民に貧富があり、穀を蓄えることのできない者がいるだろうから、貧しい者が銭で納めることを認めよ。ただし、銭納は通計して京職管内の総収納額の四分の一を超えないようにせよ。

○二月丁巳朔、巡二幸京中一賜二山城国相楽郡田二町六段一、為二贈右大臣従二位藤原朝臣百川墓地一、○己未、置二内廏寮史生四員一是日、曲宴、賜二五位已上綿一有レ差、○辛酉、遊二猟于北野一、○癸亥、勅、従五位上嶋野女王・百済王孝法・百済王恵信・和気朝臣広子・橘朝臣常子・紀朝臣内子・紀朝臣殿子・藤原朝臣川子・錦部連真奴・従五位下弓削宿禰美濃人等位田、宜二准レ男給一之、○乙丑、外従五位下内蔵宿禰賀茂麻呂為二大外記一、従五位下浄野宿禰最弟為二兼縫殿頭一、左衛士大尉・近江□掾如レ故、外従五位下槻本公奈弖麻呂為二内蔵助一、従五位下淡海真人福良麻呂為二治部少輔一、外従五位下上道朝臣広成為二玄蕃助一、従五位下平群朝臣広道為二主計助一、参議従四位上藤原朝臣真友為二兼大蔵卿一、右京大夫如レ故、従五位下中臣丸朝臣豊国為二主殿助一、従五位下田中朝臣浄人為二造酒正一、大納言正三位勲四等紀朝臣古佐美為二兼東宮傅一、式部卿如レ故、文章博士外従五位下賀陽朝臣豊年為二兼学士一、右大弁従四位下藤原朝臣葛野麻呂為二兼春宮大夫一、従四位上藤原朝臣乙叡為二越前守一、左京大夫・中衛大将如レ故、大判事従五位下藤原朝臣縵麻呂為二兼因幡守一、正五位下橘朝臣入居為二播磨守一、右中弁・左兵衛佐如レ故、従五位下多治比宿禰真浄為二讃岐介一、参議正四位下藤原朝臣雄友為二大宰帥一、従五位下和朝臣建男為二大尉一、○己巳、先レ是重勅二従四位下行民部大輔兼左兵衛督皇太子学士菅野朝臣真道・従五位上守左少弁兼行右兵衛佐丹波守秋篠朝臣安人・外従五位下行大外記兼常陸少掾中科宿禰巨都雄等、撰続日本紀、至是而成、上表曰、臣聞、三墳五典、上代之風存焉、左言右事、中葉之迹著焉、自茲厥後、世有史官、善雖小而必書、悪縦微而無隠、咸能徽烈絢緗、垂百王之亀鏡、炳戒照簡、作千祀之指南、伏惟天皇陛下、徳光四乳、道契八眉、握明鏡以惣万機、懐神珠以臨九域、遂使仁被渤海之北、貊種帰心、威振日河之東、毛狄屏息、化前代之未化、臣往帝之不臣、自非魏々盛徳、孰能与於此也、既而負扆余閑、留神国典、爰勅真道等、銓次其事、奉揚先業、夫自宝字二年至延暦十年、卅四年廿巻、前年勒成奏上、但初起文武天皇元年歳次丁酉、尽宝字元年丁酉、惣六十一年、所有曹案卅巻、語多米塩、事亦疏漏、前朝詔故中納言従三位石川朝臣名足・刑部卿従四位下淡海真人三船・刑部大輔従五位上当麻真人永嗣等、分帙修撰、以継前紀、而因循旧案、竟無刊正、其所上者唯廿九巻而已、宝字元年之紀、全亡不存、臣等捜故実於司存、詢前聞於旧老、綴叙残簡、補緝欠文、雅論・英猷、義関貽謀者、惣而載之、細語・常事、理非書策者、並従略諸、凡所刊削廿巻、并前九十五年卌十巻、始自草創、迄于断筆、七年於茲、油素惣畢、其目如別、庶飛英騰茂、与二儀而垂風、彰善癉悪、伝万葉而作鑑、臣等軽以管窺、裁成国史、牽愚歴稔、伏増戦兢、謹以奉進、帰之策府、是日、詔曰、天皇詔旨良麻止勅久、菅野真道朝臣等三人、前日本紀与利以来、未修継在留久年乃御世御世乃行事乎、勘捜修成弖、続日本紀卌巻進留労、勤美誉美奈毛所念行須、故是以、冠位挙賜治賜波久止勅御命乎、聞食止宣、従四位下菅野朝臣真道授二正四位下一、従五位上秋篠朝臣安人正五位上、外従五位下中科宿禰巨都雄従五位下、○辛未、勅、故従三位勲二等坂上大宿禰苅田麻呂・正四位上勲二等道嶋宿禰嶋足等、宝字之歳、卒遇二不虞一、奮不レ顧レ身、共著二其効一、是以叙レ勲之日、授二二等一、加二賜功田廿町一、並伝二其子一、而後、特以二嶋足一准二之大功一、所レ賜之田、世々不レ絶、功既同等、賞何殊レ科、疇庸之典、恐レ有レ未レ允、宜下其嶋足功田、依二前年勅一同中伝レ子之限上、従五位下多治比真人八千足為二少納言一、従五位下広庭王為二侍従兼河内守一、侍従従五位下大庭王為二兼左大舎人頭一、讃岐守如レ故、従五位上三諸朝臣真屋麻呂為二右大舎人頭一、内匠頭従四位下川村王為二兼□□正一、従五位下藤原朝臣二起為二雅楽頭一、従五位下田口朝臣息継為レ助、従五位下大伴宿禰大関為二主計助一、従五位下田中朝臣清人為二宮内少輔一、従五位下田中朝臣大魚為二造酒正一、従五位下坂本王為二園池正一、従五位下紀朝臣永継為二左京亮一、従五位下橘朝臣嶋田麻呂為二春宮亮一、従五位下平群朝臣広道為二摂津介一、従五位下紀朝臣奥手麻呂為二土佐守一、○壬申、遊二猟於登勒野一、是日、停レ給二畿内国司事力并職田一、○癸酉、太政官史生従七位下安都宿禰笠主・式部史生賀茂県主立長叙二位二階一、中務史生大初位下勝継成・民部史生大初位下別公清成・式部書生無位雀部豊公一階、以レ供二奉撰日本紀所一也、○甲戌、朝原内親王献レ物、賜二五位已上綿一、○丙子、巡二幸京中一、○丁丑、参議左大弁近衛大将兼神祇伯正四位上大中臣朝臣諸魚卒、諸魚者、故右大臣正二位清麻呂之第四子也、宝亀初、授二従五位下一、為二衛門員外佐一、八年為レ真、擢遷二中衛少将一、兼二下野守一、至二正五位上一、延暦中遷二式部大輔一、兼二右京大夫一、俄授二従四位下一、拝二参議一、兼二近江守一、尋授二従四位上一、為二神祇伯一、兼二近衛大将一、授二正四位上一、卒時年五十五、諸魚、性好二琴歌一、無二他才能一、雖レ在二哀制一、乗レ興忘レ忌、貪二冒財貨一、営二求産業一、時議以レ此鄙之、○戊寅、長岡京地二町賜レ諱、(淳和太上天皇)○庚辰、従五位下中臣朝臣宅成為二雅楽助一、従五位下田口朝臣息継為二鋳銭次官一、○甲申、勅、租税之本、備二於水旱一、銭帛之財、飢而不レ食、今聞、京職多有レ収レ銭、事須下賤レ末貴レ本、一絶中収銭上、但恐下民有二貧富一、不中必蓄上レ穀、宜レ聴二貧乏之徒進レ銭、通計不レ得レ過二四分之一一、

○三月戊子(二日) 以前から甲斐《かい》・相模両国が国境を争っていたので、使人を派遣して甲斐国都留《つる》郡□留村(都留村であろう。山梨県上野原市)の東辺である砥沢《とざわ》を国境と定め、以西を甲斐国、以東を相模国とした。

○己丑(三日) 天皇が侍臣と宴を催した。音楽を奏し、身分に応じて禄を下賜した。

○甲午(八日) 天皇が次のように勅した。

新任の畿内国司に対しては、職田からの収穫を入手できる以前の八月三十日までは、

規定により粮料《ろうりょう》を支給することになっているが、職田を停止して田租から支給することになったので、従前の方式を改めて、田租収納の期限である十一月三十日まで粮料を支給せよ。

○丁酉《十二日》　正四位下菅野朝臣真道《まみち》を左大弁に任じ、東宮学士・左兵衛督・伊勢守は故のままとし、参議正四位上石川朝臣真守《まもり》を兼刑部卿に任じ、従五位下大伴宿禰大関《おおぜき》を春宮大進《だいじん》に任じ、参議刑部卿正四位下藤原朝臣内麻呂《うちまろ》を兼近衛大将に任じ、参議左京大夫従四位上藤原朝臣乙叡《たかとし》を兼中衛大将に任じ、参議正四位下和朝臣家麻呂《いえまろ》を兼衛門督に任じた。伝灯大法師位勝虞《しょうぐ》・如宝《にょほう》をともに律師《りっし》に任じた。

長岡京の土地五町を従四位下多治比真人邑刀自《おおとじ》に賜い、同じ京の土地一町を大田《おおた》親王に賜わった。

○癸卯《十七日》　信濃国の人外従八位下前部綱麻呂《ぜんほうのつなまろ》に姓安坂《あさか》を賜わった。

遠江・駿河・信濃・出雲等の国から雇夫《こふ》二万四十人を提供させた。造宮の作業に充てるためである。

○丙午《二十日》　天皇が北野で狩猟した。宴を催して音楽を奏し、四位以上の者に衣を下賜した。正六位上並槻忌寸荻麻呂《なみつきのいみきおぎまろ》に外従五位下を授けた。

右京の人正七位上刀西他麻呂《とせのたまろ》らに姓安野造《やすののみやつこ》を賜わった。

○癸丑《二十七日》　甲斐・下総《しもうさ》両国で飢饉が発生したので、使人を派遣して物を恵み与えた。

従四位下多治比真人継兄《つぐえ》を中務大輔に任じ、従五位下坂本王を雅楽頭に任じ、従五位上笠朝臣江人《えひと》を民部大輔に任じ、信濃守は故のままとし、従五位下藤原朝臣貞嗣《さだつぐ》を民部少輔に任じ、外従五位下葛井宿禰松足《まつたり》を主計助に任じ、従五位下紀朝臣千世《ちよ》を刑部少輔に任じ、外従五位下並槻忌寸荻麻呂を園池正に任じ、従四位下紀朝臣勝長《かつなが》を右京大夫に任じ、左衛士督・造東大寺長官《ぞうとうだいじのちょうかん》・美作《みまさか》守は故のままとし、従四位下百済王英孫《えいそん》を右兵衛督に任じた。

○二十九日乙卯　武蔵・土佐両国に飢饉が発生したので、使人を派遣して物を恵み与えた。

日本後紀　巻第五

○三月戊子、先レ是、甲斐・相摸二国相二争国堺一、遣レ使定二甲斐国都留郡□留村東辺砥沢一為二両国堺一、以西為二甲斐国地一、以東為二相模国地一、○己丑、宴二侍臣一、奏レ楽、賜レ禄有レ差、○甲午、勅、畿内国司新至レ任者、皆限二八月卅日一、依レ式給レ粮、今停二職田一、割レ租為レ料、収レ租之後、須レ得二其分一、宜下改二旧例一、限中十一月卅日上、○丁酉、正四位下菅野朝臣真道為二左大弁一、東宮学士・左兵衛督・伊勢守如レ故、参議正四位上石川朝臣真守為二兼刑部卿一、従五位下大伴宿禰大関為二春宮大進一、参議刑部卿正四位下藤原朝臣内麻呂為二兼近衛大将一、参議左京大夫従四位上藤原朝臣乙叡為二兼中衛大将一、参議正四位下和朝臣家麻呂為二兼衛門督一、伝灯大法師位勝虞・如宝、並為㆓律師㆒」長岡京地五町賜㆓従四位下多治比真人邑刀自㆒、同京地一町賜㆓大田親王㆒、○癸卯、信濃国人外従八位下前部綱麻呂賜㆓姓安坂㆒」令㆓遠江・駿河・信濃・出雲等国進㆓雇夫二万卌人㆒、以㆑供㆓造宮役㆒、○丙午、遊㆓猟於北野㆒、宴飲奏㆑楽、賜㆓四位已上衣㆒、正六位上並槻忌寸荻麻呂授㆓外従五位下㆒」右京人正七位上刀西他麻呂等賜㆓姓安野造㆒、○癸丑、甲斐・下総両国飢、遣㆑使賑給、」従四位下多治比真人継兄為㆓中務大輔㆒、従五位下坂本王為㆓雅楽頭㆒、従五位上笠朝臣江人為㆓民部大輔㆒、信濃守如㆑故、従五位下藤原朝臣貞嗣為㆓少輔㆒、外従五位下葛井宿禰松足為㆓主計助㆒、従五位下紀朝臣千世為㆓刑部少輔㆒、外従五位下並槻忌寸荻麻呂為㆓園池正㆒、従四位下紀朝臣勝長為㆓右京大夫㆒、左衛士督・造東大寺長官・美作守如㆑故、従四位下百済王英孫為㆓右兵衛督㆒、○乙卯、武蔵・土左所㆑飢、遣㆑使賑給之、

日本後紀　巻第五

日本後紀　巻第六（逸文）　延暦十六年四月より同十七年三月まで

左大臣正二位兼行左近衛大将臣藤原朝臣冬嗣ら勅を奉《うけたまわ》りて撰す

皇統《あまつひつぎ》弥照《いやてらす》天皇《すめらみこと》　桓武天皇《かんむてんのう》

○夏四月己未《四日》　正《しょう》五位上《じょう》行左少弁《さしょうべん》兼右兵衛佐《うひょうえのすけ》丹波守《たんばのかみ》秋篠朝臣安人《あきしののあそんやすひと》を左京職へ、従五位上守《しゅ》民部大輔《みんぶのたいふ》兼行造西寺次官《ぞうさいじのじかん》信濃守《しなののかみ》笠朝臣江人《かさのあそんえひと》を右京職《うきょうしき》へ遣わして、延暦《えんりゃく》五年以降、同十五年以前のさまざまな官物の現状について調査した。

大納言紀古佐美《きのこさみ》が死去した。

○壬戌《七日》　大和国《やまとのくに》の稲四百束《そく》を僧延尊《えんそん》・聖基《しょうき》・善行《ぜんぎょう》・文延《もんえん》ら四人へ施給《せきゅう》した。山中に居住して、苦行し道を修めたことによる。

○癸酉《十八日》　布勢内親王《ふせないしんのう》を伊勢《いせ》大神宮の斎王《いつきのみこ》とした。

○丙子《二十一日》　僧正善珠《ぜんじゅ》が死去した。行年《こうねん》七十五。皇太子安殿親王《あてしんのう》（平成天皇《へいぜいてんのう》）が善珠の肖像を描き、秋篠寺《あきしのでら》に安置されている。皇太子が病気の時、『大般若経《だいはんにゃきょう》』を読誦《どくじゅ》して霊妙な効験をもたらし、抽賞《ちゅうしょう》されている（延暦十六年正月に僧正に任命されていることを指すのであろう）。法師は俗姓《ぞくせい》が安《あ》都宿禰《とのすくね》で、京の人であった。民間の噂によれば、「僧正玄昉《そうじょうげんぼう》は太《たい》皇太后《こうたいごう》藤原宮子《みやこ》と密通し、善珠法師は密通により生まれた子である。（略）」という。善珠は師を求め研鑽したが、遅鈍《ちどん》で学問を身につけることができなかった。しかし、はじめ唯《ゆい》識論《しきろん》を読み、反復することにより、ついに三蔵《さんぞう》（経蔵・律蔵・論蔵のことで、仏教典籍の総称）の奥深い教理を理解し、教理や学説に通暁《つうぎょう》するようになった。大器晩成とは、このような人のことであろう。

日本後紀　巻第六（逸文）　起㆓延暦十六年四月㆒尽㆓十七年三月㆒

左大臣正二位兼行左近衛大将臣藤原朝臣冬嗣等奉㆑勅撰

皇統弥照天皇　桓武天皇

○夏四月己未、遣㆓正五位上行左少弁兼右兵衛佐丹波守秋篠朝臣安人於左京職、従五位上守民部大輔兼行造西寺次官信濃守笠朝臣江人於右京職㆒、検㆓延暦五年以来十五年以往雑官物㆒、〔類史〕107左右京職」大納言紀古佐美薨、〔紀略〕○壬戌、以㆓大和国稲四百束㆒施㆓僧延尊・聖基・善行・文延等四人㆒、以㆘其在㆓山中㆒、苦行修㆖道也、〔類史〕186施物僧○癸酉、以㆓布勢内親王㆒為㆓伊勢大神宮斎㆒、〔類史〕4伊勢斎宮、〔紀略〕○丙子、僧正善珠卒、年七十五、皇太子図㆓其形象㆒安㆓置秋篠寺㆒、皇太子病悩間、施㆓般若験㆒、仍被㆓抽賞㆒、法師、俗姓安都宿禰、京兆人也、流俗有レ言、僧正玄昉密二通太皇后藤原宮子一、善珠法師実是其息也、云々、善珠、尋レ師往学、遅鈍難レ入、初読二唯識論一、反覆無数、爾乃窮二三蔵乃秘旨一、分二六宗之通衢一、大器晩成、蓋此之謂也、［紀略］、扶桑略記

○五月壬辰《七日》　天皇が京中を巡幸した。

○癸巳《八日》　弾正弼《だんじょうのひつ》文室波多麻呂《ふんやのはたまろ》を派遣して、宇治橋《うじばし》を造らせた。

○丙申《十一日》　使人を大和《やまと》・山城《やましろ》・摂津《せっつ》・河内《かわち》等の国へ派遣して、官田《かんでん》の稲を貧民に売り与えた。貧しい人々を救済し、勧農を行うためである。

○戊戌《十三日》　雉《きじ》が前殿に集まった。

○辛丑《十六日》　武蔵《むさし》・下総《しもうさ》両国の稲を貧民に売り与えた。

○甲辰《十九日》　宮中と東宮《とうぐう》で、『金剛《こんごう》般若経』を転読した。雉が前殿に集まる怪異があったからである。

○乙巳《二十日》　僧侶二人を淡路《あわじ》国へ遣わして、転経《てんぎょう》・悔過《けか》を行った。崇道《すどう》天皇（早良《さわら》親王）の霊に謝罪するためである。

○丁未《二十二日》　宮中で仏号《ぶつごう》を唱名《しょうみょう》して薬師如来《やくしにょらい》の礼拝《らいはい》・供養《くよう》等を行う、灌頂経法《かんじょうきょうほう》を実施した。去る十九日から本日まで、東西京内で洪水が発生して水が溢れ、各地で百姓《ひゃくせい》の家が水没した。

○庚戌《二十五日》　曲宴が催された。五位以上の者に衣被《いひ》を下賜した。

○五月壬辰、巡㆓幸京中㆒、類史32天皇巡幸、紀略 ○癸巳、遣㆓弾正弼文室波多麻呂㆒造㆓宇治橋㆒、紀略 ○丙申、遣㆓使於大和・山城・摂津・河内等国㆒、以㆓屯田稲㆒売㆓与貧民㆒、以㆓救㆑乏勧㆒㆑農也、類史80糶糴 ○戊戌、有㆑雉、集㆓禁中正殿㆒、紀略 ○辛丑、以㆓武蔵・下総二国稲㆒糶㆓与貧民㆒、類史80糶糴 ○甲辰、於㆓禁中幷東宮㆒転㆓読金剛般若経㆒、以㆑有㆓怪異㆒也、紀略 ○乙巳、遣㆓僧二人於淡路国㆒、転経、悔過、謝㆓崇道天皇之霊㆒也、類史25追号天皇、紀略 ○丁未、於㆓禁中㆒行㆓灌頂経法㆒、類史178修法」是日、自㆓去十九日㆒、東西洪水汎溢、往々没㆓百姓家㆒、法曹類林二二六 ○庚戌、曲宴、賜㆓五位以上衣被㆒、類史32天皇遊宴

○六月庚申《六日》　天皇が次のように詔《みことの》りした。

古《いにしえ》にあっては、税は収穫の十分の一が収取率であった。これを正中《せいちゅう》、すなわち中道に当たると言い、夏《か》・殷《いん》・周《しゅう》の三代は十分の一税を継承して、称賛された。国家は税を軽くして農民に利益を与え、人民の苦難を救うようつとめるものである。そこで、大宝《たいほう》令《りょう》を制定するに際し、田一町の租《そ》を二十二束としたのであった。その後、勅（『類聚三代格《るいじゅうさんだいきゃく》』巻十五、慶雲三年九月二十日勅）による指示で田租《でんそ》の収取率を段別十五束に減ら

した（この改定は度量の変更に伴うもので実量にはほとんど相異がない）が、現状を古と比べてみると軽重に相異があり、今のほうが重税となっている。

　ところで、いま民部省《みんぶしょう》が行っている田租の収納勘査のあり方をみると、一国内の耕作田を通計して七分以上を収穫のあった得田として税を課し、残りの三分以下については官は収納せず、国司が自由に処分してよいとしている。現在、諸国司はこの方式を援用して、豊年で七分以上が得田となると、得田すべてに課税しながら納官するのは七分でしかなく、差額は着服しているのが実状である。農民はこれにより不利な扱いを受け、貪欲な国司が利益をもっぱらにしており、善政に反している。今後は、収租に当たっては、人別の経営単位ごとに計算して、経営する田の八分を得田として課税し、二分は非課税とせよ。もしその八分のうち四分が損田となったり、一族の耕地がすべて被害を受け経営が全滅してしまったような場合は、具体的に被害状況を記した上で言上せよ。このようにすれば、田租納入方法が明確になり、余計な徴税をされず、国司らも私利を謀ることがなくなり、不正を制止することができよう。全国に告示して、朕《ちん》の意とするところを知らせよ。

○辛酉《七日》　三品《さんぼん》朝原《あさはら》内親王が白雀《はくじゃく》を献上した。朝原内親王家の御監《ごげん》と家司《けいし》らに、身分に応じて物を下賜し、白雀の発見者伊勢直《いせのあたい》藤麻呂《ふじまろ》と捕らえた菅生朝臣《すごうのあそん》魚麻呂《うおまろ》に位一階を授けた。

○癸亥《九日》　天皇が次のように詔りした。

時に相応《ふさわ》しい教化をするのが国家を維持するに当たって、常に守るべき原則であり、事情に応じて法を立てるのが政治を行うに際しての要諦である。そこで、政務の簡繁に従い官職を設け、人物により相応しい禄や地位を与えることになるのである。いま従三位《み》守大納言兼弾正尹神王《いんみわおう》らが上奏してきた『刪定令格《さんていりようきやく》』四十五条をみると、適切に取捨選択して程良いものとなっているので、官司へ下して実施せよ。

○庚午《十六日》　天皇が次のように勅した。

近親が死去して喪に服するため解任されながら、復任を認められるより以前に出仕した者は、身柄を拘束して奏上せよ。

○壬申《十八日》　使人を畿内《きない》・七道《しちどう》諸国の名神社《みようじんしや》へ派遣して、奉幣《ほうべい》した。皇帝は南庭《なんてい》（朝堂院《ちようどういん》の前庭か）で使人を見送った。全国の安寧を祈願してのことであった。

○己卯《二十五日》　参議《さんぎ》藤原真友《まとも》が死去した。行年五十六。

○壬午《二十八日》　天皇が次のように詔りした。

（略）平安京建設のため国中すべての民がたいへんな苦労をした。そこで、今年も畿外諸国の田租を免除せよ。また、畿内は平安京に近接し役夫《えきふ》の徴発を受けることがあるので、田租の半分を免除せよ（畿内は畿外に比べ庸《よう》を免除されているので、負担は軽い。そのため田租半免となっている）。ただ、大和国平群《へぐり》郡と河内《かわち》国高安《たかやす》郡については、昨年長雨で山崩れが起こり、被害が大きいので、特に田租全免とせよ。平安京造営に徴発をかけられていない国は、田租を免除する必要はない。

○六月庚申、詔曰、古者什一而税、謂ニ之正中一、三代因循、頌声作矣、国家薄征利レ農、勤恤ニ民隠一、是以制レ令之曰、田一町租、定為ニ廿二束一、其後有ニ勅処分一、減為ニ一十五束一、以レ今況レ古、軽重相懸、而今民部勘レ租之例、通ニ計国中一、以ニ七分已上一為レ定、所レ余三分者、任ニ国司処分一、如今諸国之司、偏執ニ斯例一、雖レ遇ニ年豊穣一、全徴ニ其租一、而至レ納レ官不レ過ニ七分一、其所レ余者、常事ニ截留一、農夫以レ之受レ弊、貪吏因レ茲擅レ利、興言於此、事乖ニ善政一、自レ今以後、収レ租之法、宜下計ニ人別所レ営町段一、仍作ニ十分一、収レ八免ト二、其八分之内、計レ損四分、若合門被レ害、産業全亡、如レ此之類、具録言上、然則人知ニ輸法一、獲レ免ニ枉徴之苦一、吏不レ私レ利、終杜ニ施レ奸之途一、宜下班ニ告率土一、知中朕意上焉、類史83正税 ○辛酉、三品朝原内親王献ニ白雀一、御監及家司等賜レ物有レ差、初見者伊勢直藤麻呂・獲者菅生朝臣魚麻呂、叙ニ位一階一、類史165雀、紀略 ○癸亥、詔曰、観レ時施レ教、有レ国之彝範、量レ事立レ規、為レ政之要務、然則設レ官分レ職、是有ニ閑繁一、錫レ禄命レ位、非レ無ニ軽重一、今覧ニ従三位守大納言兼弾正尹神王等所レ奏刪定令格四十五条一、事憑ニ穏便一、義存ニ折衷一、宜下下ニ有司一、並令中遵用上、類史147律令格式 ○庚午、勅、遭レ喪之徒、復任以前出仕、捕レ身奏聞、紀略 ○壬申、遣レ使奉ニ幣畿内・七道諸国名神一、皇帝於ニ南庭一親臨レ発焉、以レ祈ニ万国安寧一也、

類史11祈禱、紀略 ○己卯、参議藤原真友卒、年五十六、紀略 ○壬午、詔曰、云々、天下地、建レ都者、万□勤苦殊甚、重宜レ免二今年之租一、又畿内者、□二接都下一、非レ無二差発一、宜二半免一之、唯大和国平群郡・河内国高安郡者、去年遭レ霖、山阜頽崩、損傷已甚、特全免レ之、虚役之国、不レ在二此限一、類史83免租税、紀略

○秋七月乙酉二日 陰陽允《おんようのじょう》大津海成《おおつのうみなり》に絁《あしぎぬ》五疋《ひき》、布十端《たん》を下賜した。晴雨を占わせたところ適中したからである。

○丙戌三日 陰陽少属《おんようのしょうさかん》従八位上菅原朝臣世道《よみち》と陰陽博士《はかせ》正六位上中臣志斐連国守《なかとみのしびのむらじくにもり》を派遣して、大和国の平群山《へぐりさん》と河内国の高安山《たかやすさん》を鎮《しず》め祭らせた。先に長雨によりこの二山が山崩れを起こし、人家が埋没したからである。

○戊子五日 任官があった。

○甲午十一日 天皇が次のように勅した。

男女の別を立てることは礼儀の重んずるところであり、身分の上下に区別がなければ、人倫の名分を明らかにすることができない。近頃、愚かな者たちが礼儀をわきまえず、会集すると男女、上下が混《ま》ざりあって区別がない状態である。今後は取り締まりを行い、このようなことのないようにせよ。

○辛丑十八日 正五位下藤原朝臣緒嗣《おつぐ》に従四位下を授けた。

本日、曲宴が催された。身分に応じて物を下賜した。

○戊申《二十五日》 任官があった。

○秋七月乙酉、賜二陰陽允大津海成絁五疋・布十端一、以二占レ霽有レ験也、紀略 ○丙戌、遣二陰陽少属従八位上菅原朝臣世道・陰陽博士正六位上中臣志斐連国守一、鎮二祭大和国平群山・河内国高安山一、先レ是霖雨、二山崩頽、埋二人家一也、類史10雑祭 ○戊子、任官、紀略 ○甲午、勅、男女有レ別、礼典攸レ崇、上下無レ差、名教已闕、頃者愚闇之輩、不レ識二礼儀一、至二于会集一、混殽無レ別、宜下加二禁制一、勿上レ令二更然一、類史79禁制、紀略 ○辛丑、正五位下藤原朝臣緒嗣授二従四位下一、類史32天皇遊宴 ○戊申、任官、紀略 是日、曲宴、賜レ物有レ差、類史32天皇遊宴」

○八月乙卯《二日》 天皇が葛野川《かどのがわ》に行幸《みゆき》した。

○丙辰《三日》 天皇が次のように勅した。

郷里を離れて浮浪する者たちが王臣の庄《しょう》に住みつき、主人である王臣の威勢を借りて調庸《ちょうよう》を納入していない。（略）また、庄の管理人である庄長《しょうちょう》には私田を営む者が多く、王臣の勢いに乗じて、周辺の農民を深く損なっている者がいる。悪事は源から断つ必要があり、取り締まるようにせよ。

○庚申 七日　天皇が近東院《ちかきとういん》に行幸した。

○甲子 十一日　天皇が次のように勅した。

　諸国の講師《こうじ》は、僧侶を教導するために置かれている。造寺以外の、寺院に関わる庶務や僧尼の不正を糺《ただ》すことは、すべて講師に委任せよ。もしこの指示に違反した場合は、法規により処罰せよ。

○乙丑 十二日　天皇が葛野川に行幸した。

○丁卯 十四日　地震があり、暴風が吹いて、左右京の坊（京内の区画）の門や百姓の屋舎の多くが倒壊した。

○己巳 十六日　後宮の溝で魚を捕らえた。長さは一尺六寸で、通常の魚と形が異っている。椒魚《しょうぎょ》（サンショウウオ）で、深山の沢にいるものである、という人がいた。

○甲戌 二十一日　斎内親王《いつきのひめみこ》（布勢《ふせ》内親王）が葛野川で祓《はら》えを行い、その後、野宮《ののみや》（斎内親王が潔斎《けっさい》生活をする宮）へ入った。

○丙子 二十三日　任官があった。

○戊寅 二十五日　山城《やましろ》国の国府《こくふ》を長岡京《ながおかきょう》の南へ遷《うつ》した。これまで国府が置かれていた葛野郡の一部が平安京に入り、狭隘《きょうあい》となったためである。

○庚辰 二十七日　天皇が的野《いくはの》で狩猟した。

○八月乙卯、幸二葛野川一、〔紀略〕○丙辰、勅、浮宕之徒、寄三住王臣之庄二、仮二勢其主一、全免二調庸一、云々、又庄長多営二私田一、仮レ威乗レ勢、蠹レ民良深、奸猾之源、不レ可レ不レ絶、宜レ加二禁制一、〔類史79禁制〕○庚申、幸二近東院一、〔紀略〕○甲子、勅、諸国講師、所三以教二導緇徒一也、宜下除二造寺事一之外、寺内庶務、及糾二正僧尼一、皆委中講師上、若有二不レ遵者一、准レ法科断、〔類史186僧尼雑制〕○乙丑、幸二葛野川一、〔紀略〕○丁卯、地震、暴風、左右京坊門、及百姓屋舎、倒仆者多、〔類史171地震、紀略〕○己巳、掖庭溝中獲レ魚、長尺六寸、形異二常魚一、或云、椒魚、在二深山沢中一、〔紀略〕○甲戌、斎内親王祓二于葛野川一、即移二入野宮一、〔類史4伊勢斎宮、紀略〕○丙子、任官、〔紀略〕○戊寅、遷二山城国治於長岡京南一、以二葛野郡地勢狭隘一也、〔紀略〕○庚辰、遊二猟于的野一、〔類史32天皇遊猟、紀略〕

○九月丙戌（四日） 曲宴が催された。五位以上の者に衣《きぬ》を下賜した。

○己丑（七日） 天皇が北野で狩猟した。五位以上の者に衣を下賜した。

○庚寅（八日） 曲宴が催された。五位以上の者に身分に応じて綿を下賜した。

○壬寅（二十日） 天皇が次のように勅した。

時候は秋収時《しゅうしゅうじ》となり、民は取り入れに励んでいる。畿内諸国に対して、狩猟のために行幸する際に設けられる行在所《あんざいしょ》（仮宮）へ供奉《ぐぶ》・貢献することのないよう指示せよ。

○癸卯（二十一日） 天皇が北野で狩猟した。

○戊申〈二十六日〉　天皇が大原野で狩猟した。

○壬子〈三十日〉　従五位上紀《き》朝臣田村子《たむらこ》に得度《とくど》の枠を二人分賜わった。

○九月丙戌、曲宴、賜㆓五位已上衣㆒、〔類史〕32天皇遊宴　○己丑、遊㆓猟于北野㆒、賜㆓五位以上衣㆒、〔類史〕32天皇遊猟、〔紀略〕　○庚寅、曲宴、賜㆓五位以上綿㆒有㆑差、〔類史〕32天皇遊宴　○壬寅、勅、時属㆓秋収㆒、民事㆓収穫㆒、宜㆑令㆘畿内諸国勿㆖供㆓献於行在所㆒、〔類史〕78献物　○癸卯、遊㆓猟于北野㆒、〔類史〕32天皇遊猟、〔紀略〕　○戊申、遊㆓猟于大原野㆒、〔類史〕32天皇遊猟、〔紀略〕　○壬子、賜㆓従五位上紀朝臣田村子度二人㆒、〔類史〕187度者

○冬十月庚申〈八日〉　啄木鳥《きつつき》が前殿へ入った。明日、天皇は交野《かたの》に行幸する予定であったが、この不審事のため、とり止めた。

○癸亥〈十一日〉　曲宴が催された。酒宴がたけなわとなったとき、皇帝が次の和歌を詠んだ。

このごろの時雨《しぐれ》の雨に菊の花散りぞしぬべきあたらその香を

（このごろの時雨で菊花が散ってしまうだろう。その香りが惜しまれる）

五位以上の者に衣被を下賜した。

○甲子〈十二日〉　天皇が北野で狩猟した。宮へ帰り、曲宴を催して、五位以上の者に衣を下賜した。

○丙寅〈十四日〉　天皇が次のように勅した。

（略）また、神社の神職である祝部《はふりべ》が罪を犯し、規則どおりに物忌《ものい》みしないときは解任せよ。

○戊辰 十六日 曲宴が催された。侍臣に身分に応じて物を下賜した。

○丙子 二十四日 天皇が日野で狩猟した。

○戊寅 二十六日 天皇が陶野《すえの》（大阪府堺市）で狩猟した。

○庚辰 二十八日 雉《きじ》が兵衛府《ひょうえふ》の内裏《だいり》内詰所《つめしょ》である兵衛陣《ひょうえのじん》（左陣は宣陽門内、右陣は陰明門内）に止まり、次いで、諱《いみな》（神野親王か大伴親王のいずれかであろう）の曹司《ぞうし》へ入り、捕らえられた。

○冬十月庚申、有二啄木鳥一、入二前殿一、明日車駕将レ幸二交野一、縁レ斯而止、［紀略］○癸亥、曲宴、酒酣皇帝歌曰、己乃己呂乃、志具礼乃阿米尓、菊乃波奈、知利曾之奴倍岐、阿多羅蘇乃香乎、賜二五位已上衣被一、［類史］75曲宴、［紀略］○甲子、遊二猟于北野一、還レ宮、曲宴、賜二五位以上衣一、［類史］32天皇遊猟 ○丙寅、勅、云々、又祝部有レ犯、潔斎無レ方、依レ理解却、［類史］19祝 ○戊辰、曲宴、賜二侍臣物一有レ差、［類史］75曲宴 ○丙子、遊二猟于日野一、［類史］32天皇遊猟、［紀略］○戊寅、遊二猟于陶野一、［類史］32天皇遊猟、［紀略］○庚辰、雉止二兵衛陣一、入二禁中諱房一被レ獲、［紀略］

○十一月乙酉（四日）　天皇が栗栖野《くるすの》で狩猟した。
○丙戌（五日）　従四位下坂上《さかのうえの》大宿禰《おおすくね》田村麻呂《たむらまろ》を征夷大将軍《せいいたいしょうぐん》に任じた。〈副将軍等が置かれた〉。
○甲辰（二十三日）　天皇が五位以上の者と宴を催した。身分に応じて禄を下賜した。
○己酉（二十八日）　天皇が大原野《おおはらの》で狩猟した。

○十一月乙酉、遊㆓猟于栗栖野㆒、類史32天皇遊猟、紀略　○丙戌、従四位下坂上大宿禰田村麻呂為㆓征夷大将軍㆒、有㆓副将軍等㆒、紀略　○甲辰、宴㆓五位以上㆒、賜㆑禄有㆑差、類史9新嘗祭・32天皇遊宴　○己酉、遊㆓猟于大原野㆒、類史32天皇遊猟、紀略

○十二月丙辰（五日）　天皇が北野で狩猟した。
○乙丑（十四日）　大雪が降った。諸司で雪掃《ゆきはら》いを行い、身分に応じて綿を下賜した。

○十二月丙辰、遊㆓猟于北野㆒、類史32天皇遊猟、紀略　○乙丑、大雪、諸司掃㆑雪、賜㆑綿有㆑差、類史165雪

○十七年春正月壬午（一日）　皇帝が大極殿《だいごくでん》に出御《しゆつぎよ》して、朝賀を受けた。侍臣と前殿で宴を催し、被《ふすま》を下賜した。

○戊子 七日　天皇が五位以上の者と宴を催した。身分に応じて禄を下賜した。

○壬辰 十一日　河内国の稲二千束を百済寺《くだらでら》へ施入《せにゅう》した。

○乙未 十四日　唐僧恵雲《とうそうえうん》を律師《りっし》に任じた。

○丁酉 十六日　天皇が五位以上の者と宴を催した。身分に応じて物を下賜した。

○庚子 十九日　天皇が京中を巡幸した。

○甲辰 二十三日　（略）欠負・未納の租税分の充当や国儲《こくちょ》（国衙《こくが》の経費）ないし国司俸料などの財源とするため出挙《すいこ》される公廨稲《くげとう》を停止して、正税稲に混合し、それを出挙して得られる利稲で国儲や国司俸料を賄うことにした。また、諸国の書生《しょしょう》と畿外諸国の事力《じりき》の員数を定め、畿外国司に支給される公廨田《くげでん》を停止した。

○乙巳 二十四日　天皇が次のように勅した。

神社を清掃し神を敬うのは、消災招福のためである。いま聞くところによると、神宮《じんぐう》司《じ》（有力神社におかれた神職）らは一度任命されると終身官なので神を侮り汚し敬わず、そのためしばしば神の祟りが起こっているという。天下諸国の神宮司・神主《かんぬし》・神長《かみおさ》等の神職には、祭祀《さいし》を行う氏の中から清慎《せいしん》な者を選び、六年ごとに交替させよ。今後は神祇官《じんぎかん》の神封《じんぷ》の物（神戸《かんべ》の調庸租税）をもって伊勢大神宮司の季禄《きろく》に充てることにした。

○丁未 二十六日　伊勢・美作《みまさか》等の国が早栗《はやくり》を貢上《こうじょう》するのを停止した。

兎《うさぎ》が朝堂院の東道《とうどう》に出てきて、捕らえられた。

○己酉《二十八日》　任官があった。

○十七年春正月壬午朔、皇帝御二大極殿一受二朝賀一、宴二侍臣於前殿一賜レ被、類史71元日朝賀、紀略 ○戊子、宴二五位已上一、賜レ禄有レ差、類史71七日節会 ○壬辰、河内国稲二千束、施二入百済寺一、類史182施入物 ○乙未、唐僧恵雲為二律師一、紀略 ○丁酉、宴二五位以上一、賜レ物有レ差、類史72十六日踏歌 ○庚子、巡二幸京中一、類史32天皇巡幸、紀略 ○甲辰、云々、停二止公廨一、一混二正税一、割二正税利一、置二国儲及国司俸一、又定二書生及事力数一、停二公廨田一、類史83正税・84公廨・国儲 ○乙巳、勅、掃レ社敬レ神、銷レ禍致レ福、今聞、神宮司等、一任終レ身、侮黷不レ敬、祟咎屢臻、宜下天下諸国神宮司・神主・神長等、択二氏中清慎者一補之、六年相替上、始以二神祇官神封物一、賜二伊勢大神宮司季禄一、類史19神宮司 ○丁未、停三伊勢・美作等国献二早栗一、類史33御膳」有レ兎、出二朝堂院東道一、為二人所レ獲、紀略 ○己酉、任官、紀略

○二月壬子《一日》　美濃《みの》国の人村国連悪人《むらくにのむらじあしひと》を淡路《あわじ》国へ配流した。群盗《ぐんとう》を宿泊させ、百姓に悪事をなしたからである。

○甲寅《三日》　右京の人正六位上許曾部《こそべ》朝臣帯麻呂《おびまろ》らが次のように言上した。

大和国広瀬《ひろせ》郡には田畑が多く、灌漑用の水が不足しています。伏して望みますには、公田《こうでん》七町を使用して堤《つつみ》を築いて池を造り、公私の利益を図りたいと思います。工事に必要な労務者に提供する功賃や食料には私財を用いる予定です。

言上を許可した。

○丁巳六日　任官があった。

○己未八日　天皇が京中を巡幸した。

○壬戌十一日　近江守《おうみのかみ》の傔仗《けんじょう》（護衛）を停止した。

○丙子二十五日　任官があった。

本日、天皇が京中を巡幸した。

○二月壬子朔、美濃国人村国連悪人、配㆓流淡路国㆒、以㆘停㆓宿群盗㆒、侵㆗犯百姓㆖也、類史87配流 ○甲寅、右京人正六位上許曾部朝臣帯麻呂等言、大和国広瀬郡、田疇多㆑数、灌漑乏㆑水、伏望以㆓公田七町㆒、築㆑堤為㆑池、同利㆓公私㆒、其功食等、並用㆓私物㆒、許㆑之、類史159公田 ○丁巳、任官、紀略 ○己未、巡㆓幸京中㆒、類史32天皇巡幸、紀略 ○壬戌、停㆓近江守傔仗㆒、紀略 ○丙子、任官、紀略 是日、巡㆓幸京中㆒、類史32天皇巡幸、紀略

○三月辛巳一日　天皇が京中を巡幸した。

○癸未（三日）天皇が五位以上の者と宴を催した。文人に命じて詩を作らせ、身分に応じて物を下賜した。

○乙酉（五日）天皇が京中を巡幸した。

○丙申（十六日）天皇が次のように詔りした。

昔、難波朝廷《なにわのみかど》（孝徳《こうとく》天皇朝）のとき、はじめて郡（評）を置き、功労のあった人物を郡の役人である郡領《ぐんりょう》（評督・助督。のちに大領・少領）に任命し、その子孫が相ついで長く郡領となってきている。（略）今後は郡領を出している譜第《ふだい》の家柄からの任用を停止し、才覚があり郡を治める能力のある者を任用せよ。（略）国造《くにのみやつこの》兵衛《ひょうえ》（国造を帯任している兵衛）も停止せよ。ただし、采女《うねめ》は従来どおりの譜第を重視する方式で貢進せよ。

○己亥（十九日）天皇が水生野《みなせの》で狩猟し、五位以上の者に衣を下賜した。

○癸卯（二十三日）曲宴を催した。五位以上の者に衣を下賜した。

○丁未（二十七日）僧侶である明一《みょういつ》が死去した。行年《こうねん》七十一。俗姓は和仁《わに》部臣《べのおみ》、大和国添上《そうのかみ》郡の人で、東大寺に住した。法師は仏教をよりどころとしてその教えを広め、教説を修得してその名は天下に知られた。まことに仏教の優れた教師であり、仏《ほとけ》の大宝《たいほう》と言うべき僧侶であった。晩年になると、近くに世話をする婦人（後房《こうぼう》）を置いた。簷《のき》の花に凋《しぼ》んでも四方を照らす色があるごとく、老いてなお輝きがあり、枯れかかった蘭葉《らんよう》に十歩先まで匂う香りがあるごとく、華やかさがあった。さらに明一の才は世の水準を超え、器は宗師《しゅうし》（尊敬される指導的僧侶）たるに堪えるものだったのである。

日本後紀　巻第六（逸文）

○三月辛巳朔、巡二幸京中一、類史32天皇巡幸、紀略○癸未、宴二五位已上一、命二文人一賦レ詩、賜レ物有レ差、類史73三月三日○乙酉、巡二幸京中一、類史32天皇巡幸、紀略○丙申、詔曰、昔難波朝庭、始置二諸郡一、仍択レ有レ労、補二於郡領一、子孫相襲、永任二其官一、云々、宜下其譜第之選、永従二停廃一、取二芸業著聞堪レ理レ郡者一為上レ之、云々、其国造兵衛、同亦停止、但采女者依レ旧貢之、類史19国造・40采女○己亥、遊二猟于水生野一、賜二五位以上衣一、類史32天皇遊猟、紀略○癸卯、曲宴、賜二五位以上衣一、類史32天皇遊宴○丁未、沙門明一卒、春秋七十一、俗姓和仁部臣、大和国添上郡人也、住二東大寺一、法師依二止釈門一、宣二揚聖教一、心蘊二海蔵一、名高二日下一、寔謂二仏乗之玄匠、法王之大宝一者也、及二于晩年一、以備二後房一、簷花全凋、尚含二四照之色一、蘭葉半落、亦送二十歩之芳一、況乎才為二出世一、器堪二宗師一、扶桑略記

日本後紀　巻第六（逸文）

日本後紀　巻第七（逸文）　延暦十七年四月より同年十二月まで

左大臣正二位兼行左近衛大将臣藤原朝臣冬嗣ら勅を奉《うけたまわ》りて撰す

皇統《あまつひつぎ》弥照《いやてらす》天皇《すめらみこと》　桓武《かんむ》天皇《てんのう》

○夏四月甲寅四日　天皇が次のように勅した。

去る三月十六日の勅により、（略）功業の家柄から郡領《ぐんりょう》を任用する方式を停廃《ていはい》し、国造兵衛《くにのみやつこのひょうえ》もまた廃止した。ただし、国造に補されたのち、兵衛に任用されて宮城《きゅうじょう》宿衛《しゅくえい》に当たってきている者については、同情すべき点があるので、国造の肩書をとって兵衛として勤務させせよ。

○己未九日　天皇が次のように勅した。

従前の例では、神社の神宮司《じんぐうじ》は長上官《ちょうじょうかん》（常勤する官人）に准じて、四年間の勤務で叙階の機会を与えることにしているが、今後は番上（隔日勤務する官人）に倣《なら》い、六年間の勤務により叙階の機会を与えよ。

○庚申《十日》 地震があった。
○癸亥《十三日》 大蔵省《おおくらしょう》の雑任《ぞうにん》職員である蔵部《くらべ》の定員を四十人とし、そのうち二十人に夏冬の衣服を支給することにした。
○乙丑《十五日》 天皇が次のように勅した。

西方のインドでおこった仏教は東方の日本へ伝わり、暗やみを照らす松明《たいまつ》のごとく人を導き、舟の楫《かじ》のごとくありがたい教えである。この教えを弘《ひろ》め仏教の戒律《かいりつ》が維持されるためには、真実の僧侶が必要である。世を済《すく》い人を教化する崇高な事業は、有徳の高僧の存在によって可能となる。

ところで年ごとに定員枠のある年分の得度者《とくどしゃ》は若年の者から採用することが慣例となっているが、『法華経《ほけきょう》』と『金光明《こんこうみょう》最勝《さいしょう》王経《おうきょう》』の音読は学習しても、教説を理解していない者がいる状態である。仮りにも僧侶となり課税されないという特権を与えられながら、かえって大切な仏教の戒律を棄て学業を廃しているのである。これでは形は僧侶でありながら、行《おこな》いは在俗と同様であり、中国古代の鄭《てい》の人が磨いてない玉を璞《はく》（磨かれた玉）と称したように物事が整わず、中国古代の斉《せい》の笛を正しく吹けない者がでたらめに吹いたのと同じように濫《みだ》りがわしいさまである。このような状態を思うと、改める必要がある。今後、年分の度者には年齢が三十五歳以上で出家としての心構えが定まり、仏教の知識・修行共に十分で漢音を習得した、僧侶たるにふさわしい者を選んで充てるべきである。毎年、十二月以前に、僧綱《そうごう》と治部《じぶ》省・玄蕃寮《げんばりょう》が学業を積んだ者を招集し、相対して試験を行い、学習した経典・論書に関して大義十条の質問をし、五条以上答えた者について詳細を付して、太政官《だいじょうかん》へ報告し、規定の日に得度《とくど》させよ。受戒《じゅかい》の日にはさらに試問を行い、八以上答えることができれば受戒させよ。

　また、僧侶の行いは戒律を護持することが眼目であり、それに背くことがあれば、仏教者と称することができようか。しかし、現実の僧侶は仏教の優れた学業を大切と思わず、ある者は経済活動を営み村里に出入して通常の戸籍に編入されている民と異ならない状態である。このため、多くの人たちが僧侶を侮り、仏教の教えが衰亡する事態となっている。道に外《はず》れた僧侶は仏教の真理を汚すだけでなく、国法にも違反している。今後はこのような僧侶を寺へ居住させたり、供養してはならない。斎食《さいじき》を伴う法会《ほうえ》に参会することもならない。寺役人である三綱《さんごう》が事情を知りながら糺《ただ》さない時は、同罪とせよ。その他僧侶に対する禁令事項は僧尼令によれ。もしあやまちを悔い改め修行すれば、特例として寺への還住《げんじゅう》を許せ。法を守る僧侶に対しては、ますます精進《しょうじん》に励むよう勧め、仏教者としての生活を厭《いと》う者には反省の気持ちを起こさせよ。

○丁卯 十七日 諱《いみな》〈淳和太上天皇《じゅんなだいじょうてんのう》〉と葛原親王《かずらはらしんのう》が殿上《てんじょう》で元服《げんぷく》した。

○庚午 二十日 公卿《くぎょう》が次のように奏上した。

　謹んで令条《りょうじょう》を調べますと、左右京職《さゆうきょうしき》では条（京城内の区画）ごとに坊令《ぼうれい》一人を置いて取り締まりに当たらせています。これには人物が必要ですが、重要な任務にもかかわらず、わずかな給与もなく、任用しても辞退されてしまいます。伏して、坊令を少初位《しょうそいの》下《げ》官並みとして禄と職田《しきでん》二町を支給し、優遇することにより職務に励むことができるようにすることを要望します。

奏上を許可した。

○甲戌二十四日　外従五位下内蔵宿禰《くらのすくね》賀茂麻呂《かもまろ》を遣渤海使《けんぼつかいし》に任じ、正六位上御使宿禰《みつかい》今嗣《いまつぐ》を判官に任じた。

日本後紀　巻第七（逸文）　起二延暦十七年四月一尽二同十二月一

左大臣正二位兼行左近衛大将臣藤原朝臣冬嗣等奉レ勅撰

皇統弥照天皇　桓武天皇

○夏四月甲寅、勅、依二去三月十六日勅一、云々、郡領譜第、既従二停廃一、国造兵衛、同亦停止、但先補二国造一、服二帯刀杖一、宿衛之労、不レ可レ不レ矜、宜下除二国造之名一、補中兵衛之例上、［類史］19国造　○己未、勅、承前之例、諸神宮司准二長上官一、四考為レ限、自レ今以後、宜三改准二番上之例一、［類史］19神宮司　○庚申、地震、［類史］171地震、［紀略］　○癸亥、大蔵省蔵部数、定為二卌人一、仍給二廿人夏冬衣服一、［類史］107大蔵省　○乙丑、勅、双林西変、三乗東流、明譬二炬灯一、慈同二舟楫一、是以弘レ道持レ戒、事資二真僧一、済レ世化レ人、貴在二高徳一、而年分度者、例レ取二幼童一、頗習二二経之音一、未レ閲二三乗之趣一、苟避二課役一、纔忝二緇徒一、還棄二戒珠一、頓廃二学業一、爾乃形似二入道一、行同二在家一、鄭璞成レ嫌、斉竽相濫、言念二迷途一、寔合レ改レ轍、自レ今以後、年分度者、宜乙択下年卅五以上、操履已定、智行可レ崇、兼習二正音一、堪レ為レ僧者上、為甲之、毎年十二月以前僧綱・所司、請二有レ業者一、相対簡試、所レ習経論、惣試二大義十条一、取下通二五以上一者上、具レ状申レ官、至レ期令レ度、其受戒之日、更加二審試一、通二八以上一、令レ得二受戒一、又沙門之行、護二持戒律一、苟乖二斯道一、豈曰二仏子一、而今不レ崇二勝業一、或事二生産一、周二旋閭里一、無レ異二編戸一、衆庶以レ之軽慢、聖教由レ其陵替、非三只黷二乱真諦一、固亦違二犯国典一、自レ今以後、如レ此之輩、不レ得三住レ寺、并充二供養一、凡厥斎会、勿レ関二法筵一、三綱知而不レ糾者、与同罪、自余之禁、宜レ依二令条一、若有二改過修行一者、特聴二還住一、使下夫住レ法之侶、弥篤二精進之行一、厭道之徒、便起中慚愧之意上、【類史】186僧尼雑制・187度者　○丁卯、詔、淳和太上天皇及葛原親王於二殿上一冠、【紀略】　○庚午、公卿奏、謹案二令条一、左右京職毎レ条置二坊令一人一、督二察所部一、惟人是憑、而任居二要籍一、秩無二微俸一、至二于除補一、競事二避遁一、伏望准二少初位下官一、給二禄并職田二町一、優二恤其身一、令レ勤二職掌一、許レ之、【類史】107左右京職　○甲戌、以二外従五位下内蔵宿禰賀茂麻呂一、為二遣渤海使一、正六位上御使宿禰今嗣為二判官一、【類史】193渤海

○五月甲申《五日》　天皇が馬埒殿《うまばどの》に出御《しゅつぎょ》して、騎射《きしゃ》を観覧した。
○丁亥《八日》　天皇が京中を巡幸した。
○辛卯《十二日》　天皇が近東院《ちかきとういん》に行幸《みゆき》した。
○癸巳《十四日》　天皇が京中を巡幸した。
○丁酉《十八日》　天皇が葛野川《かどののがわ》に行幸した。
○戊戌《十九日》　遣渤海国使内蔵宿禰賀茂《かも》（賀茂麻呂）らが参内して暇《いとま》を告げた。そこで、天皇は渤海国王に次の璽書《じしょ》を賜うことにした。

天皇が敬《つつし》んで渤海国王（大嵩璘）の近況を問う。前年（延暦《えんりゃく》十五年）に朕《ちん》が派遣した遣渤海使御長真人《みながのまひと》広岳らが帰国して、もたらした啓（渤海国王の書状）を見ると、内容があり満足した。渤海国は大海で隔たっているが、世々贈物を差し出し修交してきている。以前は高氏《こうし》が高句麗王として君臨して日本の朝廷の教化を慕い通交を求めていたが、大氏《だいし》が渤海国として高句麗を再興して以降、日本との交流を絶やしていない。時に渤海国王が傲慢な書状を差し出し、旧来の友好関係に反することがあり、渤海使を礼遇しないことがあったが、渤海国康王大嵩璘は以前の良い関係を追って修交し、礼儀正しく渤海使を派遣する間隔について朝廷の判断を仰ぎ、今後永く守るべき定めとしたいと言ってきた。真心の籠《こ》もった汝《なんじ》の啓を深く善しとするものである。

朕は謹んで天皇位に即《つ》いて治政に当たり、威光や徳が広く及び、日本・渤海に普《あまね》く届くようにしている。両国は地理的に離れているが、思いに隔たりはない。そこで、渤海国王の渡航間隔について定めてほしいとの申請を容れることにし、使節の員数については特に定めないことにする。もっとも両国間の大海を考慮すると、簡便な小船では航海できず、風波により動《やや》もすれば損害を被る恐れがあるので、毎年とすると不都合があり、六年間隔とすれば適当なように思われる。そこで、従五位下行河内国介《かわちのくにのすけ》内蔵宿禰賀万《かまん》（賀茂麻呂）らを遣渤海使として遣わし、朕の思いを伝達し、かつ贈物を送ることにする。贈物の数量は別書に認《したた》めた。時候は夏で暑い。渤海国王の気分が優れていることを願い、官吏・百姓《ひゃくせい》らを慰問する次第である。あらまし思いを記し、ここに書を遣わす。十分に書き尽くしていない。

また、在唐の留学僧永忠《ようちゅう》らにも書を送った。（略）

○乙巳　二十六日　任官があった。

○丙午　二十七日　正五位下羽栗臣翼《はぐりのおみつばさ》が死去した。（略）父吉麻呂《よしまろ》は霊亀《れいき》二年に留学生《るがくしょう》阿倍朝臣仲麻呂《あべのあそんなかまろ》の従者となって渡唐し、唐の女性と結婚して翼と翔《かける》の二人の息子を得たのであった。翼は十六歳の時、天平《てんぴょう》六年に父について日本へ帰り、賢いとの評判を得た。各方面に通じていたが、出家して僧侶となった。すぐに学業において進歩を見せ、朝廷はその才能を惜しんで還俗《げんぞく》させ、特別に得度《とくど》の枠二人分を賜わった。

○五月甲申、御二馬埒殿一観二騎射一、類史73五月五日、紀略 ○丁亥、巡二幸京中一、類史32天皇巡幸、紀略 ○辛卯、幸二近東院一、紀略 ○癸巳、巡二幸京中一、類史32天皇巡幸、紀略 ○丁酉、幸二葛野川一、紀略 ○戊戌、遣渤海国使内蔵宿禰賀茂等辞見、因賜二其王璽書一曰、天皇敬問二渤海国王一、前年広岳等還、省レ啓具之、益用慰レ意、彼渤海之国、隔以二滄溟一、世脩二聘礼一、有二自来一矣、往者高氏継レ緒、毎慕レ化而相尋、大家復レ基、亦占レ風而靡レ絶、中間書疏傲慢、有レ乖二旧儀一、為レ此待二彼行人一、不レ以二常礼一、王追二蹤曩烈一、脩二聘于今一、因請二隔年之裁一、庶レ作二永歳之則一、丹款所レ著、深有レ嘉焉、朕祗膺二睿図一、嗣奉二神器一、声教傍洎、既無レ偏二於朔南一、区寓雖レ殊、豈有レ隔二于懐抱一、所以依二彼所一レ請、許二其往来一、使人之数、勿レ限二多少一、但顧二巨海之無一レ際、非二一葦之可一レ航、驚風踊浪、動罹二患害一、若以二毎年一、為レ期、艱虞叵レ測、間以二六歳一、遠近合レ宜、故差二従五位下行河内国介内蔵宿禰賀万等一、充レ使発遣、宣二告朕懐一、并附二信物一、其数如レ別、夏中已熱、惟王清好、官吏・百姓、並存問之、略此遣レ書、言無レ所レ悉、又賜二在唐留学僧永忠等書一曰、云々、類史193渤海、紀略 ○乙巳、任官、紀略 ○丙午、正五位下羽栗臣翼卒、云々、父吉麻呂、霊亀二年以二学生阿倍朝臣中麻呂傔人一入唐、娶二唐女一生二翼及翔一、翼年十六、天平六年随レ父帰レ国、以二聡穎一見レ称、多レ所二通渉一、出家為レ僧、未レ幾学業優長、朝廷惜二其才一而還俗、特賜二度二人一、類史

187還俗僧

○閏五月丙寅《十七日》　任官があった。

○壬申《二十三日》　天皇が次のように詔《みことのり》りした。

（略）令規《りょうき》によれば、五世王は王を称することができても、皇親の範囲としない（慶雲三年二月十六日格《きゃく》〈『続日本紀』、『類聚三代格』巻十七〉により五世王を皇親としたが、改定して令規に戻した）。

○癸酉《二十四日》　前殿《ぜんでん》で宴を催した。五位以上の者と衛府《えふ》の判官以上の者に身分に応じて禄を下賜した。

これより先、主鷹司《たかのつかさ》が、京の北山で巣を作り、放して棲みつかせた二羽の鷂《はしたか》が生んだ三羽の雛を、宮中で育てた。天皇が可愛いがり、詔りして（略）、鷂に位を授け、群臣に詩を作らせた。

○甲戌《二十五日》　丹生《にう》神社で祈雨《あまごい》を行った。

○乙亥《二十六日》　天皇が北野へ行幸《みゆき》した。

○閏五月丙寅、任官、〔紀略〕○壬申、詔曰、云々、依レ令、五世之王、雖レ得二王名一、不レ在二皇親之限一、〔紀略〕○癸酉、宴二於前殿一、賜二五位已上、及衛府判官已上禄一有レ差、〔類史〕32天皇遊宴」先レ是、主鷹司於二北山一造レ巣、放二二鷂子一、即生二三雛一、於二御

前二養三長之一、天皇甚愛翫、詔曰、云々、授レ位、令ニ群臣賦レ詩、紀略 ○甲戌、祈ニ雨於丹生一、紀略 ○乙亥、幸ニ北野一、紀略

○六月壬午（四日） 丹生神社で祈雨を行った。

○乙酉（七日） 天皇が次のように勅した。

先般国司に官稲《かんとう》を借貸《しゃくたい》（無利子の貸付）することを禁止し、違犯者は処罰することにしたが、聞くところによると、国司へ職田《しきでん》支給をとり止めて以来、借貸がないと食料にも事欠く状態だという。そこで以前定めた借貸稲数（『続日本紀』天平六年正月丁丑条）の三分の一を職階による差をつけて借貸し、生活の資の補充とせよ。

○辛卯（十三日） 曲宴が催された。五位以上の者に身分に応じて物を下賜した。

○戊戌（二十日） 天皇が次のように勅した。

唐人外従五位下嵩山忌寸《すせのいみき》道光《どうこう》・大炊権大属《おおいのごんのだいさかん》正六位上清川《きよかわ》忌寸是麻呂《これまろ》・鼓吹権大《くすいのごんのだい》令史《さかん》正六位上清根《きよね》忌寸松山《まつやま》・官奴《かんぬ》権令史正六位上栄山《さかやま》忌寸諸依《もろえ》・造兵《ぞうへい》権大令史正六位上栄山《さかやま》忌寸千嶋《ちしま》らは、遠く本国を離れて日本へ帰化した。役職に就き俸禄に与っているが、家計が貧しいので特に優遇して、適宜稲を賜うことにする。

○己亥（二十一日） 天皇が次のように勅した。

相模《さがみ》・武蔵《むさし》・常陸《ひたち》・上野《かみつけ》・下野《しもつけ》・出雲《いずも》などの国に居住する帰順した夷俘《いふ》は、朝廷の恩

沢のお蔭で生活している。特に慈しみを加え、郷里に戻りたいという気持ちを起こさせないようにすべきである。そこで時服（夏冬の衣服）・禄物を毎年支給せよ。食料がなくなったときは、恵み与えよ。季節ごとの饗宴の類は国司に命じて行わせるとともに報告させよ。他の供給については、上申ののち、実施せよ。

○六月壬午、祈ニ雨於丹生一、〔紀略〕○乙酉、勅、国司借ニ貸官稲一、先已禁断、至レ有ニ違犯一、法亦不レ容、今聞、自レ停ニ職田一、只待ニ食料一、非レ有ニ借貸一、更無ニ資粮一、宜レ令下一年之料三分之一、准ニ其差法一、且借、且補上、〔類史〕84借貸○辛卯、曲宴、賜ニ五位已上物一有レ差、〔類史〕32天皇遊宴○戊戌、勅、唐人外従五位下嵩山忌寸道光・大炊権大属正六位上清川忌寸是麻呂・鼓吹権大令史正六位上清根忌寸松山・官奴権令史正六位上栄山忌寸諸依・造兵権大令史正六位上栄山忌寸千嶋等、遠辞ニ本蕃一、帰ニ投国家一、雖レ預ニ品秩一、家猶□乏、宜ニ特優恤一、随レ便賜レ稲、〔類史〕78賞賜、〔紀略〕○己亥、勅、相摸・武蔵・常陸・上野・下野・出雲等国、帰降夷俘、徳沢是憑、宜下毎加ニ撫恤一、令上無ニ帰望一、時服・禄物、毎年給之、其資粮罄絶、事須ニ優恤一、及ニ時節饗賜等類一、宜下命ニ国司一、且行、且申上、自余所レ須、先申後行、〔類史〕190俘囚

○秋七月壬申（二十五日）　丹生《にう》神社に奉幣《ほうべい》した。長雨が止み、晴天となることを祈願してのことであ

る。

○甲戌（二十七日） 任官があった。

○乙亥（二十八日） 天皇が次のように勅した。

平城旧京には元来寺が多く、淫《みだ》らな僧尼による濫行《らんぎょう》がしばしば発生している。正五位下右京大夫《うきょうのだいぶ》兼大和守《やまとのかみ》藤原朝臣園人《そのひと》を起用して、検察させよ。

○秋七月壬申、奉二幣於丹生一、祈レ霽、〔紀略〕○甲戌、任官、〔紀略〕○乙亥、勅、平城旧都、元来多レ寺、僧尼猥多、濫行屢聞、宜レ令三正五位下右京大夫兼大和守藤原朝臣園人便加二検察一、〔類史〕186僧尼雑制

○八月壬午（五日） 天皇が柏原野《かしわばらの》で狩猟した。

○丙戌（九日） 大風が吹き、京中の百姓の住居が倒壊した。

○丁亥（十日） 天皇が京中を巡幸した。

○庚寅（十三日） 天皇が北野で狩猟した。途中、伊予《いよ》親王の山荘に立ち寄り、酒宴を開いた。日暮れ時となり、天皇は次の和歌を詠んだ。

今朝《けさ》のあさけなくちゅうしかのそのこえをきかずばいかじよはふけぬとも

（たとえ夜更けになっても、今朝鳴《な》くと人が言った鹿の声を聴くまでは立ち去るつ

もりはない）
すると鹿が鳴き、天皇は喜んで群臣に唱和することを求めた。夜分となったが、天皇は宮へ帰った。

○癸巳十六日　授位があった。
○辛丑二十四日　天皇が柏原野で狩猟した。
○癸卯二十六日　天皇が内膳院《ないぜんいん》へ出御《しゅつぎょ》して曲宴を催した。身分に応じて物を下賜した。
○甲辰二十七日　天皇が大原野で狩猟した。

○八月壬午、遊二猟柏原野一、類史32天皇遊猟、紀略 ○丙戌、大風、壊二京中百姓廬舎一、紀略 ○丁亥、巡二幸京中一、類史32天皇巡幸、紀略 ○庚寅、遊二猟於北野一、便御二伊予親王山荘一、飲レ酒高会、于レ時日暮、天皇歌曰、気佐能阿狭気、奈久知布之賀農、曾乃己恵遠、岐嘉受波伊賀之、与波布気奴止毛、登時鹿鳴、上欣然、令二群臣和一レ之、冒レ夜乃帰、類史32天皇遊猟、紀略 ○癸巳、授位、紀略 ○辛丑、遊二猟於柏原野一、類史32天皇遊猟 ○癸卯、御二内膳院一曲宴、賜レ物有レ差、類史32天皇遊宴 ○甲辰、遊二猟於大原野一、類史32天皇遊猟、紀略

○九月癸丑七日　祈年祭《きねんさい》（二月四日）の時、神祇官《じんぎかん》で幣帛《へいはく》を頒賜する神社を定めた。これより以

前、諸国の官社の祝《はふり》（神職）らは毎年上京して幣帛を受領していたが、遠方の者は往来するのに困難が多く、神祇官で頒賜される神社以外はそれぞれの国もとで国の物をもって頒つことに決めた。

○乙卯　九日　天皇が北野で狩猟した。

○壬戌　十六日　天皇が次のように詔りした。

法相宗《ほっそうしゅう》は、諸法のあり方を究明して万有が唯識《ゆいしき》の変化であると説き、三論宗《さんろんしゅう》は空《くう》の立場で一切が本質的な存在ではないと論じている。共に教説は異なるが、真理をめざしている点で相異しない。両宗により仏教の知恵は松明《たいまつ》のごとく明るく、悟りの教えはますます盛んになっているのである。しかし、最近の仏教者はもっぱら法相につき、三論を学習することを止めてしまっている。法相の所依である世親《せしん》（四、五世紀頃のインドの仏教哲学者）の学説は伝わるものの、三論の所依である竜樹《りゅうじゅ》（二、三世紀頃のインドの仏教哲学者）の論説は絶えようとしている。僧綱《そうごう》の指導が欠如しているので、このような事態になってしまったのである。そこで僧綱が適切な指導を行い、法相・三論両宗を学習させ、空・有《う》すなわち三論・法相の教えが永く頽《すた》れないようにし、大乗・小乗の教説が、地形が変化するほどの長期にわたり廃絶しないようにせよ。このことを広く僧侶に告知して、朕の意とするところを周知させよ。

○乙丑　十九日　越後《えちご》国の田地二百五十町を三品朝原内親王《さんぼんあさはらないしんのう》に賜わった。

○己巳（二十三日）　阿波《あわ》国で飢饉が発生したので、使人を遣わして物を恵み与えた。
○庚午（二十四日）　天皇が栗前野《くりくまの》で狩猟した。
○癸酉（二十七日）　天皇が日野で狩猟した。

○九月癸丑、定下可レ奉ニ祈年幣帛一神社上、先レ是、諸国祝等、毎年入京、各受ニ幣帛一、而道路僻遠、往還多艱、今便用ニ当国物一、〔類史〕10祈年祭・19祝　○乙卯、遊ニ猟於北野一、〔類史〕32天皇遊猟、〔紀略〕　○壬戌、詔曰、法相之義、立レ有而破レ空、三論之家、仮レ空而非レ有、並分レ軫而斉鶩、誠殊レ途而同帰、慧炬由レ是逾明、覚風以レ之益扇、比来所レ有仏子、偏務ニ法相一、至ニ於三論一、多廃ニ其業一、世親之説雖レ伝、竜樹之論将レ墜、良為ニ僧綱無レ誨、所ニ以後進如レ此、宜下慇懃誘導、両家並習、俾中夫空有之論、経ニ馳騁ニ而不レ朽、大小之乗、変ニ陵谷ニ而靡上レ絶、普告ニ緇侶一、知ニ朕意一焉、〔類史〕179諸宗　○乙丑、越後国田地二百五十町、賜ニ三品朝原内親王一、〔紀略〕　○己巳、阿波国飢、遣レ使賑給、〔紀略〕　○庚午、遊ニ猟於栗前野一、〔類史〕32天皇遊猟、〔紀略〕　○癸酉、遊ニ猟於日野一、〔類史〕32天皇遊猟、〔紀略〕

○冬十月丁亥（十二日）　天皇が次のように勅した。
国造《くにのみやつこ》と郡領《ぐんりょう》とは職掌《しょくしょう》を異にしている。いま出雲・筑前《ちくぜん》両国では慶雲三年以来、国造に郡領を兼帯（意宇郡と宗像郡）させてきているが、何かにつけ神事優先をよいことにして、郡領としての公務を怠っている。これに対して処分できない事態となっているので、今後は国造による郡領兼帯は廃止せよ。

また、国造が神主を帯びている例（出雲大社と宗像神社）では、着任すると妻を離縁して百姓の娘を神宮の采女《うねめ》とし、みずからの妻としている者がいる。これは神事に托して淫《みだ》らな風を起こしていると云ってよく、国法に照らせば、糾《ただ》さなければならないことである。今後は、国司《こくし》が卜《うらな》いにより一女子を定め、神宮の采女とせよ。

○壬辰《十七日》　天皇が次のように勅した。

破戒僧のなかには、経済活動を営んでいる者がいる。そのような僧を寺に居住させたり供養してはならない。罪を犯した尼は僧に准じて糾せ。善悪を交えることなく、清濁は流れを異にするようにせよ。

○乙未《二十日》　天皇が次のように勅した。

税として糒《び》（ほし飯）・穀《こく》を収納するに際しては限界があり、むやみに取り立ててよいものではない。年数の経過による目減《めべ》りに関しては法規が立てられているが、現状を見ると、収納する官司は規定量の他に目減り分として、糒では一俵《ぴょう》につき二升《しょう》以上、穀も一斛《こく》につき五升以上納入させている。百姓はこの負担に苦しんでいるので、今後は糒・穀の収納に際し、規定外の目減り分を取り立てないようにせよ。もし違犯者が出た場合は、法に従い処罰せよ。

物指《ものさ》し・升《ます》・秤《はかり》には標準が定められていて、正しいか否かの検査についても令に規定がある。しかし、役所は怠慢して、法規を守らず、大小不正確な物指し・升・秤が使用されている。そのため収納の場でしばしば濫《みだり》がわしい事態が発生し、はなはだしい不都合が起こっている。今後はこのような悪しき状態を改め、升や物指しは大蔵省において法に従い検査して、永く不正が起きないようにせよ。もし、本日の勅に違《たが》うことがあれば、厳罰に処せ。

また、租税《そぜい》や調銭《ちょうせん》の出納《すいとう》には枠があり、雑徭《ぞうよう》は種々の用途に充てられているのであるが、悪質な官人は現実の出納分と帳簿上のそれとの差額を横領し、法規を無視して欲得にまかせ競って私物化を行っている。田租を増徴《ぞうちょう》したり、調銭・職写田《しきのしゃでん》の直《じき》（賃租料）・傜《よう》銭（雑傜の実役の代わりに納入する銭）などの類の横領に至ってはさまざまな手法が行われていて、改悛《かいしゅん》しようという動きはない。処罰のための法条を立てなければ、どうして懲粛できようか。そこで、来年正月以降、横領を犯す者は規定により科罪し、軽度の犯罪であっても現職を解任して、永く任用しないようにせよ。

また、物には良悪があり、物価には高下がある。夏絁《かし》・秋穀《しゅうこく》から始めて、価値の変動する物は多い。ところで、諸国の交易（官による正税を用いての物品の強制買い上げ）にあってはまず標準価格を定め、物価が騰貴しているときには強制して安価で買い上げ、下落しているときは帳簿上高価であったとして、差額を横取りして利益を図っている者がいる。これははなはだ民を苦しめ政治を害《そこな》うものであり、今後はこれまでのあやまちを改め、重ねて罪を犯すことのないようにせよ。官に有利になるように、物価が安いときに相場の価格で購入して朝廷へ報告し、不正な横領のないようにせよ。もし、今後も改めないような場合は違勅罪を科せ。

○戊戌（二十三日）天皇が大堰《おおい》に行幸した。

○冬十月丁亥、勅、国造・郡領、其職各殊、今出雲・筑前両国、慶雲三年以来、令三国造帯二郡領一、託二言神事一、動廃二公務一、雖レ有二其怠一、無レ由二勘決一、自レ今以後、不レ得レ令三国造帯二郡領一、又国造兼帯二神主一、新任之日、例皆棄レ妻、取二百姓女子一、号為二神宮采女一、便娶為レ妻、妄托二神事一、遂扇二淫風一、稽二之国典一、理合二懲粛一、宜下国司卜二定一女一供上之、類史19国造 ○壬辰、勅、破戒之僧、或営二生産一、不レ聴三住レ寺并充二供養一、其有レ犯之尼、宜二准レ僧糾正一、使レ得二薫蕕不一レ雑、涇渭異レ流、類史186僧尼雑制 ○乙未、勅、量二収糒穀一、斗斛有レ限、経レ年除耗、法令立レ例、今或所司斛斗之外、更加二耗分一、糒則一俵二升已上、穀亦斛別五升已上輸納、百姓常苦二此費一、自レ今以後、検二収糒穀一、不レ得三数外更加二耗分一、如有二違犯一、依レ法科処、度量権衡、先有二定製一、平校行用、亦具二令条一、然所司怠慢、曾不二遵行一、大小任レ意、軽重由レ人、収納多レ濫、蠹害尤甚、自レ今以後、宜下改二此弊一、升尺等類、就二大蔵省一、依レ法平校、永絶中奸源上、若違二此制一、□寘二厳科一、又租税・調銭、出納有レ限、収レ徭充レ用、色数非レ一、奸吏之輩、犯二用官物一、名二公文乗一、不レ憚二憲章一、心挟二貪濁一、競事二截留一、至レ有下剰二徴田租一奸中折調銭・職写田直・徭銭等類上、贓汚多端、積習無レ悛、不レ設二科条一、何以懲粛、其来年正月以後、若有二犯者一、依レ法科レ罪、所レ犯若軽、猶解二見任一、永不二叙用一、又物有二貴賤一、価異二高下一、夏絁秋穀、色類既多、諸国交易、先立二估価一、貴時強与二賤価一、賤時詐注二貴直一、遂事二割截一、枉規二利潤一、蠹レ民害レ政、莫レ甚二於斯一、宜下改二前過一、不上レ得二重犯一、仍候二物賤之時一、充二和市之価一、依レ実言上、不レ得二奸截一、如猶不レ悛、科二違勅罪一、〔類史〕80度量・估価、84収納官物・犯官物

○戊戌、幸二大堰一、〔紀略〕

○十一月庚戌五日　天皇が大原野で狩猟した。

○乙卯十日　任官があった。

○戊午十三日　天皇が日野で狩猟した。

○庚午二十五日　天皇が水生野《みなせの》で狩猟した。

○辛未二十六日　雪が降った。諸司が雪掃《ゆきはら》いを行い、身分に応じて、禄を下賜した。

○壬申二十七日　大和国添下《そうのしも》郡の荒廃した公田《こうでん》二十四町と旧池《ふるいけ》一処を秋篠寺《あきしのでら》へ施入《せにゅう》して、永く寺田《じでん》

とすることにした。

○十一月庚戌、遊猟于大原野、〔類史〕32天皇遊猟、〔紀略〕○乙卯、任官、〔紀略〕○戊午、遊猟於日野、〔類史〕32天皇遊猟、〔紀略〕○庚午、遊猟於水生野、〔類史〕32天皇遊猟、〔紀略〕○辛未、雨雪、諸司掃雪、賜禄有差、〔類史〕165雪 ○壬申、大和国添下郡荒廃公田廿四町・旧池一処、入秋篠寺、永為寺田、〔類史〕182寺田地

○十二月壬午《七日》 畿《き》内《ない》の官稲《かんとう》を放出して、時価より安価で百姓に売り与えた。民が食料不足となっていることによる。

○壬辰《十七日》 天皇が北野に行幸した。

○乙未《二十日》 鋳銭司《じゅせんし》に史生《ししょう》二員を加置することにした。

○壬寅《二十七日》 渤海国が使節を派遣して、特産物を献上してきた。国王の啓は次のとおりである。

嵩璘《すうりん》が申し上げます。遣渤海使内蔵宿禰賀万（賀茂麻呂）らがやって来て賜わりました璽書《じしょ》と贈り物の絹と絁《あしぎぬ》各三十疋《ぴき》・糸二百絇《く》・綿三百屯《とん》を数量どおり受領しました。深く喜んだしだいです。また、日本と渤海の間には天に繋がるような広大な海が陽光の下にあり、際限なく隔たっています。それにもかかわらず、遣渤海使は東南の風を受けて北方の港を目指して来航し、西北の渤海国内が満ち足りているようすを視察しまし

た。どうして両国が一致して結びあい、自然に人としての道に適い、南北に離れながらも道義を感じ、天の気持ちに副《そ》わないなどということがありましょうか。私嵩璘は先代以来の領土に君臨してその事業を引き継ぎ、遠方の朝廷の励ましを受けて、先祖の道を継ぎ行っています。天皇陛下は遠くからありがたいお言葉を下され、重ねて使節を派遣賜わり、その恩沢は濃《こま》やかで慰諭《いゆ》は懇《ねんご》ろであります。そのうえ先に簡単な啓（延暦十五年十月己未条）を差し上げましたところ、親切にも私の要請を容れ、国家間の贈り物である信物を差し上げませんのに、渡航間隔について指示をいただいたのでした。私の啓に不備がなかったのは喜ばしく、このたびの陛下の愛顧がこれまでと異なることを知ったしだいです。

ただし、航海の困難のため使節派遣を六年に一度とせよとの通告は、間隔が長すぎるように思われます。そこで、より良い案になるように配慮され、間隔を短縮して私の希望に適うようにしていただければと思います。そうなりますならば、朝廷を慕う私の気持ちが後退することがなく、高句麗王の時代と同様に徳化を慕って修好できることになります。また、陛下の璽書では使節の員数を制限しないとしていますが、接遇の負担となりますので私のほうでは少なくします。

謹んで慰軍大将軍《いぐんたいしょうぐん》 左熊衛都将《さゆうえいとしょう》上柱将《じょうちゅうしょう》 開国子《かいこくし》大昌泰《だいしょうたい》らを使節として派遣します。併せて別状に認めた贈り物を送ります。我が国には珍しい物がなく、お恥ずかしい物であることは承知しています。

日本後紀　巻第七（逸文）

○十二月壬午、出二畿内官稲一、減二時価一、以糶二与百姓一、為二民食乏一也、類史80糶糴 ○壬辰、行二幸北野一、紀略 ○乙未、加二鋳銭司史生二員一、類史107鋳銭司 ○壬寅、渤海国遣レ使献二方物一、其啓曰、嵩璘啓、使賀万等至、所レ貺之書、及信物絹・絁各卅疋、糸二百絇、綿三百屯、依レ数領之、慰悦実深、雖下復巨海漫レ天、滄波浴上日、路無二倪限一、望断二雲霞一、而巽気送レ帆、指期二旧浦一、乾涯斥レ候、無レ闕二粻粮一、豈非下彼此契斉、暗符二人道一、南北義感、特叶二天心一者上哉、嵩璘莅二有旧封一、纉二承先業一、遠蒙二善弉一、聿脩如レ常、天皇遥降二徳音一、重貺二使命一、恩重二懐抱一、慰喩慇懃、况復俯記二片書一、眷依二前請一、不レ遺二信物一、許以二年期一、書疏之間、嘉レ免二瘕纇一、庇廕之顧、識レ異二他時一、而一葦難レ航、奉二知審喩一、六年為レ限、窃憚二其遅一、請下更貺二嘉図一、並廻二通鑑一、促二其期限一、傍合中素懐上、然則向風之趣、自不レ倦二於寡情一、慕レ化之勤、可レ尋二蹤於高氏一、又書中所レ許、雖レ不レ限二少多一、聊依二使者之情一、省二約行人之数一、謹差二慰軍大将軍左熊衛都将上柱将開国子大昌泰等一、充レ使送レ国、兼奉レ附二信物一、具如二別状一、土無二奇異一、自知二羞悪一、類史193渤海、紀略

日本後紀　巻第七（逸文）

日本後紀　巻第八　延暦十八年正月より同年十二月まで

左大臣正二位兼行左近衛大将臣藤原朝臣冬嗣ら勅を奉《うけたまわ》りて撰す

皇統《あまつひつぎ》弥照《いやてらす》天皇《すめらみこと》　桓武《かんむ》天皇《てんのう》

○十八年春正月丙午《一日》　天皇が大極殿《だいごくでん》に出御《しゅつぎょ》して、朝賀《ちょうが》を受けた。初位《そい》以上の文武《ぶんぶ》官人および渤海使節《ぼっかいしせつ》らが版位《へんに》（官人が就くべき位置を示す標）につき、四度の拝礼を二度とし、拍手をとり止めた。渤海国使が参列していたので唐風を採用したことによる。諸衛府《しょえふ》の官人らが祝賀の発声をし、儀式が終了して天皇は侍臣と前殿《ぜんでん》で宴を催し、被《ふすま》を賜わった。

○壬子《七日》　豊楽院《ぶらくいん》が落成していないので、大極殿の前庭の竜尾道《りゅうびどう》の上に仮の殿舎《でんしゃ》を建て、染色した絹布で屋根を覆った。そこへ天皇が臨御《りんぎょ》し、渤海使らは仰ぎ見て、たいそうなものと感嘆した。五位以上の者に命じて宴会と音楽を催し、渤海国使大昌泰《だいしょうたい》らも参加して、身分に応じて禄を下賜《かし》した。

○甲寅《九日》　五位以上の者に新銭《しんせん》（隆平永宝）を下賜した。三位の者に三千文《もん》、四位の者に二千文、五位の者に千文である。

○十二日丁巳　従《じゅ》五位下《げ》多治比真人豊継《たじひのまひととよつぐ》・石上朝臣真《いそのかみのあそんま》家《いえ》に従五位上、正六位上川辺《かわべ》朝臣宅《やけ》に従五位下、正六位上雁高宿禰笠継《かりたかのすくねかさつぐ》・正七位上谷忌寸家刀自《たにのいみきいえとじ》・正七位下次田連宅足《すきたのむらじやかたり》・従七位上山《やま》田《だ》連乙□（乙分か）・従八位下高安《たかやす》連真笠《まがさ》に外従五位下を授けた。

○十三日戊午　天皇が次のように勅した。

　蔭《おん》の資格がないのにそれを称する者が自首した場合は、罪を問わず、家系を訂正して蔭子孫《おんしそん》身分から除け。すでに官人となっている者は、勤務に精励していることを考慮して特に罪を免し、官位は元のままとせよ。

長岡京の地一町を従五位下藤原朝臣奈良子《ならこ》に賜わった。

○十六日辛酉　天皇が大極殿に出御して、群臣および渤海使節と宴を催した。音楽を奏し、使節以上の身分の者に榛摺衣《はりずりのきぬ》を賜わった。列席した者たちは前庭に列をなして踏歌《とうか》（足を踏む動作を伴う歌舞）を行った。

大学頭《だいがくのかみ》従四位下紀《き》朝臣作良《つくら》が死去した。作良は若年で大学に入り、儒教の経典や史書を学び、官吏となって少判事《しょうはんじ》に任じ、式部大丞《しきぶのだいじょう》に遷《うつ》り、九年に従五位下を授けられた。延《えん》暦《りゃく》四年に従五位上に叙され、上野《かみつけ》・丹波《たんば》両国の守《かみ》を歴任した。大学頭となり、その後従四位下に叙された。飾り気がなくまっすぐな性格で、出仕する官人にわずかでも過失があれば必ず法により処分することを行い、下僚に嫌われた。公務にははなはだ精勤し、役所へは早朝出勤して日暮れてから退き、老齢となっても公務を怠らなかった。

○癸亥《十八日》　天皇が朝堂院《ちょうどういん》で射《じゃ》を観覧した。五位以上の者による射が終了したのち、渤海使が射を行った。

　正五位上紀朝臣兄原《えはら》に従四位下を授けた。

○乙丑《二十日》　典侍《ないしのすけ》正四位上和気《わけ》朝臣広虫《ひろむし》が死去した。広虫は従三位行民部卿《みんぶきょう》兼摂津大夫《せっつのだいぶ》和気清《きよ》麻呂《まろ》の姉で、若いときに出家して尼となり、高野《たかの》天皇（孝謙《こうけん》天皇）に仕えた。人柄は貞順で節操を欠くことがなかった。事績については清麻呂の伝記（本年二月乙未条）中に記されている。桓武天皇が信頼して重用し、淳和《じゅんな》天皇は生前の勤務や功績を思い、正三位を追贈した（天長二年）。行年《こうねん》七十。

○庚午《二十五日》　天皇が次のように勅した。

　先に玳瑁《たいまい》（海亀）を素材とした帯の着用を三位以上の者に認めたが、今後は五位の者にも許可する。

○癸酉《二十八日》　散位《さんに》従四位上安倍《あべ》朝臣東人《あずまひと》が死去した。

○甲戌《二十九日》　外従五位下桑原公秋成《くわはらのきみあきなり》を主計助《かぞえのすけ》に任じ、外従五位下葛井宿禰《ふじいのすくね》松足《まったり》を大和介《やまとのすけ》に任じ、従五位下内真人他田《うちのまひとおさだ》を伊賀守《いがのかみ》に任じ、近衛将監《このえのしょうげん》従五位下三諸《みもろ》朝臣綿麻呂《わたまろ》を兼近江大掾《おうみのだいじょう》に任じ、従五位下甘南備真《かんなびのま》人国成《ひとくになり》を若狭《わかさ》守に任じ、従五位上石淵王《いしぶちおう》を越中《えっちゅう》守に任じ、外従五位下村国《むらくに》連息継《おきつぐ》を越中介に任じ、従五位上藤原朝臣仲成《なかなり》を越後《えちご》守に任じ、内匠《たくみ》頭従四位上川村《かわむら》王を兼丹波《たんば》守に任じ、従五位下藤原朝臣真野麻呂《まのまろ》を周防《すおう》守に任じ、外従五位下槻本《つきもと》公奈弖麻呂《なでまろ》を長門《ながと》守に任じ、従五位上浅井《あさい》王を伊予《いよ》守に任じ、従四位下藤原朝臣葛野麻呂《かどのまろ》を大宰大弐《だざいのだいに》に任じ、従五位下石川《いしかわ》朝臣清直《きよなお》を大宰少弐に任じ、従五位下藤原朝臣河主《かわぬし》を豊前《ぜん》守に任じた。

唐人《とうひと》大学《だいがくの》権《ごんの》大属《だいさかん》正六位上李《り》法琬《ほうえん》・大炊《おおいの》権大属正六位上清川《きよかわの》忌寸《いみき》斯麻呂《これまろ》・造兵《ぞうへい》権大令史《さかん》正六位上栄山《さかやま》忌寸千嶋《ちしま》・官奴《かんぬ》令史正六位上栄山忌寸諸依《もろえ》・鼓吹《くすい》権大令史正六位上清根《きよね》忌寸松山《まつやま》らに、月ごとに俸料を支給することにした。外国からの渡来を憐れんでのことである。

日本後紀　巻第八　起㆓延暦十八年正月㆒尽㆓十二月㆒

左大臣正二位兼行左近衛大将臣藤原朝臣冬嗣等奉㆑勅撰

皇統弥照天皇　桓武天皇

〇十八年春正月丙午朔、皇帝御㆓大極殿㆒受㆑朝、文武官九品以上・蕃客等各陪㆑位、減㆓四拝㆒為㆓再拝㆒、不㆑拍㆑手、以㆑有㆓渤海国使㆒也、諸衛人等並挙㆓賀声㆒、礼訖、宴㆓侍臣於前殿㆒賜㆑被、〇壬子、豊楽院未㆑成㆑功、大極殿前竜尾道上構㆓作借殿㆒、葺以㆓彩帛㆒、天皇臨御、蕃客仰望、以為㆓壮麗㆒、命㆓五位已上㆒宴楽、渤海国使大昌泰等預㆑焉、賚㆑禄有㆑差、〇甲寅、賜㆓五位已上新銭㆒、三位三千文、四位二千文、五位一千文、○丁巳、従五位下多治比真人豊継・石上朝臣真家授㆓従五位上㆒、正六位上川辺朝臣宅従五位下、正六位上雁高宿禰笠継・正七位上谷忌寸家刀自・正七位下次田連宅足・従七位上山田連乙□・従八位下高安連真笠外従五位下、○戊午、勅、冒蔭之徒、若能自首、宜㆑従㆓改正㆒、把笏之色、先経㆓駆策㆒、宜㆓特寛恕、官位如㆑旧、㆒長岡京地一町、賜㆓従五位下藤原朝臣奈良子㆒、○辛酉、御㆓大極殿㆒宴㆓群臣並渤海客㆒、奏㆑楽、賜㆓蕃客以上蓁揩衣㆒、並列㆑庭踏歌、㆒大学頭従四位下紀朝臣作良卒、少遊㆓大学㆒、頗覧㆓経史㆒、起家為㆓少判事㆒、遷㆓式部大丞㆒、宝亀九年授㆓従五位下㆒、延暦四年叙㆓従五位上㆒、歴㆓上野・丹波二国守㆒、除㆓大学頭㆒、後授㆓従四位下㆒、為人質直、無㆑所㆓容舎㆒、吏有㆓小過㆒、必糾以㆑法、以㆑此為㆓下所㆑悪、尤勤㆓公政㆒、晨出昏入、老而無㆑倦、○癸亥、於㆓朝堂院㆒観㆑射、五位已上射畢、次蕃客射焉、㆒正五位上紀朝臣兄原授㆓従四位下㆒、○乙丑、典侍正四位上和気朝臣広虫卒、従三位行民部卿兼摂津大夫清麻呂姉也、少而出家為㆑尼、供㆓奉高野天皇㆒、為人貞順、節操無㆑虧、事見㆓清麻呂語中㆒、皇統弥照天皇甚信重焉、今上思㆓労旧㆒、追㆓贈正三位㆒、薨時年七十、○庚午、勅、玳瑁帯者、先聴㆓三位已上著用㆒、自㆑今以後、五位得㆓同著㆒、○癸酉、散位従四位上安倍朝臣東人卒、○甲戌、外従五位下桑原公秋成為㆓主計助㆒、外従五位下葛井宿禰松足為㆓大和介㆒、従五位下内真人他田為㆓伊賀守㆒、近衛将監従五位下三諸朝臣綿麻呂為㆓兼近江大掾㆒、従五位上甘南備真人国成為㆓若狭守㆒、従五位上石淵王為㆓

越中守一、外従五位下村国連息継為レ介、従五位上藤原朝臣仲成為二越後守一、内匠頭従四位上川村王為二兼丹波守一、従五位下藤原朝臣真野麻呂為二周防守一、外従五位下槻本公奈弖麻呂為二長門守一、従五位上浅井王為二伊予守一、従四位下藤原朝臣葛野麻呂為二大宰大弐一、従五位下石川朝臣清直為二少弐一、従五位下藤原朝臣河主為二豊前守一。」唐人大学権大属正六位上李法琬・大炊権大属正六位上清川忌寸斯麻呂・造兵権大令史正六位上栄山忌寸千嶋・官奴令史正六位上栄山忌寸諸依・鼓吹権大令史正六位上清根忌寸松山等給二月俸一、愍二其羈旅一也、

○二月乙亥一日　無位安賀女王《あがじょおう》に従五位下を授けた。

○丙子二日　従八位下佐味《さみ》朝臣枚女《ひらめ》に従五位下を授けた。

○庚辰六日　従五位上藤原朝臣継彦《つぐひこ》を左少弁《さしょうべん》に任じ、従五位下石川朝臣魚麻呂《うおまろ》を右少弁に任じ、従五位下三原《みはら》朝臣弟平《おとひら》を内蔵助《くらのすけ》に任じた。

○辛巳七日　諱〈嵯峨太上天皇〉が殿上《てんじょう》において元服し、五位以上の者に衣被《いひ》を下賜した。従五位下清野《きよの》宿禰最弟《いやおと》に従五位上、従三位百済王明信《くだらのこにきしめいしん》に正三位、正五位上三嶋《みしま》宿禰広《ひろ》宅《やけ》に従四位下を授けた。従五位下高倉《たかくら》朝臣殿嗣《とのつぐ》を主計頭に任じた。

○壬午八日　天皇が交野《かたの》に行幸した。

○己丑十五日　天皇が次のように勅した。

私稲出挙《しとうすいこ》は禁止され（『続日本紀《しょくにほんぎ》』天平《てんぴょう》九年九月癸巳条）、違犯者は厳罰に付することになっている。ところで、去年は穀物の収穫が悪く、百姓《ひゃくせい》が食料不足となっているが、官稲《かんとう》を出挙するものの十分ではない。事情により法を弾力的に運用するのが古来のあり方である。そこで、従前の禁制を緩め、私稲出挙を許すことにする。利息は三割とし、この制限を越えて取り立てれば、先の私稲禁止令により科罪せよ。

従五位上行兵部大輔《ひょうぶのたいふ》兼中衛少将《ちゅうえのしょうしょう》春宮亮《とうぐうのすけ》大伴宿禰是成《これなり》と伝灯大法師位《でんとうだいほっしい》泰信《たいしん》らを淡路《あわじ》国へ派遣して、奉幣《ほうべい》して崇道《すどう》天皇の霊に謝罪した。

○癸巳《十九日》　主菓餅《しゅかべい》従七位下宍人《ししひと》朝臣宮人《みやひと》が、蔭を詐称して官人身分を取得した。蔭を取り消して本来の家系に戻し、格別に罪を免《ゆる》して元の官へ復職させた。

○甲午《二十日》　降位処分を受けていた正六位上石川朝臣乙名《おとな》を本位従五位下に復した。

従四位下多治比真人継兄《つぐえ》を神祇伯《じんぎはく》に任じ、山城守《やましろのかみ》は故《もと》のままとし、中納言従三位藤原朝臣雄友《おとも》を兼中務卿《なかつかさきょう》に任じ、従五位下登美真人《とみのまひと》藤津《ふじつ》を左大舎人助《ひだりのおおどねりのすけ》に任じ、従五位下藤原朝臣岡継《おかつぐ》を図書頭《ずしょのかみ》に任じ、従五位上橘《たちばな》朝臣安麻呂《やすまろ》を内蔵《くら》頭に任じ、中納言従三位和《やまと》朝臣家麻呂《いえまろ》を兼治部卿に任じ、従五位下百済王鏡仁《くだらのこにきしきょうじん》を治部少輔《じぶのしょうふ》に任じ、正五位下文室《ふんや》真人波多麻呂《はたまろ》を雅楽《うた》頭に任じ、従四位下粟田《あわた》朝臣鷹守《たかもり》を大蔵卿《おおくらきょう》に任じ、外従五位下嵩山忌寸《すせのいみき》道《どう》光《こう》を大炊権助《おおいのごんのすけ》に任じ、従五位上小倉王《おぐらおう》を典薬《てんやく》頭に任じ、正五位上秋篠《あきしの》朝臣安人《やすひと》を中衛少将に任じ、左中弁《さちゅうべん》・丹波《たんば》守は故のままとし、従五位下菅原《すがわら》朝臣門守《かどもり》を隼人正《はやとのかみ》に任じ、従四位下百済王英孫《えいそん》を右衛士督《うえじのかみ》に任じ、摂津《せっつ》守は故のままとし、従四位下紀朝臣勝長《かつなが》を左兵衛《さひょうえ》督に任じ、近江《おうみ》守は故のままとし、従四位下紀朝臣兄原《えはら》を右兵衛督に任じ、肥後《ひご》守は故のままとし、従五位下安倍朝臣小笠《おかさ》を右兵衛佐に任じた。

○乙未《二十一日》 陸奥国新田郡《むつのくににいたぐん》の百姓《ひゃくせい》弓削部虎麻呂《ゆげべのとらまろ》・妻丈部小広刀自女《はせつかべのこひろとじめ》らを日向《ひゅうが》国へ配流した。長らく蝦夷《えみし》の居住地に住みつき、その言葉を習得し、しばしば妖言《ようげん》をもって蝦夷らを扇動したことによる。

美濃《みの》・備中《びっちゅう》両国に飢饉が発生したので、使人を派遣して物を恵み与えた。

贈正三位行民部《みんぶ》卿兼造宮大夫《ぞうぐうのだいぶ》美作備前国 造《みまさかびぜんのくにのみやっこ》和気《わけ》朝臣清麻呂《きよまろ》が死去した。清麻呂は本姓を磐梨別公《いわなすのわけのきみ》と言い、右京の人で、のちに藤野和気真人《ふじののわけのまひと》に改姓している。人柄は高直《こうちょく》で、一身の利益を顧みず忠節を尽くし、姉広虫《ひろむし》と共に高野《たかの》天皇に仕え、寵愛と信頼を被り、右兵衛少尉《うひょうえのしょうじょう》に任じられた。天平神護《てんぴょうじんご》のはじめに従五位下を授けられ、近衛将監《このえのしょうげん》に転任し、特別に五十戸の封《ふう》を賜わった。姉広虫は成人すると従五位下葛木宿禰戸主《かつらぎのすくねへぬし》と結婚し、天皇が出家すると、広虫もそれに倣《なら》い仏弟子となった。法名を法均《ほうきん》と言い、尼の位である進守大夫尼位《しんしゅたいふにい》を授けられ、天皇の腹心として事に当たり、四位相当の封戸《ふこ》と位田《いでん》を賜わった。天平宝字《てんぴょうほうじ》八年に大保《たいほ》（右大臣の唐名。ただし、反逆時の押勝《おしかつ》は太政大臣である大《たい》師《し》）恵美《えみ》押勝が反乱を起こして殺された時、これに連座して斬刑に当たるとされた者が三百七十五人となったが、法均が強く諫《いさ》め、天皇はその切諫を容れて死刑を減じて流《る》・徒《ず》

（懲役）刑とした。押勝の乱が鎮圧されたのち、飢饉や疾疫に苦しむ百姓が子どもを草むらに遺棄することがあり、法均は人を派遣して八十三人の孤児を収容して養育し、天皇から葛木首《かつらぎのおびと》を賜わり、孤児らの姓とした。

乱後、僧道鏡が天皇の愛寵を得て、宮中への出入に当たっては天皇と同様の警護を行い、法王《ほうおう》と称した。大宰主神《だざいのかんづかさ》習宜阿蘇麻呂《すげのあそまろ》が道鏡に媚《こ》び諂《へつ》らい、宇佐八幡神《うさはちまんしん》の教命を詐称して、道鏡を皇位に即《つ》ければ天下は泰平になるだろうと言い、これを聞いた道鏡は心中喜んで自負の気持ちを抱いた。天皇は清麻呂を寝台のそばへ召して、「夢に人が現れ、八幡神の使者だと言って、天皇へ奏上することがあるので、尼法均を遣わしてほしい、と告げた。朕は、法均は体が弱いので遠くまで行くことができない、代わりに清麻呂を遣わそう、と答えた。そこで、汝《なんじ》が早く八幡神の許《もと》へ参詣《さんけい》して、神の教えを聞いてほしい」と言った。これを知った道鏡も清麻呂を呼び、首尾よく八幡神の教命をもたらせば大臣の位を与えると約束した。

これより以前、道鏡の師である路《みち》真人豊永《とよなが》が清麻呂に、「道鏡が皇位に即《つ》くようなことがあれば、自分は何の面目《めんぼく》があって臣下として天皇にお仕えすることができよう。自分は二、三人の仲間とともに古代中国の殷《いん》の人である伯夷《はくい》に倣い、身を隠して道鏡に仕えることはすまいと思う」と語っていた。清麻呂は豊永の言葉を当然のものと思い、主君のために身を捧げようとの気持ちを固め、宇佐神宮へ参詣し、神の託宣（略。習宜阿蘇麻呂の偽作によるもので、道鏡を皇位に即けよ、との内容）とされるものについて申上した。

　清麻呂が「このたび伺った宇佐八幡神の教命は朝廷の大事であり、信じがたい内容です。願わくは、格別の神の意思を示せ」と訴えると、突如として神が長さ三丈ほどの満月のような形をして現れた。清麻呂はびっくりして度《ど》を失い、仰ぎ見ることができなくなってしまったが、神は「我が国では君臣の身分が定まっているにもかかわらず、道鏡は人の道に悖《もと》り、皇位に即こうとの野望を抱いている。神は激怒して、その野望を聞き届けるようなことはしない。汝は朝廷へ戻り、私の言ったとおりを天皇へ奏上せよ。皇位は必ず皇孫が継ぐものである。汝は道鏡の怨みを恐れてはいけない。私が必ず助けるであろう」と託宣したのであった。

　清麻呂が京へ戻り、神の教命どおり奏上すると、天皇は意に反する思いがしたが、清麻呂を処刑する気持ちにはならず、因幡員外介《いなばのいんがいのすけ》に左遷した。ついで姓名を別部穢麻呂《わけべのきたなまろ》と変え、大隅《おおすみ》国へ配流《はいる》した。尼法均は還俗させて別部狭虫《さむし》と改名し、備後《びんご》国へ配流した。道鏡は配流途次の清麻呂を追って殺害しようとした。しかし、雷雨であたりが暗くなり、殺害に着手する前に急に勅使が遣わされ、殺されずに済んだ。時に参議《さんぎ》右《う》大弁《だいべん》藤原朝臣百川《ももかわ》が清麻呂の熱烈な忠義の思いに同情して、備後国の封二十戸《こ》分の収益を配所に送り届けた。宝亀《ほうき》元年に光仁《こうにん》天皇が践祚《せんそ》すると、勅が出て帰京することになり、姓和気朝臣を賜わり、元の位階と名前に復した。姉広虫は天皇の側で伝宣・奏請のことに当たり、従四位下に叙され、典蔵に任じられ、正四位下へ昇進した。桓武天皇がくつろいだときに「すべての近臣が何かにつけ他人を非難したり褒めたりするなかで、法均が他人のあやまちを口にするのを聞いたことがない」と語ったことがある。生来、清麻呂と法均は仲がよく、姉弟で家産を共にし、当時の人々は姉弟の思いあう気持ちを称賛した。

法均は延暦十七年正月十九日に死去した。法均は弟の清麻呂と、初七から七七に至る七日ごとの仏事や年々の忌日に追善の供養をする必要はない、二、三人からなる少人数の僧侶と遺族が静かな部屋で礼仏と懺悔の仏事をすれば十分である、後世《こうせい》子孫の者たちは私たち二人を手本とすることになろう、と期し約束しあっていた。天長《てんちょう》二年に淳和《じゅんな》天皇は法均の旧績を想起して、正三位の告身（位）を贈った。

弟清麻呂は足が不自由になり、起立することができなくなったが、八幡神を拝礼しようと思い、輿《こし》に乗り出立した。豊前《ぶぜん》国宇佐《うさ》郡楉田《しもとだ》村（大分県宇佐市和気《わき》のあたりか）を通りかかったとき、三百頭ばかりの野猪《やちょ》が現れ、道を挟んで列を作り、十里程ゆっくりと先導して山中へ消えていった。これを目にした人はみな不思議なことだと思った。神社を拝礼すると、即日清麻呂は歩けるようになった。宇佐八幡神の神封から綿八万余屯《とん》を賜わるという神託を受け、宮司《ぐうじ》以下、国中（豊前国）の百姓に頒《わか》ち与えることにした。行くときは輿に乗り、馬に乗って還帰した。帰途の清麻呂を見た人は、みな感嘆した。

清麻呂の先祖は垂仁《すいにん》天皇の皇子《みこ》鐸石別命《ぬでしわけのみこと》より出て、三世孫弟彦《おとひこ》王が神功皇后《じんぐうこうごう》に従って新羅《しらぎ》征伐に出征している。新羅から凱旋した年の翌年（神功皇后摂政元年）忍熊別皇子《おしくまのわけおうじ》が反逆すると、皇后は弟彦王を遣わして播磨《はりま》国と吉備《きび》国の境の山で誅殺《ちゅうさつ》した。この軍功により弟彦王は藤原県《あがた》を与えられ、吉備地方に勢力を築いた。この地域を現在では美作・備前両国に分けている。高祖父《こうそふ》佐波良《さはら》・曾祖父《そうそふ》波伎豆《はきつ》・祖《そ》宿奈《すくな》・父乎麻呂《おまろ》の墓は郷里（和気郡）に営まれ、大木が茂る林となっていたが、清麻呂が讒言《ざんげん》により配流されていたとき、佐波良ら伐り払われてしまった。清麻呂が配所から戻り、上表して事情を告げたところ、四人と清麻呂を美作・備前両国の国造にせよ、との詔りが出された。

清麻呂は天応《てんおう》元年に従四位下を授けられて民部大輔《みんぶのたいふ》に任じられ、摂津大夫《せっつのだいぶ》となり、次いで中宮大夫《ちゅうぐうのだいぶ》、民部卿《みんぶきょう》に遷り、従三位を授けられた。延暦十七年に辞表を提出したが、優詔《ゆうしょう》により許されず、天皇は功田《こうでん》二十町を賜い、子孫に伝えさせることにした。清麻呂は庶務に熟達して過去に通暁し、『民部省例《みんぶしょうれい》』二十巻を編集した。それは現在に伝わっている。中宮　高野新笠《ちゅうぐうたかののにいがさ》の命令で『和氏譜《わしふ》』を撰修して天皇のもとへ提出し、称賛された。長岡京は造営開始（延暦三年）十年後に至っても完成せず、費用が嵩《かさ》むばかりであった。清麻呂は人を避けて上奏し、桓武天皇が狩猟に托して葛野《かどの》の地のようすを視察できるように図り、平安京へ遷都したのであった。清麻呂は摂津大夫として河内川《かわちがわ》を開削して、大阪湾へ直接流入させ水害を防ごうとしたが、費用が膨大となり、工事を完成させることができなかった。備前国にある私墾田《しこんでん》百町を永く振給田《しんごうでん》（民に物を恵み与えるための財源の田）とし、郷里の人々はこれに感謝した。死去したとき、正三位を贈られた。行年六十七。

清麻呂には六男三女があり、長男広世《ひろよ》は出身して文章生《もんじようしよう》となり、延暦四年に犯罪に巻きこまれ禁錮《きんこ》（刑具をつけたままの収監）に処されたが、格別の恩詔により免《ゆる》されて少《しよう》判事《はんじ》に任命され、にわかに従五位下を授けられて、式部少輔《しきぶのしようふ》となり、大学別当《だいがくのべつとう》（大学頭）を兼任した。墾田《こんでん》二十町を大学寮に寄付して勧学田《かんがくでん》とし、明経道《みようぎようどう》の試験の成績が上上・上中第《だい》のみを叙階の対象とする令制を改めて、上下・中上をも叙階する案を提出している。また、大学寮の学者たちを喚《よ》び、陰陽書《おんようしよ》や『新撰薬経《しんせんやくきよう》』『大素《たいそ》』などを講論《こうろん》させた。大学寮の周辺に建つ私宅を弘文院《こうぶんいん》として種々の経書《けいしよ》数千巻を収め、墾田四十町を学問料とし、学館を建置したいとの父の志を遂げた。

○辛丑 二十七日 天皇が栗前野《くりくまの》で狩猟した。

○壬寅 二十八日 大和《やまと》国で飢饉が発生したので、使人を派遣して物を恵み与えた。

○二月乙亥朔、無位安賀女王授㆓従五位下㆒、○丙子、従八位下佐味朝臣枚女授㆓従五位下㆒、○庚辰、従五位上藤原朝臣継彦為㆓左少弁㆒、従五位下石川朝臣魚麻呂為㆓右少弁㆒、従五位下三原朝臣弟平為㆓内蔵助㆒、○辛巳、諱、嵯峨太上天皇、於㆓殿上㆒冠、賜㆓五位已上衣被㆒、従五位下清野宿禰最弟授㆓従五位上㆒、従三位百済王明信正三位、正五位上三嶋宿禰広宅従四位下、従五位下高倉朝臣殿嗣為㆓主計頭㆒、○壬午、行㆓幸交野㆒、○

己丑、勅、出㆓挙私稲㆒、先已禁制、如或違犯、即有㆓厳科㆒、而去年不㆑稔、百姓乏㆑食、諸国出挙、定難㆓周贍㆒、因㆑時弛張、古今通典、宜㆘寛㆓前制㆒、暫任㆗民情㆖、其収㆓息利㆒、率㆑十収㆑三、如過㆓此限㆒、罪亦如㆑前、」遣㆓従五位上行兵部大輔兼中衛少将春宮亮大伴宿禰是成・伝灯大法師位泰信等於淡路国㆒、令㆘賚㆓幣帛㆒謝㆗崇道天皇霊㆖、○癸巳、主菓餅従七位下宍人朝臣宮人、仮㆑蔭入㆑色、改正還㆑本、特免㆓其罪㆒、復㆓本職㆒、○甲午、正六位上石川朝臣乙名復㆓本位従五位下㆒、従四位下多治比真人継兄為㆓神祇伯㆒、山城守如㆑故、中納言従三位藤原朝臣雄友為㆓兼中務卿㆒、従五位下登美真人藤津為㆓左大舎人助㆒、従五位下藤原朝臣岡継為㆓図書頭㆒、従五位上橘朝臣安麻呂為㆓内蔵頭㆒、中納言従三位和朝臣家麻呂為㆓兼治部卿㆒、従五位下百済王鏡仁為㆓少輔㆒、正五位下文室真人波多麻呂為㆓雅楽頭㆒、従四位下粟田朝臣鷹守為㆓大蔵卿㆒、外従五位下嵩山忌寸道光為㆓大炊権助㆒、従五位上小倉王為㆓典薬頭㆒、正五位上秋篠朝臣安人為㆓中衛少将㆒、左中弁・丹波守如㆑故、従五位下菅原朝臣門守為㆓隼人正㆒、従四位下百済王英孫為㆓右衛士督㆒、摂津守如㆑故、従四位下紀朝臣勝長為㆓左兵衛督㆒、近江守如㆑故、従四位下紀朝臣兄原為㆓右兵衛督㆒、肥後守如㆑故、従五位下安倍朝臣小笠為㆑佐、○乙未、流㆓陸奥国新田郡百姓弓削部虎麻呂・妻丈部小広刀自女等於日向国㆒、久住㆓賊地㆒、能習㆓夷語㆒、屢以㆓謾語㆒騒㆓動夷俘心㆒也、」美濃・備中二国飢、遣㆑使賑給、」贈正三位行民部卿兼造宮大夫美作備前国造和気朝臣清麻呂薨、本姓磐梨別公、右京人也、後改二姓藤野和気真人一、清麻呂為人高直、匪躬之節、与二姉広虫一共事二高野天皇一、並蒙二愛信一、任二右兵衛少尉一、神護初授二従五位下一、遷二近衛将監一、特賜二封五十戸一、姉広虫及二笄年一、許二嫁従五位下葛木宿禰戸主一、既而天皇落飾、随出家為二御弟子一、法名法均、授二進守大夫尼位一、委以二腹心一、賜二四位封幷位田一、宝字八年大保恵美忍勝叛逆伏レ誅、連及当レ斬者三百七十五人、法均切諌、天皇納レ之、減二死刑一以処二流・徒一、乱止之後、民苦二飢疫一、棄二子草間一、遣レ人収養、得二八十三児一、同名二養子一、賜二葛木首一、此時僧道鏡得二幸於天皇一、出入警蹕、一擬二乗輿一、号曰二法王一、大宰主神習宜阿蘇麻呂、媚二事道鏡一、矯二八幡神教一言、令三道鏡即二帝位一、天下太平、道鏡聞レ之、情喜自負、天皇召二清麻呂於牀下一曰、夢有二人来一、称二八幡神使一云、為レ奏レ事請二尼法均一、朕答曰、法均軟弱、難レ堪二遠路一、其代遣二清麻呂一、汝宜三早参聴二神之教一、道鏡復喚二清麻呂一、募以二大臣之位一、先レ是路真人豊永為二道鏡之師一、語二清麻呂一云、道鏡若登二天位一、吾以二何面目一可レ為二其臣一、吾与二二三子一共為二今日之伯夷一耳、清麻呂深然二其言一、常懐二致命之志一、往詣二神宮一、神託宣云々、清麻呂祈曰、今大神所レ教、是国家之大事也、託宣難レ信、願示二神異一、神即忽然現レ形、其長三丈許也、相如二満月一、清麻呂消レ魂失レ度、不レ能二仰見一、於レ是神託宣、我国家君臣分定、而道鏡悖逆無道、輒望二神器一、是以神霊震怒、不レ聴二其祈一、汝帰如二吾言一奏之、天之日嗣必続二皇緒一、汝勿レ懼二道鏡之怨一、吾必相済、清麻呂帰来、奏如二神教一、天皇不レ忍レ誅、為二因幡員外介一、尋改二姓名一、為二別部穢麻呂一、流二于大隅国一、尼法均還俗、為二別部狭虫一、流二于備後国一、道鏡又追将レ殺二清麻呂於道一、雷雨晦暝、未レ即レ行、俄而勅使来、僅得レ免、于レ時参議右大弁藤原朝臣百川愍二其忠烈一、便割二備後国封郷廿戸一、送二充於配処一、宝亀元年聖帝践祚、有レ勅入レ京、賜二姓和気朝臣一、復二本位・名一、姉広虫又掌二吐納一、叙二従四位下一、任二典蔵一、累至二正四位下一、帝従容勅曰、諸侍従臣、毀誉紛紜、未四嘗聞三法均語二他過一、友于天至、姉弟同財、孔懐之義、見レ称二当時一、延暦十七年正月十九日薨、与二弟卿一約期云、諸七及服関之日、勿レ労二追福一、唯与二二三行者一、坐二静室一、事二礼懺一耳、後世子孫、仰二吾二人一、以為二法則一、天長二年天皇追二思旧績一、贈二正三位之告身一、弟清麻呂脚痿不レ能二起立一、為レ拝二八幡神一、輿病即レ路、及レ至二豊前国宇佐郡椙田村一、有二野猪三百許一、挟レ路而列、徐歩前駆十許里、走二入山中一、見人共異レ之、拝レ社之日、始得二起歩一、神託宣、賜二神封綿八万余屯一、即頒二給宮司以下国中百姓一、始駕レ輿而往、後馳レ馬而還、累路見人、莫レ不二歎異一、清麻呂之先、出レ自二垂仁天皇々子鐸石別命一、三世孫弟彦王、従二神功皇后一征二新羅一、凱旋明年忍熊別皇子有二逆謀一、皇后遣二弟彦王一、於二針間・吉備堺山一誅レ之、以二従レ軍功一、封二藤原県一、因家焉、今分、為二美作・備前両国一也、高祖父佐波良・曾祖父波伎豆・祖宿奈・父乎麻呂墳墓、在二本郷一者、拱樹成レ林、清麻呂被レ竄之日、為三人所二伐除一、帰来上疏陳レ状、詔以二佐波良等四人幷清麻呂一為二美作・備前両国々造一、天応元年授二従四位下一、拝二民部大輔一、為二摂津大夫一、累遷二中宮大夫、民部卿一、授二従三位一、延暦十七年上表請二骸骨一、優詔不レ許、仍賜二功田廿町一、以伝二其子孫一、清麻呂練二於庶務一、尤明二古事一、撰二民部省例廿巻一、于レ今伝焉、奉二中宮教一、撰二和氏譜一奏之、帝甚善レ之、長岡新都、経二十載一未レ成レ功、費不レ可二勝計一、清麻呂潜奏、令下上託二遊猟一相中葛野地上、更遷二上都一、清麻呂為二摂津大夫一、鑿二河内川一、直通二西海一、擬レ除二水害一、所レ費巨多、功遂不レ成、私墾田一百町在二備前国一、永為二振給田一、郷民恵レ之、薨時贈二正三位一、年六十七、有二六男三女一、長子広世、起家補二文章生一、延暦四年坐レ事被二禁錮一、特降二恩詔一、除二少判事一、俄授二従五位下一、為二式部少輔一、便為二大学別当一、墾田廿町入レ寮為二勧学料一、請レ裁三闡明経四科之第一、又大学会二諸儒一、講三論陰陽書・新撰薬経・大素等一、大学南辺以二私宅一置二弘文院一、蔵二内外経書数千巻一、墾田卌町永充二学料一、以終二父志一焉、○辛丑、遊三猟於栗前野一、○壬寅、大和国飢、遣レ使賑給、

○三月乙巳一日　民部省の廩院《りんいん》（米倉）が震動した。

○丙午二日　近江・紀《き》伊二国で飢饉が発生したので、使人を遣わして物を恵み与えた。

○戊申四日　陸奥国柴田《しばた》郡の人外少初位下《げしょうそい》大伴部人根《おおともべのひとね》らに姓大伴柴田臣《おおとものしばたのおみ》を賜わった。

○庚戌六日　近江国浅井《あさい》郡の人従七位下穴太村主真《あのうのすぐりま》杖《つえ》に姓志賀忌寸《しがのいみき》を賜わった。

○辛亥七日　陸奥国富田《とみた》郡を色麻《しかま》郡に併せ、讃馬《さぬま》郡を新田《にいた》郡に併せ、登米《とよま》郡を小田《おだ》郡に併せた。

○壬子八日　出羽《でわ》国の狩猟生活を主とする蝦夷である山夷《さんい》への禄支給を停止し、山夷と農耕生活をおくる田夷《でんい》とを問わず、功績のある夷《えみし》へ禄を支給することにした。

○甲寅十日　伯耆《ほうき》・阿波《あわ》・讃岐等の国が飢饉となったので、使人を派遣して物を恵み与えた。

従五位下入間《いるま》宿禰広成《ひろなり》を造東大寺次官に任じた。

正六位上野《うえの》王に清滝《きよたき》朝臣の姓を賜わった。

○丁巳十三日　正四位下行左大弁兼右衛士督《うえじのかみ》皇太子学士《こうたいしのがくし》伊勢《いせ》守菅野《すがの》朝臣真道《まみち》らが次のように言上した。

私たちの先祖である葛井《ふじい》・船《ふね》・津《つ》三氏の墓地は、河内国丹比《たじひ》郡の野中寺《のなかでら》以南にあります。寺山と言い、子孫が相守り墓地として維持してきましたが、現在、樵《きこり》たちが集まって墓地の樹木を伐採しまして、先祖の霊魂が落ちつくことのできる帰所が失われている状態です。伏して、以前の伐採禁止令により禁止していただきますことを申請いたします。

要請を許可した。

○三月乙巳朔、震㆓民部省廩㆒、○丙午、近江・紀伊二国飢、遣㆑使賑給、○戊申、陸奥国柴田郡人外少初位下大伴部人根等賜㆓姓大伴柴田臣㆒、○庚戌、近江国浅井郡人従七位下穴太村主真杖賜二姓志賀忌寸一、○辛亥、陸奥国富田郡併二色麻郡一、讃馬郡併二新田郡一、登米郡併二小田郡一、○壬子、停二出羽国山夷禄一、不レ論二山夷・田夷一、簡二有レ功者一賜焉、○甲寅、伯耆・阿波・讃岐等国飢、遣レ使賑給、」従五位下入間宿禰広成為二造東大寺次官一、」正六位上野王賜二姓清滝朝臣一、○丁巳、正四位下行左大弁兼右衛士督皇太子学士伊勢守菅野朝臣真道等言、己等先祖、葛井・船・津三氏墓地、在二河内国丹比郡野中寺以南一、名曰二寺山一、子孫相守、累世不レ侵、而今樵夫成レ市、採二伐冢樹一、先祖幽魂、永失レ所レ帰、伏請依レ旧令レ禁、許レ之、

○夏四月乙亥（一日）　河内国が飢饉となったので、使人を派遣して物を恵み与えた。
従五位下御中真人《みながのまひと》広岳《ひろおか》を大学助《だいがくのすけ》に任じた。

○丁丑（三日）　摂津国の人正八位上須《す》美開徳《みのかいとく》に葛沢　造《ふじさわのみやつこ》の姓を賜わった。
故正五位下上毛野《かみつけぬ》朝臣稲人《いなひと》の賤《せん》である宅敷女《やかしきめ》の息子二人に物部《もののべ》の姓を賜わった。

○癸未（九日）　天皇が次のように勅した。
　何日も洪水が続いて、稲の苗が腐損《ふそん》してしまった。窮弊した民は再度播種する余裕がないので、山城《やましろ》・河内・摂津等の国に命じて、貧乏な民を実地に調査して正税《しょうぜい》（国衙《こくが》の蓄穀）を支給せよ。

摂津国の人従七位上乙麻呂《おとまろ》らに豊山《とよやま》忌寸の姓を賜わった。

従五位下和気朝臣広世は父の喪に服して解官していたが、元の官へ復任した。

○十二日乙酉　従五位上藤原朝臣継彦《つぐひこ》を上総《かずさ》介に任じ、陰陽頭《おんようのかみ》は故のままとし、従五位上藤原朝臣継業《つぐなり》を大学頭に任じ、侍従《じじゅう》・信濃《しなの》介は故のままとし、正四位下藤原朝臣乙叡《たかとし》を兵部卿《ひょうぶきょう》に任じ、中衛大将《ちゅうえのたいしょう》・越前《えちぜん》守は故のままとし、従五位下安倍《あべ》朝臣家守《いえもり》を刑部少輔《ぎょうぶのしょうふ》に任じ、従五位下紀《き》朝臣千世《ちよ》を弾正弼《だんじょうのひつ》に任じ、正五位下橘《たちばな》朝臣入居《いりい》を左京《さきょう》大夫に任じ、右中弁《うちゅうべん》・左《さ》兵衛佐《ひょうえのすけ》・播磨《はりま》守は故のままとし、参議従四位下藤原朝臣縄主《ただぬし》を春宮《とうぐう》大夫に任じ、式部大輔《しきぶのたいふ》・近衛中将《このえのちゅうじょう》は故のままとし、中納言従三位藤原朝臣内麻呂《うちまろ》を兼造宮大夫に任じ、近衛大将・但馬《たじま》守は故のままとした。

○十五日己丑　左右京の貧民に物を恵み与えた。

本日、渤海国使《ぼっかいこくし》大昌泰《だいしょうたい》らが帰国することになり、式部少録《しきぶのしょうさかん》正六位上滋野《しげの》宿禰船白《ふなしろ》らに送らせることにし、渤海国に次の璽書《じしょ》を賜わった。

天皇が謹んで渤海国王の近況を問う。渤海国使昌泰らは賀万《かまん》（遣渤海使《けんぼっかいし》内蔵宿禰賀茂《かも》麻呂《まろ》）らに随行して来日し、もたらした渤海国王の啓を見ると、十分に具《そな》わっていて、遥か遠方から朝廷の徳化を慕い、再度来朝間隔のことで要請してきた。王は雲のようすをうかがいながら使節を派遣して、次々と朝貢《ちょうこう》を行っている。王の朝廷に対する良き志のことを思うと、尽きない喜びである。そこで朕《ちん》が使人（内蔵賀茂麻呂）を遣わして六年一度の来朝を伝えると、間隔が長すぎることを嫌い、再度の要請をしてきたのであるが、六年一度としたのは、来航の際の困難な路程を考慮してのことであり、王の申請を拒絶しない。この問題は朕がとやかく言うことではない。来航する使節の間隔については王の意のとおりにしてよい。

いま昌泰らが帰国するに当たり、式部省少録正六位上滋野宿禰船白を遣渤海使に起用して送り届けることとし、併せて贈物を托すことにする。その品目は別状に記した。夏のはじめで暑い。思うに王が平安であるように。おおむね意とするところを記した。十分に意を尽くしていない。

○庚寅十六日　従五位下中臣丸朝臣《なかとみのわに》豊国《とよくに》を斎宮《さいぐう》頭に任じ、正六位上大伴宿禰峰麻呂《みねまろ》を遣新羅使に任じ、正六位上林《はやし》忌寸真継《まつぐ》を録事《ろくじ》（遣新羅使の主典《しゅてん》）に任じた。

○辛丑二十七日　天皇が次のように勅した。

近衛府《このえふ》の大将は元従四位上の官であるが、今後は従三位《じゅさんみ》の官とせよ。また、中将一を増員せよ。中衛府《ちゅうえふ》の大将は元従四位上の官であるが、今後は正四位上の官とせよ。衛門《えもんの》督《かみ》は元正五位上の官であるが、今後は従四位下の官とし、従五位下の官である佐《すけ》を従五位上の官とせよ。左右衛士府と左右兵衛府の督・佐については、衛門府の例に倣え。左右兵衛府には少尉《しょうじょう》・少志《しょうさかん》各一を増員することとし、その官位については衛門府に倣え。内蔵寮《くらりょう》の主鎰《しゅやく》四人を廃止して少属《しょうさかん》一を増員し、大蔵省の大少主鎰については各一を減員し、治部省の解部《ときべ》四員を削減せよ。

○壬寅《二十八日》　公卿が次のように奏上した。

大和国守従四位下藤原朝臣園人《そのひと》が「郡司《ぐんじ》の任務は軽微ではないのに、外考《げこう》（外位の者に対する考課。内考に比べて選叙に与かるまでの期間が二年長い）の官で、子孫に恩典をもたらすことができず、国司《こくし》と比較して十分な収益がありません。このため任用されると競って辞退する始末で、郡の行政が円滑にいかないのは、おおむねこれが原因です。そこで、伏して、郡司を内考扱いとして、のちに続く者を勧誘できるようにすることを申請します」と言上してきました。私たちが検討しますに、高い位階を与えることにより業績を評価し、厚い褒賞により勤労に応えることが、人を奨励し適材を得る方策です。ところで、畿内《きない》諸国は平安京に近接して、他地域に比べ任務が多く、畿外諸国と同日に論じることはできません。園人の言上は適切で、人事管理にふさわしいものですので、伏して、畿内五国の郡司を内考扱いとすることを要望します。

この奏上を許可した。

○夏四月乙亥朔、河内国飢、遣レ使賑給、」従五位下御中真人広岳為二大学助一、」摂津国人正八位上須美開徳賜二姓葛沢造一、○丁丑、故正五位下上毛野朝臣稲人賤宅敷女男二人賜二姓物部一、○癸未、勅、澇水経レ日、苗稼腐損、窮弊之民、不レ得二更播一、宜レ令下山城・河内・摂津等国、巡二検貧民一、以二正税一給上之、」摂津国人従七位上乙麻呂等給二姓豊山忌寸一」起二従五位下和気朝臣広世一復二本官一、〇乙酉、従五位上藤原朝臣継彦為二上総介一、陰陽頭如レ故、従五位上藤原朝臣継業為二大学頭一、侍従・信濃介如レ故、正四位下藤原朝臣乙叡為二兵部卿一、中衛大将・越前守如レ故、従五位下安倍朝臣家守為二刑部少輔一、従五位下紀朝臣千世為二弾正弼一、正五位下橘朝臣入居為二左京大夫一、右中弁・左兵衛佐・播磨守如レ故、参議従四位下藤原朝臣縄主為二春宮大夫一、式部大輔・近衛中将如レ故、中納言従三位藤原朝臣内麻呂為二兼造宮大夫一、近衛大将・但馬守如レ故、〇己丑、賑二給左右京貧民一」是日、渤海国使大昌泰等還レ蕃、遣二式部少録正六位上滋野宿禰船白等一押送、賜二其王璽書一曰、天皇敬問二渤海国王一、使昌泰等随二賀万一至、得レ啓具之、王遜慕二風化一、重請二聘期一、占雲之訳交レ肩、驟水之貢継レ踵、毎レ念二美志一、嘉尚無レ已、故遣二専使一、告以二年期一、而猶嫌二其遅一、更事二覆請一、夫制以二六載一、本為二路難一、彼如レ此不レ辞、豈論二遅促一、宜下其修レ聘之使、勿上労二年限一、今因二昌泰等還一、差二式部省少録正六位上滋野宿禰船白一充レ使領送、幷附二信物一、色目如レ別、夏首正熱、惟王平安、略此代レ懐、指不二繁及一、〇庚寅、従五位下中臣丸朝臣豊国為二斎宮頭一、正六位上大伴宿禰峰麻呂為二遣新羅使一、正六位上林忌寸真継為二録事一、〇辛丑、勅、近衛府、大将元従四位上官、今為二従三位官一、又加二中将一員一、中衛府、大将元従四位上官、今為二正四位上官一、衛門督元正五位上官、今為二従四位下官一、佐従五位下官、今為二従五位上官一、左右衛士・兵衛等一准二衛門一、左右兵衛府、加二少尉一員・少志一員一、其官位者一准二衛門府一、廃二内蔵寮主鎰四人一、加二少属一員一、減二大蔵省主鎰大少各一員、治部省解部四員一。○壬寅、公卿奏曰、大和国守従四位下藤原朝臣園人解偁、郡司之任、所レ掌不レ軽、而外考之官、不レ得二貽謀一、准二於諸国一、亦無レ潤レ身、是以擬用之日、各競辞退、郡務闕怠、率由二於此一、伏請居二之内考一、将勧二後輩一者、臣等商量、夫高爵以レ之彰レ勲、厚賞以レ之酬レ労、所下以勧二励士庶一、任用得上人者也、而畿内諸国、近二接都下一、駆策之労、尤是殊甚、准二於外国一、不レ可レ同レ日、如今所レ申穏便、誠合二進昇一、伏望五国郡司、一居二内考一、許レ之、

○五月乙巳 二日 淡路《あわじ》国に飢饉が発生したので、使人を遣わして物を恵み与えた。

○庚戌 七日 正六位上紀朝臣広浜《ひろはま》に従五位下を授けた。

○辛亥 八日 従五位上藤原朝臣仲成《なかなり》・従五位上住吉朝臣綱主《つなぬし》に正五位下、正六位上紀朝臣縄麻呂《ただまろ》に従五位下、正六位上日下部連《くさかべのむらじ》得足《とくたり》・正六位上粟田臣蓑麻呂《あわたのおみみのまろ》に外従五位下を授けた。

○癸丑 十日 正六位上藤原朝臣城主《しろぬし》・正六位上藤原朝臣藤嗣《ふじつぐ》・正六位上藤原朝臣永貞《ながさだ》・正六位上藤原朝臣広河《ひろかわ》・正六位上紀朝臣咋麻呂《くいまろ》・紀朝臣弥都麻呂《みつまろ》・安倍朝臣象主《きさぬし》に従五位下を授けた。

○丙辰 十三日 前遣渤海使外従五位下内蔵宿禰賀茂麻呂らが、次のように言上した。

渤海からの帰国の途次、暗い夜の海上で漂流して、どこへ着くのかが定かでないとき、遠くに火光《かこう》が見え、それをめざして進みましたところ、すぐに島の浜へ着くことができました。そこが隠岐《おき》国智夫《ちぶり》郡であることが判りましたが、人家は見当たりませんでした。ところで、比奈麻治比売神《ひなまじひめのかみ》は常に霊験があり、商人らが海中を漂流すると必ず火光をあげ、これにより助かった者は数えきれないほどである、と聞きました。神の助けにはお礼をする必要があります。伏して、比奈麻治比売神を官社として奉幣《ほうべい》することを要望します。

言上を許可した。

○壬戌《十九日》　諸国の国司と講師《こうじ》に国分寺の僧侶を監督させることにした。

○己巳《二十六日》　尾張《おわり》国海部《あま》郡の主政《しゅせい》外従八位上刑部《おさかべの》　糠虫《ぬかむし》が、次のように言上してきた。

尾張国権掾《ごんのじょう》　阿保《あぼ》朝臣広成《ひろなり》は朝廷の禁制を憚《はばか》らず、勝手に鷹《たか》・鶻《はしたか》を飼養して、ついには海部郡の少領尾張宿禰宮守《みやもり》に殺生を禁止している六斎日《ろくさいにち》（毎月八・十四・十五・二十三・二十九・三十日の六日）に、神聖な寺の林で猟をさせました。そこで鷹を取り上げ、差し出すしだいです。

これに対して、天皇は次のように勅した。

鷹飼養の禁制に違犯した時は、まず犯状を報告すべきである。それなのに糠虫は国司を侮《あなど》り冒《おか》して、鷹を奪取した。糠虫を杖打ちの刑に処し、解任せよ。

○庚午《二十七日》 天皇が次のように勅した。
人を慈しみ教化を行う任務は郡司にある。今般、代々郡司となっている家柄からの郡司任用を停止し、才用により選任することになったが、宮中で宿衛《しゅくえい》についたり番上官《ばんじょうかん》として長期にわたり勤務して才覚を示している者については、出身国を経由することなく式部省で試験を行い、郡司に任用せよ。
○辛未《二十八日》 神祇大祐《じんぎのだいゆう》正六位上大中臣朝臣弟枚《おとひら》を派遣して、伊勢大神宮の正殿《せいでん》の改築を行わせることにした。
讃岐国に飢饉が発生したので、穀一万二千斛《こく》を放出して食料が乏絶している戸に無利子で貸し付けた。
○壬申《二十九日》 遣新羅使（本年四月庚寅に任命）を停止した。

○五月乙巳、淡路国飢、遣㆑使賑給、○庚戌、正六位上紀朝臣広浜授㆓従五位下㆒、○辛亥、従五位上藤原朝臣仲成・従五位上住吉朝臣綱主授㆓正五位下㆒、正六位上紀朝臣縄麻呂従五位下、正六位上日下部連得足・正六位上粟田臣蓑麻呂外従五位下、○癸丑、授㆓正六位上藤原朝臣城主・正六位上藤原朝臣藤嗣・正六位上藤原朝臣永貞・正六位上藤原朝臣広河・正六位上紀朝臣咋麻呂・紀朝臣弥都麻呂・安倍朝臣象主従五位下㆒、○丙辰、前遣渤海使外従五位下内蔵宿禰賀茂麻呂等言、帰㆑郷之日、海中夜暗、東西掣曳、不レ識レ所レ著、于レ時遠有二火光一、尋二逐其光一、忽到二嶋浜一、訪レ之是隠伎国智夫郡、其処無レ有二人居一、或云、比奈麻治比売神常有二霊験一、商賈之輩、漂二宕海中一、必揚二火光一、頼レ之得レ全者、不レ可二勝数一、神之祐助、良可二嘉報一、伏望奉レ預二幣例一、許レ之、○壬戌、令三諸国司・講師沙二汰国分寺僧一、○己巳、尾張国海部郡主政外従八位上刑部粳虫言、権掾阿保朝臣広成不レ憚二朝制一、擅養二鷹鷂一、遂令三当郡少領尾張宿禰宮守、六斎之日、猟二於寺林一、因奪レ鷹奏進、勅、須下有二違犯一、先言中其状上、而凌二慢国吏一、輒奪二其鷹一、宜三特決杖、解二却其任一、○庚午、勅、撫レ俗宣レ風、任属二郡司一、今停二譜第一、妙二簡才能一、而宿衛之人・番上之輩、久経二駆□一、頗効二才能一、宜下不レ経二本国一、令中式部省簡試上焉、○辛未、遣二神祇大祐正六位上大中臣朝臣弟枚一、改二作伊勢大神宮正殿一、」讃岐国飢、出二穀万二千斛一、賑二貸乏絶戸一、○壬申、停二遣新羅使一、

○六月甲戌（一日）　中衛府と左右衛士府の医師各一員を削減した。

○丁丑（四日）　左衛士少志《しょうさかん》矢田部常陸麻呂《やたべのひたちまろ》を平城京へ派遣して内竪雀部広道《ないじゅささきべのひろみち》を捕らえ、杖一百の刑に処した。法華寺《ほっけじ》の尼を強奸したことによる。

○戊寅（五日）　天皇が次のように詔りした。

思うに王者が国を治めるに当たっては、恩徳を旨とする徳政を先とし、皇帝が人民を

養うに際しては良き穀物を根本に据えるものである。朕は徳が少ないにもかかわらず畏《おそ》れ多くも皇位を受け、薄氷を踏むよりも恐れる気持ちを抱き、朽ちた綱で馬を御するごとく慎重に処し、朝早くから陽が傾くまで政務を執《と》り、立派な政治を広め、徳化を及ぼすことを願っている。しかし、民を安楽に暮らさせることができず、自然の運行も順調でない。去年は穀物が稔らず、農業が被害を受けた。それによる民の疲弊を思うと、心に不憫《ふびん》の思いが生じてくる。そこで朕は、人民に豊かな恩恵を施し、朕への咎《とが》の兆しである昨年の不作に対処しようと思う。被害のはなはだしい美作《みまさか》・備前・備後・南海道《なんかいどう》諸国・肥前《ひぜん》・豊後《ぶんご》等の十一国の去年の田租《でんそ》は、特にすべて免除せよ。

○癸未 十日 天皇が次のように勅した。

以前公廨稲《くげとう》を停止して正税に混合し（延暦十七年正月甲辰条）、併せて出挙稲《すいことう》の数を削減した。人民の負担を軽減するためであったが、諸国の国司の中には自分の任期中の滞納分と称して公廨稲の息利を徴収している者がいる。このため百姓は損害を被り、苦難な状態に陥っている。今後は公廨稲の息利を徴収してはならない。違犯する者は科罪せよ。

○乙酉 十二日 天皇が次のように勅した。

僧侶のなかには勝手に所属する寺を去って山林に隠れ住み、人の依頼を受けて怪しげな行為をしている者がいる。このようなことをする僧侶は少なくないが、国法も仏教の戒律も共に許容しないところである。国司に管轄内の山林の道場とそこに居住する比丘《びく》（僧侶）や優婆塞《うばそく》（在俗のままの修行者）について実地調査をし、詳しく報告させよ。調査漏れのないようにせよ。

○戊子 十五日 天皇が次のように勅した。

神を祀《まつ》るに当たっては、恩徳と敬虔《けいけん》の気持ちがなければならない。心に慎み敬う気持ちがなければ、どうして神が祭祀を受けることがあろうか。広瀬《ひろせ》・竜田祭《たつたさい》は風の害を鎮め、穀物の豊かな稔りを祈願するものであるが、大和国司は何かにつけて怠り、慎むことをせず、雑任である史生《ししょう》を遣わして朝廷の代理にあて、祭祀に奉仕させている。祭礼を行っても応報がないのは、すべてこれに起因している。今後は、守ないし介一人が斎戒したうえで奉仕せよ。もし、守・介に不都合があるときは判官《はんがん》を遣わしてもよい。

○己丑 十六日 従五位下石川朝臣魚麻呂《うおまろ》を左少弁に任じ、従五位下百済王鏡仁《きょうじん》を右少弁に任じ、中納言従三位和朝臣家麻呂《いえまろ》を兼中務《なかつかさ》卿に任じ、相模《さがみ》守を故のままとし、正五位下大庭《おおにわ》王を中務大輔に任じ、従五位下淡路真人福良麻呂《ふくらまろ》を中務少輔に任じ、侍従従四位下中臣《なかとみ》王を兼左大舎人《ひだりのおおどねり》頭に任じ、従五位下粟田朝臣入鹿《いるか》を治部少輔に任じ、中納言従三位藤原朝臣雄《お》友《とも》を兼民部卿に任じ、従五位下甘南備《かんなび》真人真野《まの》〈太上天皇（嵯峨天皇）の諱に触れるため、「神」を改めて「真」とした〉を主税《ちから》頭に任じ、正五位下藤原朝臣大継《おおつぐ》を大蔵大輔に任じ、下総《しもうさ》守は故のままとし、従四位下大原真人美気《みけ》を大膳《だいぜん》大夫に任じ、外従五位下村国《むらくに》連息継《おきつぐ》を阿波権介《あわのごんのすけ》に任じた。

○癸巳《二十日》　天皇が次のように勅した。

去年は穀物が稔らず、百姓は食料に不足している。そこで民間に委《ゆだ》ねて私稲《しとう》出挙を許可した（本年二月己丑条）が、法は時に変動させ状況に合わせるべきであり、再度私稲出挙を禁止することにする。違犯者への罰則《ばっそく》は従前のあり方にならえ。

○丙申《二十三日》　従五位下紀朝臣梶継《かじつぐ》・従五位下藤原朝臣綱主《つなぬし》に従五位上を、正六位上桑田《くわたのま》真人《ひと》甘南備《かんなび》に従五位下を授けた。

本日天皇は次のように詔りした。

朕は謹んで皇位に即き、人民に臨んで治政に当たり、自制につとめ、気持ちを休めることなく過ごしている。国内が和《やわら》ぐよう刑罰を用いずに済むことを期し、百姓《ひゃくせい》を広く救済してよく治まった世になることを願っている。ところで、近頃、京中を巡行して堀川のそばを通過したとき、刑具を付着した囚人らが、体を剝《む》きだしにしたままで徒役に従事しているのを見て、心中に痛ましい思いが生じた。みずからの愚行により罪を犯したとは言え、その父母のことを思うと、憐れな気持ちにならざるを得ない。そこで、現に徒役についている者と収監されている未決囚全員を、罪の軽重を問わず赦免して更生させよ。ただし、私鋳銭《しじゅせん》・謀殺《ぼうさつ》（人の殺害を謀る）・故殺《こさつ》（故意の殺人）および問民苦使《もんみんくし》により摘発された諸国郡の役人と百姓は赦免しない。謀殺・故殺の罪により懲役囚とされている者は、役務を停止して配流《はいる》処分とせよ。全国にこの詔りを告知して、朕の意を周知せよ。

○戊戌 二十五日 越中国に飢饉が発生したので、使人を遣わして物を恵み与えた。

○己亥 二十六日 山城国乙訓《おとくに》・葛野《かどの》・愛宕《おたぎ》三郡の民の負っている田租を免除した。

○庚子 二十七日 僧三百人と沙弥《さみ》（正式の僧となる以前の修行者）五十人を内裏《だいり》と東宮（皇太子の居処）および朝堂院に喚んで、『大般若経《だいはんにゃきょう》』を奉読した。

○六月甲戌朔、省二中衛・左右衛士三府医師一員一、○丁丑、遣二左衛士少志矢田部常陸麻呂於平城一、捕二内豎雀部広道一、決杖一百、以レ強二奸法華寺尼一也、○戊寅、詔曰、惟王経レ国、徳政為レ先、惟帝養レ民、嘉穀為レ本、朕以二寡薄一、忝承二洪基一、懼甚レ履レ氷、懍乎御レ朽、昧旦不レ顕、日昃聴レ朝、思レ弘二政治一、冀レ宣二風化一、時雍未レ洽、陰陽失レ和、去年不レ登、稼穡被レ害、眷二言其弊一、有レ憫二于懐一、宜下敷二寛恩一、答中彼咎祥上、其被レ損尤甚之処、美作・備前・備後・南海道諸国・肥前・豊後等十一国、去年田租、特全免之、○癸未、勅、前停二止公廨一混二合正税一、兼減二挙数一、以レ省二民煩一、然諸国称二任中之未納一、徴二公廨之息利一、百姓受レ弊、艱苦実深、自レ今以後、宜レ停レ徴焉、如有レ違者、随即科之、○乙酉、勅、沙門擅去二本寺一、隠二住山林一、受二人属託一、或行二耶法一、如レ斯之徒、往々而在、国憲・内教、同所レ不レ許、宜下諸国司巡二検部内所レ有山林精舎幷居住比丘・優婆塞一、具録言上上、不レ得二疏漏一、○戊子、勅、祭祀之事、在二徳与一レ敬、心不レ致レ敬、神寧享レ之、広瀬・竜田祭、所下以鎮二弭風災一、祀禱中祈年穀上也、而大和国司、触レ事怠慢、都無二粛敬一、差二遣史生一、祗二承朝代一、祀無二報応一、職此之由、自レ今以後、守・介一人、斎戒祗承、若有二事故一、聴レ遣二判官一、○己丑、従五位下石川朝臣魚麻呂為二左少弁一、従五位下百済王鏡仁為二右少弁一、中納言従三位和朝臣家麻呂為二兼中務卿一、相摸守如レ故、正五位下大庭王為二大輔一、従五位下淡路真人福良麻呂為二少輔一、侍従従四位下中臣王為二兼左大舎人頭一、従五位下粟田朝臣入鹿為二治部少輔一、中納言従三位藤原朝臣雄友為二兼民部卿一、従五位下甘南備真人真野触二太上天皇諱一故改レ神為レ真、為二主税頭一、正五位下藤原朝臣大継為二大蔵大輔一、下総守如レ故、従四位下大原真人美気為二大膳大夫一、外従五位下村国連息継為二阿波権介一、○癸巳、勅、去年不レ稔、百姓乏レ食、暫任二民心一、出二挙私稲一、一張一弛、因レ時垂レ教、宜三更禁断一、罪依二前格一、○丙申、従五位下紀朝臣梶継・従五位下藤原朝臣綱主授二従五位上一、正六位上桑田真人甘南備従五位下、」是日、詔曰、朕祗纂二丕業一、撫二臨黎元一、剋レ己勤レ躬、不レ遑二寧処一、思下欲輯二熙四海一、期二之刑措一、弘二済百姓一、致中之寿域上、而近巡二京中一、過二堀川処一、鉗鏁囚徒、暴レ体苦作、興言於玆、愀二然于懐一、雖三生民之愚、自招二罪悪一、而為二彼父母一、寧不二哀愍一、其在役見徒、及天下見禁囚等、罪無二軽重一、並宜二赦除令一レ得二自新一、但私鋳銭・謀殺・故殺、及被二問民苦使推訪一諸国郡官吏・百姓等、不レ在二赦限一、其謀殺・故殺配役者、停レ役配流、普告二遐邇一、令レ知二朕意一、○戊戌、越中国飢、遣レ使賑給、○己亥、免二山城国乙訓・葛野・愛宕三郡負租一、○庚子、屈二僧三百人・沙弥五十人於禁中及東宮・朝堂一、奉レ読二大般若経一、

○秋七月癸卯 一日　摂津国の人正七位上大伴宿禰助《たすく》らを右京の戸籍に付することにした。

○己酉 七日　十一月に行われる伊勢《いせ》斎宮《さいぐう》の新嘗会《しんじょうえ》を停止することにした。ただし、神嘗祭（九月に行われる伊勢大神宮の新嘗会に当たる祭礼）には歌舞を奉納することにする。

○己未 十七日　刑部省の判事局に史生四員、掃部司《かもんのつかさ》に史生二員を置くことにした。

丹後国で飢饉が発生したので、使人を遣わして物を恵み与えた。

○乙丑 二十三日　越中《えっちゅう》国に飢饉が発生したので、使人を遣わして物を恵み与えた。

備中国の去年の田租を免除した。風害と旱害により五穀《ごこく》が稔らなかったことによる。

本日、曲宴を催した。四位以上の者に衣《きぬ》を下賜した。

○庚午 二十八日　大和国宇陀《うだ》の肥伊《ひ》牧《のまき》（奈良県宇陀郡あたり）を停止した。百姓の居住地に近く、田畑に損害を与えたことによる。

使人を畿内・七道諸国へ派遣して、祓《はら》えを行った。斎内親王《いつきのひめみこ》（布施《ふせ》内親王）が伊勢へ向かうことになったためである。

○本月、小舟に乗り参河《みかわ》国へ漂着した人がいた。布を背に巻きつけ、褌《ふんどし》を身に着けて袴《はかま》を

着さず、左肩に袈裟《けさ》に似た紺色の布を掛けていた。年齢は二十ほどで、身長は五尺五分、耳の大きさは三寸余あり、言葉が通じず、どこの国の出身か判らなかったが、唐人らはみな崑崙《こんろん》（マレーシア）人だと言った。その後、日本語を習い、自分は天竺《てんじく》（インド）人だと言い、一弦の琴を弾いた。その歌声は哀愁を帯びていた。持ち物を調べると草の実のようなものがあり、綿の種子だと言う。願いにより川原寺《かわらでら》に住まわせたところ、身に携えてきた物を売り、寺域の西を限る築土の外の路辺に小屋を建て、困窮した人を休ませたりした。のちに近江《おうみ》国の国分寺に遷し住まわせた。

○秋七月癸卯朔、摂津国人正七位上大伴宿禰助等貫㆓于右京㆒、○己酉、停㆓伊勢斎宮新嘗会㆒、但以㆓歌舞伎㆒供㆓九月祭㆒、○己未、置㆓判事史生四員、掃部司史生二員㆒、」丹後国飢、遣㆑使賑給、○乙丑、越中国飢、遣㆑使賑給、」免㆓備中国去年租㆒、以㆓風旱為㆑災、五穀不㆒㆑登也、」是日、曲宴、賜㆓四位已上衣㆒、○庚午、停㆓大和国宇陀肥伊牧㆒、以㆘接㆓民居㆒損㆗田園㆖也、」遣㆑使祓㆓畿内・七道諸国㆒、以㆓斎内親王将㆒㆑入㆓伊勢㆒也、○是月、有㆓一人㆒、乗㆓小船㆒漂㆓著参河国㆒、以㆑布覆㆑背、有㆓犢鼻㆒、不㆑著㆑袴、左肩著㆓紺布㆒、形似㆓袈裟㆒、年可㆑廿、身長五尺五分、耳長三寸余、言語不㆑通、不㆑知㆓何国人㆒、大唐人等見㆑之、僉曰、崑崙人、後頗習㆓中国語㆒、自謂㆓天竺人㆒、常弾㆓一弦琴㆒、歌声哀楚、閲㆓其資物㆒、有㆘如㆓草実㆒者㆖、謂㆓之綿種㆒、依㆓其願㆒令㆑住㆓川原寺㆒、即売㆓随㆑身物㆒、立㆓屋西墎外路辺㆒、令㆓窮人休息㆒焉、後遷㆓住近江国々分寺㆒。

○八月癸酉 二日 長岡京の地一町を民部少輔従五位下菅野朝臣池成《いけなり》に賜わった。

○甲戌 三日 従五位下登美《とみ》真人藤津《ふじつ》を少納言に任じた。

○丙子 五日 常陸《ひたち》国が次のように言上してきた。

鹿島《かしま》・那加《なか》・久慈《くじ》・多珂《たか》の四郡で、今月十一日早朝から晩に至るまでの間に、十五回津波がおし寄せました。津波は平常時の海岸線よりも一町ほど内陸におし寄せ、引くと二十余町も遠ざかりました。海岸に住む古老達はみな、このようなことを見聞したことがない、と言っています。

○戊寅 七日 天皇が京中を巡幸した。

○己卯 八日 天皇が埴川《はにかわ》（京都市高野川ないし松崎川）で禊《みそぎ》を行った。

○癸未 十二日 天皇が大堰《おおい》に行幸した。

○丙戌 十五日 使人（校田使《こうでんし》）を畿内諸国へ派遣して、校田（田地の調査を行い校田帳・校田図を作成する）に当たらせた。

豊前《ぶぜん》国宇佐《うさ》郡の人酒井勝小常《さかいのすぐりおつね》が悪行をなしたので、隠岐《おき》国へ配流した。

○己丑 十八日 天皇が北野へ行幸した。

○癸巳 二十二日 伊予《いよ》国の人従七位下越智《おち》直祖継《おやつぐ》を左京へ付貫した。

本日、天皇が栗前野で狩猟した。
○二十五日丙申　伊勢大神宮へ奉幣した。斎内親王が斎宮《さいぐう》へ入ることになったことによる。
○二十六日丁酉　天皇が次のように勅した。
官人は才能により任用し、必ずしも父祖の蔭《おん》によるものではないが、いま衛府《えふ》の舎人《とねり》と衛門府の門部《かどべ》を調査すると、蔭を詐《いつわ》っている者が多い。これらの者の詐蔭の罪を許しても本籍に戻すと失職するので、憐れみをもって臨む原則に背くことになる。そこで特に許して任用については従前のままとし、系譜を訂正せよ。偽りの蔭による叙位を受けておらず、勤務成績により叙位されている者は、勤務を評価して位記《いき》を没収しない。ただし、蔭により叙位され、さらに勤務により位階が上昇している場合は、蔭による叙位分だけ下げよ。

本日、天皇が水生野《みなせの》で狩猟した。

○八月癸酉、長岡京地一町賜二民部少輔従五位下菅野朝臣池成一、○甲戌、従五位下登美真人藤津為二少納言一、○丙子、常陸国言、鹿嶋・那加・久慈・多珂四郡、今月十一日、自レ晨至レ晩、海潮去来凡十五度、満則過二常涯一一町許、涸則踰二常限一廿余町、海畔父老僉云、古来所レ未二見聞一也、○戊寅、巡二幸京中一、○己卯、禊二於埴川一、○癸未、幸二大堰一、○丙戌、遣二使於畿内諸国一、以校田、」豊前国宇佐郡人酒井勝小

常依レ有ニ悪行一、配ニ隠伎国一。○己丑、幸ニ北野一。○癸巳、伊予国人従七位下越知直祖継貫ニ于左京一。」是日、遊ニ猟於栗前野一。○丙申、奉ニ幣帛於伊勢大神宮一、以ニ斎内親王将ヒ入ニ斎宮一也。○丁酉、勅、択レ才擢用、不ニ必資ヒ蔭、今衛府舎人及衛門々部、偽レ蔭之侶、其数資多、而縁レ許還レ本、事乖ニ弘恕一、宜下特寛宥、任用如レ旧、至ニ于昭穆一、拠レ実改正上、其詐レ蔭未レ経ニ叙位一、任後依レ選得レ叙者、矜ニ彼労効一、勿レ追ニ位記一、但先後資レ蔭得レ叙、或更歴レ選加レ階者、宜下計ニ蔭叙之階一、追中後加之階上」是日、遊ニ猟於水生野一。

○九月癸卯二日　従五位下百済王貞孫《ていそん》に従五位上を授けた。

○甲辰三日　斎内親王が野宮《ののみや》を出立して、伊勢に向かった。侍従従四位下中臣《なかとみ》王・参議正四位下藤原朝臣乙叡《たかとし》らを遣わして監送させた。

○戊申七日　暴風が吹き、京中の多くの建物が倒壊した。

○辛亥十日　従四位下藤原朝臣園人《そのひと》を右大弁に任じ、大和守は故のままとし、東宮傅《とうぐうのふ》従三位大伴宿禰弟麻呂《おとまろ》を兼治部卿に任じ、正五位下藤原朝臣仲成《なかなり》を治部大輔兼山城守に任じ、正五位下阿倍朝臣弟当《おとあて》を兵部大輔に任じ、正四位下百済王玄鏡《げんきょう》を刑部卿に任じ、従五位下菅原朝臣門守《かどもり》を主殿助《とのものすけ》に任じ、従五位下石川朝臣道成《みちなり》を左京亮《さきょうのすけ》に任じ、神祇伯従四位下多治比真人継兄《つぐえ》を兼右京大夫に任じ、従五位上百済王教徳《きょうとく》を上総《かずさ》守に任じ、従五位下都努《つの》朝臣筑紫《つくし》麻呂《まろ》を上総《かずさ》介に任じ、近衛少将従五位上大伴宿禰是成《これなり》を兼下野《しもつけ》守に任じ、従五位下百済王教俊《きょうしゅん》を下野介に任じ、式部少輔従五位下和気朝臣広世《ひろよ》を兼阿波守に任じ、外従五位下村国連息継《おきつぐ》を阿波介に任じた。

○甲寅《十三日》　信濃国伊那《いな》郡の阿智《あち》駅（長野県下伊那郡阿智村）の駅子の調庸《ちょうよう》を永く免除することにした。阿智駅が設置されている官道が険しく難路なためである。

○丁巳《十六日》　近江国の小神旧牧《おかみのきゅうぼく》（滋賀県近江八幡市牧町）を諱《いみな》〈嵯峨太上天皇〉に賜わった。

○辛酉《二十日》　正六位上式部少録《しょうさかん》滋野《しげの》宿禰船代《ふなしろ》らが渤海国より帰国した。もたらされた国王の啓は、次のとおりである。

嵩璘《すうりん》が申し上げます。遣渤海使船代らが渤海国へ到り、わざわざ送ってくださいました天皇陛下の喜ばしい国書はありがたく、併せて贈り物の絁《あしぎぬ》と絹各三十疋《びき》・糸二百絇《く》・綿三百屯《とん》を数量どおり受領しました。陛下の好意に深く恐縮し、伏して厚情のほどを知ったしだいです。

さて、先年の啓（延暦十五年十月己未条）で使節を送る間隔について判断を仰ぎましたところ、昨年いただいた璽書《じしょ》（延暦十七年五月戊戌条）では六年に一度（一紀は十二年）と指示されましたが、私嵩璘は朝廷への深い思いがあり、間隔の短縮を求めましたところ（延暦十七年十二月壬寅条）、陛下はみずからの主張を取り下げて、私の求めに応じていただけることになりました。渤海国から差し出す贈り物は珍しい品ではありませんが、受納していただけますならば、この上ない喜びです。

最近、私の許《もと》へ唐皇帝から渤海国王に任命する冊書《さくしょ》をもたらす使者が到来しました。ありがたい処遇で、唐皇帝の愛寵はすばらしく、宰相並みの扱いとなりました。徳の少ないことを思うと、まことに唐皇帝の庇蔭によるものです。

派遣しました渤海使大昌泰《だいしょうたい》らは朝廷に対して十分な対応ができず、使命をよく果たせなかったにもかかわらず、ありがたい待遇を受け、喜びの気持ちが倍増しています。いま、秋は終えようとして、北風も吹いています。使人船代らは早期の帰国を願っていますので、出航に適当な時季に合わせ、願いどおりにさせることにしました。渤海側から送り届ける使人を付けるべきですが、遣使の時期に至っていませんので、同行させません。謹んで帰国する使人に品物を付して贈ります。内容は別状に記しました。

○癸亥《二十二日》　天皇が陶野《すえの》で狩猟した。四位以上の者に衣を下賜した。

○乙丑《二十四日》　天皇が的野《いくはの》で狩猟した。五位以上の者に衣を下賜した。

○是の月　京と畿内の百姓が、北極星に灯《とう》を捧げて祀《まつ》ることを禁止した。斎内親王が伊勢の斎宮へ入るためである。

○九月癸卯、従五位下百済王貞孫授㆓従五位上㆒、○甲辰、斎内親王発㆓野宮㆒、赴㆓伊勢㆒、遣㆓侍従々四位下中臣王・参議正四位下藤原朝臣乙叡等㆒送焉、○戊申、暴風、京中屋舎倒壊者多、○辛亥、従四位下藤原朝臣園人為二右大弁一、大和守如レ故、東宮傅従三位大伴宿禰弟麻呂為二兼治部卿一、正五位下藤原朝臣仲成為二大輔兼山城守一、正五位下阿倍朝臣弟当為二兵部大輔一、正四位下百済王玄鏡為二刑部卿一、従五位下菅原朝臣門守為二主殿助一、従五位下石川朝臣道成為二左京亮一、神祇伯従四位下多治比真人継兄為二兼右京大夫一、従五位上百済王教徳為二上総守一、従五位下都努朝臣筑紫麻呂為レ介、近衛少将従五位上大伴宿禰是成為二兼下野守一、従五位下百済王教俊為レ介、式部少輔従五位下和気朝臣広世為二兼阿波守一、外従五位下村国連息継為レ介、○甲寅、信濃国伊那郡阿智駅々子、永免二調庸一、以二道路険難一也、○丁巳、近江国小神旧牧賜レ諱、嵯峨太上天皇、○辛酉、正六位上式部少録滋野宿禰船代等到レ自二渤海国一、国王啓曰、嵩璘啓、使船代等至、枉辱二休問一、兼信物絁・絹各卅匹、糸二百絇、綿三百屯、准レ数領足、懐レ愧実深、嘉貺厚情、伏知二稠畳一、前年附レ啓、請レ許二量レ載往還一、去歳承レ書、遂以二半紀一為レ限、嵩璘情勤二馳係一、求レ縮二程期一、天皇舎レ己従レ人、便依レ所レ請、筐篚攸レ行、雖レ無二珍奇一、特見二允依一、荷欣何極、比者天書降渙、制使莅レ朝、嘉命優加、寵章惣華、班霑二燮理一、列等二端揆一、惟念二寡菲一、殊蒙二庇蔭一、其使昌泰等、才懃二専対一、将レ命非レ能、而承二既優容一、倍二増喜慰一、而今秋暉欲レ暮、序雑二涼風一、遠客思レ帰、情労二望日一、崇レ迨二時節一、無レ滞二廻帆一、既許レ随レ心、正宜二相送一、未レ及二期限一、不二敢同行一、謹因二廻使一、奉レ附二軽尠一、具如二別状一、○癸亥、遊二猟於陶野一、賜二四位以上衣一、○乙丑、遊二猟於的野一、賜二五位以上衣一、○是月、禁三京畿百姓奉二北辰灯一、以三斎内親王入二伊勢斎宮一也、

○冬十月壬申二日　信濃国の地百町を左大弁正四位下菅野朝臣真道《まみち》に賜わった。

○己卯九日　天皇が交野《かたの》で狩猟した。

○壬辰二十二日　天皇が西野《にしの》（京都盆地西端の大原野のことか）で狩猟した。

○冬十月壬申、信濃国地百町賜二左大弁正四位下菅野朝臣真道一、○己卯、遊二猟于交野一、○壬辰、遊二猟于西野一、

○十一月甲辰四日　地震があった。

○戊申八日　従五位下橘《たちばな》朝臣真甥《まおい》を少納言に任じ、従五位下石川朝臣浄浜《きよはま》を陰陽頭《おんようのかみ》に任じ、従五位上三諸《みもろ》朝臣真屋麻呂《まやまろ》を宮内大輔に任じ、外従五位下民忌寸広成《ひろなり》を隼人正《はやとのかみ》に任じた。

淡路国の今年の調庸《ちょうよう》を免除した。百姓《ひゃくせい》が風水害による甚大な被害を受けたからである。

○己酉九日　曲宴が催された。五位以上の者に身分に応じて布を下賜した。

○辛亥十一日　天皇が京中を巡幸した。

○甲寅十四日　備前《びぜん》国が次のように言上してきた。

児島《こじま》郡の百姓らは製塩を生業とし、調庸に充てています。いま格《きゃく》（『類聚三代格《るいじゅうさんだいきゃく》』巻十六、延暦十七年十二月八日太政官符）では山・野・浜・島の利益は一人占めすることなく、公私が共にせよと言っていますが、権勢家や有力者が競って百姓の用益を妨害し、力ある者がますます栄え、貧弱の者は日々に衰弊する状態です。伏して、豪民により独占されている山・野・浜・島を収めて、民が利用できるようにすることを要望します。

これに対して、天皇は次のように勅した。

勢いのままに貧民を圧迫するのは、利益を共にせよとする原則に背いている。禁制を出して、そのようなことのないようにせよ。

淡路国で洪水が発生したので、播磨《はりま》国の淡路国に近い郡の穀《こく》を放出して、食料の絶えた戸に恵み与えた。

○甲子二十四日　天皇が次のように勅した。

先に問民苦使《もんみんくし》を派遣して地方官の勤務ぶりを調査し、官人の励みになるよう賞罰を厳しくすることにした（本年六月丙申条）。いま問民苦使らの報告を見ると、法に違反している者が多い。理屈としては厳刑により、のちに続く者を永く懲らすべきであるが、罪人に仁愛を及ぼして罪を免《ゆる》すのが賢人のやり方であり、悪意をもって行った犯罪は処罰するが、そうでない罪は許すのが古来の原則である。

ところで、延暦十四年に巡察使を派遣しようとしたが、地方官の反省を期待してとり止めたところ、法を侮り改悛せず欲望のままに振る舞っている者がいる。このような者の罪を許せば、処罰すべき人間はいなくなってしまう。そこで延暦十五年以降の罪を犯した国司以下の者は法により処罰し、将来違法行為のないよう戒めよ。ただし、国司の罪が田三町以下を私《わたくし》したり、兵士を私用に使った場合にあっては特別に許せ。延暦十四年以前の件は長時間が経過していて糾明して処罰するのが困難なので、軽罪・重罪を問わずすべて許せ。

○十一月甲辰、地震、○戊申、従五位下橘朝臣真甥為二少納言一、従五位下石川朝臣浄浜為二陰陽頭一、従五位上三諸朝臣真屋麻呂為二宮内大輔一、外従五位下民忌寸広成為二隼人正一、」免二淡路国今年調庸一、以二風水為レ災、百姓被レ害也、○己酉、曲宴、賜二五位以上布一有レ差、○辛亥、巡二幸京中一、○甲寅、備前国言、児島郡百姓等、焼レ塩為レ業、因備二調庸一、而今依レ格、山・野・浜・嶋、公私共之、勢家・豪民、競事二妨奪一、強勢之家弥栄、貧弱之民日弊、伏望任奪給レ民、勅、乗レ勢迫レ貧、事乖レ共レ利、宜下加二禁制一、莫上令二更然一、」淡路国澇、以二播磨国随近郡穀一、賑二給乏絶戸一、○甲子、勅、先遣二問民苦使一、採二訪政迹一、思下明二激揚一、以厳中黜陟上、今閲二使状一、違犯者多、理須三峻レ刑、永懲二後輩一、但以泣レ辜解レ網、叡哲良規、宥レ過刑レ故、古今通典、去延暦十四年簡二差使者一、擬レ遣二巡察一、慮二彼自新一、未二遽発遣一、而慢レ法不レ悛、縦レ慾無レ厭、此而可レ原、孰不レ可レ恕、其延暦十五年以還、有レ犯国司以下、宜三依レ法断、以懲二将来一、但犯二佃田二三町以下、及駆二使兵士一者、特従二寛宥一、其十四年以往所レ犯、積習已久、卒難二洗盪一、宜下事無二軽重一、一従中原免上、

○十二月癸酉《四日》 天皇が次のように勅した。

山城国の葛野《かどの》川《がわ》は平安京に近く、洪水となると渡河できなくなる。大寒の季節ともなると、人も馬も往来する者は公私共に、寒さのために苦しんでいる状態である。そこで楓《かつら》（京都市右京区桂大橋付近）と佐比《さい》の二つの渡し（河川の渡渉地）に渡し守をおいて、民の苦しみをなくすようにせよ。

○甲戌《五日》 甲斐《かい》国の人止弥若虫《とみのわかむし》・久信耳鷹長《くしじのたかなが》ら百九十人が、次のように言上してきた。

私たちの先祖は百済人で、朝廷を慕い海を渡り帰化しました。朝廷では勅命を出して摂津に居住させることにし、のちに丙寅の年（天智《てんじ》五年）正月二十七日格により甲斐国へ遷りました。それから時が経ち、伏して、去る天平勝宝《てんぴょうしょうほう》九歳四月四日勅（『続日本紀』同年同月辛巳条）を承りますに、「高句麗・百済・新羅《しらぎ》から朝廷の教化を慕い、やって来た者が賜姓を申請すれば許可する」とありましたが、先祖たちは外国風の姓を改めずきてしまいました。伏して、改姓を申請します。

申請を認めて若虫に姓石川、鷹長らには姓広石野《ひろいしの》を賜わった。

また、信濃国の外従六位下卦婁真老《けいろのまおゆ》・後部黒足《こうほうのくろたり》・前部黒麻呂《ぜんほうのくろまろ》・前部佐根人《ぜんほうのさねひと》・下部奈弓麻《かほうのなでま》呂《ろ》・前部秋足《ぜんほうのあきたり》・小県《ちいさがた》郡の人無位上部豊人《じょうほうのとよひと》・下部文代《かほうのふみしろ》・高麗家継《こまのいえつぐ》・高麗継楯《つぐたて》・前部貞麻《さだま》呂《ろ》・上部色布知《しこふち》らが、次のように言上してきた。

私たちの先祖は高句麗人で、小治田《おはりだ》（推古《すいこ》天皇）・飛鳥《あすか》（舒明《じょめい》天皇）の両天皇朝のときに帰化、来朝しました。そののち平民として過ごし、姓を得ていませんが、伏して、去る天平勝宝九歳四月四日勅により元の姓を改正することを要望します。

申請を認めて、真老らに姓須々岐《すすき》、黒足らに姓豊岡《とよおか》、黒麻呂に姓村上《むらかみ》、秋足らに姓篠《しの》井《い》、豊人らに姓玉川《たまかわ》、文代らに姓清岡《きよおか》、家継らに姓御井《みい》、貞麻呂に姓朝治《あさはり》、色布知に姓玉《たま》井《い》を賜わった。

○丁丑　八日　伊賀《いが》・伊勢《いせ》・尾張《おわり》・近江・美濃・若狭《わかさ》・丹波・但馬《たじま》・播磨・備前・紀伊等の国から雇役《こえき》の人夫を動員した。平安宮造営の工事に充てるためである。

○乙酉　十六日　天皇が水生野で狩猟した。

陸奥国が、俘囚吉弥侯部黒田《きみこべのくろだ》とその妻吉弥侯部田苅女《たかりめ》、吉弥侯部都保呂《つぼろ》とその妻吉弥侯部留志女《るしめ》らは野蛮な心を改めず、蝦夷の居住地へ往来していると言上してきたので、身柄を拘束して太政官へ送らせ、土佐《とさ》国へ配流することにした。

○庚寅　二十一日　大僧都《だいそうず》伝灯大法師位《でんとうだいほっしい》等定《とうじょう》が次のように言上した。

丘典《きゅうてん》（中国古代の書物である『九丘五典』か）に、人は精力が衰えたら退くものである、とあります。人は心が惚《ぼ》けずしっかりしていて、守るべき道を明らかにできるものです。私等定は出家して寺にいますが、戒律を守る点では優婆離《うばり》（ウパーリ。釈迦《しゃか》の十大弟子の一人）に及ばず、智恵では舎利弗《しゃりほつ》（シャーリプトラ。釈迦の十大弟子の一人）にかないません。恐れ多くも僧綱《そうごう》の任につき、長期にわたりその任務を乱すことがあってよいでしょうか。その恥《はじ》は笛が吹けない者が吹いたという濫吹《らんすい》に匹敵し、火を践《ふ》むのと同様に危ないことであると恐れています。七十歳になったとき、しきりに辞職することを陳情しましたが、許しを得ず、それから数年が経ち、いま八十歳になろうとしています。そして、歩行が困難で、動作も作法どおりにできなくなってしまいました。強いて僧綱《そうごう》の任についていますと、天地に恥じる仕儀となり、拙《つた》ない身の置《お》き所《どころ》がなくなってしまいます。伏して、大僧都《だいそうず》を辞して賢《かしこ》い後進に道を譲り、退いて老いた心を休めることを希望します。併せて必要とする食料の支給を願い、上は陛下の養老の恩徳を敬い尊び、下は私に対する職にいて実を果たさないという非難を避けたいと思います。心からの気持ちを述べたいとの思いを抑えることができず、上表するしだいです。

この上表に対して天皇は、次のように詔報した。

突如提出された表を見て、汝《なんじ》が僧綱の任を辞したいということを知った。汝を僧綱に任じたときから老いたことを告知されるまでの時間の経過の、なんと早いことよ。朕は汝の高徳に感嘆して慕っているので、嘆き悲しむ気持ちの止むことがない。ただし、再三の辞任要求のうえに、謙譲の態度をもっての申し出なので、退けることはできない。そこで汝の希望どおりにしようと思う。梵釈寺《ぼんしゃくじ》については、退休《たいきゅう》の間の余裕のあるときに、監督の任に当たれ。時候《じこう》は寒いが、和《やわら》ぎ長閑《のど》かであってほしい。この詔報は十分に意を尽くしていない。

○辛卯 二十二日 従五位下安曇《あずみ》宿禰大丘《おおおか》を□（左か右）大舎人助に任じ、従五位上小倉《おぐら》王を内膳正《ないぜんのかみ》に任じた。

○癸巳 二十四日 天皇が京中を巡幸した。

摂津職《しき》の旧荒田《こうでん》五十七町を大田《おおた》親王に賜わった。

○丙申 二十七日 従五位下小野《おの》朝臣田刀自《たとじ》に従五位上を授けた。

○丁酉 二十八日 式部少輔従五位下和気朝臣広世《ひろよ》が次のように言上した。

亡父清麻呂は平生いつも「身に高禄を支給されているが、朝廷に利益をもたらさず、かえって恐れ多くも国造（美作・備前両国）となったものの、民に恩徳を及ぼしていない。しかし、故郷を思う気持ちは消えることがなく、国許の民を憐れに思い、忘却することはない。そこで、私墾田《しこんでん》百町を和気《わけ》・磐梨《いわなす》・赤坂《あかさか》・邑久《おおく》・上道《かみつみち》・三野《みの》・津高《つだか》・児島《こじま》等の八郡三十余郷の困窮者に恵み与えるための財源とすることを請願しようと思う。しかし、これらの田を一所に纏《まと》め置くと、三十余からなる諸郷で民へ与えることが困難になるので、班田《はんでん》の時期になったら天皇へ上奏して、この墾田《こんでん》を口分田《くぶんでん》として百姓に班給し、諸郷にある公田《こうでん》と交換して、各郷に置かれることになる田を賑救田《しんきゆうでん》と呼ぶようにしようと思う。その田の地子（賃租料）を蓄積して、夏の終わりの端境期《はざかいき》に食料を欠く人たちに恵み与え、民の命を救い、国家から与えられた恩恵にお返ししようと思う」と言っていました。しかし、月日の過ぎるのは早く、父の願いを実現していません。そこで、父の志を申し上げるしだいです。

広世の上表を許可した。

○戊戌《二十九日》　天皇が次のように勅した。

天下の臣民が所属する氏族は多数にのぼり、ある者は出自は同じながら別派となっており、ある者は本宗を異にしながら同姓である。系譜を記した譜牒《ふちょう》に依拠しようと思っても、改姓が行われていて、調査が行き届かないことがある。戸籍・計帳では、本宗と枝族とを区別できない。そこで、天下に布告して本系帳《ほんけいちょう》（氏族の始祖名や事績・賜姓《しせい》・本枝の別などについて記した帳簿）を進上させよ。三韓《さんかん》（高句麗・新羅・百済）と中国からの渡来氏族についても同様にせよ。ただし、この本系帳には始祖と別氏となった氏の祖名などは記載するが、それから分かれた枝流や継嗣《けいし》の名前は記入しない。元三位以上である貴族から分かれて別氏となっている者は、本宗の氏の長者の連署を得てから提出せよ。氏姓についてはは濫りがわしいことが多いので正確な記述を行い、不正がないようにして、来年八月三十日までに提出せよ。提出された本系帳を編録するに当たっては、以前提出した本系帳の記載と異なっていたり、期日までに提出しない場合は、事情を調べたうえで処置し、同書に永く登載しないことにする。まとめるに当たって、傑出していない氏族については数氏族を集めて一巻とし、有力氏族についてはそれぞれ一巻とせよ。

日本後紀　巻第八

○十二月癸酉、勅、山城国葛野川、近㆓在都下㆒、毎㆑有㆓洪水㆒、不㆑得㆓徒渉㆒、大寒之節、人馬共凍、来往之徒、公私同苦、宜㆘楓・佐比二渡、各置㆓度子㆒、以省㆗民苦㆖、
○甲戌、甲斐国人止弥若虫・久信耳鷹長等一百九十人言、己等先祖、元是百済人也、仰㆓慕聖朝㆒、航㆑海投化、即天朝降㆓綸旨㆒、安㆓置摂津職㆒、後依㆓丙寅歳正月廿七日格㆒、更遷㆓甲斐国㆒、自㆑爾以来、年序既久、伏奉㆓去天平勝宝九歳四月四日勅㆒偁、其高麗・百済・新羅人等、遠慕㆓聖化㆒、来㆓附我俗㆒、情㆓願□姓㆒、悉聴許之、而己等先祖、未㆑改㆓蕃姓㆒、伏請蒙㆓改姓㆒者、賜㆓若虫姓石川、鷹長等姓広石野㆒」又信濃国人外従六位下卦婁真老・後部黒足・前部黒麻呂・前部佐根人・下部奈弓麻呂・前部秋足・小県郡人無位上部豊人・下部文代・高麗家継・高麗継楯・前部貞麻呂・上部色布知等言、己等先高麗人也、小治田・飛鳥二朝庭時節、帰化来朝、自㆑爾以還、

累世平民、未レ改二本号一、伏望依二去天平勝宝九歳四月四日勅一、改二大姓一者、賜二真老等姓須々岐、黒足等姓豊岡、黒麻呂姓村上、秋足等姓篠井、豊人等姓玉川、文代等姓清岡、家継等姓御井、貞麻呂姓朝治、色布知姓玉井一、○丁丑、発二伊賀・伊勢・尾張・近江・美濃・若狭・丹波・但馬・播磨・備前・紀伊等国役夫一、以レ充二造宮一、○乙酉、遊二猟于水生野一、陸奥国言、俘囚吉弥侯部黒田・妻吉弥侯部田苅女、吉弥侯部都保呂・妻吉弥侯部留志女等、未レ改二野心一、往二還賊地一、因禁レ身進送、配二土左国一、○庚寅、大僧都伝灯大法師位等定言、側力劣則止、著在二丘典一、心惛不レ極、光二于彜倫一、等定落二髪玄門一、棲二形檀林一、羞二戒婆離一、恥二智鶖子一、豈須下辱帯二綱任一、久乱中維務上哉、恥方二濫吹一、恐レ同二践火一、是以懸車之歳、数陳二口辞一、不レ被二詔許一、既経二数年一、当今年垂二八十一、歩行不レ正、進退失レ儀、強以抱レ任、慙レ天愧レ地、庸身無レ厝、伏願去二大僧都一、以開二賢路一、退息二耄情一、兼望二当糧一、上崇二養老之徳一、下免二尸位之刺一、不レ任二瀝款之至一、上表以聞、詔報曰、忽省二来表一、知レ辞二綱任一、委寄未レ幾、告レ老何早、歎二慕其徳一、感悽無レ已、但退譲再三、謙光難レ逆、故許レ所レ請、以遂二来意一、其梵釈寺事者、休息之閑、時加二検校一、時寒、想和適也、指不二多云一、○辛卯、従五位下安曇宿禰大丘為二□大舎人助一、従五位上小倉王為二内膳正一、○癸巳、巡二幸京中一、摂津職旧荒田五十七町賜二大田親王一、○丙申、従五位下小野朝臣田刀自授二従五位上一、○丁酉、式部少輔従五位下和気朝臣広世言、亡考清麻呂平生常言、身食二厚禄一、無レ益二於公一、兼忝二国造一、無レ徳二於民一、懐抱恋々、顧二念故郷一、憐二彼窮民一、不レ能レ忘焉、願以二私墾田一百町一、擬二和気・磐梨・赤坂・邑久・上道・三野・津高・児嶋等八郡卅余郷賑救之分一、然一処混置、諸郷難レ及、若遭二班田一、奏聞、以二此墾田一、班二田口分一、彼郷分田量換置、名為二賑救田一、以仍二其地子一、季夏之月、賑二給飢人一、以救二民命一、以報二国恩一、隙駒不レ駐、所レ願未レ果、仍表二先志一、許レ之、○戊戌、勅、天下臣民、氏族已衆、或源同流別、或宗異姓同、欲レ拠二譜講一、多経二改易一、至レ検二籍帳一、難レ弁二本枝一、宜下布二告天下一、令上レ進二本系帳一、三韓・諸蕃亦同、但令レ載二始祖及別祖等名一、勿レ列二枝流幷継嗣歴名一、若元出二于貴族之別一者、宜下取二宗中長者署一申上之、凡厥氏姓、率多二仮濫一、宜下在二確実一、勿レ容中詐冒上、来年八月卅日以前、惣令二進了一、便編入レ録、如事違二故記一、及過二厳程一者、宜二原レ情科処一、永勿上レ入レ録、凡庸之徒、惣集為レ巻、冠蓋之族、聴二別成上レ軸焉、

日本後紀　巻第八

日本後紀　巻第九（逸文）　延暦十九年正月より同二十年六月まで

左大臣正二位兼行左近衛大将臣藤原朝臣冬嗣ら勅を奉《うけたまわ》りて撰す

皇統《あまつひつぎ》弥照《いやてらす》天《すめら》皇《みこと》　桓武天皇《かんむてんのう》

○十九年春正月庚子（一日）　皇帝が大極殿《だいごくでん》に出御《しゅつぎょ》して朝賀《ちょうが》を受けた。侍臣と前殿《ぜんでん》で宴を催して被《ふすま》を下賜《かし》した。

○癸卯（四日）　中衛大将《ちゅうえのたいしょうしょうし》正四位下《いのげ》藤原朝臣《あそん》乙叡《たかとし》が奉献した。正六位下藤原朝臣世継《よつぐ》に従五位下を授け、五位以上の者に身分に応じて物を下賜した。

○丙午（七日）　授位があった。

○己酉（十日）　天皇が五百井《いおい》女王《じょおう》の別荘に行幸《みゆき》した。

○己未（二十日）　天皇が西島院《にしじまいん》に行幸した。

○癸亥（二十四日）　任官があった。

○甲子（二十五日）　藤原氏が物を献上した。四位以上の者に被、五位の者に衣《きぬ》、六位の者に綿を下賜した。

○丙寅二十七日　天皇が北野へ行幸した。

日本後紀　巻第九（逸文）　起㆓延暦十九年正月㆒尽㆓同二十年六月㆒

左大臣正二位兼行左近衛大将臣藤原朝臣冬嗣等奉㆑勅撰

皇統弥照天皇　桓武天皇

○十九年春正月庚子朔、皇帝御㆓大極殿㆒受㆓朝賀㆒、宴㆓侍臣於前殿㆒賜㆑被、〔類史〕71元日朝賀、〔紀略〕○癸卯、中衛大将正四位下藤原朝臣乙叡奉献、正六位下藤原朝臣世継授㆓従五位下㆒、賜㆓五位已上物㆒有㆑差、〔類史〕32天皇遊宴・78献物○丙午、授位、〔紀略〕○己酉、幸㆓五百井女王庄㆒、〔紀略〕○己未、幸㆓西嶋院㆒、〔紀略〕○癸亥、任官、〔紀略〕○甲子、藤原氏献㆑物、賜㆓四位已上被、五位衣、六位綿㆒、〔類史〕78献物○丙寅、幸㆓北野㆒。〔紀略〕

○二月辛未三日　右中弁従《うちゅうべんじゅ》四位下　橘《たちばな》朝臣入居《いりい》に得度《とくど》の枠二人分を賜わった。

○壬申四日　銭を差し出すことにより位を与えることを禁止した。

○戊寅十日　右中弁従四位下橘朝臣入居が死去した。（略）入居はしばしば建白書を提出して適切な言上を行った。有益な内容が多く、召されて右中弁に任官した。進言した政要事項の多くが採用され、『删定令《さんていりょう》』の編纂を奏上した。

○辛巳 十三日 河内国若江《かわちのくにわかえ》郡《ぐん》の田一町六段を竜華寺《りゅうげじ》（大阪府八尾市陽光園に所在した）へ灯明料分として施入《せにゅう》した。
○甲申 十六日 任官があった。外《げ》従五位下竪部広人《たてべのひろひと》を大外記《だいげき》に任じ、左大史《さだいし》は故《もと》のままとした。
○戊子 二十日 天皇が栗前野《くりくまの》で狩猟した。

○二月辛未、賜二右中弁従四位下橘朝臣入居度二人一、類史187度者 ○壬申、禁二輸レ銭以求レ爵、類史79禁制、紀略 ○戊寅、右中弁従四位下橘朝臣入居卒、云々、屢上書言二便宜一、事多二補益一、徴為二右中弁一、所レ言政務、甚被二省納一、奏レ撰二删定令一、類史147撰書 ○辛巳、河内国若江郡田一町六段、施二入竜華寺一、為二灯分一、類史182寺田地 ○甲申、任官、外従五位下竪部広人為二大外記一、左大史如レ故、紀略 ○戊子、遊二猟於栗前野一、類史32天皇遊猟、紀略

○三月己亥 一日 出雲国介《いずものくにのすけ》従五位下石川《いしかわ》朝臣清主《きよぬし》が次のように言上してきた。
俘囚《ふしゅう》らに対する冬の衣服の支給は、慣例によれば絹と麻布を交え賜うことになっていますが、私はこれまでの方式を改め、絹のみを支給しました。また、俘囚一人につき一町の乗田《じょうでん》（班田《はんでん》のときにあまった田）を支給して、富裕な百姓《ひゃくせい》に耕作させました。新来《しんらい》の俘囚六十余人は、寒い時期に遠方からやって来た者たちですので優遇する必要があ

り、それぞれに絹一疋《ぴき》・綿一屯《とん》を支給し、五、六日間隔で饗事と禄を賜い、毎月一日ごとに慰問しようと思います。また、百姓を動員して、俘囚の畑地を耕作させようと思います。

これに対し、天皇は次のように勅した。

俘囚を慰撫することについては先に指示を行った。しかし、清主は指示の趣旨に反して饗事や賜物に出費が多く、また俘囚に支給した田の耕作のことで百姓に迷惑をかけている。これらはみな、朝廷の制度とすべきでない。また、夷《えみし》の性格は限りなく貪欲《どんよく》であり、一度優遇したのちにそれを変えると怨《うら》むことがあるから、今後は優遇することをしてはいけない。

○丙辰十八日　天皇が京中を巡幸した。

○三月己亥朔、出雲国介従五位下石川朝臣清主言、俘囚等冬衣服、依㆑例須㆓絹・布混給㆒、而清主改㆓承前例㆒、皆以㆑絹賜、又毎㆑人給㆓乗田一町㆒、即使㆓富民佃㆒之、新到俘囚六十余人、寒節遠来、事須㆓優賞㆒、因各給㆓絹一疋・綿一屯㆒、隔㆓五、六日㆒、給㆑饗賜㆑禄、毎㆑至㆓朔日㆒、常加㆓存問㆒、又召㆓発百姓㆒、令㆑耕㆓其園圃㆒者、勅、撫㆓慰俘囚㆒、先即立㆑例、而清主任㆑意失㆑旨、饗賜多㆑費、耕佃増㆑煩、皆非㆓朝制㆒、又夷之為性貪同㆓浮壑㆒、若不㆓常厚㆒、定動㆓怨心㆒、自㆑今以後、不㆑得㆓更然㆒、類史190俘囚　○丙辰、

巡㆓幸京中㆒、類史32天皇巡幸、紀略

○夏四月己巳 一日　天皇が大極殿に出御して視告朔《こうさく》（前月の官文書を見る）の儀を行った。

○丁丑 九日　天皇が次のように勅した。

山藪《さんそう》（未開地）は公私誰もが利用できるのが原則であり、これに則して法を布告し、再三にわたり独占的利用を禁止してきた。ところが、伊賀《いが》国では国法を顧慮せず、王臣や権勢家が山林を独占して百姓の利用を排除している状態である。国郡の役人はこれを知りながら取り締まらず、人民の利益を妨害する点でこれ以上のものはない。このような違法を当然として改悛することがなければ、法に従い科罪せよ。去る延暦《えんりゃく》十七年に布告した法（『類聚三代格《るいじゅうさんだいきゃく》』巻十六、同年十二月八日太政官符）により、独占されている未開地はすべて公地とし、百姓だれもが利用できるようにせよ。ただし、東寺と西寺が堂宇建造用の大木を得るために伐り出すのは、特別に許可する。

○戊寅 十日　天皇が京中を巡幸した。

○庚辰 十二日　漂着した崑崙人《こんろんじん》がもたらした綿の種子を紀伊・淡路《あわじ》・阿波《あわ》・讃岐《さぬき》・伊予《いよ》・土佐《とさ》および大宰府《だざいふ》等の諸国へ下賜し、栽培させた。その方法は、日当たりのよい肥沃な土地を選び、深さ一寸の穴を四尺間隔で掘り、水に一晩浸《ひた》した種子を翌朝一つの穴に四つ埋《う》めこみ、土をかけて手で押さえて固め、毎朝水遣りし、いつも湿った状態にしておき、発芽したのち一本を残して他を間引かせた（あるいは雑草を取り除くことか）。

○乙酉 十七日 公卿《くぎょう》が次のように太政官奏《だいじょうかんそう》（論奏《ろんそう》）を行った。

美濃《みの》国が、「賀茂《かも》・可児《かに》・土岐《とき》・恵奈《えな》四郡は山がちで土地が瘦《や》せており、隣接する郡が豊作となっても損田《そんでん》（耕作を行ったが、収穫のない田）や荒田《こうでん》（耕作を放棄した田）が多く、平均して田地の七分しか収穫がありません。ところが、現在の法では平均八分を得田（収穫のあった田）として課税しています（延暦十六年六月庚申条）。これではすべての収穫田に課税しても納税を完遂できないことになり、百姓は堪えられず、訴訟の止《や》むことがありません。そこで伏して、今後は永く、賀茂・恵奈両郡は平均の収穫率を六分、土岐・可児両郡は七分として課税するように改め、永く恒例とすることを要請します」と上言してきました。私たちが検討しますに、土地には豊かなものもあれば瘦《や》せたものもあり、田の品等（田には上・中・下・下下の四等がある）は等しくなく、豊凶、収穫の有無には違いがありますので、課税に当たり一の原則で臨むべきではありません。また、賦役令《ぶやくりょう》に当たりますと、損田が五分になると田租《でんそ》を免除する規定になっておりますが、現在五分未満の損田発生の場合は田租の免除を行わず、戸別の経営ごとに八分を得田として課税しています。これでは貧しい百姓は納税できず、多くの百姓が訴えでている事態はひとり美濃国だけではなくなっています。百姓にとっては、課税が一分でもふえればたいへんな負担増となり、わずかでも減れば非常な喜びとなります。そこで伏して、新制（延暦十六年六月庚申条詔）を改正して、七分を得田として課税し、旧法により三分を免除し、かつ国内を平均して課税するのでなく、新制により戸別経営ごとに免除することを要望します。また、損田七分以上の戸が国内に四十九戸以下の場合は、国司が実状を調査して、太政官へ報告せずに処分することが慶雲《けいうん》以来行われてきていて慣行となっています（『類聚三代格』巻十五、慶雲三年九月二十日勅）。これも改正して、賦役令の原則（損戸についてはすべて太政官へ報告）に戻して施行していただきたいと思います。望むらくは、百姓の訴えが永く終息し、帝徳を称える声があがり、穀物が山なすごとく蓄積され、豊かで安らかになりますことを。私たちは愚かですが、右のように奏上いたします。

これに対し、裁可するとの勅が出された。

○二十二日 庚寅 天皇が次のように勅した。

陰陽寮《おんようりょう》関係の者を除き、親王《しんのう》以下の者が象牙《ぞうげ》を着用することを禁止する。

○二十三日 辛卯 天皇が京中を巡幸した。

和泉《いずみ》国で雹《あられ》が降った。その大きさは大きな桃《もも》や李《すもも》ほどもあった。

○夏四月己巳朔、御二大極殿一視レ朔、類史75告朔、紀略 ○丁丑、勅、山藪之利、公私須レ共、是以屢下二明制一、重禁二専擅一、而伊賀国不レ顧二朝憲一、王臣・豪民、広占二山林一、不レ許二民採一、国郡官司、知而不レ禁、妨レ民奪レ利、莫レ過二於斯一、若慣レ常不レ悛、科処如レ法、宜丁准二去十七年格一、尽収還レ公、令丙百姓共乙其利甲、但東西二寺、称レ構二堂宇一、其巨樹直木、特聴二禁断一、類史180諸寺 ○戊寅、巡二幸京中一、類史32天皇巡幸、紀略 ○庚辰、以二流来崑崙人所レ賷綿種一、賜二紀伊・淡路・阿波・讃岐・伊予・土左、及大宰府等諸国一殖之、其法先簡二陽地沃壌一、掘レ之作レ穴、深一寸、衆穴相去四尺、乃洗レ種漬之、令レ経二一宿一、明旦殖之、一穴四枚、以レ土掩之、以レ手按之、毎旦水灌、常令二潤沢一、待レ生芸之、類史199崑崙 ○乙酉、公卿奏議曰、美濃国言、賀茂・可児・土岐・恵奈四郡、居二山谷際一、土地墝埆、雖二比郡有レ年、而損荒常多、通二計彼此一、僅為二得七一、而今依二収八法一、全徴無レ通、百姓不レ堪、申訴不レ息、伏請、賀茂・恵奈二郡同収レ六、土岐・可児二郡得七、永為二恒例一、臣等商量、地有二沃塉一、上下不レ等、年有二穣荒一、損得已殊、賦税之法、不レ可二一概一、又依レ令、損田五分者免レ租、而今之所レ行、不レ勘二五分以下損一、計二人別所レ営、一概収レ八、貧弊之民、不レ堪二弁備一、申訴繁多、非二独美濃一、夫百姓之於二賦役一、僅増二一分一、則以為二甚重一、減二片数一、則甚以易レ悦、伏望改二新制一而収レ七、依二旧法一而免レ三、其不レ用二通計一、一依二新制一、又損田七分以上卌九戸、国司検レ実処分、自二慶雲之年一迄二于今一、行レ之已久、因循為レ常、並復改張、依レ旧施行、庶望申訴之辞永息、何力之語斯起、千箱万庾、如レ京如レ坻、庶殷且富、康哉易レ期、臣等愚□、不二敢不レ奏、勅許レ之、類史83正税 ○

庚寅、勅、象牙、陰陽之外、親王以下不レ得ニ服用一、紀略 ○辛卯、巡ニ幸京中一、類史32天皇巡幸」和泉国雨レ雹、大如ニ桃李一、紀略

○五月戊戌一日 曲宴を催した。五位以上の者に衣を下賜した。

○壬寅五日 天皇が馬埒殿《うまばどの》へ出御して、騎馬《きば》の射《じゃ》を観覧した。

○癸丑十六日 天皇が次のように勅した。

天下の田租《でんそ》は、従前のあり方を改め、耕作した田の三分を損田、七分を得田として課税することにした（四月乙酉条）。詔《みことの》りにより法を改正したのは、百姓を救済するためである。しかし、国郡の役人の中にこれを頒行しない者がおり、恩徳を施そうとした詔りが実施されず、民が恩恵に浴せない事態となっている。役人の不正を絶たなければ、民は疲弊を免れることができない。諸国に指示して、このようなことのないようにせよ。もし、不正を改めない役人がいれば、重刑とせよ。人民が調《ちょう》を納めるため集まる時に、勅使を派遣して詳細な調査を行え。もし、詔りに違反する者がいれば、必ず処罰せよ。

○戊午二十一日 陸奥《むつ》国が次のように言上してきた。

帰順してきた夷俘《いふ》は城柵の守りについたり陸奥の国庁へ出仕するなどで、しきりに労勤に従っています。ところで、野蛮な者を手なずける方法は、威《い》と徳にあります。もし

夷俘を優遇しなければ、朝廷の威厳を失うことになりましょう。いま夷俘の食料が不足していますので、伏して、三十町を国が営田して、その収穫を夷俘が必要とする経費に充てることを要請します。

この言上を許可した。

○己未二十二日　甲斐《かい》国が次のように言上してきた。

甲斐国に移住した夷俘は野蛮な性格を改めず、粗暴で懐《なつ》かず、百姓と争い、婦人を勾《かど》引《わか》し、牛馬を奪って勝手に乗りまわしています。朝廷の禁令がないと、このような暴力行為を取り締まることができません。

これに対し、次のような勅が出された。

蝦夷《えみし》を夷地《いち》から離し、国内に居住させるのは、野蛮な生活を改め、教化に親しませるためである。蝦夷が野蛮な気持ちのまま、良民（編戸《へんこ》した公民）を損なうことがあってはならない。国司《こくし》が懇《ねんご》ろに教えさとし、その上で改めなければ、法により処罰せよ。蝦夷を居住させている他の諸国も、同様にせよ。

○五月戊戌朔、曲宴、賜二五位已上衣一、[類史]75曲宴　○壬寅、御二馬埒殿一観二騎射一、[類史]73 五月五日、[紀略]　○癸丑、勅、天下田租、改二張前例一、十分之内、免レ三収レ七、夫降レ詔革レ例、本為レ済レ民、而国郡官司、或不二頒行一、遂令二恩渙空施、恵沢未レ洽、吏無レ絶レ奸、民不レ免レ弊、宜下知二諸国一、不上レ得二更然一、如不レ改レ轍、必寘二重科一、其貢調之日、民集之時、便遣二勅使一、精加二訪問一、若有レ違レ詔、刑惟莫レ宥、類史83正税 ○戊午、陸奥国言、帰降夷俘、各守二城塞一、朝参相続、出入寔繁、夫馴レ荒之道、在二威与レ徳、若不二優賞一、恐失二天威一、今夷俘食料、充用不レ足、伏請佃二卅町一以充二雑用一、許レ之、類史190俘囚 ○己未、甲斐国言、夷俘等狼性未レ改、野心難レ馴、或凌二突百姓一、奸二略婦女一、或掠二取牛馬一、任レ意乗用、自レ非二朝憲一、不レ能レ懲レ暴、勅、夫招二夷狄一以入二中州一、為下変二野俗一以靡中風化上、豈任二彼情一、損二此良民一、宜二国司懇々教喩、若猶不レ改、依レ法科処一、凡厥置レ夷諸国、亦同准レ此、類史190俘囚

○六月戊辰《一日》 日蝕があった。

○癸酉《六日》 駿河《するが》国が次のように言上してきた。

去る三月十四日から四月十八日まで、富士山の頂上が噴火し、昼は噴煙であたりが暗く、夜は火光が天を照らすようになりました。噴火の爆発音は雷鳴のようであり、雨のように灰が降り、山の麓《ふもと》の川の水はみな紅色となりました。

○六月戊辰朔、日有レ蝕、紀略 ○癸酉、駿河国言、自二去三月十四日一迄二四月十八日一、富士山巓自焼、昼則烟気暗瞑、夜則火光照レ天、其声若レ雷、灰下如レ雨、山下

川水皆紅色也、紀略

○秋七月乙卯（十九日）　天皇が神泉苑《しんせんえん》へ行幸した。

○丁巳（二十一日）　任官があった。

○己未（二十三日）　天皇が次のように詔《みことのり》した。

朕《ちん》に思うところがあり、故皇太子早良親王《さわらしんのう》を崇道《すどう》天皇と称し、故廃后井上内親王《はいごういのうえないしんのう》（早良親王の母）を皇后に戻し、二人の墓を共に山陵《さんりょう》と改称せよ。

従五位上守近衛少将《しゅこのえのしょうしょう》兼春宮亮《とうぐうのすけ》丹波守《たんばのかみ》大伴宿禰是成《おおとものすくねこれなり》に陰陽師《おんようじ》・衆僧《しゅうそう》を引率させ、淡路国にある崇道天皇の山陵を鎮め謝罪させた。

○壬戌（二十六日）　淡路国津名《つな》郡の二戸を守戸として崇道天皇の陵を守らせ、大和《やまと》国宇智《うじ》郡の二戸に井上皇后陵を守らせることにした。

○甲子（二十八日）　少納言従五位下称城王《しょうぎおう》らを遣わして、崇道天皇陵へ天皇号を贈ったことを報告し、散位従五位下葛井王《ふじいおう》らを遣わして井上皇后陵へ皇后への復位のことを報告した。

○秋七月乙卯、幸二神泉一、紀略　○丁巳、任官、紀略　○己未、詔曰、朕有レ所レ思、宜下故皇太子早良親王、追ニ称崇道天皇一、故廃皇后井上内親王、追復称二皇后一、其墓並称中山陵上、令下従五位上守近衛少将兼春宮亮丹波守大伴宿禰是成、率二陰陽師・衆僧一、鎮㆗謝在㆓淡路国㆒崇道天皇山陵㆖ 類史25追号天皇・36山陵、紀略 ○壬戌、分㆓淡路国津名郡戸二烟㆒、以奉㆑守㆓崇道天皇陵㆒、大和国宇智郡戸一烟、奉㆑守㆓皇后陵㆒、類史25追号天皇・36山陵 ○甲子、遣㆓少納言従五位下称城王等㆒、以㆓追尊事㆒、告㆓于崇道天皇陵㆒、遣㆓散位従五位下葛井王等㆒、以㆓復位事㆒、告㆓于皇后陵㆒、類史25追号天皇・36山陵

○八月己卯十二日 天皇が神泉苑へ行幸した。

○庚辰十四日 白馬を丹生《にう》神社へ奉納した。雨のあがることを祈願してのことである。

○辛巳十五日 薬師寺《やくしじ》の僧景国《けいこく》が次のように言上してきた。

私はもと摂津《せっつ》国西成《にしなり》郡の大国忌寸木主《おおくにのいみききぬし》ですが、性格が愚鈍で僧侶としての修学についていけません。謹んで格旨《きゃくし》（延暦十七年四月乙丑条勅）に当たりますと、子をもつ僧侶はすべて還俗させて、先々このようなことのないよう戒める、とあります。伏して、還俗し、公民として戸籍・計帳《けいちょう》に登載されることを要望します。

言上を許可した。

○乙酉十九日 天皇が水生野《みなせの》で狩猟した。

○丁亥二十一日 以前のあり方に戻し、国司《こくし》の公廨田《くげでん》を復活した（停止のことは延暦十七年正月甲辰条）。

○戊子二十二日 天皇が葛野川《かどのがわ》へ行幸した。

○八月己卯、幸ニ神泉苑一、紀略 ○庚辰、奉ニ白馬於丹生一、祈レ晴、紀略 ○辛巳、薬師寺僧景国言、己元摂津国西成郡大国忌寸木主也、為性遅鈍、不レ堪ニ修学一、謹案ニ格旨一、息レ子之僧、一切還俗、以懲ニ将来一者、伏望還俗附レ帳、許レ之、類史187還俗僧 ○乙酉、遊ニ猟於水生野一、類史32天皇遊猟、紀略 ○丁亥、依レ旧更置ニ国司公廨田一、紀略 ○戊子、幸ニ葛野川一、紀略

○九月丁酉二日　諸国の正税稲《しょうぜいとう》に混入された公廨稲《くげとう》を分置して、以前のように出挙《すいこ》することにした。
○丙辰二十一日　天皇が大堰《おおい》へ行幸した。
○戊午二十三日　天皇が栗前野で狩猟した。
○癸亥二十八日　天皇が大原野で狩猟した。

○九月丁酉、諸国論定公廨、依レ旧出挙、類史84公廨 ○丙辰、幸ニ大堰一、紀略 ○戊午、遊ニ猟于栗前野一、類史32天皇遊猟 ○癸亥、遊ニ猟于大原野一、類史32天皇遊猟

○冬十月己巳四日　山城《やましろ》・大和・河内・摂津・近江《おうみ》・丹波等の諸国の民一万人を動員した。葛野《かどの》

川の堤防を修繕するためである。

○辛未《六日》　天皇が的野《いくはの》で狩猟した。

○己卯《十四日》　大安寺《だいあんじ》の僧孝聖《こうしょう》が次のように言上してきた。

私はもと右京の田中朝臣名貞《なさだ》ですが、生まれつき体が弱く、修行についていけません。このままでは老母の世話ができませんので、還俗して母の許《もと》にいたいと思います。

この言上を許可した。

○庚辰《十五日》　外従五位下伊予部家守《いよべのいえもり》が死去した。宝亀六年に遣唐使に兼任され（明経請益生《みょうぎょうしょうやくしょう》）、『五経大義《ごきょうたいぎ》』『切韻《せついん》』『説文《せつもん》』『字体《じたい》』を習得した。帰国すると直講《じきこう》（博士・助教を補佐する大学寮教官）に任命され、ついで助教（博士に准ずる大学寮教官）に昇任した。当時右大臣藤原是公《ふじわらのこれきみ》が「家守《いえもり》に『春秋《しゅんじゅう》』の左氏《さし》・公羊《くよう》・穀梁《こくりょう》の三注釈書を講義させたいと思います。（略）」と奏上した（延暦三年。『令集解《りょうのしゅうげ》』巻十五、延暦十七年三月十六日太政官符）。文宣王《ぶんせんおう》（孔子）の画像を釈奠《せきてん》のときはどこに掲げるかで学者たちの見解が分かれていたが、家守は経典の説くところや唐でのあり方を参考とし、詳細な報告書を作って上奏し、孔子像を南面して（君主と同じ扱いとなる）掲げることで決着した。

○壬午《十七日》　天皇が交野《かたの》へ行幸した。

○庚寅《二十五日》　天皇は平安宮へ帰った。

○壬辰《二十七日》　丹生川上神社に月次祭《つきなみさい》の幣帛を頒《わか》ち与えることにした（欠字を意補する）。

○癸巳（二十八日）　征夷副将軍を任命した。

○冬十月己巳、発㆓山城・大和・河内・摂津・近江・丹波等諸国民一万人㆒、以㆑修㆓葛野川隄㆒、紀略 ○辛未、遊㆓猟于的野㆒、類史32天皇遊猟、紀略 ○己卯、大安寺僧孝聖言、己元右京人田中朝臣名貞也、自性尩弱、不㆑堪㆓修行㆒、老母在㆑堂、無㆑由㆓定省㆒、還俗色養、許㆑之、類史187還俗僧、紀略 ○庚辰、外従五位下伊与部家守卒、宝亀六年兼補㆓遣唐使㆒、習㆓五経大義幷切韻・説文・字体㆒、帰来之日、任㆓直講㆒、尋転㆓助教㆒、大臣奏、令㆑講㆓左氏・公羊・穀梁三伝之義㆒、云々、文宣王享座、諸儒所㆑説不㆑同、仍抛㆓勘経義及大唐所㆑行、具録奏進、定㆓南面㆒畢、紀略 ○壬午、幸㆓交野㆒、紀略 ○庚寅、車駕還㆑宮、紀略 ○壬辰、丹生□□月次祭、類史10常祀 ○癸巳、任㆓征夷副将軍㆒、紀略

○十一月丙申（二日）　天皇が次のように詔りした。

（略）今年は不作となっている。不作を言上してきた国の田租を免除せよ。

○庚子（六日）　征夷大将軍《せいいたいしょうぐん》近衛権中将《このえのごんのちゅうじょう》陸奥出羽按察使《むつでわのあぜち》従四位上兼行陸奥守鎮守《ちんじゅ》将軍坂上大宿禰《さかのうえのおおすくね》田村麻呂《たむらまろ》を派遣して、諸国へ移住している蝦夷を監督させることにした。

○庚申（二十六日）　天皇が次のように勅した。

京・畿内《きない》諸国と畿外諸国とではそれぞれ税負担を異にし、戸籍・計帳に付けたり、除くに際してのあり方が相異している。いま聞くところによると、畿外諸国の民が悪巧みをして、負担の少ない京や畿内諸国の戸籍に付くことを求め、検察を受けて自首したり、摘発されているという。不正により京や畿内諸国の戸籍への付貫が行われると、口《く》分田《ぶんでん》を詐取されるだけでなく、偽《いつわ》って蔭《おん》の資格をもつ者が出てくることになる。これまでのあり方を改めなければ、このような詐欺行為を絶つことができないだろう。今後は取り締まりを厳しくし、口分田支給に与えることのないようにせよ。

○十一月丙申、詔曰、云々、其今年不レ登、言上之国、宜レ免二田租一、類史83免租税 ○庚子、遣二征夷大将軍近衛権中将陸奥出羽按察使従四位上兼行陸奥守鎮守将軍坂上大宿禰田村麻呂一、検二校諸国夷俘一、類史190俘囚、紀略 ○庚申、勅、都鄙之民、賦役不レ同、除附之事、損益已異、今聞、外民挟レ奸、競貫二京畿一、隠首・括出二色是也、非二唯増レ口食レ田、実亦冒レ名仮レ蔭、如不レ改レ轍、何絶二詐偽一、自レ今以後、一切禁断、莫レ預二班田一、類史159班田

○十二月辛未《七日》　班田《はんでん》を行わずに墾田《こんでん》のままとしていた大隅《おおすみ》・薩摩《さつま》両国の百姓の田（『続日本《しょくにほん》紀《ぎ》』天平二年三月辛卯《かのとう》条）を収公して、適宜口分田として授けた。

造宮職に大進《だいじん》一を増員した。
○癸未（十九日）　駿河守従五位上高橋《たかはし》朝臣祖麻呂《おやまろ》を免職とした。不当な主張を行って前司に与えるべき解由《げゆ》を与えなかったからである。
○丙戌（二十二日）　次のように制定した。
神宮司が服喪により退任しても、替わりの者を任命せず、喪があけたら復任《ふくにん》させよ。

○十二月辛未、収二大隅・薩摩両国百姓墾田一、便授二口分一、［類史159口分田］」加二造宮大進一員一、［紀略］○癸未、駿河守従五位上高橋朝臣祖麻呂免、以下執二非理一不レ与二前司解由一也、［類史80解由］○丙戌、制、神宮司遭レ喪、不レ得レ補レ替、服闋復任、［類史19神宮司］

○二十年春正月甲午（一日）　皇帝が大極殿に出御して朝賀を受けた。侍臣と前殿で宴を催して、被《ふすま》を下賜した。
○丁酉（四日）　曲宴が催された。本日、雪が降り、天皇が次の和歌を詠んだ。

梅の花恋いつつおれば降る雪を花かも散ると思いつるかも

（梅の花を恋い慕っている自分には、降る雪が梅の花が散っているかのように思われた）

五位以上に身分に応じて物を下賜した。

○庚子 七日 授位があった。

○己酉 十六日 天皇が五位以上の者と宴を催した。

○庚戌 十七日 天皇が馬埒《うまば》殿《どの》へ出御して、射を観覧した。物を下賜した。

○癸丑 二十日 大宰府《だざいふ》の大野《おおの》山寺《さんじ》で四天王法《してんのうほう》を行うことを停止した。その四天王像《してんのうぞう》と堂舎《どうしゃ》・仏具等は近隣の寺（筑前《ちくぜん》国金光明寺《こんこうみょうじ》〈大同二年十二月甲寅条〉）へ移した。

○甲寅 二十一日 皇太子（安殿《あて》親王）が物を献じ、五位以上の者に衣被《いひ》を下賜した。

○廿年春正月甲午朔、皇帝御二大極殿一受二朝賀一、宴二侍臣於前殿一賜レ被、類史71元日朝賀、紀略 ○丁酉、曲宴、是日雨レ雪、上歌曰、宇米能波那、胡飛都々隖黎叵、敷留庚岐乎、波那可毛知流屠、於毛飛都留何毛、賜二五位已上物一各有レ差、類史32天皇遊宴、紀略 ○庚子、授位、紀略 ○己酉、宴二五位已上一賜レ物、類史72十六日踏歌 ○庚戌、御二馬埒殿一観レ射 類史72十七日射礼、紀略 ○癸丑、停三大宰府大野山寺行二四天王法一、其四天王像及堂舎・法物等、並遷二便近寺一、類史178修法・180諸寺 ○甲寅、皇太子献レ物、賜二五位已上衣被一、類史78献物

○閏《うるう》正月甲子 一日 任官があった。

○癸酉 十日　任官があった。
○戊寅 十五日　出雲国国造《くにのみやつこ》が神賀詞《かんよごと》を奏上した。
○庚辰 十七日　出雲国の神宮司（杵築《きづき》大社に置かれた）を停止した。
○己丑 二十六日　任官があった。

○閏正月甲子朔、任官、紀略 ○癸酉、任官、紀略 ○戊寅、出雲国々造奏㆓神賀事㆒、類史19国造 ○庚辰、廃㆓出雲国神宮司㆒、類史19神宮司 ○己丑、任官、紀略

○二月丙申 四日　住吉社《すみのえしゃ》の神主にはじめて把笏《はしゃく》（笏をもつこと）を認めた。
○辛丑 九日　左右京職《さゆうきょうしき》の官人（内官）に、諸国国司（外官）に倣《なら》って交替の際に解由《げゆ》を求めることにした。
○丙午 十四日　征夷大将軍坂上田村麻呂に節刀《せっとう》を下賜した。
○戊申 十六日　曲宴が催された。五位以上の者に身分に応じて物を下賜した。
○庚申 二十八日　天皇が大堰へ行幸した。

○二月丙申、始令㆓住吉社神主把笏㆒、紀略 ○辛丑、令㆘左右京職官人、准㆓諸国㆒責㆗解由㆖也、類史80解由 ○丙午、征夷大将軍坂上田村麻呂賜㆓節刀㆒、紀略 ○戊申、曲宴、

賜二五位已上物一有レ差、類史32天皇遊宴 ○庚申、幸二大堰一、紀略

○三月□（日次干支未詳） 天皇が近江の大津へ行幸した。国司が歌舞を奏し、行宮《かりみや》に近い諸寺へ綿を施入した。

○三月□、幸二近江大津一、国司奏二歌儛一、近二行宮一諸寺施レ綿、紀略

○夏四月癸巳二日 天皇が神泉苑へ行幸した。

○己亥八日 越前《えちぜん》国で、牛を殺して神を祀《まつ》る祭礼を禁止した（欠字未詳。意訳する）。

○壬寅十一日 天皇が大津へ行幸した。

○丙午十五日 天皇が次のように勅した。

前年の制（延暦十七年四月乙丑条勅）では「年ごとに定員枠のある年分の得度者は、若年の者から採用することが慣例となっているが、『法《ほ》華経《けきょう》』と『金光明《こんこうみょう》最勝《さいしょう》王経《おうきょう》』の音読は学習しても教説を理解していない者がいる状態である。仮にも僧侶となり、課税されないという特権を与えられながら、かえって仏教の戒律を棄て学業を廃しているのである。今後、年分の得度者には年齢が三十五歳以上で出家としての心構えが定まり、仏教の知識・修行共に十分で漢音を習得した僧侶たるにふさわしい者を選んで充て

るべきである。毎年十二月以前に僧綱《そうごう》と治部省《じぶしょう》・玄蕃寮《げんば》が修行を積んだ者を招集し、相対して試験を行い、学習した経典・論書に関して大義《たいぎ》十条の質問をし、五条以上に答えた者を採り、期日が来たら得度させよ。受戒《じゅかい》の日には、さらに試問を行い、八以上に答えることができれば受戒させよ」とあるが、人には生まれつき敏《さと》い者と鈍い者がおり、学業の達成にも早い者と遅い者がいる。はじめから性格や年齢に制限を設けると、優れた才質の人物を採れなくなる恐れがある。また、三論宗《さんろんしゅう》と法相宗《ほっそう》とでは教義をそれぞれ異にしており、両者の教えをあらかたわきまえる必要がある。そこで、今後は年齢が二十歳以上の者を採ることを認め、試験の日には三論・法相両宗の違いについて答えさせ、受戒のときに再度の試問を行うことは廃止せよ。他の点については前制によれ。

○己酉（十八日）　授位があった。

○庚戌（十九日）　天皇が参議紀朝臣勝長《かつなが》の山階の邸宅へ行幸した。

○戊午（二十七日）　左右京職の健児《こんでい》を停止し、再度兵士を置くことにした（『類聚三代格』巻十八、同日太政官符）。

○夏四月癸巳、幸二神泉一、紀略 ○己亥、越前国禁二行□加□、屠レ牛祭レ神、類史10雑祭、紀略 ○壬寅、幸二大津一、紀略 ○丙午、勅、前年有レ制、年分度者、例レ取二幼童一、頗習二二経之音一、未レ閲二三乗之趣一、苟避二課役一、纔忝二緇徒一、還棄二戒珠一、頓廃二学行一、自レ今以後、年分度者、宜乙択下年卅五已上、操履已定、智行可レ崇、兼習二漢音一、堪レ為レ僧者上為甲之、毎年十二月以前、僧綱・所司、請二有レ業者一、相対簡試、所レ習経論、惣試二大義十条一、取下通二五以上一者上、至レ期令レ度、受戒之日、更加二審試一、通二八以上一、令レ得二受戒一者、而今性有二敏鈍一、成有二早晩一、局以二性年一、恐失二英彦一、復三論・法相、義宗殊レ途、彼此指揮、理須二粗弁一、自レ今以後、聴レ取二年廿已上者一、其簡試之日、令レ弁二二宗之別一、受戒之時、勿レ労二更加二審試一、自余条例、一依二前制一、類史187度者 ○己酉、授位、紀略 ○庚戌、幸二参議紀朝臣勝長山階宅一、紀略 ○戊午、停二左右京職健児一、更置二兵士一、紀略

○五月壬戌一日 日蝕があった。

○甲戌十三日 天皇が次のように勅した。

諸国から調庸《ちょうよう》を京へ運ぶに当たり、川に橋がなく、津《つ》（舟つき場）には舟がわずかしかなく、民を困らせている。そこで路次の国は今後永く、調庸を京へ運ぶ時期には渡河地点に舟や浮橋《うきはし》を置くようにせよ。

○戊寅十七日 丹生《にう》神社に奉幣《ほうへい》した。雨ごいのためである。

○五月壬戌朔、日有レ蝕、紀略 ○甲戌、勅、諸国調庸入貢、而或川無レ橋、或津乏

レ舟、民憂不レ少、令三路次諸国、貢調之時、津済之処、設二舟楫・浮橋等一、長為二恒例一、紀略 ○戊寅、奉二幣丹生一、祈雨、紀略

○六月癸巳三日　任官があった。
備中《びっちゅう》国が慶雲《けいうん》（めでたい雲。祥瑞《しょうずい》）が出現したと報告してきた。

○甲午四日　天皇が神泉苑へ行幸した。

○壬寅十二日　大宰府の隼人貢進を停止した。

○甲辰十四日　天皇が大堰へ行幸した。
参河《みかわ》国碧海《あおみ》郡の人漢人部《あやひとべの》千倉売《ちくらめ》が三子《みつご》を生んだので、稲三百束を賜わった。

○丁巳二十七日　大和国の稲千束を正四位上平群朝臣邑刀自《おおとじ》に賜わった。
出雲国島根郡の人外正六位上大神掃石《おおみわのはきいし》朝臣継人《つぐひと》・出雲郡の人若和部臣《わかやまとべのおみ》真常《まつね》・楯縫《たてぬい》郡の人品治《ほむち》部首《べのおびと》真金《まがね》らを長門《ながと》国へ配流した。出雲介従五位下石川朝臣清主とともに悪行をなしたことによる。

日本後紀　巻第九（逸文）

○六月癸巳、任官、紀略 備中国言、慶雲見、類史165雲 ○甲午、幸二神泉一、紀略 ○壬寅、停三大宰府進二隼人一、類史190隼人、紀略 ○甲辰、幸二大堰一、紀略 参河国碧海郡人漢人

部千倉売、一産二三子一、賜二稲三百束一、〔類史〕54多産　○丁巳、大和国稲一千束、賜二正四位上平群朝臣邑刀自一、〔類史〕78賞賜」流二出雲国嶋根郡人外正六位上大神掃石朝臣継人・出雲郡人若和部臣真常・楯縫郡人品治部首真金等於長門国一、以三介従五位下石川朝臣清主共二悪行一也、〔類史〕87配流

日本後紀　巻第九（逸文）

日本後紀　巻第十（逸文）　延暦二十年七月より同二十二年二月まで

左大臣正二位兼行左近衛大将臣藤原朝臣冬嗣ら勅を奉《うけたまわ》りて撰す

皇統弥照天皇《あまつひつぎいやてらすすめらみこと》　桓武《かんむ》天皇《てんのう》

○秋七月戊寅十八日　故《こ》高橋王《たかはしおう》に得度《とくど》の枠二人分を賜わった。
○甲申二十四日　天皇が大堰《おおい》に行幸した。
○丙戌二十六日　参河国《みかわのくに》が慶雲《けいうん》が出現したと報告してきた。
○戊子二十八日　故大僧都《だいそうず》伝灯大法師位《でんとうだいほっしい》等定《とうじょう》に得度の枠三人分を賜わった。

日本後紀　巻第十（逸文）　起二延暦廿年七月一尽二同廿二年二月一

左大臣正二位兼行左近衛大将臣藤原朝臣冬嗣等奉レ勅撰

皇統弥照天皇　桓武天皇

○秋七月戊寅、賜二故高橋王度二人一、〔類史187度者〕○甲申、幸二大堰一、〔紀略〕○丙戌、参河

国言、慶雲見、〔類史〕165雲、〔紀略〕○戊子、賜二故大僧都伝灯大法師位等定度三人一、〔類史〕187度者

○八月癸巳三日 授位があった。
○庚子十日 従四位下《じゅしいのげ》藤原葛野麻呂《かどのまろ》を遣唐大使に任じ、従五位下石川道益《いしかわのみちます》を副使に任じた。判官《はんがん》・録事《ろくじ》には各四人を任じた。
○辛丑十一日 任官があった。参議《さんぎ》従三位《じゅさんみ》藤原乙叡《たかとし》を山城守《やましろのかみ》に任じた。
○丁未十七日 天皇が大原野《おおはらの》で狩猟した。
○乙卯二十五日 天皇が栗前野《くりくまの》で狩猟した。

○八月癸巳、授位、〔紀略〕○庚子、従四位下藤原葛野麻呂為二遣唐大使一、従五位下石川道益為レ副、判官・録事各四人、〔紀略〕○辛丑、任官、参議従三位藤原乙叡為二山城守一、〔紀略〕○丁未、遊二猟于大原野一、〔類史〕32天皇遊猟、〔紀略〕○乙卯、遊二猟于栗前野一、〔類史〕32天皇遊猟、〔紀略〕

○九月乙丑六日 天皇が的野《いくはの》で狩猟した。
○丁卯八日 天皇が神泉苑へ行幸した。
○甲申二十五日 秦人継主女《はたひとのつぐぬしめ》・桑田広刀自女《くわたのひろとじめ》・生江浄女《いくえのきよめ》らを阿波国《あわ》へ配流《はいる》した。いずれも強盗人の

妻であることによる。

○乙酉《二十六日》　天皇が大原野で狩猟した。五位以上の者に身分に応じて物を下賜した。

○丙戌《二十七日》　征夷大将軍《せいいたいしょうぐん》坂上《さかのうえ》宿禰《すくね》田《た》村麻呂《むらまろ》らが「私たちは（略）と聞いています。服属しない蝦夷《えみし》を討ち平らげました」と言上した。

○九月乙丑、遊二猟于的野一、類史32天皇遊猟、紀略　○丁卯、幸二神泉苑一、紀略　○甲申、配二秦人継主女・桑田広刀自女・生江浄女等於阿波国一、並強盗人之妻也、類史87配流　○乙酉、遊二猟于大原野一、賜二五位已上物一有レ差、類史32天皇遊猟、紀略　○丙戌、征夷大将軍坂上宿禰田村麻呂等言、臣聞、云々、討二伏夷賊一、紀略

○冬十月壬辰《三日》　天皇が栗前野で狩猟した。

○壬寅《十三日》　天皇が日野で狩猟した。

○戊申《十九日》　天皇が水生野《みなせの》で狩猟した。

伊勢《いせ》国が次のように言上してきた。

神郡である多気《たけ》・渡会《わたらい》二郡の郡司らは神事に託《かこつ》けて、任務を怠けることが多いので、伏して、怠務する郡司を郡の境界外で科刑することを要望します。

言上を許可した。

○丁巳《二十八日》 征夷大将軍坂上田村麻呂が参内《さんだい》を求められ、節刀《せっとう》を返進した。

○冬十月壬辰、遊ニ猟于栗前野一、類史32天皇遊猟、紀略 ○壬寅、遊ニ猟于日野一、類史32天皇遊猟、紀略 ○戊申、遊ニ猟于水生野一、類史32天皇遊猟、紀略」伊勢国言、多気・渡会二郡司等、託ニ言神事一、常多ニ闕怠一、伏望於ニ郡堺外一、将レ行ニ決罰一、許レ之、類史4伊勢神郡 ○丁巳、征夷大将軍坂上田村麻呂召進ニ節刀一、紀略

○十一月乙丑《七日》 天皇が次のように詔りした（宣命体《せんみょうたい》）。（略）陸奥《むつ》国の蝦夷らは以前の天皇の代から長期にわたり、辺境を侵犯して百姓《ひゃくせい》を殺したり奪うことを行ってきているので、従四位上坂上田村麻呂大宿禰らを遣わして討ち平げることにした（略）。田村麻呂に従三位を授け、それ以下の者にも位を授けた。

○丁卯《九日》 茨田《まんた》親王《しんのう》が元服し、贈皇后〈淳和《じゅんな》天皇の皇后、高志《こし》内親王〉および高津《たかつ》・大宅《おおやけ》三内親王が成人の儀式（初笄）を行った。

○十一月乙丑、詔曰、云々、陸奥国乃蝦夷等、歴レ代渉レ時天、侵ニ乱辺境一、殺ニ略百姓一、是以従四位上坂上田村麻呂大宿禰等乎遣天、伐平掃治之牟流尓云々、田村麻呂授ニ

従三位一、已下授位、〔紀略〕○丁卯、茨田親王冠、贈皇后、今上后、・高津・大宅三内親王加レ笄、〔紀略〕

○十二月辛丑（十三日）　次のように制定した。

仕官していない諸王へ与えられる皇親時服は出勤日数を調査することなく支給されるが、仕官している諸王に与えられる季禄《きろく》は勤務日数を調査し、日数が不足すると（半年に百二十日未満）支給されない。今後は季禄に与《あずか》れない諸王には皇親時服を支給することにせよ。

○甲寅（二十六日）　使人を遣わして佐保山陵《さほさんりょう》（佐保山南陵。聖武天皇陵）を鎮め祭り、僧侶と尼各千人を得度した。

○十二月辛丑、制、賜二諸王禄一、無レ勘二上日一、至二于得レ官、計レ日乃給、其日不レ足者、依レ法無レ賜、〔紀略〕○甲寅、遣レ使鎮二祭佐保山陵一、度二僧尼各一千一、〔類史〕187度者

○二十一年春正月戊午（一日）　朝賀の儀をとり止めた。降雪《こうせつ》による。

○庚申（三日）　元日に挙行できなかった朝賀の儀の設営について勅があり、審議した。侍臣と前殿《ぜんでん》で宴を催し、被《ふすま》を下賜した。

○壬戌《五日》　天皇が次のように勅した。

聞くところによると、山城国の百姓が水田を売買するときは稲を代価とし、銭に換算すると一町につき一万銭以上になっているという。今後は上田一町の値を四千銭とし、中・下田はこれに准じて差をつけ、減額せよ。もし、この法に違反した場合は、違勅罪に処せ。

○甲子《七日》　天皇が五位以上の者と宴を催した。身分に応じて束帛《そくはく》を下賜した。

陸奥国の三神に神階を上げることを行った。征夷将軍が霊験があったと奏上してきたことによる。

○乙丑《八日》　征夷軍の軍監《ぐんげん》以下軍士以上の者に、等級をつけて勲位を与えた。

本日、天皇が次のように勅した。

駿河《するが》・相模《さがみ》両国が駿河国の富士山が昼夜を分かたずあかあかと焼け、霰《あられ》のような砂礫《されき》を降らしている、と言ってきた。これを卜《うらな》ってみると、日照りと疫病の兆《きざ》しだという。両国に命じて神の怒りを宥《なだ》めて読経《どきょう》を行い、災いを払うようにせよ。

○丙寅《九日》　従三位坂上大宿禰田村麻呂を遣わして陸奥国の胆沢城《いさわじょう》（岩手県水沢市佐倉河八幡）を築造させることにした。

○戊辰《十一日》　天皇が次のように勅した。

官軍が出撃して、支配領域を遠方にまで広げた。駿河・甲斐《かい》・相模・武蔵・上総《かずさ》・下《しも》総《うさ》・常陸《ひたち》・信濃・上野《かみつけ》・下野《しもつけ》等の国の浪人四千人を陸奥国の胆沢城に向け出立させ、柵《さく》戸《こ》とせよ。

○庚午 十三日 越後《えちご》国の米一万六百斛《こく》と佐渡《さど》国の塩《しお》百二十斛を、毎年、出羽国の雄勝城《おかちじょう》（秋田県雄勝郡羽後町か）に運び、城に詰める鎮兵の兵粮に充てることにした。

本日天皇が次のように勅した。

いま聞くところによると、三論《さんろん》・法相《ほっそう》の両宗はお互いに争い、両宗を学ぶ者はそれぞれ一宗のみを研鑽しているという。しかし、両宗のいずれにも長所と短所があり、もし一宗のみを学び、他宗をすべて抑え退けるようなことをすれば、仏教は衰微することになろう。今後は、正月の最勝王経会《さいしょうおうきょうえ》と十月の維摩経会《ゆいまきょうえ》においては六宗（三論・法相・華厳《けごん》・成実《じょうじつ》・倶舎《くしゃ》・律宗《りっしゅう》）の僧侶を喚び、それぞれの学業《がくぎょう》を広めるようにせよ。

○甲戌 十七日 天皇が馬埒殿《うまばどの》へ出御して、射《じゃ》を観覧した（大射）。

○乙亥 十八日 美作《みまさか》国が白鹿《はくろく》を献上した。捕獲した人に稲五百束を賜わった。

○丁丑 二十日 参議従三位藤原朝臣乙叡・近衛中将従三位坂上大宿禰田村麻呂・参議従四位上藤原朝臣縄主《ただぬし》・律師伝灯大法師位勝虞《しょうぐ》・伝灯大法師位恵雲《えうん》・伝灯大法師位如宝《にょほう》・伝灯大法師位安育《あんいく》・修行法師位光暁《こうぎょう》らに各々《それぞれ》得度者一人分の枠を賜わった。

○戊寅 二十一日 常陸国の前守従四位下勲三等三諸朝臣《みもろのあそん》大原《おおはら》らが稲二十一万六千九十束を横領したのを免《ゆる》した。

○二十二日己卯　任官があった。
○二十七日甲申　任官があった。

○廿一年春正月戊午朔、廃朝、雪也、類史71元日朝賀、紀略 ○庚申、百官儀設、有レ勅議之、宴ニ侍臣於前殿ニ賜レ被、類史71元日朝賀 ○壬戌、勅、如聞、山城国百姓、売三買水田二以レ稲為レ直、准レ銭論レ之、町過ニ万銭一、自レ今以後、宜ニ上田一町直銭四千、中・下田者准レ此差減一、若有レ違レ法、処ニ違勅罪一、類史80估価 ○甲子、宴ニ五位已上一、賜ニ束帛一有レ差、類史71七日節会」 陸奥国三神加レ階、縁三征夷将軍奏ニ霊験一也、紀略 ○乙丑、加ニ征夷軍監已下軍士已上位勲一、各有ニ等級一也、紀略」 是日、勅、駿河・相摸国言、駿河国富士山、昼夜烜燎、砂礫如レ霰者、求ニ之卜筮一、占曰、干疫、宜レ令下両国加ニ鎮謝一、及読経、以攘中災殃上、紀略 ○丙寅、遣ニ従三位坂上大宿禰田村麻呂一、造ニ陸奥国胆沢城一、紀略 ○戊辰、勅、官軍薄伐、闢レ地瞻遠、宜下発ニ駿河・甲斐・相摸・武蔵・上総・下総・常陸・信濃・上野・下野等国浪人四千人一、配中陸奥国胆沢城上、紀略 ○庚午、越後国米一万六百斛・佐渡国塩一百廿斛、毎レ年運三送出羽国雄勝城一、為ニ鎮兵粮一、紀略」 是日、勅、今聞、三論・法相二宗相争、各専ニ一門一、彼此長短、若偏被レ抑、恐有ニ衰微一、自レ今以後、正月最勝王経幷十月維摩経二会、宜下請ニ六宗一、以広中学業上、類史177御斎会・維摩会・179諸宗、紀略 ○甲戌、御ニ馬埒殿一観レ射、類史72十七日射礼、

紀略 ○乙亥、美作国献二白鹿一、賜二獲人稲五百束一、紀略 ○丁丑、賜二参議従三位藤原朝臣乙叡・近衛中将従三位坂上大宿禰田村麻呂・参議従四位上藤原朝臣縄主・律師伝灯大法師位勝虞・伝灯大法師位恵雲・伝灯大法師位如宝・伝灯大法師位安毓・修行法師位光暁等各度一人一、類史187度者 ○戊寅、免三常陸国前司守従四位下勲三等三諸朝臣大原等隠二截稲廿一万六千九十束一、類史84隠截官物 ○己卯、任官、紀略 ○甲申、任官、紀略

○二月戊子一日　天皇が神泉苑《しんせんえん》へ行幸《みゆき》した。

○庚寅三日　僧綱《そうごう》が次のように言上した。

教理と実践行との二分野で修行する僧侶四十三人が寺に住み、経典の研鑽をめざしています。仏教の法灯を伝えることを怠らず、倦《う》むことなく徳行を磨きつとめていますので、物を施すことを要望します。

言上に対し、天皇が次のように勅した。

元興《がんごう》・薬師両寺の僧二十九人にそれぞれ布二十五端《たん》を与え、弘福寺《ぐふくじ》の僧五人にそれぞれ布八端、東大寺の僧九人にそれぞれ絁《あしぎぬ》一疋・綿十屯を与えよ。

○癸巳六日　天皇が神泉苑へ行幸した。神泉に舟を浮かべて、曲宴を催した。

○己亥十二日　天皇が神泉苑へ行幸した。

○癸卯（十六日）天皇が神泉苑へ行幸した。

○二月戊子朔、幸㆓神泉㆒、紀略 ○庚寅、僧綱言、智行二科僧卅三人、身住㆓伽藍㆒、志㆑研㆓聖教㆒、伝灯之労無㆑怠、瑩珠之勤不㆑倦、望施㆑物者、勅、宜㆘元興・薬師二寺僧廿九人各施㆓布廿五端㆒、弘福寺五人各施㆓布八端㆒、東大寺九人各施㆗絁一疋・綿十屯㆖、類史186施物僧 ○癸巳、幸㆓神泉㆒、神泉泛㆑舟曲宴、紀略 ○己亥、幸㆓神泉㆒、紀略 ○癸卯、幸㆓神泉㆒、紀略

○三月丁卯（十一日）天皇が神泉苑へ行幸した。
○己巳（十三日）天皇が水生野で狩猟した。
○癸酉（十七日）任官があった。

○三月丁卯、幸㆓神泉㆒、紀略 ○己巳、遊㆓猟于水生野㆒、類史32天皇遊猟、紀略 ○癸酉、任官、紀略

○夏四月庚子（十五日）造陸奥国胆沢城使《いさわじょうし》陸奥出羽按察使《あぜち》従三位坂上大宿禰田村麻呂らが、「夷《えみし》大墓《おおもの》公《きみ》阿弖利為《あてりい》・盤具公《いわぐのきみ》母礼《もれ》らが五百余人の仲間を率いて降服しました」と言上してきた。

○辛亥（二十六日）　任官があった。

○夏四月庚子、造陸奥国胆沢城使陸奥出羽按察使従三位坂上大宿禰田村麻呂等言、夷大墓公阿弖利為・盤具公母礼等、率二種類五百余人一降、〔類史〕190俘囚、〔紀略〕○辛亥、任官、〔紀略〕

○五月庚申（五日）　天皇が馬埒殿《うまばどの》へ出御《しゆつぎよ》して、騎射を観覧した。

○壬申（十七日）　天皇が神泉苑へ行幸した。

○甲戌（十九日）　相模《さがみ》国の足柄路《あしがらじ》（足柄峠越）を廃止して、筥荷路《はこにじ》（箱根峠越）を開削した。富士山の噴火による噴石が道を塞《ふさ》いだためである。

○五月庚申、御二馬埒殿一観二騎射一、〔類史〕73五月五日、〔紀略〕○壬申、幸二神泉一、〔紀略〕○甲戌、廃二相模国足柄路一、開二筥荷途一、以二富士焼砕石塞一レ道也、〔紀略〕

○六月丁酉（十二日）　失火により、左京の百姓の宅四十二戸を焼失した。被害者に差等をつけて米塩《べいえん》を支給した。

○壬寅（十七日）　天皇が神泉苑へ行幸した。

本日、勅により、名前、式部省に留めて叙位しないことになっていた秀才試の成績が上下・中上第の者と、明経試《みょうぎょうし》の成績が上下・中上第の者とを叙位の対象とすることにした（『令集解《りょうのしゅうげ》』巻十七、延暦二十一年六月八日太政官奏）。

○丁未二十二日　勅により、伊予《いよ》国へ配流されている五百枝王《いおえおう》が伊予国府周辺に住むことを許した。

○六月丁酉、失火、焼㆓左京百姓宅卌二烟㆒、賜㆓米塩㆒各有㆑差、[類史]173火、[紀略] ○壬寅、幸㆓神泉㆒、是日、勅、秀才上下・中上第、並元留省不㆑叙、明経上下・中上第、並元留省不㆑叙、[紀略] ○丁未、勅、令㆓伊予国配流人五百枝王、聴㆑居㆓府下㆒、[類史]87配流

○秋七月乙卯一日　大和《やまと》国で頭が二、足が六ある子牛が生まれた。

○丙辰二日　天皇が神泉苑へ行幸した。

○辛酉七日　天皇が朝堂院《ちょうどういん》へ出御《しゅつぎょ》して、相撲《すまい》を観覧した。

○癸亥九日　天皇が大堰《おおい》へ行幸した。

○甲子十日　造陸奥国胆沢城使坂上田村麻呂が帰京した。夷大墓公阿弖利為と盤具公母礼ら二人を従えていた。

○丙寅十二日　朱雀大路《すざくおおじ》を走った狼《おおかみ》が人に殺された。

○丁卯十三日　白鷺《しらさぎ》が朝堂院に集まった。

◯己卯（二十五日）　百官が上表を提出して、蝦夷《えみし》の平定を祝した。紀略

◯秋七月乙卯朔、大和国有レ牛、産レ犢、二頭六足、紀略 ◯丙辰、幸二神泉一、紀略 ◯辛酉、御二朝堂院一観二相撲一、類史73相撲、紀略 ◯癸亥、行二幸大堰一、紀略 ◯甲子、造陸奥国胆沢城使田村麻呂来、夷大墓公二人、並従、紀略 ◯丙寅、有レ狼、走二朱雀道一、為二人所レ殺、紀略 ◯丁卯、白鷺集二于朝堂院一、紀略 ◯己卯、百官抗表、賀レ平二蝦夷一、紀略

◯八月乙酉（一日）　天皇が神泉苑へ行幸した。

◯丁亥（三日）　相模・播磨・美作・備中《びっちゅう》・備後《びんご》・安芸《あき》・紀《き》伊・淡路・阿波・讃岐《さぬき》等十国の損田《そんでん》の害を被った百姓の税負担を免除した。

◯壬辰（八日）　豊後国が白雀《はくじゃく》を献上した。捕獲した者に稲五百束を賜わった。

◯丁酉（十三日）　夷大墓公阿弖利為・盤具公母礼らを斬刑とした。両人は陸奥国内の奥地である胆沢地方の蝦夷の首長であった。両人を斬刑に処する時、将軍坂上田村麻呂らが「今回は阿弖利為・母礼の希望を認めて郷里へ戻し、帰属しない蝦夷を招き懐かせようと思います」と申し出たが、公卿《くぎょう》らは自分たちの見解に固執して「夷らは性格が野蛮で、約束を守ることがない。たまたま朝廷の威厳により捕えた賊の長を、もし願いどおり陸奥国の奥地へ帰せ

ば、いわゆる虎を生かして災《わざわ》いをあとに残すのと同じである」と言い、ついに両人を引きだし、河内《かわち》国の植山《うえやま》で斬った。

○辛亥《二十七日》　天皇が的野《いくはの》で狩猟した。途中、親王諱《いみな》〈嵯峨天皇〉の別荘に立ち寄り、五位以上の者に衣被《いひ》を下賜した。

○八月乙酉朔、幸㆓神泉㆒、【紀略】○丁亥、免㆓相撲・播磨・美作・備中・備後・安芸・紀伊・淡路・阿波・讃岐等十国損田百姓負税㆒、【類史】83免租税 ○壬辰、豊後国献㆓白雀㆒、賜㆓獲者稲五百束㆒、【類史】165雀、【紀略】○丁酉、斬㆓夷大墓公阿弖利為・盤具公母礼等㆒、此二虜者、並奥地之賊首也、斬㆓二虜㆒時、将軍等申云、此度任㆑願返入、招㆓其賊類㆒、而公卿執論云、野性獣心、反覆無㆑定、儻縁㆓朝威㆒、獲㆓此梟帥㆒、縦依㆓申請㆒、放㆓還奥地㆒、所謂養㆑虎遺㆑患也、即捉㆓両虜㆒、斬㆓於河内国植山㆒、【紀略】○辛亥、遊㆓猟于的野㆒、便御㆓親王諱、嵯峨荘㆒、賜㆓五位已上衣被㆒、【類史】32天皇遊猟、【紀略】

○九月丙辰《二日》　讃岐国鵜足《うたり》郡の人吉師都麻呂《きしのみやこまろ》・分島《わけしま》の人伊都甲麻呂《いとのかぶとまろ》らを伊豆《いず》国へ、丹波《たんば》国の人秦乙成《はたのおとなり》・出雲国の人巨勢部益人《こせべのますひと》・石見《いわみ》国の人弓部鎰主《ゆげべのかぎぬし》・美作《みまさか》国の人曾禰継人《そねのつぐひと》らを安房《あわ》国へ、山城《やましろ》国の人若湯坐五月麻呂《わかゆえのきつきまろ》・右京の人内蔵氏人《くらのうじひと》・三国嶋成《みくにのしまなり》・阿曇継成《あずみのつぐなり》らを隠岐《おき》国へ、近江《おうみ》国の人秦継成《はたのつぐなり》・常陸《ひたち》国の人大伴継守《おおとものつぐもり》・能登《のと》国の人羽咋弥公《はくいのやきみ》らを土佐《とさ》国へ配流した。

いずれも強盗の罪による。

○丁巳（三日）　伊賀《いが》・伊勢《いせ》・尾張《おわり》・参河・遠江・駿河・伊豆・甲斐・武蔵・上総・下総・常陸・近江・美濃・上野・下野・越前《えちぜん》・越中《えっちゅう》・能登・越後・丹波・丹後《たんご》・但馬《たじま》・因幡《いなば》・伯耆《ほうき》・出雲・石見・周防《すおう》・長門《ながと》・伊予・土佐等の三十一国の損田の害を被った百姓の租税を免除し、調《ちょう》は徴収することにした。

○戊午（四日）　天皇が芹川野《せりかわの》で狩猟した。

○丁丑（二十三日）　天皇が北野で狩猟した。

○壬午（二十八日）　河内国の今年の田租を免除することにした。

○癸未（二十九日）　雅楽寮《うたりょう》の歌師《うたし》二員を削減した。

○九月丙辰、流二讃岐国鵜足郡人吉師都麻呂、分嶋人伊都甲麻呂等于伊豆国、丹波国人秦乙成、出雲国人巨勢部益人、石見国人弓部鎰主、美作国人曾禰継人等于安房国、山城国人若湯坐五月麻呂、右京人内蔵氏人・三国嶋成・阿曇継成等于隠伎国、近江国人秦継成、常陸国人大伴継守、能登国人羽咋弥公等于土左国一、並以レ犯二強盗一也、類史87配流、紀略　○丁巳、伊賀・伊勢・尾張・参河・遠江・駿河・伊豆・甲斐・武蔵・上総・下総・常陸・近江・美濃・上野・下野・越前・越中・能登・越後・丹波・丹後・但馬・因幡・伯耆・出雲・石見・周防・長門・伊予・土左等卅一国、損田百姓、免㆓租税㆒徴㆑調、[類史]83免租税 ○戊午、遊㆓猟于芹川野㆒、[類史]32天皇遊猟 ○丁丑、遊㆓猟于北野㆒、[類史]32天皇遊猟、[紀略] ○壬午、免㆓河内国今年田租㆒、[類史]83免租税 ○癸未、省㆓雅楽寮歌師二員㆒、[類史]107雅楽寮、[紀略]

○冬十月壬辰（九日） 天皇が交野《かたの》へ行幸した。
○戊戌（十五日） 天皇が交野より宮へ戻った。
○己酉（二十六日） 天皇が大原野へ行幸した。

○冬十月壬辰、幸㆓交野㆒、[紀略] ○戊戌、車駕帰㆑自㆓交野㆒、[紀略] ○己酉、幸㆓大原野㆒、[紀略]

○十一月甲寅（一日） 日蝕があった。
○庚申（七日） 大宰府が次のように言上した。

関所は犯罪を摘発するために設置され、解由《げゆ》の制度は官有物を保全するためにあります。しかし、国司のなかには解由を得ないまま任地を離れる者がおり、そのため官有物の欠損や税の未納分について責任を問えない事態になっています。もしこのような者がいれば、京に到った段階で科罪していただきたいと思います。

言上を認めた。

○十一月甲寅朔、日有レ蝕、〔紀略〕 ○庚申、大宰府言、関剗之設、本絶ニ奸偽一、解由之事、為レ全ニ官物一、而或国司未レ得ニ解由一、私窃逃帰、欠負、未納、無レ由ニ勘当一、若有ニ此輩一、到レ京之日、殊置ニ刑科一者、許レ之、〔類史〕80解由

○十二月癸未（一日） 平城京の土地一町を式部省へ賜わった。
○庚寅（八日） 鎮守軍監《ちんじゅぐんげん》外従五位下道嶋宿禰御楯《みちしまのすくねみたて》を陸奥国大国造《おおきくにのみやつこ》に任じた。
○癸巳（十一日） 諸陵寮《しょりょうりょう》に史生《ししょう》四を増員した。
○庚子（十八日） 佐味《さみ》親王と右大臣従二位神王《みわおう》が物を献納した。

○十二月癸未朔、平城京地一町、賜ニ式部省一、〔類史〕107式部省、〔紀略〕 ○庚寅、鎮守軍監外従五位下道嶋宿禰御楯為ニ陸奥国大国造一、〔類史〕19国造 ○癸巳、加ニ置諸陵寮史生四員一、〔類史〕107諸陵寮 ○庚子、佐味親王及右大臣従二位神王献レ物、〔類史〕78献物

○二十二年春正月癸丑（一日） 朝賀の儀式をとり止めた。雨が降ったことによる。
○甲寅（二日） 天皇が朝賀を受けた。美作国が白鹿を献上し、豊後《ぶんご》国が白雀を献じた。天皇は侍臣

と前殿で宴を催し、被を下賜した。

○丁巳 五日 はじめて伊勢の斎宮寮《さいぐうりよう》に史生四員を置くことにした。

○己未 七日 授位があった。

○壬戌 十日 外従五位下槻本公奈弖麻呂《つきもとのきみなでまろ》に従五位上、弟正七位上豊人《とよひと》・豊成《とよなり》に従五位下を授け、ともに姓《かばね》宿禰を賜わった。奈弖麻呂の父故右兵衛佐《うひようえのすけ》外従五位下老《おゆ》は光仁《こうにん》天皇に古くから仕えてきた臣下であった。無位無官の庶人《しよじん》（他戸親王。宝亀《ほうき》三年五月に皇太子を廃される）が皇太子であったとき、はなはだ暴虐《ぼうぎやく》で桓武天皇に親しまず、遭っても礼に適《かな》った態度を取らなかった。老は心を尽くして桓武天皇に奉仕し、心中に天皇を庇《かば》い守ろうという志《こころざし》を抱いていた。庶人とその母廃后《はいごう》（井上内親王。宝亀三年三月に皇后を廃される）は老が桓武天皇と深い関係にあると聞くと、非常に怒り、何度も呼びだしては責め苛《さいな》んだ。皇后が巫蠱《ふこ》（毒虫や毒蛇等を使うなどして、まじないにより人を害すること）の罪を犯すと、老が事件を捜査して多数の悪事を発《あば》いた。これにより母子共に皇后・皇太子を廃され、国家は安泰となった。桓武天皇は老の天皇に寄せた気持ちを想起し、このたびの授位となったのである。

○丙寅 十四日 任官があった。

○戊辰 十六日 天皇が五位以上の者と宴を催した。身分に応じて物を下賜した。

○己巳 十七日 天皇が馬埒殿《うまばどの》へ出御して、騎射《きしや》を観覧した。

○十八日庚午　天皇が朝堂院で大射《たいしゃ》を観覧した。
○二十五日丁丑　大法師善謝《ぜんしゃ》に得度の枠三人分を賜わった。
○二十六日戊寅　天皇が次のように勅した。
　僧侶たちは三論宗を学習せず、もっぱら法相宗を尊重し、三論宗の学問は絶えようとしている。以前二宗が並び広まるようにせよとの勅（延暦十七年九月壬戌条詔）を布告したが、得度に関し法を定めていなかったので、今後は永く三論・法相両宗それぞれにつき、毎年五人得度させせよ。

○廿二年春正月癸丑朔、廃朝、雨也、[類史]71元日朝賀、[紀略]○甲寅、受二朝賀一、美作国献二白鹿一、豊後国献二白雀一、宴二侍臣於前殿一賜レ被、[類史]71元日朝賀・165雀、[紀略]○丁巳、始置二伊勢斎宮寮史生四員一、[紀略]○己未、授位、[紀略]○壬戌、外従五位下槻本公奈弖麻呂授二従五位上一、弟正七位上豊人・豊成従五位下、並賜二姓宿禰一、奈弖麻呂父故右兵衛佐外従五位下老、天宗高紹天皇之旧臣也、初庶人居二東宮一、暴虐尤甚、与レ帝不レ穆、遇レ之無レ礼、老竭レ心奉レ帝、陰有二輔翼之志一、庶人及母廃后、聞三老為二帝所レ昵、甚怒、喚レ之切責者数矣、及三后有二巫蠱之事一、老按三験其獄一、多発二奸伏一、以レ此母子共廃、社稷以寧、帝追三思其情一、故有二此授一、[類史]79賞功○丙寅、任官、[紀略]○戊辰、宴二五位已上一、賜レ物有レ差、[類史]72十六日踏歌○己巳、御二馬埒殿一観レ射、[紀略]○庚午、於二朝堂院一観二大射一、類史72十七日射礼、紀略 ○丁丑、賜二大法師善謝度三人一、類史187度者 ○戊寅、勅、緇徒不レ学二三論一、専崇二法相一、三論之学、殆以将レ絶、頃年有レ勅、二宗並行、至二得度一者、未レ有二法制一、自レ今以後、三論・法相各度二五人一、立為二恒例一、類史179諸宗、紀略

○二月乙酉（四日） 遣唐大使（任命は延暦二十年八月庚子条）以下、水手《かこ》以上の者に身分に応じて物を下賜した。

○癸巳（十二日） 越後国に米三十斛・塩三十斛を造志波城《ぞうしわじょう》（岩手県盛岡市中太田・下太田に所在した）所《しょ》へ送らせた。

○乙未（十四日） 右大臣神王が物を献上した。曲宴が催され、四位以上の者に被を下賜した。

○庚子（十九日） 次のように制定した。

天皇の勅を弁官が施行するに当たっては、中務省《なかつかさしょう》を経由することなく、令条《りょうじょう》（公式令）とおりに行え。

日本後紀　巻十　（逸文）

○二月乙酉、賜二遣唐大使已下水手已上物一有レ差、紀略 ○癸巳、令三越後国米卅斛・塩卅斛、送二造志波城所一、紀略 ○乙未、右大臣献レ物、曲宴、賜二四位已上被一、類史78献

物

○庚子、制、奉二行勅一、宜レ拠二令条一、不三更経二中務省一、〔類史〕79法制

日本後紀　巻第十（逸文）

日本後紀　巻第十一（逸文）　延暦二十二年三月より同年十二月まで

左大臣正二位兼行左近衛大将臣藤原朝臣冬嗣ら勅《ちょく》を奉《うけたまわ》りて撰す

皇統弥照天皇《あまつひつぎいやてらすすめらみこと》　桓武天皇《かんむてんのう》

○三月丁巳《六日》　天皇が次のように詔りした。

入唐大使《にっとうたいし》贈従二位《ぞうじゅにい》藤原朝臣河清《ふじわらのあそんかせい》は先に朝廷（孝謙天皇朝）の命を受けて唐国《とうこく》へ遣わされ、帰途遭難して漂流し、異郷で死亡した。そこで、正《しょう》二位を贈ることにする。

河清は贈太政大臣《だいじょうだいじん》房前《ふささき》の第四子で、本名を清河《きよかわ》と言い、唐で河清と改めていた。天平勝宝《てんぴょうしょうほう》四年に参議《さんぎ》民部卿《みんぶきょう》のまま遣唐大使に任じ（任命は天平勝宝二年。同四年は節刀下賜《せっとうかし》の年）、天宝《てんぽう》十二載（天平勝宝五年）に入唐留学問生《にっとうるがくもんしょう》朝衡《ちょうこう》（阿倍仲麻呂《あべのなかまろ》）と同じ船で帰国の途についたが、航海中風に流され、安南（ベトナム）に漂着した。天平宝字《てんぴょうほうじ》三年、散《さん》位助《にのすけ》外従五位下高元度《こうげんど》らを河清を迎えるため唐へ派遣したが、唐朝では反乱（安禄山《あんろくさん》・史《し》思明《しめい》の乱）が起き、元度らは長い間皇帝（粛宗）に謁見《えっけん》できなかった。皇帝は「河清は唐国の貴族（三品《さんぽん》以上）で、朕《ちん》の厚く寵愛しているところである。そこでしばらく在留させ、帰国することを認めない。唐国が安定するのを待って、使人を副《そ》えて帰国させようと思う。元度らが長らく帰国しないと、日本の朝廷が怪しむことになろう。そこで、元度らは先に南路をとって帰国し、復命《ふくめい》せよ」と勅した。このため、河清は悲しみ、涕《なみだ》を流したのであった。

本名阿倍《あべ》朝臣仲麻呂《なかまろ》は唐朝において、姓朝《ちょう》氏、名衡《こう》、字《あざな》仲満《ちゅうまん》を賜わった。生まれつき敏く読書を好み、霊亀《れいき》二年に選ばれて入唐留学問生となった。当時、年齢《ねんれい》は十六歳であった。開元《かいげん》十九年（天平三年）京兆尹崔日知《けいちょういんさいじっち》に推薦されて、褒賞《ほうしょう》の詔《みことの》りを受け、通常の仕官の順序を跳びこえて左補闕《さほけつ》に任命された。開元二十一年に親が老いていることを理由に帰国を願い出たが許されず、「唐の朝廷に義《ぎ》をもって仕えて名を挙げても空しく、皇帝に対し忠を尽くしても親への孝を果たすことができず、親の恩に報いることができない。いつの年になったら帰国できるのだろうか」という趣旨《しゅし》の詩を作った。天宝十二載に日本の遣唐使参議藤原清河と同船して海路帰国の途についたが、遭難して安南に漂着した。安禄山が反乱し、群盗《ぐんとう》が蜂起《ほうき》した時期で乱れ、殺人が横行していた。安南に漂着した者たちも百七十余人が被害に遭い、生き残った者は十余人に過ぎなかった。大暦《たいれき》五年（宝亀元年）正月に死去した。行年七十三。潞洲大都督《ろしゅうだいととく》を贈られた。

本日、造志波城使《ぞうしわじょうし》従三位行近衛中将坂上田村麻呂《このえのちゅうじょうさかのうえのたむらまろ》が天皇に暇乞いをした。彩帛《さいはく》五十疋《ひき》・綿三百屯《とん》を下賜された。

○己未（八日） 大僧都《だいそうず》伝灯大法師《でんとうだいほっし》位《い》行賀《ぎょうが》が死去した。行年七十五。俗姓は上毛野公《かみつけぬのきみ》、大和国広瀬《やまとのくにひろせ》郡の人である。十五歳のときに出家し、二十歳で具足戒《ぐそくかい》を受け、二十五歳のとき、入唐留学《にっとうるがく》僧《そう》となり、唐に三十一年間滞在して唯識《ゆいしき》・法華《ほっけ》両宗を学んだ。帰国するとその学問を試みることになり、東大寺僧明一《みょういつ》が難しい質問をしたところ、はなはだ惑い解答することができず、明一に「日本と唐で生活の資を受けながら、学識は浅はかである。どうして朝廷の期待に背き、学問を身につけて帰らなかったのか」と罵《ののし》られた。行賀ははなはだ恥じいり、とめどなく涕《なみだ》を流した。これは長らく異郷に住み、ほとんど日本語を忘れたためであった。千里の長途《ちょうと》を行く者にとり、一度躓《つまず》いたところでたいしたことではなく、深林《しんりん》にわずかな枯れ枝があっても影が薄くなることはないものである。行賀に学問がないとすれば、在唐時代に百人もの僧侶が講説・論議を行う場で第二位の座に着くことができたであろうか。行賀の著作に『法華経疏《ほけきょうしょ》』『弘賛略《ぐさんりゃく》』『唯識僉議《ゆいしきせんぎ》』等四十巻があり、仏教経典や論疏五百余巻を書写してもたらした。朝廷はそれにより弘く利益《りやく》することを喜び、僧綱《そうごう》に任じ、詔《みことのり》りを下して行賀に三十人の弟子を付し、学業を伝えさせることにした。

○乙丑（十四日） 遣唐使（延暦《えんりゃく》二十年八月庚子条に任命記事が見える）に身分に応じて彩帛を下賜した。

右京の人正六位上忌部宿禰《いんべのすくね》浜成《はまなり》らを改姓して斎部《いんべ》とした。

○己巳《十八日》　遣唐使らが朝堂院《ちょうどういん》で天皇に挨拶した。

正六位上民部少丞《みんぶのしょうじょう》斎部宿禰浜成らを新羅《しらぎ》国へ派遣することになった。大唐国に関する情報を得るためである。

○乙亥《二十四日》　天皇が近江《おうみ》国の志賀の可楽崎《からさき》（滋賀県大津市坂本町）へ行幸《みゆき》した。

○丙子《二十五日》　天皇が神泉苑《しんせんえん》へ行幸して一日を過ごした。皇太子（安殿《あて》親王《しんのう》）が諸親王を率いて舞い、警護の任についていた人たちがみなめでたいことだと言い、ついで侍臣が共に舞った。

○庚辰《二十九日》　遣唐大使藤原葛野麻呂《かどのまろ》・副使石川道益《いしかわのみちます》に餞《はなむけ》の宴を賜わった。宴の設営はすべて中国風で、酒宴がたけなわになると、天皇は葛野麻呂を自分の席の側に喚《よ》んで酒を賜い、次の和歌を詠んだ。

この酒はおおにはあらずたいらかにかえりきませと斎《いわ》いたる酒

（この酒はただの酒ではない。無事帰国できるよう祈りを込めた酒である）

葛野麻呂は雨のような涕《なみだ》を流し、宴席に参列している群臣らもみな涕を流した。葛野麻呂に天皇の着用する被《ふすま》三領・天皇の着用する衣一襲《ひとかさね》・金二百両、道益《みちます》に天皇の着用する衣一襲・金百五十両を下賜した。

日本後紀　巻第十一（逸文）　起㆓延暦二十二年三月㆒尽㆓同十二月㆒

左大臣正二位兼行左近衛大将臣藤原朝臣冬嗣等奉㆑勅撰

皇統弥照天皇　桓武天皇

○三月丁巳、詔曰、入唐大使贈従二位藤原朝臣河清、銜㆓命先朝㆒、修㆓聘唐国㆒、既而帰舳迷㆑津、漂蕩物㆓故於他郷㆒、可㆑贈㆓正二位㆒、河清、贈太政大臣房前之第四子也、本名清河、唐改為㆓河清㆒、天平勝宝四年以㆓参議民部卿㆒為㆓聘唐大使㆒、天宝十二載与㆓留学生朝衡㆒同㆑舟帰朝、海路逢㆑風、漂㆓泊安南㆒、天平宝字三年遣㆓散位助外従五位下高元度等於唐国㆒迎㆓河清㆒、唐朝乱故、元度等久不㆑得㆓朝見㆒、勅云、河清、是本国貴族、朕所㆓鍾愛㆒、故且留㆑之、不㆑許㆓放還㆒、待㆓国家寧定㆒、差㆑使発遣、元度等経㆑年不㆑帰、本朝為㆑怪、宜㆘取㆓南路㆒早帰命㆖、於㆑是河清悲傷流涕、本名仲麻呂、唐朝、賜㆓姓朝氏㆒、名衡、字仲満㆒、性聡敏、好㆓読書㆒、霊亀二年、以㆑選為㆓入唐留学問生㆒、時年十有六、十九年京兆尹崔日知薦㆑之、下㆑詔褒賞、超拝㆓左補闕㆒、廿一年以㆓親老㆒上㆓請帰㆒、不㆑許、賦㆑詩曰、慕㆑義名空在、愉㆑忠孝不㆑全、報恩無㆑有日、帰国定何年、至㆓于天宝十二載㆒、与㆓我朝使参議藤原清河㆒同㆑船溥帰、任㆑風掣曳、漂㆓泊安南㆒、属㆓禄山構㆑逆、群盗蜂起、而夷撩放横、劫㆓殺衆類㆒、同㆑舟遇㆑害者一百七十余人、僅遺㆓十余人㆒、遂以㆓大暦五年正月㆒薨、時年七十三、贈㆓潞洲大都督㆒、［紀略］、古今和歌集目録」是日、造志波城使従三位行近衛中将坂上田村麻呂辞見、賜㆓彩帛五十疋・綿三百屯㆒、【紀略】○己未、大僧都伝灯大法師位行賀卒、春秋七十有五也、俗姓上毛野公、大和国広瀬郡人也、生年十五出家、廿受㆓具足戒㆒、廿五被㆑充㆓入唐留学㆒、学㆓唯識・法華両宗㆒、住㆑唐卅一年、帰来之日、歴㆔試身才㆒、東大寺僧明一難㆔問宗義㆒、頗有㆑所㆑塞、即罵曰、費㆓粮両国㆒、学植庸浅、何違㆓朝寄㆒、不㆓実帰㆒乎、法師大愧、涕泣滂沱、久在㆓他郷㆒、粗忘㆓言話㆒、長途一躓、豈妨㆓千里之行㆒、深林枯枝、何薄㆓万畝之影㆒、何則在唐之時、居㆓百高座之第二㆒、有㆓法華経疏・弘賛略・唯識僉議等卅余巻㆒、是則法師之筆削也、又写㆔得持㆔来聖経・要文五百余巻㆒、聖朝深喜㆓弘益㆒、授以㆓僧統㆒、詔付㆓門徒卅人㆒、令㆑伝㆓其業㆒矣、【類史】147撰書、【紀略】、扶桑略記 ○乙丑、賜㆓遣唐使彩帛㆒、各有㆑差、【紀略】」右京人正六位上忌部宿禰浜成等、改㆓忌部㆒為㆓斎部㆒、古語拾遺識語 ○己巳、遣唐使等於㆓朝堂院㆒拝朝、【紀略】遣㆓正六位上民部少丞斎部宿禰浜成等於新羅国㆒、大唐消息、古語拾遺識語 ○乙亥、幸㆓近江国志賀可楽埼㆒、【紀略】○丙子、幸㆓神泉㆒終日、太子、率㆓諸親王㆒起儛、侍衛之人尽称㆑慶、次侍臣共起舞、【紀略】○庚辰、遣唐大使葛野麻呂・副使石川道益賜㆑餞、宴設之事一依㆓漢法㆒、酒酣、上喚㆓葛野麻呂於御床下㆒賜㆑酒、天皇歌云、許能佐気波、於保邇波安良須、多比良可尓、何倍理伎末勢止、伊婆比多流佐気、葛野麻呂涕涙如㆑雨、侍㆑宴群臣無㆑不㆓流涕㆒、賜㆓葛野麻呂御被三領・御衣一襲・金二百両、道益御衣一襲・金一百五十両㆒、【紀略】

○夏四月壬午 二日　遣唐大使従四位上藤原《ふじわら》朝臣葛野麻呂・副使従五位上石川朝臣道益らが天皇に暇乞いをし、節刀《せっとう》を授けられた。天皇は詔《みことの》りした。（略）

○甲申 四日　天皇が神泉苑へ行幸した。

○己丑 九日　天皇が近江国の志賀《しが》の可楽崎《からさき》へ行幸した。

○辛卯 十一日　天皇が京中を巡幸した。

○戊戌 十八日　天皇が神泉苑へ行幸した。

○癸卯 二十三日　遣唐大使藤原葛野麻呂らが、次のように言上した。

今月十四日に難波《なにわ》津《づ》（大阪市中央区心斎橋のあたり）で乗船し、十六日に出航しました。（略）時に大雨と強風に襲われ、碇《いかり》が機能せず、午後一時頃風向きが変わり、船が壊れてしまいました。（略）明経《みょうぎょう》請益《しょうやく》大学《だいがくの》助教《じょきょう》豊村《とよむらの》家長《いえなが》はついに水没して行方《ゆくえ》不明となり、他に溺《おぼ》れた者は数えきれないほどです。（略）

そこで、右衛《うえ》士少志《じのしょうさかん》日下三《くさかのみ》方《かた》を派遣して急いで調査を行い、詳細を報告させることにした。

○乙巳 二十五日　摂津《せっつ》国の俘囚勲《ふしゅうくん》六等吉弥侯《きみこ》部子《べのね》成《なり》ら男女八人と陸奥《むつ》国の勲六等吉弥侯部押人《おしひと》ら男女八人に姓雄谷《おたに》を賜わった。

藤原葛野麻呂らが上表した。（略）

○戊申（二十八日）　典薬頭《てんやくのかみ》藤原朝臣貞嗣《さだつぐ》・造宮大工《ぞうぐうのだいこう》物部建麻呂《もののべのたけるまろ》らを派遣して遣唐使船と破損《はそん》した物品を調査させた。

○夏四月壬午、遣唐大使従四位上藤原朝臣葛野麻呂・副使従五位上石川朝臣道益等辞見、即授二節刀一、詔曰、云々、【紀略】○甲申、幸二神泉一、【紀略】○己丑、幸二近江国志賀可楽崎一、【紀略】○辛卯、巡二幸京中一、【紀略】○戊戌、幸二神泉一、【紀略】○癸卯、遣唐大使葛野麻呂等言、今月十四日於二難波津頭一始乗レ船、十六日進発、云々、時暴雨疾風、沈石不レ禁、未初風変打二破舟一、云々、其明経請益大学助教豊村家長、遂波没不レ知レ所レ著、沈溺之徒、不レ可二勝数一、云々、今遣二右衛士少志日下三方一、馳問二消息一、廻委曲奏上、【紀略】○乙巳、摂津国俘囚勲六等吉弥侯部子成等男女八人、陸奥国勲六等吉弥侯部押人等男女八人、賜二姓雄谷一、【類史190俘囚】」葛野麻呂等上表曰、云々、【紀略】○戊申、遣二典薬頭藤原貞嗣・造宮大工物部建麻呂等一、理二遣唐船并破損雑物一、【紀略】○

○五月甲寅（五日）　天皇が馬埒殿《うまばどの》へ出御《しゅつぎょ》して、騎乗の射《じゃ》を観覧した。

○丁巳（八日）　相模国《さがみ》の筥荷路《はこにじ》を廃止して、足柄峠《あしがらとうげ》越えの旧路を復旧した。

○丙寅（十七日）　任官があった。

○丁卯（十八日）　曲宴が催された。侍臣と近衛・内竪《ないじゅ》に身分に応じて布を下賜した。

○辛未《二十二日》　遣唐使が節刀を返還した。船が損壊して渡海《とかい》することができなくなったためである。
○壬申《二十三日》　任官があった。

○五月甲寅、御二馬埒殿一観二馬射一、類史73五月五日、紀略 ○丁巳、廃二相摸国筥荷路一、復二足柄旧路一、紀略 ○丙寅、任官、紀略 ○丁卯、曲宴、賜二侍臣及近衛・内豎布一有レ差、類史32天皇遊宴 ○辛未、遣唐使奉レ還二節刀一、以二船舶損壊不一レ得二渡海一也、紀略 ○壬申、任官、紀略

○六月庚辰《一日》　天皇が神泉苑へ行幸した。
○辛巳《二日》　曲宴が催された。侍臣に身分に応じて銭を下賜した。
○癸未《四日》　天皇が次のように勅した。
　去年は穀物《こくもつ》が稔《みの》らず、民の生業は失われて乏しくなっている。富裕《ふゆう》な者は余裕があるが、穀物を売り出すとなると高値をつけ、貸すとなると高利を求めるので、貧民たちはますます貧しく、富家はいよいよ富む事態となっている。平等に民を救う方策からすれば、このようなことがあってはならない。そこで、大和国へ使人を派遣して、余裕のある者の貯穀《ちょこく》を割《さ》きとって不足の者に無利子で貸し付け、秋の収納時には租税よりも優先

して返納させるようにせよ。もし、今年も不作となり、返納が不能になるようなことがあれば、国の貯穀である正税《しょうぜい》を返納分に充て、正税分は後日返せなくなった者から取り立てよ。

○己丑十日　任官があった。

○癸巳十四日　曲宴が催された。五位以上の者に衣を下賜した。

○庚子二十一日　丹生神社《にうじんじゃ》に奉幣《ほうべい》した。長雨の止雨を祈願してのことである。

○六月庚辰朔、幸二神泉一、紀略 ○辛巳、曲宴、賜二侍臣銭一各有レ差、類史32天皇遊宴 ○癸未、勅、去年不レ登、民業絶乏、富贍之輩、唯有二余儲一、糶則要以二貴価一、借則責二之大利一、因レ玆貧民弥貧、富家逾富、均済之道、良不レ須レ然、宜下遣二使大和国一、割二折有余之貯一、仮二貸不足之徒一、収納之時、先俾上レ報之、若遭二凶年一有二未納一者、賜以二正税一、後徴二負人一、類史84貸借・173凶年 ○己丑、任官、紀略 ○癸巳、曲宴、賜二五位已上衣一、類史32天皇遊宴 ○庚子、奉二幣丹生一、為レ止二霖雨一也、紀略

○秋七月己酉一日　天皇が神泉苑へ行幸した。

○乙卯七日　天皇が相撲《すまい》を観覧した。

○癸亥十五日　任官があった。

○秋七月己酉朔、幸㆓神泉㆒、紀略 ○乙卯、観㆓相撲㆒、類史73相撲 ○癸亥、任官、紀略

○八月庚寅 十二日 天皇が梅原宮《うめはらのみや》（京都市北区上賀茂本山のあたりに所在した離宮）へ行幸した。
○辛卯 十三日 右京の人正六位上長倉王《ながくらおう》を多褹《たね》島《とう》へ配流した。天皇に対し不敬となる発言を行ったことによる。
○乙未 十七日 天皇が柏野《かしわの》および水生野《みなせの》で狩猟した。
○丁酉 十九日 天皇が伊予《いよ》親王の愛宕庄《おたぎのしょう》（山城国愛宕郡内の別荘。ただし未詳）へ行幸した。
○甲辰 二十六日 天皇が葛野《かどの》川《がわ》へ行幸した。
○乙巳 二十七日 天皇が北野《きたの》で狩猟した。途中伊予親王の大井庄《おおいのしょう》（大堰付近の別荘。ただし未詳）に立ち寄った。

○八月庚寅、幸㆓梅原宮㆒、紀略 ○辛卯、右京人正六位上長倉王配㆓多褹嶋㆒、以㆓言語不諱㆒也、類史87配流 ○乙未、遊㆓猟于柏野及水生野㆒、類史32天皇遊猟、紀略 ○丁酉、幸㆓伊予親王愛宕庄㆒、紀略 ○甲辰、幸㆓葛野川㆒、紀略 ○乙巳、遊㆓猟北野㆒、便過㆓伊予親王大井荘㆒、類史32天皇遊猟、紀略

○九月壬子 四日 曲宴が催された。侍臣および近衛に身分に応じて綿を下賜した。
○癸丑 五日 天皇が神泉苑へ行幸した。
○丁巳 九日 天皇が西八条院《にしはちじょういん》（右京八条に営まれた離宮か）へ行幸した。
○戊午 十日 従四位下三嶋《みしま》宿禰広宅《ひろやけ》に得度《とくど》の枠二人分を賜わった。
○甲子 十六日 曲宴が催された。侍臣に被衣《ひい》を下賜した。
○丁卯 十九日 藤原朝臣上子《かみこ》に得度の枠四人分を賜わった。
○癸酉 二十五日 天皇が的野《いくはの》で狩猟した。五位以上の者に身分に応じて銭を賜わった。
○甲戌 二十六日 天皇が北野で狩猟した。

○九月壬子、曲宴、侍臣及近衛賜レ綿有レ差、[類史]32天皇遊宴 ○癸丑、幸二神泉一、[紀略] ○丁巳、幸二西八条院一、[紀略] ○戊午、賜二従四位下三嶋宿禰広宅度二人一、[類史]187度者 ○甲子、曲宴、賜二侍臣被衣一、[類史]32天皇遊宴 ○丁卯、賜二藤原朝臣上子度四人一、[類史]187度者 ○癸酉、遊二猟于的野一、賜二五位已上銭一有レ差、[類史]32天皇遊猟、[紀略] ○甲戌、遊二猟于北野一、[類史]32天皇遊猟、[紀略]

○冬十月戊寅 一日 天皇が神泉苑へ行幸した。
○庚辰 三日 天皇が大原野で狩猟した。侍臣に被衣を下賜した。

○壬午五日　藤原縄主《ただぬし》を装束司長官《しょうぞくしのちょうかん》に任じ、橘安麻呂《たちばなのやすまろ》・池田春野《いけだのはるの》を副《ふく》に任じ、従三位藤原乙叡《たかとし》を御前長官《ごぜんのちょうかん》に任じた。和泉《いずみ》国の日根野《ひねの》に行幸するためである。

○壬寅二十五日　大徳《だいとく》親王が死去した。桓武天皇の第十一子で、行年は六であった。

○丙午二十九日　次のように制定した。

崇福寺《すうふくじ》は天智《てんじ》天皇が建立した寺である。梵釈寺《ぼんしゃくじ》の別当《べっとう》大法師常騰《じょうとう》に、併せて監督させよ。

○冬十月戊寅朔、幸二神泉一、紀略 ○庚辰、遊二猟大原野一、賜二侍臣被衣一、類史32天皇遊猟、紀略 ○壬午、藤原縄主為二装束司長官一、橘安麻呂・池田春野為レ副、従三位藤原乙叡為二御前長官一、為レ幸二和泉国日根野一、紀略 ○壬寅、大徳親王薨、皇帝第十一子、時年六歳、紀略 ○丙午、制、崇福寺者、先帝之所レ建也、宜レ令三梵釈寺別当大法師常騰、兼加二検校一、類史180諸寺、紀略

○閏《うるう》十月戊申一日　参議《さんぎ》左兵衛督《さひょうえのかみ》兼造東大寺長官《けんぞうとうだいじのちょうかん》紀《き》朝臣勝長《かつなが》を近江国の蒲生野《がもうの》（滋賀県東近江市および蒲生郡安土町・日野町・東近江市のあたり）へ派遣して、行宮《かりみや》を造らせることにした。

○癸亥十六日　天皇が近江国の蒲生野へ行幸した。

○庚午（二十三日）　最澄《さいちょう》和尚《かしょう》が大宰府《だざいふ》の竈門山寺《そうもんさんじ》（大宰府北東に位置する宝満山《ほうまんさん》〈竈門《かまど》山《やま》〉に所在した寺）で、唐へ渡る四隻《せき》の遣唐使船が無事に着くことを祈願して、栴檀《せんだん》で薬師仏四体を造った。高さは六尺余あり、名号《みょうごう》を無勝浄土善名《むしょうじょうどぜんみょう》称《しょう》吉祥《きちじょう》王如来《おうにょらい》と言った。

○甲戌（二十七日）　天皇が次のように詔りした（宣命体《せんみょうたい》）。

（略）近江の行宮所《かりみやどころ》を朕が見ると、山々は麗《うるわ》しく、野は平地が続き、気持ちが穏やかになる。そこで、朕が滞在する栗太《くるもと》・甲賀《こうが》・蒲生《がもう》三郡の今年の田租《たぢから》を免除する。また奉仕する国司・郡司には官位を上げ、介《すけ》・掾《じょう》らには賞物《たまもの》を賜うことにする。

本日天皇は近江国から戻った。

○閏十月戊申朔、遣二参議左兵衛督兼造東大寺長官紀朝臣勝長於近江国蒲生野一、造二行宮一、[紀略] ○癸亥、行三幸近江国蒲生野一、[類史]83免租税、[紀略] ○庚午、最澄和上、於二大宰府竈門山寺一、為三渡海四船平達一、敬二造檀像薬師仏四軀一、高六尺余、其名号無勝浄土善名称吉祥王如来、扶桑略記、覚禅抄四 ○甲戌、詔曰、云々、近江行宮所乎御覧尓、山々毛麗久、野母平之弖、御意毛於太比尓志弖御坐之、故是以御坐世留栗太・甲賀・蒲生三郡乃今年田租免賜不、又勤仕国郡司尓、官冠上賜不、又介・掾等有レ賞、[類史]83免租税、[紀略]」是日、車駕帰レ自二近江国一、[紀略]

○十一月戊寅《一日》　本日は朔旦冬至《さくたんとうじ》（十一月一日が冬至となる）である。百官が参内《さんだい》して次のように上表した。

　私たちは、「思うに、有徳者は万物を主宰する天を感応させて、それにより地の神が地上に瑞兆《ずいちょう》をもたらし、有徳の天子が地上を治めると、天文のなかに瑞祥《ずいしょう》が現れる」と聞いています。伏して思いますに、天皇陛下は古《いにしえ》の聖哲王を模範として帝業を受け継ぎ、極まりない霊妙な能力を身につけ、教化を明らかにし、功業は国中に行きわたり、徳はあらゆる方向に及んでいます。伏して、今年の暦《れき》を調査しますと、十一月戊寅は朔旦冬至となります。また、陰陽寮《おんようりょう》は「老人星《ろうじんせい》（南極星）が出現しました」と奏上しています。私たちが謹んで調査しますと、『元命苞《げんめいほう》』（吉凶禍福の予言を記した春秋時代の緯《い》書《しょ》）に「老人星はめでたい瑞兆《ずいちょう》の星である。出現すれば、穏やかに治まり、長寿をもたらす」とあり、『史記《しき》』に「前漢《ぜんかん》の第七代皇帝武帝《ぶてい》の辛巳の年（紀元前百年）に朔旦冬至となった。そのとき孫卿《そんけい》（漢代斉の人。公孫卿）が、中国古代の伝説上の皇帝である黄帝《こうてい》（軒轅《けんえん》）が神聖な鼎《かなえ》と筴《めどき》（占いの道具）を得たのが己酉朔旦冬至の年で、朔旦冬至は自然の運行が一の区切りに至り、新しい時代の始まりに当たる。いま（武帝の辛巳の年）は黄帝の時代と同じ新しい時代の始まりである、と言った」と見えています。そこで、天子武帝は喜んで天を祀《まつ》る郊《こう》の祭礼を行い、天を主宰する泰一《たいいつ》（北極星）を祀ったのでした。朔旦冬至により、玉律《ぎょくりつ》（玉で作られた調律の基準となる笛）が音階を整えるように天地の運行は整い、福の到来にますますめでたく、陛下の身体は輝きを増し、優れた治政はさらに長く続くことになりましょう。天が地上の善悪を照覧して道のよく行われている状態を慈しまなかったり、天皇の優れた精神が現れてそれに感応しないことがあるでしょうか。私たちにとり、生涯の本当の幸いであり、栄えた世に会い、潤《うるお》いますのはまことに天皇陛下の霊力によります。喜びで、誰しもが手を打ち、舞い踊る思いであり、この喜びに堪えず、謹んで参内《さんだい》して表を上呈し、申し上げるしだいです。

○己卯〔二日〕　和泉国が物を献上した。宴会を催し、四位以上の者に衣被を下賜した。

天皇が次のように勅した。

いま聞くところによると、京内で騎馬の者は道路を通らず、好んで垣下《えんか》（側溝と築地《ついじ》塀の間に設けられた犬走り）を進むので、その基礎部分が崩れやすく、歩行者に害をなしており、その状態を調査するに、騎馬の者の振る舞いはまことに取り締まる必要があるという。このような事態になってしまったのは、取り締まるべきを取り締まっていない役所の怠慢である。今後は左右京職が厳しく取り締まり、辻などに高札を立て、このようなことのないようにせよ。

○壬辰〔十五日〕　天皇が次のように詔りした。

天地は万物を覆い載せて生育し、時に従い万物生成の根元である気を敷きのべ、天の神が万民を化育し、万物に利益を与えて仁を弘めている。ところで、朕は徳が少ないにもかかわらず先皇のあとを嗣《つ》いで皇位に即《つ》き、天下を治めて万民を慈しみ養っている。しかし、朕の治政は民を潤すことがなく、天下が治まり、民の富んでいることを歌った南風の詩を期するものの、恵みが十分でないので、中国古代の名君東戸《とうこ》に及ばず恥《は》ずかしく思っている。ところで、近頃、陰陽寮が老人星が出現したと奏上し、また、今年十一月朔旦冬至に、皇太子（安殿親王）と百官《ひゃっかん》が祝賀の上表文を呈出して、「朔旦冬至では黄帝の時に神聖な鼎《かなえ》と筴《めどき》を得て文物・制度を定め、堯《ぎょう》（陶唐）の時代にめでたい星が出現しました。このたびの朔旦冬至をこのような前例に考え併せると、まことによい吉兆です。天の助けに古今の違いはありません。長期にわたる天皇陛下の功業は求めることなく達成され、平和で人々の間に差がない和同の政化は、陛下が口にされずともひとりでに成就されましょう」と言ってきた。朕が思うに、神聖な兆しである朔旦冬至となるのは、高徳による政治が行われているからであり、それをもたらす天のおおいなる働きかけは、最高の徳である仁に通じている。しかし、顧みて朕の愚かなことを思うと、ただ恥じいるばかりである。そこで恩沢《おんたく》を施し、天の意思に応えようと思う。延暦二十二年十一月十五日の夜明け以前の、徒罪《ずざい》（懲役刑）以下は軽重を問わず、すべて赦《ゆる》せ。ただし、八虐《はちぎゃく》・故殺人・謀殺・強窃二盗・私鋳銭《しじゅせん》および常赦《じょうしゃ》により赦免されない罪は恩赦の限りとしない。敢えて今回の赦以前の罪を訴えでた場合は、その罪をもって訴えでた者を処罰せよ。王公以下に賜物を行え。ただし、忠義を尽くして勤務成績をあげている者には特別に褒《ほ》め称《たた》えて位を上げよ。内外（京と地方）の文武官の主典《しゆてん》以上の者に位一級を叙《じよ》せ。ただし、正六位以上の者は進級させず、賜物を行え。天下の高年百歳以上の者には穀《こく》二斛《こく》、九十歳以上の者に一斛、八十歳以上の者に五斗《と》を与えよ。願わくは、人民を憐れむ朕の気持ちが天に届き、天の示した瑞兆《ずいちょう》に応えた民への恩沢が国中に及ぶことを。遠方の地までこの詔りを布告して、民に朕の意を知らせよ。

本日、叙位があった。（略）

○十一月戊寅朔、朔旦冬至、是日、百官詣レ闕、上表曰、臣聞、惟徳動レ天、則霊祇表レ瑞、乃神司レ契、則懸象呈レ祥、伏惟、天皇陛下、則レ哲承レ基、窮レ神闡レ化、功被二有截一、徳輝二無方一、伏検二今年暦一、十一月戊寅朔旦冬至、又有司奏偁、老人星見、臣等謹案、元命苞曰、老人星者瑞星也、見則治平主レ寿、史記曰、漢武帝得二辛巳朔旦冬至一、孫卿曰、黄帝得二宝鼎・神策一、是歳己酉朔旦冬至、得二天之紀一、終而復始、今与二黄帝時一等、於レ是天子悦之、如レ郊拝二泰一一、玉律諧レ序、迎福之慶方長、金彩舒レ暉、延暦之期逾遠、豈非下天鑑照明、不レ愛二其道一、神心顕著、在上レ感二斯通一、臣等生涯信幸、沾二奉会昌一、允在二人霊一、疇無二抃躍一、不レ任二鳧藻之至一、謹詣レ闕奉レ表以聞、〔類史〕74冬至・165星、〔紀略〕」和泉国献レ物、宴飲、賜二四位已上衣被一、〔類史〕78献物 ○己卯、勅、今聞、騎乗之輩、不レ由二道路一、好就二垣下一、基地易レ崩、徒歩有レ妨、量二夫景迹一、良合二懲粛一、然則応レ禁不レ禁怠在二所由一、自レ今而後、左右京両職厳加二捉搦一、兼牓二街巷一、勿レ令二更然一、類史79禁制 ○壬辰、詔曰、天地覆燾、順レ時播レ気、皇王亭育、利レ物弘レ仁、朕以二寡昧一、嗣登二鴻基一、臨二馭八紘一、撫二養万類一、政道無レ洽、方思二南薫一、恵沢未レ淳、尚慙二東戸一、比有司奏偁、老人星見、又今年十一月朔旦冬至、皇太子某及百官表賀曰、軒轅之年、宝鼎呈レ祉、陶唐之世、金精表レ図、稽二之前脩一、誠合二嘉瑞一、天之所レ祐、古今寧殊、可レ久可レ長之功、不レ召而方至、太平大同之化、不レ言而自成、朕以、霊徴之攸レ臻、必資二厚徳一、休命之所レ感、乃通二至仁一、顧惟二庸虚一、但増二慙歎一、思下施二凱沢一、以答中天情上、自二延暦廿二年十一月十五日昧爽一以前、徒罪以下、□無二軽重一悉皆赦除、但犯八虐・故殺人・謀殺人・強窃二盗・私鋳銭・常赦所レ不レ免者、不レ在二赦限一、敢以二赦前事一相告言者、以二其罪一罪之、其王公以下、宜レ加二賞賜一、但能尽二忠力一、先有二勤効一者、特加二爵賞一、用申二哀寵一、内外文武官主典已上叙二爵一級一、正六位上者宜二量賜レ物、天下高年百歳以上穀二斛、九十以上一斛、八十以上五斗、庶恤隠之旨、感二於上玄一、珍貺之応、被二於中壌一、布二告遐邇一、知二朕意一為、類史74冬至・86赦宥、紀略 是日、叙位云々、政事要略二五、紀略

○十二月丁未一日 曲宴が催された。五位以上の者に衣被を下賜した。

○戊申二日 夜、野生の狐が宮中で鳴いた。

○辛亥 五日 右大臣従二位神王《みわおう》が奉献した。一日中宴を催し、飲食を行った。侍臣に衣、近衛将監以下、近衛以上の者に身分に応じて物を下賜した。

日本後紀 巻第十一 （逸文）

○十二月丁未朔、曲宴、賜㆓五位已上被衣㆒、類史75曲宴 ○戊申、夜、野狐鳴㆓禁中㆒、紀略 ○辛亥、右大臣従二位神王奉献、宴飲終日、賜㆓侍臣衣、及近衛将監以下近衛以上物㆒有㆑差、類史78献物

日本後紀 巻第十一 （逸文）

日本後紀　巻第十二　延暦二十三年正月より同二十四年六月まで

左大臣正二位兼行左近衛大将臣藤原朝臣冬嗣ら勅を奉《うけたまわ》りて撰す

皇統弥照天皇《あまつひつぎいやてらすすめらみこと》　桓武天皇《かんむてんのう》

○二十三年春正月丁丑《一日》　天皇が大極殿《だいごくでん》に出御《しゅつぎょ》して、朝賀《ちょうが》を受けた。武蔵国《むさしのくに》が木連理《もくれんり》（二本の木の枝が連らなり、一つとなっているもの）が見出されたと言上《ごんじょう》し、近江《おうみ》国が白雀《はくじゃく》を献上した。天皇は次侍従《じじじゅう》以上と前殿《ぜんでん》で宴を催し、被《ふすま》を下賜した。

○戊寅《二日》　茨田親王《まんたしんのう》が名を万多《まんた》と改めた。

○辛巳《五日》　其《その》内親王（高志《こし》内親王）の局《つぼね》で曲宴が催された。高志内親王〈淳和贈皇后《じゅんなぞうこうごう》〉に三《さん》品《ぼん》、従《じゅ》六位下《いのげ》池原朝臣薭守《いけはらのあそんひえもり》に従五位下を授け、三位以上の者に被、五位以上の者および六位以下の藤原氏《ふじわらし》の人たち（高志内親王の母は藤原良継《よしつぐ》の女《むすめ》乙牟《おとむ》漏《れ》）に綿を賜わった。

○癸未《七日》　天皇が次のように勅した。

勝《すぐ》れた仏教の真理についてさまざまな説があるとは言え、主旨は同一であるが、三《さん》論《ろん》・法相《ほっそう》両宗の僧侶は相手を目にすると、論争を始めている。これは、後代の仏教を学ぶ者に教理を競わせ、学問を深めることを意図してのことかと思われるが、聞くところによると、諸寺において仏教を学ぶ学生《がくしょう》は、三論を学ぶ者は少数で法相宗に所属する者が多く、宗勢の強弱を見て有力な宗派につく学生により教界が汚され、仏教の真理の追究が疎《おろそ》かになっているという。そこで年分の得度《とくど》枠は毎年三論・法相ともに五人とし、その年に学業を満たしている者がいない場合は定員枠は欠員のままとして、他宗の者で補充することは認めないこととせよ。両宗の学生には諸々《もろもろ》の経典や論疏《ろんしょ》を読ませることとし、『法華経《ほけきょう》』と『金光明最勝王経《こんこうみょうさいしょうおうきょう》』は、旧例により両宗ともに読み、『華厳経《けごんきょう》』と『大般涅槃経《だいはつねはんきょう》』はどちらか一つを選択させ、経典と論疏双方に通熟した者を得度させよ。諸々の論疏を読んでも経典を読んでいない者は、得度を許さない。経典と論疏を広く学び仏教の教義を奥深くまで習得していれば、漢音《かんおん》を学んでいなくてもよしとせよ（延《えん》暦《りゃく》十二年四月丙子条制で漢音習得を義務づけていた）。今後は永く以上の決定を恒法とせよ。

○甲申（八日）　天皇が五位以上の者と宴を催した。身分に応じて物を下賜した。

○丁亥（十一日）　天皇が次のように勅した。

年来、諸国の僧侶は戒律を守らない者が多く、仏教の教えを汚す行為をなす者は追放処分にしている。しかし、特別に広く寛大な措置をとることにする。老いて学徳のある者を優遇し、過《あやま》ちを改めれば、もと居住していた本寺に住むことを許せ。また、智識と行《おこな》いが立派で、人の師となり得る者を選び、講師《こうじ》に抜擢して、僧侶を指導させよ。聞くところによると、講師の任につきながら、妻子をもつような濫《みだ》りがわしいことを行い、改過《かいか》を詐称して、妻子を棄縁していない者がいるという。これは僧綱《そうごう》の講師任用の失敗であり、国司《こくし》が僧綱の不適切な講師任用に阿《おも》ねり容認したことによる。これ以上に仏教の教法に違い、無視する行為はない。このようなことをなす者はすべて追放し、僧綱・国司が不適切な講師任用を改めなければ、実情に応じて処罰せよ。

正五位下藤原朝臣今川《いまかわ》・藤原朝臣縵麻呂《かずらまろ》・藤原朝臣継業《つぐなり》に正五位上を授けた。

○己丑《十三日》　左京の人正六位上□□朝臣今継《いまつぐ》らに姓三棟《みむね》朝臣を賜わった。

○辛卯《十五日》　夷《えみし》第一等《だいいっとう》浦田臣《うらたのおみ》史《し》闔儺《こな》に外従五位下を授けた。

○壬辰《十六日》　天皇が五位以上の者と宴を催した。身分に応じて物を下賜した。

○癸巳《十七日》　天皇が馬埒殿《うまばどの》へ行幸《みゆき》して、射《じゃ》を観覧した。

○乙未《十九日》　武蔵《むさし》・上総《かずさ》・下総《しもうさ》・常陸《ひたち》・上野《かみつけ》・下野《しもつけ》・陸奥《むつ》等の国の糒《ほしいい》一万四千三百十五斛《こく》・米九千六百八十五斛を陸奥国小田郡の中山柵《なかやまのさく》（宮城県石巻市に所在したか）へ運んだ。蝦夷を征討するためである。

○丙申《二十日》　天皇が水生野《みなせの》で狩猟した。本日は寒く、野中において五位以上の者に衣《きぬ》を下賜した。

○戊戌（二十二日）　律師《りっし》伝灯大法師位《でんとうだいほっしい》如宝《にょほう》が次のように言上した。

招提寺《しょうだいじ》（唐招提寺）は唐の大和尚鑑真《だいわじょうがんじん》が朝廷のために建立した寺であります。天平宝字《てんぴょうほうじ》三年に勅で没官地《もっかんち》（官の没収地。ここは平城京右京五条二坊に所在した新田部親王の旧邸宅地）を賜わり寺を建て、名を招提寺としたのでした。また、越前《えちぜん》国の水田六十町と備前《びぜん》国の田地十三町が賄《まかな》いのために施入《せにゅう》されました。戒律を学習させるようになってほぼ五十年を経過しています。仏教の教説を記した経典と戒律を記した律《りつ》は備わっていますが、講読が行われていません。これは鑑真の予《かね》ての思いに反し、仏教の教えを広めようとしたこの上ない志を満たしていません。そこで伏して、永く経《きょう》と律を講読することにし、賜田《しでん》の収益を律の講究の費用に充てることを要望します。このようにすれば、唐招提寺の学問は永く廃《すた》れることがなく、鑑真の遺志が朽ちることなく引き継がれることになりましょう。

この言上は許可された。

○己亥（二十三日）　次のように制定された。

延暦十一年七月三日の格《きゃく》では「六世《ろくせ》以下の王が賜姓を願いでた場合は、願うところの姓を注記して太政官《だいじょうかん》へ上申し、太政官の返報を得たのちに改姓することとし、官への上申を経ることなく賜姓してはならない」と指示しているが、年来のあり方を見ると、賜姓を申請する者がおらず、王号を称し続ける事態となっており、賜姓を推進しようとした格旨に反している。今後は王のままでよい嫡子《ちゃくし》を除き、賜姓を申請しない者は計帳に登載しないこととせよ。疎《おろそ》かにせず励行せよ。

淡路《あわじ》国の困窮した百姓《ひゃくせい》の未納の税（公出挙《くすいこ》に出されながら返納されていない稲）九万三千九百束《そく》を免除した。

○庚子　二十四日　従五位下笠《かさ》朝臣庭麻呂《にわまろ》を大和介《やまとのすけ》に任じ、外従五位下津宿禰《つのすくね》　源《みなもと》を山城《やましろ》介に任じ、従五位下大中臣《おおなかとみ》朝臣弟枚《おとひら》を伊賀守《いがのかみ》に任じ、従五位下大荒城臣忍国《おおあらきのおみおしくに》を遠江《とおとうみ》介に任じ、従五位上高倉《たかくら》朝臣殿継《とのつぐ》を駿河《するが》守に任じ、従五位下藤原朝臣真《ま》雄《かつ》を近江権介《おうみのごんのすけ》に任じ、大内記《だいないき》従五位下平群《へぐり》朝臣真常《まつね》を兼近江大掾《だいじょう》に任じ、従五位下和《やまと》　朝臣弟長《おとなが》を信濃《しなの》介に任じ、中衛少将《ちゅうえのしょうしょう》従四位下巨勢《こせ》朝臣野足《のたり》を兼下野守に任じ、従五位下大中臣《おおなかとみ》朝臣常麻呂《つねまろ》を下野介に任じ、従五位下佐伯《さえき》宿禰社屋《もりや》を出羽《でわ》守に任じ、従五位下藤原朝臣山人《やまひと》を越中《えっちゅう》権介に任じ、従五位下和朝臣氏継《うじつぐ》を越後《えちご》介に任じ、従四位下安倍《あべ》朝臣弟当《おとあて》を丹波《たんば》守に任じ、従五位下淡海真人《おうみのまひと》有成《ありなり》を丹波介に任じ、従五位下大秦公《うずまさのきみ》宿禰宅守《やかもり》を因幡《いなば》介に任じ、従五位下石川《いしかわ》朝臣宗成《むねなり》を備後《びんご》守に任じ、従五位下百済　王　忠　宗《くだらのこにきしちゅうそう》を伊予《いよ》介に任じ、従五位下藤原朝臣藤継《ふじつぐ》を大宰《だざいの》少弐《しょうに》に任じ、正五位上藤原朝臣縵麻呂を豊前《ぶぜん》守に任じ、従五位下藤原朝臣真書《まふみ》を豊後《ぶんご》守に任じた。

○辛丑　二十五日　天皇が神泉苑《しんせんえん》へ行幸した。

○壬寅　二十六日　但馬《たじま》国の国府を気多《けた》郡高田郷《たかだごう》へ移した。

○甲辰《二十八日》　刑部卿《ぎょうぶきょう》陸奥出羽按察使《あぜち》従三位坂上大宿禰田村麻呂《さかのうえのおおすくねたむらまろ》を征夷大将軍《せいいたいしょうぐん》に任じ、正五位下百済王教雲《きょううん》・従五位下佐伯宿禰社屋・外従五位下道嶋《みちしま》宿禰御楯《みたて》を副将軍に任じ、軍監《ぐんげん》八人、軍曹《ぐんそう》二十四人をおいた。

○乙巳《二十九日》　安芸《あき》国の野《や》三百町を甘南備《かんなび》内親王に賜わった。内親王は賜地を牧《まき》とした。

日本後紀　巻第十二　起㆓延暦廿三年正月㆒尽㆓廿四年六月㆒

左大臣正二位兼行左近衛大将臣藤原朝臣冬嗣等奉㆑勅撰

皇統弥照天皇　桓武天皇

○廿三年春正月丁丑朔、御㆓大極殿㆒受㆓朝賀㆒」武蔵国言、有㆓木連理㆒、近江国献㆓白雀㆒」宴㆓次侍従已上於前殿㆒賜㆑被、○戊寅、改㆓茨田親王名㆒為㆓万多㆒、○辛巳、曲㆔宴其内親王之房㆒、授㆓親王三品㆒、（淳和贈皇后也、）従六位下池原朝臣薭守授㆓従五位下㆒、賜㆓三位以上被、五位以上及六位以下藤原氏等綿㆒、○癸未、勅、真如妙理、一味無二、然三論・法相両宗菩薩、目撃相諍、蓋欲㆑令㆘後代学者、以競㆓此理㆒、各深㆗其業㆖歟、如聞、諸寺学生、就㆓三論㆒者少、趣㆓法相㆒者多、遂使㆓阿党凌奪、其道疏浅㆒、宜㆓年分度者、毎年宗別五人為㆑定、若当年無㆓堪㆑業者㆒、闕而莫㆑塡、不㆑得㆘以㆓此宗人㆒、補㆗彼宗数㆖、但令㆔二宗学生、兼読㆓諸経幷疏㆒、法華・最勝、依㆑旧為㆓同業㆒、華厳・涅槃、各為㆓一業㆒、経論通熟、乃以為㆑得、雖㆑読㆓諸論㆒、若不㆑読㆑経者、亦不㆓得度㆒、其広渉二経論一、習レ義殊高者、勿レ限二漢音一、自レ今以後、永為二恒例一、○甲申、宴二五位以上一、賜レ物有レ差、○丁亥、勅、頃年諸国緇徒、多虧二戒行一、既汚二法教一、先従二擯出一、然而特降二弘恕一、厚優二耆宿一、其有二改レ過者一、聴レ住二本寺一、又簡下智行可レ称、堪レ為二人師一者上、擢任二講師一、化二導釈侶一、如聞、苟忝二講師一、或事二姧濫一、詐称二改過一、未レ捨二妻孥一、此乃僧綱簡択所レ失、国司阿容任レ意、違レ教慢レ法、莫二過レ斯甚一、宜下有二此類一、一従中擯却上、其僧綱・国司、猶不二悛革一、量レ情科貶、」正五位下藤原朝臣今川・藤原朝臣縵麻呂・藤原朝臣継業授二正五位上一、○己丑、左京人正六位上□□朝臣今継等賜二姓三棟朝臣一、○辛卯、夷第一等浦田臣史閫儺授二外従五位下一、○壬辰、宴二五位已上一、賜レ物有レ差、○癸巳、幸二馬埒殿一観レ射、○乙未、運二武蔵・上総・下総・常陸・上野・下野・陸奥等国糒一万四千三百十五斛・米九千六百八十五斛於陸奥国小田郡中山柵一、為レ征二蝦夷一、○丙申、遊二猟水生野一、是日、天寒、於二野中一賜二五位已上衣一、○戊戌、律師伝灯大法師位如宝言、招提寺者、斯唐大和上鑑真、為二聖朝一所レ建也、天平宝字三年、勅、以二没官地一賜レ之、名為二招提寺一、又以二越前国水田六十町・備前国田地十三町一、充二給供料一、令レ学二戒法一以来、殆五十年、雖レ有二経・律一、未レ経二披講一、一則乖二和上之素意一、一則闕二弘道之至志一、伏望、令下永代伝講、便用二賜田一、充中律供儲上、然則招提之宗、久而無レ廃、先師之旨、没而不レ朽、許レ之、○己亥、制、延暦十一年七月三日格、六世已下王、情二願賜レ姓者、注㆓所㆑願之姓㆒、先申㆑官待㆑報、然後改之、不㆑得㆓輙行㆒者、頃年之間、未㆑有㆓申請㆒、既違㆓格旨㆒、自㆑今以後、除㆓承嫡㆒之外、猶不㆑改者、宜㆘抑㆓止計帳㆒、不㆖㆑得㆓疏□㆒」免㆓淡路国窮民負税九万三千九百束㆒、○庚子、従五位下笠朝臣庭麻呂為㆓大和介㆒、外従五位下津宿禰源為㆓山城介㆒、従五位下大中臣朝臣弟枚為㆓伊賀守㆒、従五位下大荒城臣忍国為㆓遠江介㆒、従五位上高倉朝臣殿継為㆓駿河守㆒、従五位下藤原朝臣真雄為㆓近江権介㆒、大内記従五位下平群朝臣真常為㆓兼大掾㆒、従五位下和朝臣弟長為㆓信濃介㆒、中衛少将従四位下巨勢朝臣野足為㆓兼下野守㆒、従五位下大中臣朝臣常麻呂為㆑介、従五位下佐伯宿禰社屋為㆓出羽守㆒、従五位下藤原朝臣山人為㆓越中権介㆒、従五位下和朝臣氏継為㆓越後介㆒、従四位下安倍朝臣弟当為㆓丹波守㆒、従五位下淡海真人有成為㆑介、従五位下大秦公宿禰宅守為㆓因幡介㆒、従五位下石川朝臣宗成為㆓備後守㆒、従五位下百済王忠宗為㆓伊予介㆒、従五位下藤原朝臣藤継為㆓大宰少弐㆒、正五位上藤原朝臣縵麻呂為㆓豊前守㆒、従五位下藤原朝臣真書為㆓豊後守㆒、○辛丑、幸㆓神泉苑㆒、○壬寅、遷㆓但馬国治於気多郡高田郷㆒、○甲辰、刑部卿陸奥出羽按察使従三位坂上大宿禰田村麻呂為㆓征夷大将軍㆒、正五位下百済王教雲・従五位下佐伯宿禰社屋・外従五位下道嶋宿禰御楯為㆑副、軍監八人、軍曹廿四人、○乙巳、安芸国野三百町賜㆓甘南備内親王㆒、以為㆓牧地㆒、

○二月丙午《一日》　中務大輔《なかつかさのたいふ》従四位上三嶋《みしま》真人名継《なつぐ》を兼衛門督《えもんのかみ》に任じた。
○戊申《三日》　天皇が、西八条院および五条院へ行幸した。五位以上の者に衣を下賜した。
○庚戌《五日》　大和国の石上社《いそのかみしゃ》の武器を山城国葛野《かどの》郡へ運び収めた。
○甲寅《九日》　従五位下浄宗王《きよむねおう》を少納言に任じた。
○癸亥《十八日》　従五位下大宅《おおやけ》真人継成《つぐなり》を大監物《だいげんもつ》に任じ、従四位下大庭王《おおにわおう》を内匠頭《たくみのかみ》に任じ、従五位下大《おお》中臣朝臣魚取《うおとり》を内匠助に任じ、従五位下下毛野《しもつけぬ》朝臣年継《としつぐ》を諸陵助《しょりょうのすけ》に任じ、従五位下大伴《とも》宿禰久米主《くめぬし》を主税《ちから》頭に任じ、従五位下大宅真人浄成《きよなり》を造兵正《ぞうへいのかみ》に任じ、従五位下藤原朝臣城主《しろぬし》を宮内少輔《くないのしょうふ》に任じ、従五位下大野《おおの》朝臣犬養《いぬかい》を左京亮《さきょうのすけ》に任じ、春宮権亮《とうぐうのごんのすけ》従五位下藤原朝臣真夏《まなつ》を春宮亮に任じ、中衛権少将《ちゅうえのごんのしょうしょう》は故《もと》のままとし、参議《さんぎ》従四位下藤原朝臣緒嗣《おつぐ》を兼山城守に任じ、右衛士督《うえじのかみ》は故のままとし、従四位下三諸《みもろ》朝臣大原《おおはら》を播磨《はりま》守に任じた。
　大和国の田租《でんそ》と地子《じし》を免除した。日照りによる被害のためである。
○乙丑《二十日》　天皇が京中を巡行した。式部卿《しきぶきょう》三品伊予親王の邸《やしき》に立ち寄り、四位以上の者に衣を下賜した。
○己巳《二十四日》　天皇が近江国志賀《しが》郡の可楽崎《からさき》へ行幸した。
○庚午《二十五日》　摂津《せっつ》国で飢饉が発生したので、使人を派遣し物を恵み与えた。
　外従五位下殖栗連宗継《えぐりのむらじむねつぐ》を美濃《みの》権介に任じた。

○二月丙午朔、中務大輔従四位上三嶋真人名継為二兼衛門督一、○戊申、幸二西八条幷五条院一、賜二五位已上衣一、○庚戌、運二収大和国石上社器仗於山城国葛野郡一、○甲寅、従五位下浄宗王為二少納言一、○癸亥、従五位下大宅真人継成為二大監物一、従四位下大庭王為二内匠頭一、従五位下大中臣朝臣魚取為レ助、従五位上下毛野朝臣年継為二諸陵助一、従五位下大伴宿禰久米主為二主税頭一、従五位下大宅真人浄成為二造兵正一、従五位下藤原朝臣城主為二宮内少輔一、従五位下大野朝臣犬養為二左京亮一、春宮権亮従五位下藤原朝臣真夏為レ亮、中衛権少将如レ故、参議従四位下藤原朝臣緒嗣為二兼山城守一、右衛士督如レ故、従四位下三諸朝臣大原為二播磨守一、」免二大和国田租幷地子一、縁二旱災一也、○乙丑、巡二行京中一、御二式部卿三品伊予親王第一、賜二四位以上衣一、○己巳、幸二近江国志賀郡可楽埼一、○庚午、摂津国飢、遣レ使賑給、」外従五位下殖栗連宗継為二美濃権介一、

○三月戊寅 三日 天皇が次侍従以上の者と宴を催した。文人に命じて詩を作らせ、身分に応じて物を下賜した。

○庚辰 五日 遣唐使が拝朝した。

○辛卯 十六日 五位以上の者に身分に応じて米を下賜した。長雨のためである。

○壬辰 十七日 従五位下藤原朝臣永真《ながざね》（永貞の誤りか）を権右少弁《ごんのうしょうべん》に任じた。

○（二十五日）庚子　大宰府《だざいふ》が次のように言上した。

大隅国桑原《くわはら》郡の蒲生駅《がもうのえき》（鹿児島県姶良《あいら》郡蒲生町）と薩摩《さつま》国薩摩郡の田尻《たじり》駅（薩摩国府〈鹿児島県薩摩川内市御陵下町・国分寺町に所在〉の近くに所在）とは離れていて、逓《てい》送《そう》の労がたいへんですので、伏して望みますには、駅家《うまや》を薩摩郡の櫟野村《いちいのむら》（鹿児島県薩摩川内市比野のあたり）に設け、百姓の苦しみを息《やす》めることを要望します。

この言上を許可した。

本日遣唐大使従四位上藤原朝臣葛野麻呂《かどのまろ》・副使従五位上石川朝臣道益《みちます》ら両人を朝廷へ喚び、宮中で餞《はなむけ》の宴を賜わった。天皇は座の側へ召して、真心のこもった言葉を賜わり、特別に恩賜の酒一杯と立派な琴一面を下賜した。宴、たけなわとなり、くつろいだなかで音楽を奏し、身分に応じて物を下賜した。

○（二十八日）癸卯　遣唐大使藤原葛野麻呂《かどのまろ》に節刀《せっとう》を授けた。

○三月戊寅、宴二次侍従以上一、命二文人一賦レ詩、賜レ物有レ差、○庚辰、遣唐使拝朝、
○辛卯、賜二五位以上米一各有レ差、以二霖雨一也、○壬辰、従五位下藤原朝臣永真為二
権右少弁一、○庚子、大宰府言、大隅国桑原郡蒲生駅与二薩摩国薩摩郡田尻駅一、相去
遥遠、逓送艱苦、伏望置二駅於薩摩郡櫟野村一、以息二民苦一、許レ之、」是日、召二遣唐
大使従四位上藤原朝臣葛野麻呂・副使従五位上石川朝臣道益等両人一、賜二餞殿上一、

近召二御床下一、綸旨慇懃、特賜二恩酒一杯・宝琴一面一、酣暢奏レ楽、賜レ物有レ差、○癸卯、授二大使葛野麻呂節刀一、

○夏四月己酉（五日）　従五位下桑田《くわた》真人木津魚麻呂《こつおまろ》を主計助《かぞえのすけ》に任じ、従五位下多治比《たじひ》真人氏守《うじもり》を主税《ちから》助に任じ、従五位下田中《たなか》朝臣八月麻呂《はつきまろ》を右衛士佐《うえじのすけ》に任じた。

○壬子（八日）　従五位下紀《き》朝臣国雄《くにお》を右大舎人《みぎのおおどねり》助に任じ、従五位下藤原朝臣城主を民部少輔《みんぶのしょうふ》に任じ、従五位下三嶋真人真影《まかげ》を宮内少輔《くないのしょうふ》に任じ、従五位下安倍朝臣宅麻呂《やかまろ》を主殿《とのも》頭に任じ、外従五位下豊山忌寸真足《とよやまのいみきまたり》を主殿助に任じ、外従五位下壬生公足人《みぶのきみたるひと》を園池《えんち》正に任じ、従五位下多治比真人家継《いえつぐ》を造東寺次官《ぞうとうじのじかん》に任じ、外従五位下日下部得足《くさかべのとくたり》を造西寺次官《ぞうさいじのじかん》に任じ、侍医《じい》外従五位下倭広成《やまとのひろなり》を兼遠江権掾《とおとうみのごんのじょう》に任じ、侍医外従五位下難波連広名《なにわのむらじひろな》を兼因幡権掾に任じ、従五位下秋篠《あきしの》朝臣全継《またつぐ》を右衛士権佐に任じ、侍従従四位下葛野王《かどのおう》を兼主馬《しゅめ》頭に任じ、従五位下紀朝臣田上《たがみ》を内廐《ないきゅう》助に任じ、従五位下百済王元勝《げんしょう》を内兵庫正《うちのひょうごのかみ》に任じた。

○丁卯（二十三日）　天皇が次のように勅した。

染色した袴《はかま》の着用について、先に規制を定めた（衣服令）が、今後は浅杉染《あさぎぞめ》（緑がかった薄い藍色）は身分の高下を問うことなく着用を許す。ただし、朝廷における公事の場で着用する朝服にあっては、上着として着用する衣と袴が同色とならないようにせよ。浅杉を濃く染めたものや他の禁止されている色の着用は許さない。

○辛未《二十七日》　次のように制定した。

浸蝕されて川となった土地は、多く田籍から外《はず》されるにもかかわらず、新しく田となった土地についての言上を聞くことがない。川の西岸が削られて公田《こうでん》が失われれば、東岸に新しく土地が出現することになるが、私地として占められてしまっている。このようなまま年数が経過すれば、公田の損失はいかばかりとなろうか。そこで、天平十四年（班田《はんでん》年で、このときはじめて本格的な班田図が作成された）以降の新しく出現した土地を詳しく調査し、言上せよ。疎漏《そろう》のないようにせよ。

中納言従三位和朝臣家麻呂《いえまろ》が死去した。従二位大納言を贈った。家麻呂は贈正一位高野《たかの》朝臣弟嗣《おとつぐ》の孫で、先祖は百済国《くだらこく》の人である。性格は木訥《ぼくとつ》で才学を欠いていたが、天皇の外戚であることにより、擢《ぬき》んでて昇進した。渡来《とらい》系で公卿《くぎょう》になったのは家麻呂が最初である。人臣として過分の出世をしたが、天から授かった才質は不十分であったというべき人物である。顕職《けんしょく》に就いても旧知の人に会うと、身分の低い者であっても嫌わず、握手して語った。この光景を見た者は感じ入ったことであった。行年七十一。

○壬申《二十八日》　従四位下紀朝臣兄原《えはら》に得度《とくど》の枠一人分を賜わった。

右兵衛《うひょうえ》大初位《だいそい》下山村曰佐駒養《やまむらのおさのこまかい》が白雀《はくじゃく》を献上した。そこで近江国の稲五百束を下賜した。

○夏四月己酉、従五位下桑田真人木津魚麻呂為㆓主計助㆒、従五位下多治比真人氏守為二主税助一、従五位下田中朝臣八月麻呂為二右衛士佐一、〇壬子、従五位下紀朝臣国雄為二右大舎人助一、従五位下藤原朝臣城主為二民部少輔一、従五位下三嶋真人真影為二宮内少輔一、従五位下安倍朝臣宅麻呂為二主殿頭一、外従五位下豊山忌寸真足為レ助、外従五位下壬生公足人為二園池正一、従五位下多治比真人家継為二造東寺次官一、外従五位下日下部得足為二造西寺次官一、侍医外従五位下倭広成為二兼遠江権掾一、侍医外従五位下難波連広名為二兼因幡権掾一、従五位下秋篠朝臣全継為二右衛士権佐一、侍従従四位下葛野王為二兼主馬頭一、従五位下紀朝臣田上為二内廏助一、従五位下百済王元勝為二内兵庫正一、〇丁卯、勅、聴レ著二染袴一、先有二限制一、自レ今以後、浅杉染、不レ論二高卑一、宜二特聴一之、但著二朝服一時、不レ得二同襲一、其深染、及常所レ禁、不レ在二聴限一、〇辛未、制、頽壊成川之地、屢事二除籍一、新出為レ田之状、未レ聞二言上一、若西岸壊流、既損二公田一、則東辺新成、点為二私地一、如レ此経レ年、公損幾何、宜二天平十四年以降新出田数、細勘言上一、不レ得二疏漏二」中納言従三位和朝臣家麻呂薨、贈二従二位大納言一、家麻呂、贈正一位高野朝臣弟嗣之孫也、其先百済国人也、為人木訥、無二才学一、以二帝外戚一、特被二擢進一、蕃人入二相府一、自レ此始焉、可レ謂二人位有レ余、天爵不一レ足、其雖レ居二貴職一、逢二故人一者、不レ嫌二其賤一、握レ手相語、見者感焉、時年七十一、〇壬申、賜二従四位下紀朝臣兄原度一人二」右兵衛大初位下山村曰佐駒養献二白雀一、賜二近江国稲五百束一、

○五月戊寅五日　天皇が馬埒殿《うまばどの》へ出御《しゅつぎょ》して、騎射《きしゃ》を観覧した。

○癸未十日　陸奥国が次のように言上した。

斯《し》波城《わじよう》と胆沢《いさわ》郡家とは一百六十二里離れ、険しい山や谷があり、往来することが困難です。駅家《うまや》を置かないと、緊急事態に対応できません。伏して、小路（駅道には大・中・小の三等がある）に倣《なら》い、一駅（磐基《いわき》駅）を置くことを要請します。

言上を許可した。

○甲申十二日　天皇が式部卿三品伊予親王の邸宅へ行幸した。

○戊子十五日　播磨国の荒廃田《こうはいでん》（耕作放棄の田）八十二町を□□親王（欠字未詳）に賜わった。

○庚寅十七日　次のように制定した。

正月の御斎会《ごさいえ》（正月八日から十四日にかけて行われる『金光明最勝王経』を講説する法会《ほうえ》）のときに得度する者は、前年のうちに学才を試験して新年に得度にもっていくべきであるが、僧綱《そうごう》と治部省《じぶしよう》・玄蕃寮《げんばりよう》はいつも怠慢で、御斎会が終了するころになっても、得度者の名前が定まっていない状態である。今後は十二月中旬以前に試験を終え、その結果を太政官に提出せよ。得度者が決定したのちは変更を許さない。こうすれば、御斎会の次第は滞りなく行われて本願が達成され、変更を求めての無理な頼みこみもなくなるであろう。

○辛卯《十八日》　伝灯大法師《でんとうだいほっし》位《い》善謝《ぜんしゃ》が死去した。善謝は俗姓不破勝《ふわのすぐり》で、美濃《みの》国不破郡の人である。はじめ同寺（興福寺か）の理教大徳《りきょうだいとく》について法相《ほっそう》を受け学んで学業が進み、倶舎《くしゃ》宗にもっとも通じた。そして、戒・定・慧の三学に造詣を深め、各宗に通暁し、深い仏教の知識により疑問点を解決した。延暦五年に桓武天皇に抜擢されて律師《りっし》に任じられたが、栄華を好まず、職を辞めて閑静な生活を送った。善謝の行はすべて悟りをめざしていた。最期は梵福《ぼんぷく》山中《さんちゅう》（奈良市鹿野園《ろくやおん》町）で迎えた。極楽に生まれかわり、同じ師についた修行仲間の夢に現れた。行年八十一。

　散事《さんじ》（女性の散位）従三位藤原朝臣延福《のぶふく》が死去した。

○癸巳《二十日》　山城《やましろ》国の穀《こく》四千斛《こく》を左右京の高齢者に恵み与えた。

○丙申《二十三日》　斎宮寮《さいぐうりょう》が白雀を献上した。

　摂津国が次のように言上した。

　年来不作が続き、百姓《ひゃくせい》は食料不足となっているうえ、今年の春と夏に水害を被り、資産も食料も尽きてしまいました。伏して、正税《しょうぜい》二万束を貧しい民に無利子で貸し付け、生業を継続できるようにすることを要請します。

言上を許可した。

○五月戊寅、御二馬埒殿一観二馬射一、○癸未、陸奥国言、斯波城与二胆沢郡一相去一百六十二里、山谷嶮□、往還多レ艱、不レ置二郵駅一、恐闕二機急一、伏請准二小路例一、置二一駅一、許レ之、○甲申、幸二式部卿三品伊予親王第一、○戊子、播磨国荒廃田八十二町賜二□□□親王一、○庚寅、制、正月斎会、得度之輩、理須二旧年試レ才、新歳得度一、而所司常致二慢闕一、迄二于会畢一、其名不レ定、自レ今以後、旧年十二月中旬以前試定、申三送其状一、簡定之後、不レ聴二改替一、然則本願無レ虧、属託亦止、○辛卯、伝灯大法師位善謝卒、法師、俗姓不破勝、美濃国不破郡人也、初就二同寺理教大徳一、稟三学法相一、道業日進、尤善二倶遮一、遂乃超三□三学一、通三達六宗一、滋二此智牙一、決二彼疑網一、延暦五年、弥照天皇擢任二律師一、栄華非レ好、辞レ職閑居、凡厥行業、必於二菩提一、一生期尽、終二於梵福山中一、遂生二極楽一、入二同法夢一、時年八十一、」散事従三位藤原朝臣延福薨、○癸巳、山城国穀四千斛賑三給左右京高年一、○丙申、斎宮寮献二白雀一、」摂津国言、頻歳不レ登、百姓乏レ食、加以春夏水害、資粮亦尽、伏請正税二万束仮三貸貧民一、令レ済二家産一、許レ之、

○六月壬子九日 従五位下藤原朝臣貞嗣《さだつぐ》を左少弁《さしょうべん》に任じ、従五位下豊野《とよの》真人村《むら》を大監物《だいげんもつ》に任じ、従五位下石上《いそのかみ》朝臣乙名《おとな》を散位《さんに》頭に任じ、従五位上藤原朝臣道雄を宮内大輔に任じ、従五位上中臣《なかとみ》朝臣道成《みちなり》を典薬《てんやく》頭に任じた。

○癸丑十日 越中《えっちゅう》国を上国《じょうこく》と定めた。

○十三日丙辰　次のように制定した。

常陸《ひたち》国の鹿島《かしま》神社・越前《えちぜん》国の気比《けひ》神社・能登《のと》国の気多《けた》神社・豊前《ぶぜん》国の八幡神社の宮司《ぐうじ》は、代々宮司を出している譜第《ふだい》の出身を称する者が競って就任を求めている。今後は神《じん》祇官《ぎかん》に保存されている宮司の補任次第を調査して、神祇官が譜第出身者のうちで任務を遂行可能な者を選び、太政官へ申上せよ。

○十九日壬戌　天皇が大堰《おおい》へ行幸した。

○二十日癸亥　散位従三位石上朝臣家成《いえなり》が死去した。家成は左大臣贈従一位麻呂《まろ》の孫で、正六位上東人《あずまひと》の子である。格別の才芸はなかったが、まじめに役所へ勤務した。行年八十三。

○二十一日甲子　散位正五位下小倉王《おぐらおう》が次のように上表した。

私は、天が世界を創造して、太陽と月が運行し、古《いにしえ》の聖人が人間社会の秩序を定め、九族（高祖父《こうそふ》・曾祖父《そうそふ》・祖父《そふ》・父・自己・子・孫・曾孫《そうそん》・玄孫《げんそん》）の間の秩序ができあがり、これより身分の高下が出現して星の位置のごとく安定し、あらゆる人々に氏姓を与え、秩序を整えたと聞いています。ところで、伏して思いますに、天皇陛下は秩序を立てて人々を薫陶し、適切な名前を与え、事物を事物たらしめています。私小倉王は幸いにも陛下の教化を受け、本来なら被ることのできないような恩沢に浴しています。まことに天地の徳は弘大で、陛下の恩恵には感謝しきれません。ただし、御恩にもかかわらず私の息子内舎人《うどねり》繁野《しげの》と私の兄別王《わけおう》の孫内舎人山河《やまかわ》らの書状を見ますと、「私たちは智恵の効果を発揮することが稀で、才能や見識が少ないにもかかわらず、恐れ多くも皇親の末席を汚し、身分の高い皇族を仰ぎみて慄《おのの》いています。伏して、延暦十七年十二月二十四日の友上王《ともかみおう》に姓を賜わった故事に倣い、同様に清原《きよはら》真人の姓を賜わりますよう請願します。また、繁野の名前は桓武天皇の皇女滋野《しげの》内親王の名前に触れていますので、『繁』を『夏《なつ》』に変えようと思います」とありました。私には繁野らを深く思う気持ちがあり、申し出てきたとおりにしてやりたいと思います。陛下の格別な恩恵を望み、伏して処分を仰ぎます。賜姓をお願いする人名は別書に記しました。心に迫る思いに堪えず、謹んで申し上げます。

右の言上を許可した。

大宰府が次のように言上した。

壱岐島《いきのしま》の防人《さきもり》の食料には、筑前《ちくぜん》国の穀物を充てていますが、運漕《うんそう》が困難で、しばしば漂失しています。伏して、西海道《さいかいどう》六国（筑前・筑後・豊前・豊後・肥前・肥後）から送られてきている防人二十人を廃止して、壱岐島の兵士三百人を番編成して配置し、食料補給に苦労せずに済むよう要請します。

右の言上を許可した。

○己巳《二十六日》　山城国の山科《やましな》駅（京都市山科区）を停止し、同駅所属の駅馬を近江国勢多《せた》駅（滋賀県大津市瀬田）所属とした。

○二十七日庚午　天皇が次のように勅した。

年来、渤海国使が来着するのは、多く能登国である。使節が滞在するところに手落ちがあってはならないので、速《すみ》やかに客院を造れ。

○六月壬子、従五位下藤原朝臣貞嗣為二左少弁一、従五位下豊野真人村為二大監物一、従五位下石上朝臣乙名為二散位頭一、従五位上藤原朝臣道雄為二宮内大輔一、従五位上中臣朝臣道成為二典薬頭一、○癸丑、定二越中国一為二上国一、○丙辰、制、常陸国鹿嶋神社・越前国気比神社・能登国気多神社・豊前国八幡神社等宮司、人懐二競望一、各称二譜第一、自レ今以後、神祇官検二旧記一、常簡二氏中堪レ事者一、擬補申レ官、○壬戌、幸二大堰一、○癸亥、散位従三位石上朝臣家成薨、左大臣贈従一位麻呂之孫、正六位上東人之子也、才芸無レ取、恪勤在レ公、薨時年八十三、○甲子、散位正五位下小倉王上表曰、臣聞、上天開レ象、両曜以レ之盈虚、聖人肇レ基、九族由レ其差降、是故尊卑有レ序、仰二星辰一而可レ知、親疏無レ替、命二氏姓一而立レ教、伏惟陛下彫二鏤品彙一、陶二冶生霊一、人正二其名一、物安二其性一、小倉幸属二淳化一、謬霑二霈沢一、□乾云弘、大造無レ謝、但得二愚息内舎人繁野、及小倉兄別王之孫内舎人山河等款一偁、臣等智効罕レ施、器識庸微、忝二天潢之末流一、仰二瓊枝一而悚懼、伏請依二去延暦十七年十二月廿四日友上王賜レ姓故事一、同蒙二清原真人姓一、又繁野名語、触二皇子一、改レ繁曰レ夏、小倉不レ忘二

□犢一、聞レ斯行レ諸、特望ニ天恩一、伏聴ニ進止一、其応レ賜レ姓人等、具目如レ別、不レ任ニ懇迫之至一、謹以申□、許レ之、」 大宰府言、壱伎嶋防人粮、受ニ筑前穀一、運漕艱苦、屢致ニ漂失一、伏望廃ニ六国所レ配防人廿人一、以ニ当嶋兵士三百人一分番配置、不レ労ニ給粮一、許レ之、○己巳、停ニ山城国山科駅一、加ニ近江国勢多駅馬数一、○庚午、勅、比年渤海国使来著、多在ニ能登国一、停宿之処、不レ可ニ疏陋一、宜ニ早造ニ客院一、

○秋七月癸酉一日　天皇が神泉苑へ行幸した。
○丙子四日　天皇が大堰へ行幸した。
○己卯七日　天皇が相撲《すまい》を観覧した。
　無位明□女王に従五位上、従五位上紀朝臣内子《うちこ》・川上朝臣真奴《まぬ》（錦部連真奴と同一人物）・百済王恵信・藤原朝臣川子《かわこ》・紀朝臣殿子《とのこ》に正五位上、無位藤原朝臣上子《かみこ》・橘朝臣御《み》井子《いこ》・紀朝臣乙魚《おとうお》・坂上大宿禰春子《はるこ》に従五位上を授けた。
○癸未十一日　天皇が葛野川へ行幸した。
○丙申二十四日　天皇が与渡津《よどのつ》（京都府乙訓《おとくに》郡大山崎町の東部）へ行幸した。
○己亥二十七日　天皇が大堰へ行幸した。
○辛丑二十九日　右京の人門部連《かどべのむらじ》松原《まつばら》を土佐《とさ》国へ配流した。不孝の罪による。

○秋七月癸酉朔、幸二神泉苑一、○丙子、幸二大堰一、○己卯、観二相撲一」授二無位明□女王従五位上一、従五位上紀朝臣内子・川上朝臣真奴・百済王恵信・藤原朝臣川子・紀朝臣殿子正五位上、無位藤原朝臣上子・橘朝臣御井子・紀朝臣乙魚・坂上大宿禰春子従五位上、○癸未、幸二葛野川一、○丙申、幸二与等津一、○己亥、幸二大堰一、○辛丑、右京人門部連松原流二土左国一、以二不孝一也、

○八月癸卯一日　天皇が大堰へ行幸した。
○丁未五日　天皇が葛野川へ行幸した。
○己酉七日　征夷大将軍《せいいたいしょうぐん》従三位行近衛中将《このえのちゅうじょう》兼造西寺長官陸奥出羽按察使陸奥守勲《くん》二等坂上大宿禰田村麻呂・従四位上行衛門督《かみ》兼中務《なかつかさ》大輔三嶋真人名継らを派遣して、和泉《いずみ》・摂津《せっつ》両国の行宮《かりみや》（日根《ひね》行宮・難波《なにわ》行宮）の地を定めた。天皇が和泉・紀伊両国へ行幸することになったからである。
○庚戌八日　天皇が葛野川へ行幸した。
○壬子十日　急に雨が降りだし、大風が吹いた。中和院《ちゅうわいん》の西舎が倒れ、それに当たって、牛が死んだ。また、神泉苑の左右の閣や京中の建物が倒壊し、諸国でも多くの損害が発生した。桓武天皇の生年は丑年《うしどし》に当たり、天皇は「朕《ちん》によくないことが起こるのだろうか」と歎いた。その後さほど経過しないうちに天皇は病となり、死去した（大同元年三月辛巳条）。

○癸丑十一日　地震があった。贈大納言従二位和朝臣家麻呂と従四位上尾張《おわり》女王それぞれに得度者の枠《わく》二人分を賜わった。
○乙卯十三日　天皇が北野で狩猟した。
○辛酉十九日　天皇が京中を巡行した。
○癸亥二十一日　天皇が大原野で狩猟した。
○丁卯二十五日　天皇が栗前野《くりくまの》で狩猟した。
○戊辰二十六日　天皇がこの冬に和泉国へ行幸することになり、参議式部大輔春宮大夫《とうぐうのだいぶ》近衛中将正四位下藤原朝臣縄主《ただぬし》を装束司《しょうぞくし》長官に任じ、正五位上橘朝臣安麻呂《やすまろ》・従五位下池田《いけだ》朝臣春野《はるの》を副に任じ、参議左兵衛督従三位紀朝臣勝長《かつなが》を御前《ごぜん》長官に任じ、従五位上藤原朝臣継彦《つぐひこ》を副に任じ、左大弁東宮学士左衛士督《さだいべんとうぐうのがくしさえじのかみ》但馬《たじま》守正四位下菅野朝臣真道《まみち》を御後《ごご》長官に任じ、従五位下紀朝臣咋麻呂《くいまろ》を副に任じた。
○庚午二十八日　従五位下大枝《おおえ》朝臣須賀麻呂《すがまろ》を主計助に任じ、外従五位下檜原《ひはら》宿禰鑺作《くわつくり》を造西寺次官に任じた。

○八月癸卯朔、幸二大堰一、○丁未、幸二葛野川一、○己酉、遣二征夷大将軍従三位行近衛中将兼造西寺長官陸奥出羽按察使陸奥守勲二等坂上大宿禰田村麻呂・従四位上行衛門督兼中務大輔三嶋真人名継等㆒、定㆓和泉・摂津両国行宮地㆒、以㆑将㆑幸㆓和泉・紀伊二国㆒也、○庚戌、幸㆓葛野川㆒、○壬子、暴雨、大風、中院西楼倒、打㆓死牛㆒、又堕㆓壊神泉苑左右閣・京中廬舎㆒、諸国多蒙㆓其害㆒、天皇生年在㆑丑、歎曰、朕不㆑利歟、未㆑幾不予、遂棄㆓天下㆒、○癸丑、地震、」賜㆓贈大納言従二位和朝臣家麻呂・従四位上尾張女王度各二人㆒、○乙卯、遊㆓猟北野㆒、○辛酉、巡㆓行京中㆒、○癸亥、遊㆓猟大原野㆒、○丁卯、遊㆓猟栗前野㆒、○戊辰、天皇以㆓来冬可㆑幸㆓和泉国㆒、参議式部大輔春宮大夫近衛中将正四位下藤原朝臣縄主為㆓装束司長官㆒、正五位上橘朝臣安麻呂・従五位下池田朝臣春野為㆑副、参議左兵衛督従三位紀朝臣勝長為㆓御前長官㆒、従五位上藤原朝臣継彦為㆑副、左大弁東宮学士左衛士督但馬守正四位下菅野朝臣真道為㆓御後長官㆒、従五位下紀朝臣咋麻呂為㆑副、○庚午、従五位下大枝朝臣須賀麻呂為㆓主計助㆒、外従五位下檜原宿禰鑼作為㆓造西寺次官㆒、

○九月甲戌 三日　近江国蒲生《がもう》郡の荒田五十三町を式部卿三品伊予親王に賜わった。

○乙亥 四日　天皇が大堰へ行幸した。

○己卯 八日　天皇が神泉苑へ行幸した。

○辛巳 十日　従五位下紀朝臣田上《たがみ》を相模介《さがみのすけ》に任じた。

○丁亥 十六日　正六位上善原《よしはら》忌寸□依に外従五位下を授けた。

○己丑《十八日》　兵部少丞《ひょうぶのしょうじょう》正六位上大伴宿禰岑万里《みねまろ》を新羅国《しらぎこく》へ派遣し、次の太政官牒《ちょう》を託した。

唐国《とうごく》へ使節を派遣して修好を行うことについては先年大宰府より連絡させた（延暦二十二年三月己巳条）が、渡海に好都合な風が吹かず、時が経過し（延暦二十二年四月に最初の渡海）、去る（本年）七月はじめに四船が出航した（延暦二十四年六月乙巳条）。しかし、二船（第三・四船）は風で遭難して漂流し、行方《ゆくえ》知れずとなっている。風のようすから新羅へ漂着しているかと思われるので、兵部省少丞正六位上大伴宿禰岑万里を派遣して事情を伺わせることにした。もし漂着していれば、必要な供給をお願いし、帰国できるようとり計らっていただきたい。もし漂着していなければ、使人を唐に向かわせ、遭難船の行方を調査し、詳しく報告できるよう、便宜をお願いしたい。

○壬辰《二十一日》　天皇が北野で遊猟した。

○癸巳《二十二日》　丹波国が次のように言上した。

格《きゃく》（『類聚三代格《るいじゅうさんだいきゃく》』第十八、延暦十六年十一月二十九日太政官符）により、勲位を帯びる者を動員して官衙《かんが》や倉庫を守衛させていますが、白丁《はくちょう》の雑徭《ぞうよう》は差発日数が三十日（延暦十四年閏七月己酉条）であるのに帯勲者の出仕日数は百四十日となり（上番して勤務成績の考課を得るため）、両者の間で出仕日数が不平等になっています。

そこで帯勲者の動員を止め、白丁を健児《こんでい》に起用して官衙・倉庫の守衛に当たらせることにした。

○甲午　二十三日　式部省が次の言上を行った。

公式令《くしきりよう》の牒式《ちようしき》条を調べますと、親王一品《いつぽん》以下職事《しきじ》初位《そい》以上はいずれもみずから役所へ牒状を差し出すことができますが、三位以上であっても家司《けいし》の牒や解《げ》を作成し、役所へ差し出す規定がありません。ところで、去る延暦二十一年九月二十三日格に当たりますと、親王・内親王には四歳に達すると帳内《ちようない》（トネリ）を支給するとありますが、成人していない親王・内親王のなかには文字を知らず、役所に連絡するに際し、みずから文書を作成できない者がいます。また、公式令の牒式条では、三位以上が署名するに当たっては名前は書かないとあります。これによりますと、親王四品以上は役所へ差し出す文書に名前を記さないことになりますが、官職に就いていない者が複数いて同品であったり、官位が同じで同姓の者が名前を記さないとなると、人物を区別することができなくなります。そこで、明法家《みようぼうか》に質問いたしますと、このようなことについては別に規則があってしかるべきであるとの回答を得ましたが、どのようにすべきか私どもには判りかねます。

そこで天皇は次のように勅した。

幼齢の親王は文字を知らず、三位以上は名前を署名しないという、令や格の規定に従うことになると、不都合が生ずることになる。親王みずからが文書（牒）を作成するとなれば、文字を知らない幼齢の者にとっては困ったことになる。今後は、親王四品以上と職事三位以上は家司の作成した文書（牒）を役所へ差し出すことを許すことにする。その牒の最初に、親王家の場合は品位と親王家名を書き、臣下の場合は官位と姓名を記すようにせよ。それにより誰であるか区別可能となろう。牒の最後には家令《かれい》以下が二人署名せよ。家司のいない無品親王・内親王の場合は別当官人（令外官《りょうげのかん》）が名前を記して役所へ差し出せ。無品親王・内親王の場合の牒も親王四品以上ないし職事三位以上の場合と同様の書式とせよ。別当の選任に当たっては勅処分によれ。職についていない散事三位は家司を置かないことになっているので、役所へ申し出る時はみずから署名した文書（牒）を作成せよ。今後は永く以上の決定に従って行え。

○戊戌（二十七日） 地震があった。

○九月甲戌、近江国蒲生郡荒田五十三町賜二式部卿三品伊予親王一、○乙亥、幸二大堰一、○己卯、幸二神泉苑一、○辛巳、従五位下紀朝臣田上為二相摸介一、○丁亥、正六位上善原忌寸□依授二外従五位下一、○己丑、遣二兵部少丞正六位上大伴宿禰岑万里於新羅国一、太政官牒曰、遣二使唐国一、脩聘之状、去年令三大宰府送二消息一訖、時無二風信一、遂変二炎涼一、去七月初、四船入レ海、而両船遭レ風漂廻、二船未レ審二到処一、即量二風勢一、定著二新羅一、仍遣二兵部省少丞正六位上大伴宿禰岑万里等一尋訪、若有二漂著一、宜二随レ事資給、令レ得レ還レ郷、不レ到二彼堺一、冀遣レ使入レ唐、訪覓具報、○壬辰、遊二猟北野一、〇癸巳、丹波国言、依レ格、差二勲位一衛二護府庫一、而白丁之徭、唯卅日、勲位所レ直、百卌日、有位・白丁、労逸不レ均者、制、宜下以二白丁一為中健児上、〇甲午、式部省言、案二公式令一、親王一品已下、職事初位已上、並可三自牒二諸司一、雖二是三位已上一、曾無下以二家司牒及解一向二官司一之文上、而案二去延暦廿一年九月廿三日格一云、親王・内親王、並年満二四歳一、始充二帳内一者、今親王・内親王、或年未二成人一、或不レ便二文筆一、至レ経二官司一、若為申牒、又同令牒式、三位已上去レ名、然則親王四品已上、去レ名明矣、而散事数人、同品及同官位・姓之類、既不レ署レ名、何以弁知、仍問二法家一、答云、如レ此之類、可レ有二別式一者、未レ審レ所レ従者、勅、幼稚親王、既不レ便レ筆、三位已上、亦無レ可レ署、准二拠令格一、還成二疑滞一、必三須自牒一、事有二不穏一、自レ今以後、宜丁親王四品已上、及職事三位已上、並聴丙以二家司牒一申乙牒諸司甲、其牒首、並具注二其官品其親王家、及其官位姓名家牒一、以別二同異一、牒尾家令已下両人署之、無品親王・内親王者、並別当官人、署レ名申牒、牒式准二上定一、別当人、依二勅処分一、其散事三位、元無二家司一、至レ牒二諸司一、宜レ令二自署一、立為二恒式一、〇戊戌、地震、

〇冬十月甲辰 三日　天皇が和泉国へ行幸した。本日の夕刻、難破行宮《なにわのかりみや》（旧難波宮近辺か。大阪市中央区の上町台地北端から北区の天満付近にかけての一帯）へ到着した。

○乙巳《四日》　摂津国司に被衣《ひい》を下賜した。天皇は舟に乗り、江《こう》（大河や入江をさすがここは大阪市東淀川区江口のあたりか）に浮かんだ。四天王寺の者が音楽を奏し、国司が奉献した。

○丙午《五日》　天皇は和泉国へ到達し、大鳥郡の恵美原《えみはら》（未詳）で狩猟した。散位従五位下坂本朝臣佐太気麻呂《さたけまろ》が献物を行い、綿百斤《きん》の下賜が行われた。

○丁未《六日》　天皇が城野《しろの》（未詳）で狩猟した。日暮れに日根（大阪府泉佐野市日根野）の行宮に入った。

○戊申《七日》　天皇が垣田野《かきたの》（大阪府泉佐野市鶴原のあたり）で狩猟した。阿波《あわ》国が献物を行い和泉国司らに身分に応じて物を下賜した。左大弁正四位下菅野朝臣真道が献物を行い、綿二百斤の下賜が行われた。

○己酉《八日》　天皇が藺生野《いうの》（大阪府岸和田市尾生《おぶ》町のあたりか）で狩猟した。近衛中将従三位坂上大宿禰田村麻呂が献物を行い、綿二百斤の下賜が行われた。

○庚戌《九日》　天皇が日根野《ひねの》で狩猟した。河内《かわち》国が献物を行った。

○辛亥《十日》　天皇は次のように詔りした（宣命体《せんみょうたい》）。

　天皇《すめら》が仰せになるお言葉を、和泉・摂津両国司《ふたくにのつかさ》・郡司《こおりのつかさ》・公民《おおみたから》および扈従《こしょう》する人たちみなが承れ、と申し聞かせる。今年は穀物が豊かに稔《みの》り、人々の生業《なりわい》も安定した。十月は農閑期に入り、地方の風俗や地勢を視察する時期であると日頃聞いている。いま行宮《かりみや》の置かれたあたりを見廻すと、山野は麗《うるわ》しく海岸は清くて、気分が落ち着いてくる。そこで、朕が行幸してきている和泉国と摂津国の東生《ひんがしなり》・西成《にしなり》二郡《ふたこおり》の百姓《おおみたから》に今年の田租《たぢから》を免除し、また奉仕する国司・郡司および他の一人、二人に官位を授け上げようと思う。目《さかん》以下および郡司の正六位上《おおいむつのくらいかみつしな》の者には本人でなく息子一人に位一階《ひとしな》を授けることにする。また、行宮に奉仕したことにより三嶋名継真人《みしまのなつぐのまひと》の官位を上げようと思う。また、行宮の近隣に住む八十歳以上の高齢者と扈従の者に朕から物を賜うことにする。以上のお言葉をみなが承れ、と申し聞かせる。

摂津守従三位藤原朝臣雄友《おとも》に正三位、衛門督従四位上三嶋真人名継《なつぐ》に正四位下、散位従五位下坂本朝臣佐太気麻呂《さたけまろ》に従五位上、摂津介外従五位下尾張連粟人《あわひと》・和泉守外従五位下中科宿禰《なかしな》雄庭《おにわ》・摂津掾正六位上多治比真人船主《ふなぬし》・和泉掾正六位上小野《おの》朝臣木村《きむら》・散位正六位上大枝朝臣万麻呂《よろずまろ》に従五位下を授けた。また、皇太子（安殿《あて》親王）以下に身分に応じて物を下賜した。使人を和泉・日根二郡の諸寺へ遣して、綿を施入《せにゅう》した。播磨国司が奉献して、風俗歌（各地の民謡）を奏した。

○壬子《十一日》　天皇は紀伊国の玉出島《たまで》（和歌山市和歌浦に鎮座する玉津島神社のあたり）へ行幸した。

○癸丑《十二日》　天皇は船に乗り、遊覧した。賀楽《から》内親王と参議従三位紀朝臣勝長《かつなが》・国造《くにのみやつこ》紀直《あたい》豊成《とよなり》らが奉献した。天皇は次のように詔りした（宣命体）。

天皇が仰せになるお言葉を紀伊《き》国司《のくにのつかさ》・郡司・公民および扈従の人たちみなが承れ、

と申し聞かせる。今月は農閑期で、地方の風俗や地勢を視察する時期である、と日頃聞いている。いま居るあたりをみると、磯の島（玉出島か）は麗しく、海岸も清く静かで、朕の気持ちも落ち着いてくる。そこで、朕の居る名草《なくさ》・海部《あま》二郡の百姓に今年の田租を免除し、また国司・国造・二郡司らの官位を上げたいと思う。目《さかん》以下および郡司の正六位上の者には、本人でなく息子一人に位一階を与えることにする。また、朕の居る場所の近くに住む八十歳以上の高齢者には、朕から物を下賜する。以上のお言葉をみなが承れ、と申し聞かせる。

紀伊守従五位下藤原朝臣鷹養《たかかい》に従五位上、紀伊介外従五位下葛井《ふじい》宿禰豊継《とよつぐ》・紀伊掾従六位下小野朝臣真野・刑部《ぎょうぶ》大丞正六位上紀朝臣岡継《おかつぐ》・中衛将監《ちゅうえのしょうげん》正六位上紀朝臣良門《よしかど》に従五位下を授けた。使人を名草・海部二郡の諸寺へ遣わして、綿を施入した。

○十三日甲寅　天皇は雄山道《おのやまのみち》（雄ノ山峠越で大阪方面へ向かう道）をとり、日根行宮へ戻った。

○十四日乙卯　天皇は熊取野《くまとりの》（大阪府泉南郡熊取町のあたり）で狩猟した。

○十五日丙辰　天皇は難破行宮に入った。

○十六日丁巳　国司が奉献した。使人を西成・東生両郡の諸寺へ遣わして綿を施入した。

○十七日戊午　天皇が難破から宮へ戻った。

○二十一日壬戌　天皇が神泉苑へ行幸した。

○二十三日甲子　天皇が次のように勅した。

久しい以前から私《わたくし》に鷹《たか》・鷂《はしたか》を飼養することを禁止してきている。しかし、聞くところによると、臣民の多くが飼養し、勝手に狩りをしているという。これは故意をもって勅命に違反することであり、深く罪責を問う必要がある。取り締まりを行い、二度と違反することのないようにせよ。ただし、一、二（「三」は「一二」の誤りと解釈した）の臣下には身分に応じ飼養を許可している。これらの者には公印の捺《お》された文書を与え、私養許可証とせよ。他の者が飼養すれば、重罪とする。私養許可証に記されている以上の飼養を行っている場合は、鷹狩を行っている者を捕らえ、身柄を差し出せ。私養許可証がないまま飼養している王臣五位以上の者は、名前を記録して報告せよ。六位以下の者と鷹狩《たかがり》を行っている者は法に従って拘束し、違勅罪《いちょくざい》に問え。さらに使人を派遣して捜索し、もし他に違犯者がいれば、国郡の役人も同罪とせよ。

○戊辰二十七日　越前、能登二国の今年の調《ちょう》の十分の七を免除することにした。桑や麻が被害を受けたからである。

○冬十月甲辰、行二幸和泉国一、其夕、至二難破行宮一、○乙巳、賜二摂津国司被衣一、上、御レ舟泛レ江、四天王寺奏レ楽、国司奉献、○丙午、至二和泉国一、遊二猟于大鳥郡恵美原一、散位従五位下坂本朝臣佐太気麻呂献レ物、賜二綿一百斤一、○丁未、猟二于城野一、日暮、御二日根行宮一、○戊申、猟二垣田野一、阿波国献レ物、賜二国司等物一有レ差、左大弁正四位下菅野朝臣真道献レ物、賜二綿二百斤一、〇己酉、猟二藺生野一、近衛中将従三位坂上大宿禰田村麻呂献レ物、賜二綿二百斤一、〇庚戌、猟二于日根野一、河内国献レ物、〇辛亥、詔曰、天皇詔旨良万止勅命乎、和泉・摂津二国司・郡司・公民・陪従司々人等諸聞食止宣、今年波年実豊稔弖、人々産業毛取収弖在、此月波閑時尓之弖、国風御覧須時止奈毛、常毛聞所行須、今行宮所乎御覧尓、山野毛麗、海瀲毛清之弖、御意毛於太比尓之弖御坐坐、故是以御坐坐世留和泉国、并摂津国東生・西成二郡乃百姓尓、今年田租免賜比、又勤仕奉国・郡司、及一、二能人等尓、冠位上賜比治賜布、目以下及郡司乃正六位上乃人尓波、男一人尓位一階賜布、又行宮勤仕奉尓依弖、三嶋名継真人乎、上賜比治賜布、又行宮乃辺尓近岐高年八十已上并陪従人等尓、大物賜波久止詔布勅命乎、衆聞食止宣、授二摂津守従三位藤原朝臣雄友正三位一、衛門督従四位上三嶋真人名継正四位下、散位従五位下坂本朝臣佐太気麻呂従五位上、摂津介外従五位下尾張連粟人・和泉守外従五位下中科宿禰雄庭・摂津掾正六位上多治比真人船主・和泉掾正六位上小野朝臣木村・散位正六位上大枝朝臣万麻呂従五位下、又皇太子已下賜レ物有レ差、遣二使於和泉・日根二郡諸寺一施レ綿、播磨国司奉献、奏二風俗歌一、〇壬子、幸二紀伊国玉出嶋一、〇癸丑、上、御レ船遊覧、賀楽内親王、及参議従三位紀朝臣勝長・国造紀直豊成等奉献、詔曰、天皇詔旨良万止勅命乎、紀伊国司・郡司・公民・陪従司々人等、諸聞食止宣、此月波閑時尓之弖、国風御覧須時止奈毛、常母聞所行須、今御坐所乎御覧尓、礒嶋毛奇麗久、海瀲毛清晏尓之弖、御意母於多比尓御坐坐、故是以御坐坐世留名草・海部二郡乃百姓尓、今年田租免賜比、又国司・国造・二郡司良尓、冠位上賜比治賜布、目已下及郡司乃正六位上乃人尓波、男一人尓位一階賜布、又御座所尓近岐高年八十已上人等尓、大物賜波久止詔布勅命乎、衆聞食止宣、授二守従五位下藤原朝臣鷹養従五位上一、介外従五位下葛井宿禰豊継・掾従六位下小野朝臣真野・刑部大丞正六位上紀朝臣岡継・中衛将監正六位上紀朝臣良門従五位下、遣二使於名草・海部二郡諸寺一施レ綿、○甲寅、自二雄山道一還二日根行宮一、○乙卯、遊二猟熊取野一、○丙辰、御二難破行宮一、○丁巳、国司奉献、遣二使於西成・東生二郡諸寺一捨レ綿、○戊午、車駕至レ自二難破一、○壬戌、幸二神泉苑一、○甲子、勅、私養二鷹・鷂一、禁制已久、如聞、臣民多蓄、遊猟無レ度、故違二綸言一、深合二罪責一、宜二厳禁断一、勿レ令二重犯一、但三王臣、聴レ養有レ差、仍賜二印書一、以為二明験一、自余輒養、将レ寘二重科一、其印書外過レ数者、捉二臂鷹人一進上、自余王臣五位已上、録レ名言上、六位已下及臂鷹人、並依レ法禁固、科二違勅罪一、遣レ使捜検、如有二違犯一、国郡官司、亦与同罪、○戊辰、免二越前・能登二国、今年調十分之七一、以二桑麻有一レ損也、

○十一月戊寅七日　陸奥国栗原《くりはら》郡に新たに三駅を置くことにした。

○己卯八日　天皇が日野《ひの》で狩猟した。

○壬午〈十一日〉 筑前国《ちくぜんのくに》志麻郡《しま》（福岡県糸島郡の一部）は今後、綿の調を停止し、替わりに鉄で納めさせることにした。

○甲申〈十三日〉 天皇が神泉苑へ行幸した。
左京の人従七位下大俣連《おおまた》三田次《みたすき》に姓大貞連《おおさだのむらじ》を賜わった。

○丁亥〈十六日〉 天皇が神泉苑へ行幸した。

○戊子〈十七日〉 山城国乙訓郡《おとくに》の畠《はたけ》六町を甘南備内親王《かんなび》に賜わった。

○己丑〈十八日〉 天皇が神泉苑へ行幸した。

○癸巳〈二十二日〉 出羽国が次のように言上した。
秋田城《あきたじょう》（秋田市寺内高清水岡）は建置《けんち》以来四十余年経っていますが、土地は瘦《や》せて穀物生産には不適当です。さらに北方に孤立しており、近隣に救援を求めることができません。伏して、今後永く秋田城を停廃して河辺府《かわのべふ》（所在地未詳。『和名抄』にみえる出羽国出羽郡河辺郷か）を防御の拠点とすることを要望します。

秋田城を停廃《ていはい》して周辺を秋田郡とし、城周辺に居住する者は当地に本籍を有する土人《どじん》と浪人《ろうにん》を問わず、秋田郡所属の民とせよと令《りょう》した。

○戊戌〈二十七日〉 天皇が神泉苑へ行幸した。
左大弁正四位下兼行皇太子学士但馬守菅野朝臣真道と木工頭《もく》従五位上兼行造宮亮《ぞうぐうのすけ》播磨介石川朝臣河主《かわぬし》に、僧綱の事務を監督させた。

○十一月戊寅、陸奥国栗原郡、新置二三駅一、○己卯、遊二猟日野一、○壬午、制、筑前国志麻郡、自レ今以後、停二止綿調一、以令レ輸レ鉄、○甲申、幸二神泉苑一、」左京人従七位下大俣連三田次賜二姓大貞連一、○丁亥、幸二神泉苑一、○戊子、山城国乙訓郡白田六町賜二甘南備内親王一、○己丑、幸二神泉苑一、○癸巳、出羽国言、秋田城、建置以来卌余年、土地墝埆、不レ宜二五穀一、加以孤二居北隅一、無レ隣二相救一、伏望永従二停廃一、保二河辺府一者、宜乙停レ城為レ郡、不レ論二土人・浪人一、以下住二彼城一者上編附甲焉、○戊戌、幸二神泉苑一」令三左大弁正四位下兼行皇太子学士但馬守菅野朝臣真道・木工頭従五位上兼行造宮亮播磨介石川朝臣河主、監二僧綱政一、

○十二月壬寅一日　天皇が神泉苑へ行幸した。

○丙午五日　天皇が次のように勅した。

今後は、左右大弁・八省卿《はっしょうのきょう》・弾正尹《だんじょうのいん》は参議以上に準じ、朝の開門以後（官人は開門前に宮城門の前に集まり、開門とともに入ることを求められていた）であっても朝堂に入り政務を執ることを許すことにする。

○丁未六日　天皇が神泉苑へ行幸した。

○壬戌二十一日　天皇が次のように勅した。

牛は国家にとり重要であり、重い荷物を遠方まで運ぶことができ、その効用はまことに多大である。しかし、聞くところによると、無法者たちは贅沢をし、子牛を殺して皮を剝ぎ、競って鞍《くら》や韉《したぐら》の素材にしているという。これはたいへんな弊害である。このようなことは禁止しなければならない。今後は子牛を殺して皮を剝いだり、鞍《くら》や胡禄《やなぐい》などに子牛の皮を使用することはすべて禁断する。もし違犯者がでれば、違勅罪を科せ。監督官司が容隠すれば、同罪とせよ。

○丙寅《二十五日》 天皇が病気となった。使人を平城京の七大寺《しちだいじ》へ派遣して綿五百六十斤《きん》をもたらし、誦経《ずきょう》を行い、京内の食物を欠き飢えている僧侶と在家に物を恵み与えた。

○丁卯《二十六日》 天皇が次のように詔りした。

朕は考えるところがあり、恩恵を施そうと思う。天下に恩赦を行え。延暦二十三年十二月二十六日の夜明け以前の死刑以下の罪は、軽重を問わずすべて赦せ。ただし、強窃《ごうせつ》二盗《にとう》および私鋳銭《しじゅせん》・常の赦《しゃ》により免《ゆる》されない罪は赦さない。敢えて今回の赦以前の罪を訴えでた者は、その罪に処することとする。ひろく天下に告知して、朕の意を知らせよ。

本日三品兵部卿《ひょうぶきょう》 諱《いみな》〈淳和天皇《じゅんな》〉に得度の枠一人分を賜わった。

○十二月壬寅朔、幸㆓神泉苑㆒、○丙午、勅、自㆑今以後、左右大弁・八省卿・弾正尹、准二参議已上一、雖二開門以後一、聴レ就二朝堂一、〇丁未、幸二神泉苑一、〇壬戌、勅、牛之為レ用、在レ国切要、負レ重致レ遠、其功実多、如聞、無頼之輩、争事二驕侈一、尤剝二斑犢一、競用二鞍韉一、為レ弊良深、事須二禁絶一、自レ今已後、殺剝及用二鞍幷胡禄等之具一、一切禁断、若有二違犯一、科二違勅罪一、主司阿容、亦与同罪、〇丙寅、聖体不予、遣二使平城七大寺一、賷二綿五百六十斤一誦経、又賑二恤旧都飢乏道俗一、〇丁卯、詔曰、朕有レ所レ思、欲レ施二恩沢一、宜レ赦二天下一、自二延暦廿三年十二月廿六日昧爽一以前、大辟已下、罪無二軽重一、皆咸赦除、但強窃二盗、及私鋳銭、常赦所レ不レ免者、不レ在二赦限一、敢以二赦前事一、相告言者、以二其罪一罪之、普告二天下一、知二朕意一焉、」是日、賜二三品兵部卿諱〈淳和〉、度一人一

〇二十四年春正月辛未〈一日〉　朝賀をとり止めた。天皇が病気のためである。

〇癸酉〈三日〉　次のように制定した。

定額《じょうがく》　諸寺の檀越《だんおち》の名前は寺の現況を記した流記《るき》に記載されており、改替すべきでないが、愚かな者は争って氏寺を権門に預けてそれを檀越であると詐称している。また、寺の田地を勝手に売買し、濫《みだ》りがわしいことが多いので、禁断を加えよ。

〇丁丑〈七日〉　正五位上　橘《たちばな》朝臣安麻呂《やすまろ》に従四位下を授けた。五位以上の者に身分に応じて物を下賜した。

○甲申《十四日》　明け方天皇が急に皇太子を喚びつけたが、参内が遅れ、再度参議右衛士督従四位下藤原朝臣緒嗣《おつぐ》を遣わして召したところ、即刻皇太子が参入して、天皇の寝《やす》む殿舎に入った。天皇は寝台の傍《かたわ》らへ喚んで、しばらくの間言葉を告げた。ついで、右大臣（神王）に命じて正四位下菅野朝臣真道と従四位下秋篠朝臣安人《やすひと》を参議に任じ、また大法師勝虞《しょうぐ》を喚んで鷹犬を放たせた。侍臣は天皇の気持ちを思ってみな涕《なみだ》を流した。

崇道《すどう》天皇（早良《さわら》親王）のために、寺（兵庫県津名郡北淡町の常隆寺か）を淡路国に建てることにした。

本日、天皇は次のように勅した。

年来、仏教の興隆をはかり、法に違犯する僧侶を追放してきた（延暦二十三年正月丁亥条）。いま伝え聞くところによると、みずから過《あやま》ちを反省して、それぞれが修行するようになっているという。そこで、過ちを赦して元《もと》所属していた寺に住むことを許せ。再度罪を犯せば、通常の刑を科せ。また、天下の諸国に指示して国内の諸寺の塔を修理させよ。

○乙酉《十五日》　今後永く交替で参上してくる大替隼人《だいたいはやと》の風俗歌舞を停止した。

本日大法師勝虞《しょうぐ》を少僧都《しょうそうず》に任じ、均寵《きんちょう》を律師に任じた。

○丙戌《十六日》　参議従四位下秋篠朝臣安人《やすひと》を右大弁に任じ、近衛少将・勘解由《かげゆ》長官・阿波守は故《もと》のままとし、従四位下橘朝臣安麻呂を左中弁に任じ、従五位上百済王鏡仁《きょうじん》を右中弁に任じ、従四位上藤原朝臣葛野麻呂《かどのまろ》を刑部卿に任じ、越前守は故のままとした。
○丁亥　十七日　天皇が五位以上の者と宴を催した。身分に応じて物を下賜した。
○辛卯　二十一日　天皇の御在所の南端の門（承明門か）外で射《じゃ》が行われたが、天皇は出御しなかった。
○壬辰　二十二日　散位従四位下住吉《すみのえ》朝臣綱主《つなぬし》に得度の枠一人分を賜わった。
○乙未　二十五日　病床の天皇の側で宿直《とのい》する親王以下五位以上の者に衣を下賜した。
本日、午後二時頃、大型の流星が落下した。
○戊戌　二十八日　地震があった。
外従五位下吉水《よしみず》連神徳《かみのり》に従五位下、正六位上出雲《いずも》連広貞《ひろさだ》に外従五位下を授けた。昼夜怠らず天皇の診療に当たったことによる。

○廿四年春正月辛未朔、廃朝、聖体不予也、○癸酉、制、定額諸寺、檀越之名、載在二流記一、不レ可二輒改一、而愚人争以二氏寺一、仮二託権貴一、詐称二檀越一、寺家田地、任レ情売買、事多二奸濫一、宜レ加二禁断一、○丁丑、正五位上橘朝臣安麻呂授二従四位下一、賜二五位已上物一各有レ差、○甲申、平明、上、急召二皇太子一遅之、更遣二参議右衛士督従四位下藤原朝臣緒嗣一召レ之、即皇太子参入昇殿、召二於牀下一、勅語良久、命二右大臣一、以二正四位下菅野朝臣真道・従四位下秋篠朝臣安人一為二参議一、又請二大法師勝虜一、放ニ却鷹犬一、侍臣莫レ不レ流レ涙、」一奉ニ為崇道天皇一、建ニ寺於淡路国一」是日、勅、頃年為レ興ニ釈教一、擯ニ出違法之僧一、今聞、自悔ニ前過一、各有ニ修行一、宜下赦ニ其過一、聴上住ニ本寺一、若更有レ犯、処以ニ恒科一、又令ニ天下諸国、修ニ理国中諸寺塔一、〇乙酉、永停ニ大替隼人風俗歌舞一」是日、大法師勝虞為ニ少僧都一、均寵為ニ律師一、〇丙戌、参議従四位下秋篠朝臣安人為ニ右大弁、近衛少将・勘解由長官・阿波守如レ故、従四位下橘朝臣安麻呂為ニ左中弁一、従五位上百済王鏡仁為ニ右中弁一、従四位上藤原朝臣葛野麻呂為ニ刑部卿一、越前守如レ故、」宴ニ五位已上一、賜レ物有レ差、〇丁亥、於ニ御在所南端門外一射、但乗輿不レ御、〇辛卯、賜ニ散位従四位下住吉朝臣綱主度一人一、〇壬辰、賜ニ宿侍親王已下五位已上衣一」是日、未時、大星隕、〇乙未、地震、〇戊戌、外従五位下吉水連神徳授ニ従五位下一、正六位上出雲連広貞外従五位下、以下供ニ奉御薬一、昼夜不上怠也、

〇二月乙巳《五日》　相模国が次のように言上した。

年来、鎮兵《ちんぺい》三百五十人を派遣して陸奥・出羽両国で防御の任につかせていますが、相模国では雑徭《ぞうよう》に徴発できる徭丁《ようてい》が少なく、帯勲者《たいくんしゃ》が多数となっていますので、伏して、鎮兵を二分して半分を帯勲者より採り、他の半分を白丁《はくちょう》（徭丁）より徴発することを要望します。

言上を許可した。

○丙午《六日》　百五十人の僧侶に宮中と春宮坊等で『大般若経《だいはんにゃきょう》』を読ませた。一棟の小倉《しょうそう》を霊安寺《りょうあんじ》（奈良県五條市霊安寺町に所在。井上内親王と他戸親王の霊を慰めるために建立された）に造り、稲三十束を収めた。また、これとは別に、調綿《ちょうのわた》百五十斤・庸綿《ようのわた》百五十斤を収めた。井上内親王と他戸親王の霊を慰めるためである。

○庚戌《十日》　造石上神宮使《ぞういそのかみじんぐうし》正五位下石川朝臣吉備人《きびひと》らが石上神宮の修造に要する労務者を計上して、延べ十五万七千余人が必要だと上申し、太政官が天皇へ奏上した。

石上神宮の修造に先立ち、天皇が「この神社が他の神社と異なる理由は何か」と質問すると、ある臣下が「多くの武器が収蔵されていることです」と答え、さらに、天皇が「どうして武器が収められているのか」と聞くと、「昔から天皇が石上神宮へ出御しては武器を納めてきました。今般、平安京へ遷都し、石上神宮から遠ざかってしまいましたので、非常事態に備え、伏して、卜《うらな》いをしたうえで武器を近京の地へ遷すことを申請します」と答えた。このとき、文章生《もんじょうしょう》従八位上布留《ふる》宿禰高庭《たかにわ》が上申文書である解《げ》を作成して太政官へ差し出し、「石上神宮の神戸《かんべ》百姓らの書状を見ますと、近頃、石上の大神が鏑矢《かぶらや》を放ち、村の者たちがみな不思議な思いをしていますが、なんの祥《きざし》であるか判りません、とありました。しかし、それからさほど経たないうちに神宝《じんぽう》である武器を運び遷すことになったのです（延暦二十三年二月庚戌条）。この私の解状を天皇へ奏上して、武器を運び遷すことを停止することを要請します」と申し出た。そこで太政官が高庭の解を奏上すると「卜ってみると吉《きち》と出た。武器の運遷を妨害してはならない」という解答の宣旨が出され、役所の者が来て、神宝である武器を運びだし、山城国葛野《かどの》郡へ収置した。しかし、武器を収めた倉《くら》はひとりでに倒れ、兵庫寮に収めることになった。

そうこうしている間に、桓武天皇が病気となり、春日祭使《かすがさいし》に充てられた典闈建部千継《みかどのすけたけるべのちつぐ》が平城京の松井坊《まついぼう》（京内の区割《くわり》の一）に新しく神が出現して、女巫《じよふ》に託宣しているのを耳にし、通りがかったついでに尋ねてみると、「いまあなたがお尋ねの件は普通の人のことではありません。その人のことを伺う必要があり、もし伺えなければ、お尋ねのことにお答えできません」と言った。そこで天皇の病気のことを告げると、「石上神宮の武器は代々の天皇が懇《ねんご》ろな志をもって送納した神宝《じんぽう》である。いま私の神宮の庭を汚して運収しているのは、不当である。そこで天下の諸神に訴え、桓武天皇の名を記して天帝に告げ、報復を求めるのみである」という神語を伝えた。すぐに千継が帰京して秘密裡に天皇に奏上すると、天皇は神祇官と他の役所へ詔りして、石上神宮に二棟の仮屋を建て、銀笥《ぎんし》に御飯を盛り、御衣《おんぞ》一襲《ひとかさね》を副《そ》えて御輿《みこし》に納め、典闈建部千継を遣わして女巫を召し、石上神宮の神である布留御魂《ふるのみたま》を呼び寄せ鎮魂し、神意を聞くことにした。女巫《じよふ》は夜通し怒りのさまで、以前と同じ神語を告げ、夜明けどきに至り、忿怒《ふんぬ》の状態から穏やかな状態になった。

ここで勅が出され、桓武天皇の年齢に同じ六十九人の年功を積んだ有徳の僧侶が喚ばれて、石上神宮で読経《どきよう》が行われた。天皇は「天 皇《すめらみこと》のお言葉として、石上の大神に申し上げます。大神の宮に収置してありました武器を京が遠方になりましたので、近京の地へ置こうと思い、昨年、葛野《かどの》の地へ運び収めました。しかし、このごろ病となり、夢に武器の運収が不当だというお告げがありましたので、大神の願いのままに、もとの神社へお返し置くことにいたします。このたびの返納のことに驚くことなく、非難することなく、穏やかであってほしいと思います。そこで、鍛冶司《かぬちのつかさ》正従五位下作良王《つくらおう》・神 祇 大 副《かみのつかさのおおいすけ》従五位下大中臣朝臣全成《またなり》・典 侍《ないしのすけ》正五位上葛井《ふじい》宿禰広岐《ひろまた》らを使人として遣わし、お礼の幣帛《みてぐら》と鏡《かがみ》を持たせて、朕のお言葉を申し上げます。言葉を改めて、神としての皇孫である朕を末永く変わらず護り幸運をもたらすようにしてください、と称辞《たたえごと》をもって申し上げます」と詔《みことの》りした（宣命体）。

典薬頭従五位上中臣朝臣道成《みちなり》らを派遣して武器を石上神宮へ返納した。

散位従四位下住吉《すみのえ》朝臣綱主《つなぬし》が死去した。綱主は弓射《きゆうしや》が得意で近衛となり、のちに将 曹《しようそう》、将 監《しようげん》に任じた。生まれつきまじめで、怠ることなく宿衛《しゆくえい》についた。鷹犬《ようけん》を愛好して部下の信頼を得、近衛少将にまで昇進した。行年七十七。

大和国の人正六位上曰佐方麻呂《おさのかたまろ》と近江国の人正六位上曰佐人上《ひとかみ》に紀野《きの》朝臣を賜姓した。

○甲寅《十四日》　備後《びんご》国に飢饉が発生したので、使人を派遣して物を恵み与えた。

正五位上葛井宿禰広岐《ひろまた》に従四位下を授けた。

○乙卯《十五日》 脩行《しゆぎよう》大法師位栄興《えいこう》に得度の枠一人分、脩行伝灯法師位聴福《ちようふく》に得度の枠二人分を賜わった。

左京の人多《おおし》王・登美《とみ》王ら十七人に三園《みその》真人、吉並《よしなみ》王・□並王ら十七人に近江真人、駿《する》河《が》王・広益《ひろます》王ら十六人に清海《きよみ》真人、池原《いけはら》王・嶋原《しまばら》王の二人に志賀《しが》真人、貞原《さだはら》王・真貞《まさだ》王の二人に浄額《きよぬか》真人、坂野《さかの》王・石野《いしの》王（弘仁三年正月丙寅条の石野王とは別人であろう）ら十六人に清岳《きよおか》真人、篠井《しのい》王・坂合《さかあい》王ら五人に浄原《きよはら》真人、十二月《しわす》王・小十二月《おしわす》王ら三人に室原《むろはら》真人、永世《ながよ》王・末成《すえなり》王・末継《すえつぐ》王に春原《はるはら》真人、田辺《たなべ》王・高槻《たかつき》王らに美海《みあま》真人、船木《ふなき》王に長井《ながい》真人、岡山《おかやま》女王・広岡《ひろおか》女王ら四人に岡原《おかはら》真人、広永《ひろなが》王・益永《ますなが》王ら四人に豊岑《とよみね》真人、田村《たむら》王・小田村《おたむら》王、金江《かなえ》王・真殿《まとの》王・河原《かわら》王ら八人に長谷《はせ》真人、八上《やかみ》王・八嶋《やしま》王に山科《やましな》真人を賜姓した。

○己未《十九日》 諸国の国分寺で薬師悔過《けか》を行わせた。桓武天皇の病気が治癒しないためである。

○壬戌《二十二日》 伝灯大法師位安暨《あんき》に僧尼得度の枠各一人分、修行大法師位栄興に僧の得度枠一人分、脩行法師位慈窓《じそう》ら七人にそれぞれ二人分の得度の枠を賜わった。

従五位上平群朝臣広道《ひろみち》を土佐守に任じた。

○二月乙巳、相摸国言、頃年差㆓鎮兵三百五十人㆒、戍㆓陸奥・出羽両国㆒、而今徭丁乏少、勲位多㆑数、伏請中㆓分鎮兵㆒、一分差㆓勲位㆒、一分差㆓白丁㆒、許㆑之、○丙午、令㆘

僧一百五十人、於二宮中及春宮坊等一、読中大般若経上、造二一小倉於霊安寺一、納二稲卅束一、又別収二調綿百五十斤・庸綿百五十斤一、慰二神霊之怨魂一也、〇庚戌、造石上神宮使正五位下石川朝臣吉備人等、支二度功程一、申二上単功一十五万七千余人一、太政官奏之、勅曰、此神宮所三以異二於他社一者何、或臣奏云、多収二兵仗一故也、勅、有二何因縁一、所レ収之兵器、奉レ答云、昔来天皇御二其神宮一、便所二宿収一也、去レ都差遠、可レ慎二非常一、伏請卜食而運遷、是時、文章生従八位上布留宿禰高庭、即脩レ解申レ官云、得二神戸百姓等款一偁、比来大神頻放二鳴鏑一、村邑咸怪、不レ知二何祥一者、未レ経二幾時一、運三遷神宝一、望請奏三聞此状一、蒙レ従二停止一、官即執奏、被二報宣一偁、卜筮吉合、不レ可二妨言一、所司咸来、監三運神宝一、収二山城国葛野郡一訖、無レ故倉仆、更収二兵庫一、既而聖体不予、典闈建部千継、被レ充二春日祭使一、聞下平城松井坊有二新神一、託中女巫上、便過請問、女巫云、今所レ問、不二是凡人之事一、宜レ聞二其主一、不レ然者、不レ告レ所レ問、仍述二聖体不予之状一、即託語云、歴代御宇天皇、以二慇懃之志一、所二送納一之神宝也、今践三穢吾庭一、運収不レ当、所以唱二天下諸神一、勒レ諱贈二天帝一耳、登時入レ京密奏、即詔二神祇官并所司等一、立二二幄於神宮一、御飯盛二銀笥一、副二御衣一襲一、並納二御輿一、差二典闈千継一充レ使、召二彼女巫一、令レ鎮二御魂一、女巫通宵忿怒、託語如レ前、遅明乃和解、有レ勅、准二御年数一、屈二宿徳僧六十九人一、令レ読三経於石上神社一、詔曰、天皇御命尓坐、石上乃大神尓申給波久、大神乃宮尓収有志器仗乎、京都遠久成奴流尓依弖、近処尓令レ治牟止為弖奈母、去年此尓運収有流、然尓比来之間、御体如レ常不二御坐一有尓、大御夢尓覚志坐尓依弖、大神乃願坐之任尓、本社尓返收弖之、无レ驚久、无レ咎久、平久安久可二御坐一止奈母念志食、是以鍛冶司正従五位下作良王・神祇大副従五位下大中臣朝臣全成・典侍正五位上葛井宿禰広岐等乎差レ使弖、礼代乃幣帛、并鏡令レ持弖、申出給御命乎、申給止申、辞別弖申給久、神那我良母皇御孫乃御命乎、堅磐尓常磐尓、護奉幸閉奉給閉止、称辞定奉久止申、遣二典薬頭従五位上中臣朝臣道成等一、返二納石上神社兵仗一、」散位従四位下住吉朝臣綱主卒、綱主、以二善射一為二近衛一、後歴二将曹、将監一、為人恪勤、宿衛不レ怠、好愛二鷹犬一、多得二士卒心一、仕至二少将一、卒時年七十七、」大和国人正六位上曰佐方麻呂・近江国人正六位上曰佐人上賜二姓紀野朝臣一、○甲寅、備後国飢、遣レ使賑給、」正五位上葛井宿禰広岐授二従四位下一、○乙卯、賜二脩行大法師位栄興度一人、脩行伝灯法師位聴福二人一、」左京人多王・登美王等十七人賜二姓三園真人一、吉並王・□並王等十七人近江真人、駿河王・広益王等十六人清海真人、池原王・嶋原王二人志賀真人、貞原王・真貞王二人浄額真人、坂野王・石野王等十六人清岳真人、篠井王・坂合王等五人浄原真人、十二月王・小十二月王等三人室原真人、永世王・末成王・末継王春原真人、田辺王・高槻王等美海真人、船木王長井真人、岡山女王・広岡女王等四人岡原真人、広永王・益永王等四人豊岑真人、田村王・小田村王・金江王・真殿王・河原王等八人長谷真人、八上王・八嶋王山科真人、○己未、令㆔諸国々分寺、行㆓薬師悔過㆒、以㆔聖躬未㆒㆑平也、〇壬戌、賜㆓伝灯大法師位安曁度僧尼各一人、修行大法師位栄興僧一人、修行法師位慈窓等七人各二人㆒、従五位上平群朝臣広道為㆓土左守㆒、

〇三月辛未二日　天皇の近くで宿直する僧侶と五位以上の者に被衣を施賜《せし》した。

〇癸酉四日　少僧都伝灯大法師位勝虞《しょうぐ》に得度の枠二人分を賜わった。

〇乙亥六日　播磨国の夷第二等去返公嶋子《こへのきみしまこ》に浦上臣《うらかみのおみ》を賜姓した。

〇丙子七日　律師大法師位均寵《きんちょう》・修行満位《まんい》僧勤蓋《そうごんがい》にそれぞれ得度の枠二人分、修行満位僧常江《じょうこう》と寿全《じゅぜん》にそれぞれ得度の枠一人分を賜わった。

〇己卯　伝灯法師位勤操《ごんぞう》に得度の枠二人分、修行満位僧寿全に得度の枠一人分を賜わった。

〇癸未十四日　従五位下多治比真人八千足《やちたり》に従五位上を授けた。

〇丙戌十七日　正六位上下毛野公小建《しもつけぬのきみおたける》に外従五位下を授けた。

〇己丑二十日　従四位下吉備《きび》朝臣泉《いずみ》並びに五百枝《いおえ》王・藤原朝臣浄岡《きよおか》・藤原朝臣雄《お》依《より》・山上《やまのうえの》船主《ふなぬし》らの罪を免して帰京させた。

〇壬辰二十三日　伊豆《いず》国の流人氷上《ひがみ》真人河継《かわつぐ》の罪を免《ゆる》した。

使いを伯耆国へ遣わして玄賓法師《げんぴんほうし》を請い招いた（桓武天皇の病気平癒のため）。

〇丙申二十七日　殿上において天皇に灌頂法《かんじょうのほう》（病気の平癒を祈願して天皇の頭頂に水を灌《そそ》ぐ儀式）

を行った。

本日天皇が次のように詔りした。

罪人を免し、そのために泣するのは優れた王者のよき教えであり、罪刑を除くことは代々の聖王が践《ふ》み行ってきた道である。朕は天下に君として臨み、人民を育んできているが、流刑《るけい》や移郷《いごう》に処され、長期にわたり刑に服している者のことを思うと、心に深い憐れみの気持ちが起きてきて、寝ていても起きていても忘却することがない。そこで、恩沢を施して過ちを改めさせたいと思う。延暦二十四年三月以前の謀反・大逆を犯した者とそれ以外の犯罪で流刑ないし移郷に処された者とは、僧侶と俗人とを問うことなく、すべて赦すことにする。すでに死亡してこの恩恵が及ばない場合は、その妻子が郷里に帰るのを認める（流・移人の妻子は流・移人と行動を共にするのが原則であった）。ただし、悪逆・造畜蠱毒《ぞうちくこどく》（毒虫を用い、毒を製造したり保持すること）・殺人ないし他の罪を犯し赦にあっても放免とならず流刑・移郷に処されている者および盗を犯した者は赦の対象からはずせ。広く遠方まで告知して、朕の意を民に知らせよ。

○三月辛未、施二賜宿侍僧及五位已上被衣一、○癸酉、賜二少僧都伝灯大法師位勝虞度二人一、○乙亥、播磨国夷第二等去返公嶋子賜二姓浦上臣一、○丙子、賜二律師大法師位均寵・修行満位僧勤蓋各度二人、修行満位僧常江・寿全各一人一、○己卯、賜二伝灯法師位勤操度二人、脩行満位僧寿全一人一、○癸未、従五位下多治比真人八千足授二従五位上一、○丙戌、正六位上下毛野公小建授二外従五位下一、○己丑、免二従四位下吉備朝臣泉、幷五百枝王・藤原朝臣浄岡・藤原朝臣雄依・山上船主等罪一入レ京、○壬辰、免二伊豆国流人氷上真人河継罪一、遣二使伯耆国一、請二玄賓法師一、○丙申、於二殿上一行二灌頂法一、是日、詔曰、解レ網泣レ辜、哲王嘉訓、滌レ瑕蕩レ穢、列聖通規、朕、君二臨区宇一、子二育黔黎一、念二彼流・移久陥二刑憲一、情深二惻隠一、無レ忘二寝興一、思下播二凱沢一、令中彼改過上、其延暦廿四年三月以前、犯二謀反・大逆一、及自余縁レ犯、已配流及移郷者、不レ論二道俗一、悉赦除之、若身先亡、恩渙不レ逮者、原二其妻子一、但悪逆、造畜蠱毒、殺人会レ赦猶流合二移郷一之色、及犯レ盗者、不レ在二赦限一、普告二遐邇一、知二朕意一焉、

○夏四月辛丑《二日》　散位従六位上江沼《えぬ》臣小並《おなみ》に外従五位下を授けた。

○壬寅《三日》　桓武天皇の病の治療に当たっている侍医らへ、衣《きぬ》と絁《あしぎぬ》・布を身分に応じて下賜した。

○癸卯《四日》　天皇が次のように勅した。

聞くところによると、調を京へ運ぶ脚夫《きゃくふ》は路次で進めなくなり、飢えて死亡することが多いという。まことにこれは路次の国郡が法律を無視し、必要に応じ世話をすべき村

里が、事に当たろうとの気持ちがないことによる。今後、困苦する脚夫の世話をしない国郡・村里の役人は法により処罰せよ。郡や国の役人は救済に心がけ、法令に従い医療と供給に当たれ。

○甲辰五日　諸国に命じて崇道《すどう》天皇（早良親王）のために小倉を建て、正税《しょうぜい》四十束を納め、併せて天皇に准じ国忌《こき》の扱いとし、奉幣を行うことにした。崇道天皇の怨霊に謝罪するためである。

土佐国の駅路《えきろ》が通過する郡（長岡郡）に伝馬《てんま》を五匹加置した。新しく開削《かいさく》した道路が険しい山谷地帯を通っていることによる。

○乙巳六日　桓武天皇が皇太子（安殿親王）以下参議以上の者を召して、死後のことを託した。

○己酉十日　近衛大将藤原朝臣内麻呂《うちまろ》・近衛中将藤原朝臣縄主《ただぬし》らに、兵仗殿《ひょうじょうでん》（宮中の武器庫）の鎰《かぎ》を皇太子に授けさせた。

使人を派遣して賀茂《かも》神社へ幣帛を奉納した。

○庚戌十一日　崇道天皇を淡路国から八島《やしま》陵（奈良市八島町）へ改葬する臨時の官司を任官した。外従五位下豊山《とよやま》忌寸真足《またり》を主殿助《とのものすけ》に任じた。

○夏四月辛丑、授二散位従六位上江沼臣小並外従五位下一、○壬寅、賜二侍医等衣幷絁・布一有レ差、○癸卯、勅、如聞、貢調脚夫、在レ路留滞、或飢横斃者衆、良由下路次国郡不レ存二法令一、随レ便村里無下意二撫養一也、自レ今以後、如有二此色一、当界官司、拠レ法科処、郡国官司、存レ情相救、其医療・供給、一依二法令一、〇甲辰、令下諸国、奉三為崇道天皇一建二小倉一、納二正税卌束一、幷預中国忌及奉幣之列上、謝二怨霊一也、」令下土左国帯二駅路一郡、加中置伝馬五匹上、以二新開之路、山谷峻深一也、〇乙巳、天皇、召二皇太子已下参議已上一、託三以後事一、〇己酉、使三近衛大将藤原朝臣内麻呂・中将藤原朝臣縄主等、賜二兵仗殿鎰於東宮一」遣レ使奉二幣帛於賀茂神社一、〇庚戌、任下改二葬崇道天皇一司上」外従五位下豊山忌寸真足為二主殿助一、

〇五月己巳（一日）　侍従と侍医らに衣を下賜した。

〇辛未（三日）　従五位上藤原朝臣上子《かみこ》に正五位下を授けた。

〇戊寅（十日）　土佐国香美《かがみ》郡少領《しょうりょう》外従六位上物部鏡《もののべのかがみ》連家主《いえぬし》に位二階を授けた。郡内の人民を育み、郡司としての勤務に怠ることがなかったことによる。

〇己卯（十一日）　山城・大和・河内・摂津等の四国に史生《ししょう》一を増員した。

本日脩行伝灯法師位聴福を紀《き》伊国伊都《いと》郡《ぐん》へ派遣して、三重塔を建立した。桓武天皇の病気平癒のためである。

〇甲午（二十六日）　甲斐《かい》・越中・石見《いわみ》三国で飢饉が発生したので、使人を遣わして物を恵み与えた。

○五月己巳朔、賜二侍従及侍医等衣一、○辛未、授二従五位上藤原朝臣上子正五位下一、○戊寅、授二土左国香美郡少領外従六位上物部鏡連家主爵二級一、以二撫育有レ方、公勤匪レ怠也、○己卯、加二山城・大和・河内・摂津等四国、史生一員一、是日、遣二脩行伝灯法師位聴福於紀伊国伊都郡一、立二三重塔一、為二聖躬平善一也、○甲午、甲斐・越中・石見三国飢、遣レ使賑給、

○六月乙巳（八日） 唐より帰国した遣唐使の第一船が対馬島《つしまとう》の下県《しもあがた》郡に停泊した。大使従四位上藤原朝臣葛野麻呂《かどのまろ》が、次のように上表した。

私葛野麻呂らは、去年七月六日に肥前国松浦《まつら》郡の田浦《たのうら》（長崎県五島市のあたり）を四船とともに出航しました。七日の午後八時に、第三、四船は灯火による視認ができなくなり、生きた心地もなく三十四日間波間《なみま》を漂流し、八月十日に福州長渓県赤岸鎮（福建《ふっけん》省福安市）以南の港に到達いたしました。鎮将《ちんしょう》杜《と》寧《ねい》と県令胡延沂《こえんぎん》らが出迎えて語るには、福州の刺史《しし》柳冕《りゅうべん》が病により任を去ったのち、新任の刺史は赴任《ふにん》していないが、唐国の状態は穏やかであるということでした。福州の州都へ向かう路は山や谷で険しく、荷物をもったまま進むのは困難ですので、船で向かい、十月三日に到着しました。新任の観察《かんさつ》使兼刺史閻済美《えんさいび》がとり計らい、皇帝へ上奏する一方で、私たち二十三人を京へ向け出立させてくれました。十一月三日に私たちは長安へ向かいました。福州と長安の間は七千

五百二十里あります。早朝に発ち、夜遅く宿に入り、早朝も暮れ方も休まず進み、十二月二十一日に長安の長楽駅《ちょうらくえき》へ到着し、宿をとりました。二十三日に内使（宮中よりの使い）趙忠《ちょうちゅう》が良馬二十三匹を牽《ひ》いて迎えにきまして、併せて酒食で慰労してくれました。馬に乗り長安城《ちょうあんじょう》へ入り、外宅（外国使節への供給所）に案内されて世話を受けました。特に監使《かんし》高品《こうひん》（宦官《かんがん》）劉昴《りゅうぼう》が接待所の担当でした。

遣唐使第二船の判官《はんがん》菅原《すがわら》朝臣清公《きよとも》ら二十七人は、すでに九月一日に明州《めいしゅう》（浙江《せっこう》省寧波市）より京兆へ入り、十一月十五日に長安城へ到り、外宅で大使一行を待っていました。十二月二十四日に国信《こくしん》と貢納品等を監使劉昴に托して、天子（唐第九代皇帝徳宗《とくそう》）へ奉進しました。私たちのところへ戻った劉昴は「日本国の使節は遠方から中国を慕い朝貢し、貢納した品は極めて良好である。朕は殊《こと》の外《ほか》に喜ばしい思いである。時候は寒いが、使節たちは健やかに過ごしてほしい」という天子の言葉を伝達しました。二十五日に天子に宣化殿《せんかでん》で謁見することになりましたが、皇帝は出御せず、同日麟徳殿《りんとくでん》で会いました。私たちが天子に申請したことはすべて許され、内裏（大明宮）で宴会が催され、分に応じた褒美を下賜されました。この宴とは別に、内使が外宅で宴を設け、一日中楽しく飲酒しました。内使は始終、厚遇してくれました。

貞元《ていげん》二十一年（延暦二十四年）正月元日に含元殿《がんげんでん》で朝賀の儀がありましたが、二日に天子が病気となり、二十三日に死去しました。行年は六十四でした。二十八日に私たちは承天門で天子の死を悼む儀式に参列しました。そこではじめて白の喪服を着用しました。この日、皇太子（唐第十代皇帝順宗。諱は誦《しょう》）が帝位につきましたが、諒闇《りょうあん》中で病弱のことがあり政務を執ることができず、皇太后である王氏（徳宗の皇后、順宗の母）が天子に代わり政務を執ることになりました（このときにはすでに没しており、誤りがある）。私たちは三日間外宅で哀悼の儀である挙哀《こあい》を朝晩に行いました。挙哀は諸《しょ》蕃《ばん》は三日、他は二十七日間行い、その後、喪あけとなりました。二月十日に監使高品宋《そう》惟澄《いちょう》が答礼の品をもってやって来ました。併せて、私たち使節に与えられた官爵の辞令書を手渡し、「日本国使節は国王の命により、遠方から朝貢のために来たものの、天子の死に遭遇してしまった。ゆっくり休息したのち、帰国せよ。これは使節らが早期の帰国を求め、上奏してきたからである。そこで祝儀の品を下賜し、併せて宴を催すことにする。以上を承知して本国へ帰り、唐国が天子の喪に服していることを伝えよ。再度使節に会いたいと思うが、この服喪により、不可能である。無事に帰国せよ」という勅を伝えました。帰国に際しての儀が終わり、出発することになりましたが、勅により内使王国文《おうこくぶん》が付き添い、送ってくれることになり、明州で乗船しました（ここは衍文《えんぶん》か）。三月二十九日に越州（浙江省紹興市）の永寧駅《えいねいえき》に到着しました。越州は観察使（浙江東道を管轄する浙東観察使）の執務する官府が置かれています。監使王国文は、この駅館で私たちを喚び、天子の勅書の入った函《はこ》を渡し、長安へ戻りました。替わりに越州で付き添いを付けてくれ、同じ観察使の管内である明州に至り出航しました。

出航に先立ち、去年十一月に船を明州へ廻すため録事《ろくじ》山田大庭《やまだのおおにわ》らも福州へ留まらせましたが、二月五日に福州を発ち、四月一日に五十六日間の水行を経て明州へ到達しました。三日に明州の州治へ到り、寺へ案内され、五月十八日に州内鄮県《ぼうけん》（浙江省寧波市の東）で二船共に纜《ともづな》を解き出航し、六月五日に私の船は対馬島下県郡の阿礼《あれ》村（長崎県対馬市）へ着いたのでした。

唐の情勢は次のとおりです。

今上皇帝は諱《いみな》を誦《しょう》と言い、亡くなった前皇帝（徳宗）のただ一人の息子です（『旧唐《くとう》書《じょ》』百五十および『新唐書』七十下には、徳宗の男子は十一人とある。あるいは皇后王氏所生の男子の意か）。年齢は四十五歳で、男女四十余人の子どもがいます。皇太子である広陵王純《こうりょうおうじゅん》（唐第十一代皇帝憲宗）は二十八歳です。皇太后である王氏は今上皇帝の母で、亡くなった皇帝の后でした。唐の貞元二十一年は延暦二十四年に当たります。

淄《し》青道節度《せいどうせつど》使《し》青州《せいしゅう》刺史《しし》李師古《りしこ》〈正己の孫で、納の息子〉は兵馬五十万を率いており（弘仁十年六月壬戌条）、唐朝廷が皇帝の喪を諸道《しょどう》節度使に告知するため使人を青州に向かわせましたが、師古は使節が境内に入るのを拒み、弔喪を名目にして十万の兵をもって挙兵し、鄭州《ていしゅう》（河南《かなん》省鄭州市）を襲撃しました。これに対し、諸州は連合して反撃し殺しあいとなり、朝廷では師古をなだめる目的で使人高品臣希倩《しんきせん》を派遣しました。また、蔡《さい》州（河南省汝南県）節度使呉少誠《ごしようせい》は多数の兵士を配下にもち、密かに反乱を企てています。また、去る貞元十九年に竜武将軍薛審《りようぶしようぐんせつしん》（薛伾《せつひ》の誤りか）を派遣して吐蕃（チベット）と友好関係を結ぼうとしましたが、吐蕃へ到達すると薛審は拘束されて任務を果たすことができませんでした。そこで、審は吐蕃を欺いて、自分が友好関係を結ぼうとしてやってきたのは公主（皇帝の娘）を吐蕃へ降嫁しようとしてのことである、と言いました。吐蕃は薛審の拘束を解いて唐国へ戻し、公主を降嫁させようとしました。天子はこれを聞いて怒り、吐蕃への公主降嫁などということは自分の知ることではない、薛審は先の命令のとおり公主降嫁を条件とせずに吐蕃と友好関係を樹立すべきで、任を果たすまで帰国を許さない、と言い渡され、吐蕃との国境まで行ったものの入国を拒まれ、いまなお両国の境界に留まっている状態です。去年（貞元二十年）十二月に吐蕃の使節が帰国しましたが、唐へやって来た理由を尋ねると、公主の降嫁のためでした。しかし、天子は怒って降嫁を許さず、そのため吐蕃の使節は賀正《がしよう》の儀式にも出席しなかったのでした。吐蕃は長安の西北に位置し、しばしば軍隊を動員して唐国を侵しています。長安城は吐蕃の国境から五百里ほど離れています。唐国は国内は節度使が不穏な動きを示し、外交関係では吐蕃と不仲にあり、長安京内は落ち着かず、少しも休まるところがありません。

○丁未十日　近江・丹波・丹後・但馬・播磨・美作・備前・備後・紀伊・阿波・伊予等の十一国

に対し彩帛《さいはく》の貢進を停止させ、以前の絹貢進に改めさせた。

○辛亥（十四日）　正六位上難破《なにわ》連広成《ひろなり》と若江《わくえの》造《みやつこ》家継《いえつぐ》に外従五位下を授けた。

○癸丑（十六日）　伊賀《いが》国で飢饉が発生したので、使人を遣わして物を恵み与えた。

○甲寅（十七日）　遣唐使の第二船の判官正六位上菅原朝臣清公が肥前国松浦郡の鹿島（長崎県五島列島か。あるいは長崎県北松浦郡鹿町町のあたりか）に到来し、飛駅により上奏した。奏上の内容は多事にわたるので省略する。

○丙辰（十九日）　従五位下紀朝臣広浜に従五位上、正六位上犬上《いぬがみ》朝臣望成《もちなり》に外従五位下を授けた。

○庚申（二十三日）　近衛中将従三位勲二等坂上大宿禰田村麻呂を参議に任じた。

○辛酉（二十四日）　伝灯大法師位常騰《じょうとう》を律師《りっし》に任じた。

日本後紀　巻第十二

○六月乙巳、遣唐使第一船、到㆓泊対馬嶋下県郡㆒、大使従四位上藤原朝臣葛野麻呂上奏言、臣葛野麻呂等、去年七月六日、発㆑従㆓肥前国松浦郡田浦㆒、四船入㆑海、七日戌剋、第三・第四両船、火信不㆑応、出㆓入死生之間㆒、掣㆓曳波濤之上㆒、都卅四箇日、八月十日、到㆓福州長渓県赤岸鎮已南海口㆒、鎮将杜寧・県令胡延沂等相迎、語云、当州刺史柳冕、縁㆑病去㆑任、新除刺史未㆑来、国家大平者、其向㆑州之路、山谷嶮隘、担行不㆑穏、因廻㆑船向㆑州、十月三日、到㆑州、新除観察使兼刺史閻済美処分、且奏、且放二廿三人一入レ京、十一月三日、臣等発赴二上都一、此州去レ京七千五百廿里、星発星宿、晨昏兼行、十二月廿一日、到二上都長楽駅一宿、廿三日、内使趙忠、将二飛竜家細馬廿三匹一迎来、兼持二酒脯一宣慰、駕即入二京城一、於二外宅一安置供給、特有二監使高品劉昂一、勾二当使院一、第二船判官菅原朝臣清公等廿七人、去九月一日、従二明州一入レ京、十一月十五日、到二長安城一、於二同宅一相待、廿四日、国信・別貢等物、附二監使劉昂一、進二於天子一、劉昂帰来、宣レ勅云、卿等遠慕朝貢、所二奉進一物、極是精好、朕殊喜歓、時寒、卿等好在、廿五日、於二宣化殿一礼見、天子不レ衙、同日、於二麟徳殿一対見、所レ請並允、即於二内裏一設レ宴、官賞有レ差、別有二中使一、於二使院一設レ宴、酣飲終日、中使不レ絶、頻有二優厚一、廿一年正月元日、於二含元殿一朝賀、二日、天子不予、廿三日、天子雍王适崩、春秋六十四、廿八日、臣等於二承天門一立レ仗、始著二素衣冠一、是日、太子即二皇帝位一、諒闇之中、不レ堪二万機一、皇太后王氏、臨レ朝称レ制、臣等三日之内、於二使院一朝夕挙哀、其諸蕃三日、自余廿七日而後就レ吉、二月十日、監使高品宋惟澄、領二答信物一来、兼賜二使人告身一、宣レ勅云、卿等銜二本国王命一、遠来朝貢、遭二国家喪事一、須二緩々将息帰郷一、縁二卿等頻奏二早帰一、因レ玆賜二纏頭物一、兼設レ宴、宜レ知レ之、却二廻本郷一、伝二此国喪一、擬レ欲二相見一、縁二此重喪一、不レ得レ宜之、好去好去者、事畢首途、勅、令二内使王国文監送一、至二明州一発遣、三月廿九日、到二越州永寧駅一、越州即観察府也、監使王国文、於二駅館一喚二臣等一、附二勅書函一、便還二上都一、越州更差レ使監送、至二管内明州一発遣、四月一日、先レ是去年十一月、為レ廻二船明州一、留二録事山田大庭等一、従二去二月五日一発二福州一、海行五十六日、此日到来、三日、到二明州郭下一、於二寺裏一安置、五月十八日、於二州下鄮県一、両船解レ纜、六月五日、臣船到二対馬嶋下県郡阿礼村一、其唐消息、今天子、諱誦、大行皇帝之男只一人而已、春秋卅五、有二卅余男女一、皇太子広陵王純、年廿八、皇太后王氏、今上之母、大行皇帝之后也、年号貞元廿一年、当二延暦廿四年一、淄青道節度使青州刺史李師古、正己孫、納之男、養二兵馬一五十万、朝庭以二国喪一告二于諸道節度使一、入二青州界一、師古拒而不レ入、□兵十万以レ弔二国喪一為レ名、自襲二鄭州一、諸州勠レ力、逆戦相殺、即為レ宣二慰師古一、差二中使高品臣希倩一発遣、又蔡州節度使呉少誠、多養二甲兵一、窃挟二窺窬一、又去貞元十九年、遣二龍武将軍薛審一、和二親吐蕃一、到則拘□、不レ得二復命一、審欺レ之云、所三以来和二者、欲レ嫁二公主一也、吐蕃即令二審帰娶一、天子嗔レ之曰、嫁娶者、非二朕所レ知、宜三更廻、允二前旨一、若事不レ遂、不レ得二入来一、審還到二吐蕃界一、拒而不レ入、在二於今日一、猶住二両界頭一、去年十二月、吐蕃使等帰レ国、尋二彼来由一、在レ娶二公主一、天子嗔レ之不レ聴、故不レ会二賀正一也、其吐蕃在二長安西北一、数興レ兵侵二中国一、今長安城、去二吐蕃界一五百里、内疑二節度一、外嫌二吐蕃一、京師騒動、無二蹔休息一、○丁未、近江・丹波・丹後・但馬・播磨・美作・備前・備後・紀伊・阿波・伊予等十一国、停レ進二彩帛一、依レ旧貢レ絹、○辛亥、正六位上難破連広成・若江造家継授㆓外従五位下㆒、○癸丑、伊賀国飢、遣㆑使賑給、○甲寅、遣唐使第二船判官正六位上菅原朝臣清公、来㆓到肥前国松浦郡鹿嶋㆒、附㆑駅上奏、事多不㆑載、○丙辰、授㆓従五位下紀朝臣広浜従五位上㆒、正六位上犬上朝臣望成外従五位下、○庚申、近衛中将従三位勲二等坂上大宿禰田村麻呂為㆓参議㆒、○辛酉、伝灯大法師位常騰為㆓律師㆒、

日本後紀　巻第十二

日本後紀　巻第十三　延暦二十四年七月より大同元年五月まで

左大臣正二位兼行左近衛大将臣藤原朝臣冬嗣ら勅を奉《うけたまわ》りて撰す

皇統弥照天皇《あまつひつぎいやてらすすめらみこと》　桓武天皇《かんむてんのう》

○秋七月戊辰 一日 遣唐大使従四位上藤原朝臣《ふじわらのあそん》葛野《かどの》麻呂《まろ》が節刀《せっとう》を返進《へんしん》した。

○丙子 九日 尾張国《おわりのくに》智多《ちた》郡《ぐん》の土地十三町を中納言従三位《ちゅうなごんじゅさんみ》藤原朝臣内麻呂《うちまろ》に賜わった。

○辛巳 十四日 藤原葛野麻呂らが唐国が返礼として提供した贈物を進上した。

○壬午 十五日 伝灯大法師位《でんとうだいほっしい》常騰《じょうとう》・安暨《あんき》・玄賓《げんぴん》ら三十七人と三品《さんぼん》美努摩内親王《みぬまないしんのう》に得度《とくど》の枠五十九人分を賜わった。人ごとに三人以下一人以上であった。

○癸未 十六日 (前年七月条にかけるべき記事である) 大宰府《だざいふ》が次のように言上してきた。

遣唐使《けんとうし》の第三船は今月四日に肥前《ひぜん》国松浦《まつら》郡の庇良《ひら》島《とう》(長崎県平戸市平戸島) を出航して、遠値嘉《おちか》島 (福江島を中心とする五島列島) を指して進んだところ、突然南風に遭い、孤島に漂着しました。船は大岩に乗り上げ、船内に水が溢れ、判官正《はんがんのしょう》六位上三棟《みむね》朝臣今《いま》嗣《つぐ》らは身を逃れて岸に着き、船内の官私の物品を持ち出す遑《いとま》がありませんでした。射手《しゃしゅ》数人が船上に留まりましたが、海岸に繋留していた纜《ともづな》が絶えて船は流され、行方不明となっています。

これに対し、天皇が次のように勅した。

使人の任務は、国から国への書簡である国信《こくしん》を伝達することを最重要事とする。船に積んだ物品は人力で守らねばならないのに、公務についていることを忘れ、もっぱら生きながらえることを求め、船を放棄している。これでは船に載せた物品を済《すく》うことは不可能である。使人として尽くすことが、このようであってよいだろうか。厳しく責任を問い懲《こ》らすべきである。

○甲申《十七日》　地震があった。

○丁亥《二十日》　常陸《ひたち》国の人生部連《みぶべのむらじ》広成《ひろなり》に特に従八位下を授けた。私財を提供してしばしば貧民を救ったことによる。

○己丑《二十二日》　能登《のと》国が、船一艘《そう》が珠洲《すず》郡に漂着したので、使いを遣わして船荷を調査した、と言上してきた。

○辛卯《二十四日》　親王以下参議《さんぎ》以上の者と内侍《ないし》に、唐国の彩帛《さいはく》を身分に応じて賜わった。

○壬辰《二十五日》　天皇が次のように勅した。

聞くところによると、疫病が流行すると、人々はお互いに憚《はばか》り、炊事を共にせず、食事を与えることを止める、という。病人の治療や救済に心がければ死者が出ることはないのに、父子のようなもっとも近い親族にあっても憚って近づかないのであるから、近隣や血縁の隔った者となったら、言うべき言葉がない。死者が多数となっている原因はここにある。役所に指示して救助につとめさせ、もし改めない場合は処罰せよ。

本日遣唐大使従四位上藤原朝臣葛野麻呂に従三位、判官正六位上菅原朝臣清公《きよとも》に従五位下を授けた。故副使従五位上石川《いしかわ》朝臣道益《みちます》に従四位下、判官正六位上甘南《かんな》備真《びのま》人信影《ひとのぶかげ》に従五位下を贈った。道益は従三位中納言石足《いわたり》の孫《まご》で、従五位上人成《ひとなり》の子である。書物のことによく通じ、はなはだ才能があって風采《ふうさい》が立派であった。大唐国の明州《めいしゅう》で死去し、朝廷はその死を惜しんだ。行年四十三。

○癸巳二十六日　使人を遣わして畿内の明神《みょうじん》に奉幣《ほうべい》した。祈雨《あまごい》のためである。

○甲午二十七日　唐国からもたらされた物品を山科《やましな》（天智《てんじ》天皇）・後田原《のちのたわら》（田原東陵《とうりょう》。光仁《こうにん》天皇）・崇《す》道《どう》（八島陵《やしまりょう》。早良親王《さわらしんのう》）天皇の三陵に奉納した。

日本後紀　巻第十三　起㆓延暦廿四年七月㆒尽㆓大同元年五月㆒

左大臣正二位兼行左近衛大将臣藤原朝臣冬嗣等奉㆑勅撰

皇統弥照天皇　桓武天皇

○秋七月戊辰朔、遣唐大使従四位上藤原朝臣葛野麻呂上㆓節刀㆒。○丙子、尾張国智多郡地十三町賜二中納言従三位藤原朝臣内麻呂一、○辛巳、葛野麻呂等上二唐国答信物一、○壬午、賜二伝灯大法師位常騰・安暨・玄賓等卅七人、并三品美努摩内親王度五十九人一、毎レ人三人已下一人已上、○癸未、大宰府言、遣唐使第三船、今月四日発レ自二肥前国松浦郡庇良嶋一、指二遠値嘉嶋一、忽遭二南風一、漂二著孤嶋一、船居二巌間一、淦水盈溢、判官正六位上三棟朝臣今嗣等脱レ身就レ岸、官私雑物、不レ遑二下収一、射手数人、留在二船上一、纜絶船流、不レ知二何去一者、勅、使命以二国信一為レ重、船物須二人力一乃全、而今不レ顧二公途一、偏求二苟存一、泛レ船無レ人、何以能済、奉レ使之道、豈其然乎、宜下加二科責一、以峻中懲沮上、○甲申、地震、○丁亥、常陸国人生部連広成特授二従八位下一、以下出二私物一、屢救中貧民上也、○己丑、能登国言、舶一艘漂二著珠洲郡一、遣レ使検二船上雑物一、○辛卯、賜二親王已下参議已上及内侍唐国彩帛一各有レ差、○壬辰、勅、如聞、疫癘之時、民庶相憚、不レ通二水火一、存二心救療一、何有二死亡一、父子至親、畏忌無レ近、隣里疏族、更復何言、亡者衆多、事在二於此一、宜下喩二所司一、務存中匍匐上、若不二遵改一、随即科処、」是日、遣唐大使従四位上藤原朝臣葛野麻呂授二従三位一、判官正六位上菅原朝臣清公従五位下、故副使従五位上石川朝臣道益贈二従四位下一、判官正六位上甘南備真人信影従五位下、道益者、従三位中納言石足之孫、従五位上人成之子也、略渉二書記一頗有二才幹一、美二於風儀一、卒二於大唐明州一、朝廷惜レ之、卒時年卅三、○癸巳、遣レ使奉二幣於畿内名神一、祈雨也、○甲午、献二唐国物于山

科・後田原・崇道天皇三陵、

○八月丁酉一日 山城《やましろ》国相楽《さからか》郡の畑十三町を葛井《ふじい》親王に賜わった。

○癸卯七日 従五位下川原女王《かわらじょおう》・上道《かみつみち》朝臣千若《ちわか》に正五位下、正六位上安太《あた》女王・賀茂《かも》朝臣□女・従六位上県犬養宿禰《あがたのいぬかいのすくね》浄浜《きよはま》・丈尼或図（文字に誤りがあるか。丈尼あるいは丈部《はせつかべ》か）に従五位下、正六位下小槻《おづき》連浜名《はまな》・服部三船《はとりべのみふね》・凡直古刀自《おおしのあたいことじ》・従六位上朝野《あさの》宿禰宅《やか》成《なり》・従六位下船《ふね》連志賀《しか》・従七位上勝部造真《すぐりべのみやつこま》上《かみ》・因幡国造苗取《いなばのくにのみやつこなえとり》・正八位上平群黒虫《へぐりのくろむし》・従八位下田辺史東女《たなべのふひとあずまめ》に外従五位下を授けた。

○乙巳九日 地震があった。

本日、入唐求《にっとうぐ》法僧最澄《ほうそうさいちょう》を宮中へ招いて、悔過《けか》と読経《どきょう》を行った。最澄は唐国の仏像を献上した。

○丁未十一日 伝灯法師位肆関《しかん》と伝灯満位僧景飾《けいしょく》を宮中の内道場に供奉《ぐぶ》する供奉師《ぐぶし》に任じた。

○壬子十六日 正四位上藤原朝臣産子《うぶこ》に得度《とくど》の枠二人分、故入唐副使贈従四位下石川朝臣道益に得度の枠一人分を賜わった。

安芸《あき》国賀茂《かも》郡の地五十町を仲野《なかの》親王に賜わった。

○丙辰二十日 従五位下菅原朝臣清公を大学助《だいがくのすけ》に任じた。

○丁巳二十一日 摂津《せっつ》国の人外従五位下豊山忌寸真《とよやまのいみきま》足《たり》を右京に付貫し、近江《おうみ》国の人正六位上林《はやし》朝臣茂継《しげつぐ》と肥後《ひご》国の人従六位下中篠《なかしの》忌寸豊次《とよつぐ》らを左京に付貫した。
○己未二十三日　大納言正三位壱志濃王《いちしのおう》が上表して辞職を求めたが、優詔《ゆうしょう》により許さなかった。
○癸亥二十七日　金星（太白）と土星（鎮星）が東方に出現した。
常陸守《ひたちのかみ》従四位下紀《き》朝臣直人《なおひと》が死去した。直人は中納言従三位麻路《まろ》の孫で、正五位下広名《ひろな》の子である。生まれつき穏やかで、文才があり、京官と地方官を歴任して、悪評も好評もなく、天寿を全うした。行年五十九。

○八月丁酉朔、山城国相楽郡白田十三町賜㆓葛井親王㆒、○癸卯、従五位下川原女王・上道朝臣千若授㆓正五位下㆒、正六位上安太女王・賀茂朝臣□女・従六位上県犬養宿禰浄浜・丈尼或図従五位下、正六位下小槻連浜名・服部三船・凡直古刀自・従六位上朝野宿禰宅成・従六位下船連志賀・従七位上勝部造真上・因幡国造苗取・正八位上平群黒虫、従八位下田辺史東女外従五位下、○乙巳、地震、」是日、請㆓入唐求法僧最澄於殿上㆒、悔過、読経、最澄献㆓唐国仏像㆒、○丁未、伝灯法師位肆関・伝灯満位僧景飾補㆓供奉師㆒、○壬子、賜㆓正四位上藤原朝臣産子度二人、故入唐副使贈従四位下石川朝臣道益一人㆒、」安芸国賀茂郡地五十町賜㆓仲野親王㆒、○丙辰、従五位下菅原朝臣清公為㆓大学助㆒、○丁巳、摂津国人外従五位下豊山忌寸真足附㆓于右京㆒、近江国人正六位上林朝臣茂継、肥後国人従六位下中篠忌寸豊次等附㆓于左京㆒、○己未、大納言正三位壱志濃王抗表請㆓骸骨㆒、優詔不㆑許、○癸亥、太白与㆓鎮星㆒見㆓東方㆒、常陸守従四位下紀朝臣直人卒、直人者、中納言従三位麻路之孫、正五位下広名之子也、為人温潤、頗有㆓文藻㆒、歴㆓官内外㆒、無㆑有㆓毀誉㆒、終以㆓天命㆒、卒時年五十九、

○九月庚午五日　曲宴が催された。親王以上（親王以下の誤りか）に衣を下賜した。
○辛未六日　内道場に供奉《ぐぶ》する十禅師《じゅうぜんじ》に衣を施した。
○壬申七日　五位以上の者に身分に応じて綿を下賜した。
○癸酉八日　左京の人永嗣《ながつぐ》王らに河上真人《かわかみのまひと》を賜姓した。
○壬午十七日　僧最澄に宮中で毘盧舎那《びるしゃな》法《ほう》（毘盧舎那仏を本尊として祈願を行う修法）を行わせた。
○己丑二十四日　伝灯大法師位常騰を少僧都《しょうそうず》、従五位上百済王《くだらのこにきし》聡哲《そうてつ》を主計頭《かぞえのかみ》、従四位下橘《たちばな》朝臣安《やす》麻呂《まろ》を常陸守、従五位下大伴《おおとも》宿禰真城麻呂《まきまろ》を能登《のと》守に任じた。
○壬辰二十七日　越前《えちぜん》国の小虫神《おむしのかみ》（福井県越前市の大虫《おおむし》神社に合祀）に従五位下を授け、出雲《いずも》国造外正六位上出雲臣門起《いずものおみかどおき》に外従五位下を授けた。

○九月庚午、曲宴、賜㆓親王以上衣㆒、○辛未、施㆓禅師等衣㆒、○壬申、賜㆓五位已上

綿二有レ差、○癸酉、左京人永嗣王等賜二姓河上真人一、○壬午、令下僧最澄於二殿上一行中毘盧舎那法上、○己丑、伝灯大法師位常騰為二少僧都一、従五位上百済王聡哲為二主計頭一、従四位下橘朝臣安麻呂為二常陸守一、従五位下大伴宿禰真城麻呂為二能登守一、○壬辰、奉レ授二越前国小虫神従五位下一、出雲国造外正六位上出雲臣門起授二外従五位下一、

○冬十月丁酉二日　野鳥が宮中へ飛びこんだ。

○己亥四日　従五位上藤原朝臣継彦を左中弁《さちゆうべん》に任じ、讃岐《さぬき》守は故《もと》のままとし、従五位下多治比真人今麻呂《いままろ》を式部権少輔《しきぶのごんのしようふ》に任じ、従五位下安倍《あべ》朝臣犬養《いぬかい》を大蔵《おおくら》少輔に任じ、従五位上和気《わけ》朝臣広世《ひろよ》を美作《みまさか》守に任じ、式部少輔・大学頭《だいがくのかみ》は故のままとし、従四位下橘朝臣安麻呂《やすまろ》を備前《びぜん》守に任じ、従五位下巨勢《こせ》朝臣諸成《もろなり》を備前介《すけ》に任じ、従五位下讃岐公千継《ちつぐ》を備前権介に任じた。

○癸卯八日　正六位上笠《かさ》臣田作《たづくり》・千葉《ちば》国造大私部直善人《おおきさいべのあたいよしひと》に外従五位下を授けた。

○甲辰九日　天皇は宴会と音楽で一日を過ごした。五位以上の者に身分に応じて銭を下賜した。

○丙午十一日　従四位下勲三等三諸《みもろ》朝臣大原《おおはら》を備前守、従四位下橘朝臣安麻呂を播磨《はりま》守に任じた。

○甲寅十九日　入唐留学生《につとうるがくしよう》無位粟田《あわた》朝臣飽田麻呂《あきたまろ》に正六位上を授けた。

○乙卯二十日　神祇伯《じんぎはく》従四位上多治比真人継兄《つぐえ》を兼右兵衛督《うひようえのかみ》に任じた。

○戊午（二十三日）　播磨国の俘囚《ふしゅう》吉弥侯部兼麻呂《きみこべのかねまろ》・吉弥侯部色雄《しこお》（天長《てんちょう》八年四月癸巳条に見える吉弥侯部塩子雄と同一人物か）ら十人を多褹《たね》島《とう》（種子島）へ配流した。野蛮な心性を改めず、屢々国法に違反したことによる。

○庚申（二十五日）　佐渡《さど》国の人道公全成《みちのきみまたなり》を伊豆《いず》国へ配流した。官有の鵜《う》を盗んだことによる。

下総《しもうさ》国印播《いんば》郡の鳥取《ととり》駅（千葉県佐倉市内であろう）。埴生《はにゅう》郡の山方《やまがた》駅（千葉県成田市内であろう）・香取《かとり》郡の真敷《ましき》（千葉県成田市内か）・荒海《あらうみ》（千葉県成田市荒海付近）等の駅を廃止した。不要となったためである。

正六位上安倍朝臣真勝《まかつ》に従五位下を授けた。

崇道《すどう》天皇（早良親王）のために一切経《いっさいきょう》を書写した。書写に当たった書生《しょしょう》には書き写した分に応じて叙位および得度を許した。

○癸亥（二十八日）　前殿《ぜんでん》で三日間読経を行った。

○冬十月丁酉、野鳥飛二入殿中一、○己亥、従五位上藤原朝臣継彦為二左中弁一、讃岐守如レ故、従五位下多治比真人今麻呂為二式部権少輔一、従五位下安倍朝臣犬養為二大蔵少輔一、従五位上和気朝臣広世為二美作守一、式部少輔・大学頭如レ故、従四位下橘朝臣安麻呂為二備前守一、従五位下巨勢朝臣諸成為レ介、従五位下讃岐公千継為二権介一、○癸卯、正六位上笠臣田作・千葉国造大私部直善人授二外従五位下一、○甲辰、宴楽終日、賜二五位已上銭一有レ差、○丙午、従四位下勲三等三諸朝臣大原為二備前守一、従四位下橘朝臣安麻呂為二播磨守一、○甲寅、授二入唐留学生無位粟田朝臣飽田麻呂正六位上一、○乙卯、神祇伯従四位上多治比真人継兄為二兼右兵衛督一、○戊午、播磨国俘囚吉弥侯部兼麻呂・吉弥侯部色雄等十人配二流於多褹嶋一、以下不レ改二野心一、屢違中朝憲上也、○庚申、佐渡国人道公全成配二伊豆国一、以レ盗二官鵜一也、」廃二下総国印播郡鳥取駅、埴生郡山方駅、香取郡真敷・荒海等駅一、以レ不レ要也、」授二正六位上安倍朝臣真勝従五位下一」奉三為崇道天皇二写二一切経一、其書生随レ功、叙位及得度、○癸亥、於二前殿一読経三日、

○十一月丙寅《一日》 次のように制定した。

年来、諸司・諸国が提出する上申文書である解文《げぶみ》では、官人らの署名欄に署名を欠くものが多いが、内容に不満があり賛成できなかったり、見解が異なり、お互いに納得できないので、署名しないのだろうか。たとえば、上級官司が勘問《かんもん》すると、自分は署名していないので責任を取れないなどと弁解するのであるが、官人として任についているのであるから、そのようなことがあってはならない。今後は官人はすべて署名すべきであり、病欠および休暇や、使人として出張している場合などは、そのことをはっきりと注記して署名欄を空欄にし、問題が起こらないようにせよ。

○丁卯《二日》　唐人正六位上清河《きよかわ》忌寸斯麻呂《これまろ》に外従五位下を授けた。
○己巳《四日》　山城国紀伊《き》郡の土地一町を典侍《ないしのすけ》従四位下葛井《ふじい》宿禰広岐《ひろまた》に賜わった。
　無位紀朝臣弟魚《おとうお》に正五位上、無位石川朝臣伊勢子《いせこ》に従五位下を授けた。
○壬申《七日》　以前、伊豆国掾《じょう》正六位上山田宿禰豊浜《とよはま》が使人となり京に向かい、伊勢国の榎撫《えなつ》（三重県桑名市）・朝明《あさけ》（三重県四日市市内であろう）両駅の間で村人に湯を求めて与えられ、さらに村人と酒を温めて飲んだ。その後、嘔吐し、伊賀国との国境（鈴鹿峠）まで来ると、豊浜の従者が死んだ。豊浜は毒酒を飲まされたことを知り、治療につとめたが、京へ到着して死亡した。朝廷では左兵衛少志《さひょうえのしょうさかん》従六位下紀朝臣浜公《はまきみ》を派遣して捜査したが、究明できなかった。
　隠岐《おき》国の人外従八位上服部松守《はとりべのまつもり》・采女《うねめ》外従五位下服部美船女《みふねめ》ら三人に臣《おみ》の姓を賜わった。
○丁丑《十二日》　大納言正三位兼弾正尹壱志濃《だんじょうのいんいちしの》王が死去した。詔りして従二位を贈った。壱志濃王は田原天皇（施基皇子）の孫で、湯原《ゆはら》親王の第二子である。生まれつき尊大で礼法を守らず、飲酒するとよく喋《しゃべ》り、よく笑った。程よく酔うたびに桓武天皇に向かい昔のことを語り、天皇はこれを楽しんだ。行年七十三。
○戊寅《十三日》　陸奥《むつ》国の太平洋岸沿いの諸郡の伝馬を停止した。不要となったためである。
○庚辰《十五日》　曲宴が催された。次侍従《じじじゅう》以上の者に衣を下賜した。

○甲申《十九日》　相模《さがみ》国大住《おおすみ》郡の田二町を従四位下百済王教法《きょうほう》に賜わった。

左京の人正七位下浄村《きよむら》宿禰源《げん》が次のように言上した。

父賜緑《しりょく》（唐の官品で六、七品）袁常照《えんじょうしょう》は、去る天平宝字《てんぴょうほうじ》四年に唐国の使人として来朝し、幸いにも厚遇に浴し、日本へ帰化しました。その後、不幸なことに死去し、私源らは孤児となり頼るところがなくなってしまいましたが、外祖父故従五位上浄村《きよむら》宿禰晋《しん》卿《けい》が養子として育ててくれました。さて、罪を犯していた私（法に反して祖父の養子となったことか）は、去る延暦十八年三月二十二日格《きゃく》（未詳）に従い自首したのですが、もし御恩をかけてくださいますならば、位記の没収は免《ゆる》していただきたいと思います。私を助けてくだされば、言葉に表わせないほどの喜びとなりましょう。人民に姓《かばね》を賜い、秩序だてるのはもっぱら国家の大業です。伏して、これまでの姓名を改めて、春科《はるしな》宿禰道直《みちなお》とすることを請願します。

右の言上を許可した。

○乙酉《二十日》　摂津国の国府を江頭《こうとう》（大阪市中央区石町《こくまち》のあたりか）へ遷した。

○戊子《二十三日》　坂本《さかもと》親王が宮中で元服した。参議従三位坂上大宿禰《さかのうえのおおすくね》田村麻呂《たむらまろ》・大蔵卿《おおくらきょう》従四位上藤原朝臣園人《そのひと》・少納言《しょうなごん》従五位下多《おお》朝臣入鹿《いるか》らに衣被《いひ》を下賜した。

○甲午《二十九日》　摂津国の人外従五位下出雲連広貞《いずものむらじひろさだ》らを左京へ付貫した。

○十一月丙寅朔、制、頃年之間、諸司・諸国所レ進解文、官人等名下、或多不レ署、若情懐レ不レ穏、忍而黙爾、為当執見各殊、上下不レ慥歟、縦使託レ事応レ被二勘問一、則称二某甲不レ署二解文一、既備二員品一、豈合レ得レ然、自レ今以後、宜レ令二尽署一、其縁レ病及仮・使等類、随即顕注、不レ得レ令二名下空有レ所二疑渉一、○丁卯、授二唐人正六位上清河忌寸斯麻呂外従五位下一、○己巳、山城国紀伊郡地一町賜二典侍従四位下葛井宿禰広岐、一」授二無位紀朝臣弟魚正五位上一、無位石川朝臣伊勢子従五位下、○壬申、先レ是、伊豆国掾正六位上山田宿禰豊浜奉レ使入レ京、至二伊勢国榎撫・朝明二駅之間一、就レ村求レ湯、有レ人与レ之、更復煖レ酒相飲、其後嘔吐、至二伊賀国堺一、豊浜従者死、豊浜情知二毒酒一、勤加二療治一、至レ京遂死、遣二使左兵衛少志従六位下紀朝臣浜公一勘レ之、無レ得、」隠伎国人外従八位上服部松守・采女外従五位下服部美船女等三人賜二姓臣一、○丁丑、大納言正三位兼弾正尹壱志濃王薨、詔贈二従二位一、壱志濃王者、田原天皇之孫、湯原親王之第二子也、質性矜然、不レ護二礼度一、杯酌之間、善二於言咲一、毎レ侍二酣暢一、対レ帝道二疇昔一、帝安レ之、薨時年七十三、○戊寅、停二陸奥国部内海道諸郡伝馬一、以レ不レ要也、○庚辰、曲宴、賜二次侍従已上衣一」相模国大住郡田二町賜二従四位下百済王教法一、○甲申、左京人正七位下浄村宿禰源言、父賜緑袁常照、以二去天平宝字四年一奉レ使入朝、幸沐二恩渥一、遂為二皇民一、其後不幸、永背二聖世一、源等早為二孤露一、无二復所レ恃、外祖父故従五位上浄村宿禰晋卿養而為レ子、依二去延暦十八年三月廿二日格一、首露已訖、儻有二天恩一、無レ追二位記一、自レ天祐レ之、欣幸何言、但賜レ姓正レ物、国之徽章、伏請改二姓名一、為二春科宿禰道直一、許レ之、○乙酉、遷二摂津国治於江頭一、許レ之、○戊子、坂本親王於二殿上一冠、賜二参議従三位坂上大宿禰田村麻呂・大蔵卿従四位上藤原朝臣園人・少納言従五位下多朝臣入鹿等衣被一、○甲午、摂津国人外従五位下出雲連広貞等附二于左京一、

○十二月庚子《五日》　地震があった。

○壬寅《七日》　公卿が次のような太政官奏《だいじょうかんそう》を行った。

伏して、綸旨《りんじ》（勅語）を奉りますに、「平安京の造営事業は完了せず、人民に疲弊をもたらしている。彼らの勤労を思うと、憐れみ恵まねばならない。それだけでなく、時には災害や疫病により、農業が損なわれている。今年の穀物の収穫は良好であったが、百姓《ひゃくせい》の産業は十分に回復していない。そこで、事情を調査して手厚く恵み与え、生活が成り立つようにせよ」とあります。私たちは検討いたしまして、伏して、徴発されている仕丁《しちょう》（諸国から京へ送られてきている労務者）千二百八十一人をすべて停止することを要望します。また、衛門府《えもんふ》の衛士《えじ》四百人は七十人を減らし、左右衛士府《さゆうえじふ》それぞれの衛士六百人は百人を減らし、隼人《はやと》司の隼人男女各四十人は各二十人を減らし、雅楽寮《うたりょう》の歌《うた》女《め》五十人は三十人を減らし、仕女《しじょ》（女性労務者）は百十人から二十八人を減らすことを

要望します。神祇《じんぎ》官《かん》の卜部《うらべ》のため、炊事に当たる委《い》男女廝丁《だんじよしちよう》らの粮《ろう》の貢納の停止を要望します。また、諸家の封戸《ふこ》の負担する田租《でんそ》はしばらくの間舂米《しようまい》で納めるのを停止し、軽《けい》貨《か》（繊維製品等）に換えて納入させることを要望します。また、諸国から調《ちよう》を貢納するため上京してくる脚夫《きやくふ》らを納入責任者である貢調使《こうちようし》が使役していますが、国により五日であったり三日であることがあり、日数が異なり、作業内容も違っています。今後は役日を二日とし、作業内容も同一にすることを要望します。また、備後《びんご》国の神石《かめし》・奴可《ぬか》・三上《みかみ》・恵蘇《えそ》・甲努《こうの》・世羅《せら》・三谿《みたに》・三次《みよし》等の八郡の調糸《ちようし》は鍬《くわ》・鉄に換えることを要望します。また、伊賀《いが》・伊勢《いせ》・尾張《おわり》・近江《おうみ》・美濃《みの》・若狭《わかさ》・越前《えちぜん》・越中《えつちゆう》・丹波《たんば》・丹後《たんご》・但馬《たじま》・因幡《いなば》・播磨《はりま》・美作《みまさか》・備前《びぜん》・備中《びつちゆう》・備後《びんご》・紀《き》伊・阿波《あわ》・讃岐《さぬき》・伊予《いよ》等の国の今年の庸《よう》を免除することを要望します。

太政官の奏上を許可した。

本日、中納言近衛大将《このえのたいしよう》従三位藤原朝臣内麻呂が前殿《ぜんでん》に侍《じ》しているところで、勅により参議右衛士督《うえじのかみ》従四位下藤原朝臣緒嗣《おつぐ》と参議左大弁《さだいべん》正四位下菅野《すがの》朝臣真道《まみち》とに、天下の人民に恩徳を施す政治について議論させた。緒嗣は「現在天下の人民が苦しんでいるのは軍事（蝦夷《えみし》征討）と造作（平安京造営）ですので、両者を停止すれば、百姓を安楽にすることができるでしょう」という案を述べたが、真道は異論を立てて譲らず、緒嗣の提案に同意しなかった。天皇は緒嗣の提案を善しとし、軍事と造作を停廃することにした。有職者は桓武天皇の判断を聞いて、みな感歎した。

○癸卯 八日 淡路《あわじ》国の浪人《ろうにん》の今年の調庸《ちょうよう》を免除した。

○乙巳 十日 造宮職《ぞうぐうしき》を廃止した。

○己酉 十四日 天皇に近侍する僧侶と宿直する五位以上の者に大袍《だいほう》（朝服の上着）を施賜《せし》した。

従五位下文室《ふんや》真人長谷《はせ》を周防守《すおうのかみ》に任じた。

○庚戌 十五日 従五位下和《やまと》朝臣建男《たけお》を近江介《すけ》に任じ、従五位下藤原朝臣友人を播磨権介《ごんのすけ》に任じた。

○甲寅 十九日 従五位下岳田王《おかだおう》を甲斐守《かい》に任じ、外従五位下紀朝臣広河《ひろかわ》を阿波介に任じた。

○乙卯 二十日 甲斐国巨麻郡《こまぐん》の弓削社《ゆげしゃ》を官社《かんしゃ》とした。霊験《れいげん》があることによる。

河内《かわち》国交野《かたの》郡の畠二町を仲野親王《なかのしんのう》に賜わった。

○丁巳 二十二日 天皇が次のように勅した。

大和国の畝火《うねび》・香山《かぐやま》・耳梨《みみなし》等の山の樹木を百姓が勝手に伐損《ばっそん》している。それに対して、国の役人は咎《とが》めだてをせず、禁制していない。今後はこのようなことのないようにせよ。

○戊午 二十三日 山城国乙訓《おとくに》郡の畠一町を大判事《だいはんじ》従五位下讃岐公千《さぬきのきみち》継《つぐ》に賜わった。

○庚申 二十五日 僧綱《そうごう》が次のように言上した。

延暦年中に諸国の国師《こくし》を講師《こうじ》に改め、ひとたび任命した後は解任せず終身官とし、仏教経典の講演や説教のみを職務とすることにしました。仏教を弘め、それにより人を利《り》益《やく》しようと図ったからです。しかし、いま聞くところによると、「ある講師は老いて死期に至っても欲が深くて満足することがなく、講演を行おうとの意欲を欠き、指導に当たることができない。これでは仏教の教えを汚《けが》して罪に堕《お》ち、師に背いて仏教の加護を棄てることになってしまう。さらに、国司が寺院を監督するようになったので、寺役人たち（上座・寺主・都維那《ついな》ら）は国司に迎合するため、何かにつけ国庁へ出頭する事態となっている」ということです。このようなあり方は出家と俗人が、魚と鳥が性格を異にしているように、形を異にしている目的に適《かな》っていません。伏して、仏教の智恵に優れた者を講師に任じ、それにつぐ智恵の持ち主を読師《とくし》とし、任期を六年に改めることを要望します。寺の庶務は講師に委任すればよいでしょう。かくして、人事のよろしきを得、僧侶が世俗に媚《こ》びるようなことがなくなると思います。

この言上に対して、天皇は次のように勅した。

講師の任限は要請によれ。ただし、仏教の学問が浅く、戒律を習得していない若い僧侶が違法な行為をすることがあると聞いているので、年齢が四十五歳以上で心構えが固まり、変わることのない者を講師に任用せよ。試験をして謙譲の気持ちを有する者を推薦し、太政官へ申告して上奏を経る任用手続きなどについては、前格（『類聚三代格』巻三、延暦二十四年十二月二十五日太政官符所引　延暦十四年八月十三日太政官符）と同様にせよ。実力以上に才能を見せかけ、講師への推薦を求める者は、長く追放処分とし、後輩の者がそのようなことをしないよう懲らせ。また、僧綱が依頼を受けて任用に関わるようなことをすれば、事情を調査して処分せよ。読師の任用は従前のままとせよ。また、管轄内の寺院は講師と国司が一緒に監督し、一方のみが監督に当たることのないようにせよ。

○十二月庚子、地震、○壬寅、公卿奏議曰、伏奉二綸旨一、営造未レ已、黎民或レ弊、念二彼勤労一、事須二矜恤一、加以時遭二災疫一、頗損二農桑一、今雖レ有レ年、未レ聞レ復レ業、宜二量レ事優矜令レ得二存済一者、臣等商量、伏望所二点加一仕丁一千二百八十一人、依レ数停却、又衛門府衛士四百人、減二七十人一、左右衛士府各六百人、毎減二一百人一、隼人男女各卌人、毎減二廿人一、雅楽歌女五十人、減二卅人一、仕女一百十人、減二廿八人一、停二卜部之委男女廝丁等粮一、又諸家封租、蹔停二舂米一、交二易軽貨一、又諸国貢調脚夫、或国役二五箇日一、或国三箇日、役限不レ均、労逸各殊、須下共役二二日一、以同中苦楽上、又備後国神石・奴可・三上・恵蘇・甲努・世羅・三谿・三次等八郡調糸、相二換鍬・鉄一、又伊賀・伊勢・尾張・近江・美濃・若狭・越前・越中・丹波・丹後・但馬・因幡・播磨・美作・備前・備中・備後・紀伊・阿波・讃岐・伊予等国、殊免二当年庸一、許レ之、」是日、中納言近衛大将従三位藤原朝臣内麻呂侍二殿上一、有レ勅、令下参議右衛士督従四位下藤原朝臣緒嗣、与二参議左大弁正四位下菅野朝臣真道一相中論天下徳政上、于レ時緒嗣議云、方今天下所レ苦、軍事与二造作一也、停二此両事一、百姓安之、真道確二執異議一、不レ肯レ聴焉、帝善二緒嗣議一、即従二停廃一、有職聞レ之、莫レ不二感歎一、○癸卯、免二淡路国浪人今年調庸一、○乙巳、廃二造宮職一、○己酉、施二賜僧并宿侍五位以上大袍一」従五位下文室真人長谷為二周防守一、○庚戌、従五位下和朝臣建男為二近江介一、従五位下藤原朝臣友人為二播磨権介一、○甲寅、従五位下岳田王為二甲斐守一、外従五位下紀朝臣広河為二阿波介一、○乙卯、甲斐国巨麻郡弓削社預二官社一、以レ有二霊験一也、」河内国交野郡白田二町、賜二仲野親王一、○丁巳、勅、大和国畝火・香山・耳梨等山、百姓任レ意伐損、国吏寛容、不レ加二禁制一、自レ今以後、莫レ令二更然一、○戊午、山城国乙訓郡白田一町賜二大判事従五位下讃岐公千継一、○庚申、僧綱言、延暦年中改二諸国国師一曰二講師一、一任之後、不レ聴二輒替一、講説之外、莫レ預二他事一、欲下能弘二道教一、以利上人也、今聞、或身期二老死一、情無二知足一、既倦二講席一、何堪二誨導一、遂使二汚レ法堕レ罪、背レ師棄レ資、加以当国司等、検二掌伽藍一、諸寺綱維、趨二走府庁一、此非二道俗異レ形、魚鳥殊レ性之意一、伏望簡二大智一而任二講師一、挙二小識一而補二読師一、限以二六年一、為レ期、其寺委二寄講師一、然則用レ人之策永存、媚レ俗之辱自息、勅、其講師年限、一依二来請一、但浅学之輩、未レ練二戒律一、年少之人、時聞二違犯一、宜下簡二年卌五已上心行已定、始終不レ易者一補上レ之、簡レ才用レ譲、申レ官経レ奏等、一同二前格一、若有下自事二衒売一、妄求二俗挙一者上、永従二擯出一、以懲二後輩一、如綱

維受レ嘱、亦挟レ情論之、其読師者、依レ旧用之、又部内諸寺者、講師・国司、相共検校、不レ得ニ独恣一、

○大同元年春正月丙寅一日　朝賀をとり止めた。天皇が病気であることによる。次侍従以上の者に前殿で宴を賜い、衣《きぬ》を下賜した。

○庚午五日　右京の人外従五位下竪部使主《たてべのおみ》広人《ひろひと》に豊宗宿禰《とよむねのすくね》を賜姓した。大法師永忠《ようちゅう》に得度《とくど》の枠二人分、僧最澄《さいちょう》に得度の枠三人分、治部卿《じぶきょう》四品葛原《かずらはら》親王に得度の枠二人分を賜わった。

○壬申七日　天皇が「今後、長く五位以上の者による装馬《かざりうま》の進上をとり止めよ」と勅した。

○壬午十七日　射《じゃ》が行われたが、天皇は出御《しゅつぎょ》しなかった。左京の人正七位上阿倍小《あべのお》殿《との》朝臣真直《まなお》・従五位下阿倍小殿朝臣真出《まいず》らに阿倍朝臣を賜姓した。

○辛卯二十六日　天皇が次のように勅した。

災害を除去し福をもたらすには、仏教が最も勝《すぐ》れている。人を善に導き生物を利益するには、仏教より勝れたものはない。ところで、諸仏が世に出現するのは、すべての人に真理を悟《さと》らせるためであるが、人には敏い者がいれば不敏な者もおり、それに従い仏《ぶつ》如来《にょらい》の教説に、すぐに悟れるものと時間をかけて悟れるものがある。仏教の経典や論疏《ろんしょ》

はそれぞれ内容が異なっているが、教えの入口は異なっていても悟りをめざす点では同じであり、それは勝れた医師の投薬や治療法がさまざまに異なるにしても、いずれも命を救うことを目的にしているのと同じである。

いま朕《ちん》は仏教を盛んにして、人々を利益しようと思っている。仏教の学業は一つであっても廃《すた》れることがあってはならず、華厳業《けごんぎょう》二人・天台《てんだい》業二人・律《りつ》業二人・三論《さんろん》業三人・法相《ほっそう》業三人と定められている年分度者が業ごとに発展を図り、学習に励むべきである。そこで、それぞれの業の依拠する注釈書によりつつ、『法華経《ほけきょう》』と『金光明最勝王経《こんこうみょうさいしょうおうきょう》』の二経を漢音と訓で読むようにせよ。経典と論疏について大きな題で十の質問をして、五以上答えられた者に得度を許せ。それぞれの業に及第者がいないときは欠員のままとし、治部省・玄蕃《げんば》寮および僧綱《そうごう》が記録しておき、後年に至り及第した者をもって得度させ、欠員の出た業の得度枠を他の業が奪い廃絶させることのないようにせよ。仏教の教義の習得において卓越している者は、漢音以外の原音を学んでいてもよい。受戒ののちは『二部戒本《にぶかいほん》』を読誦《とくじゅ》し、『一巻羯摩四分律鈔《いっかんかつましぶんりつしょう》』を諳誦《あんしょう》できるようにせよ。さらに、習得した本業について十条、戒律について二条、併せて十二条の質問をし、七条以上に答えた者を順次立義《りゅうぎ》・複講《ふっこう》（共に仏教の教理についての講義のときの役職）に取りたて、また諸国の講師に任用せよ。本業に通じていても戒律を学んでいない者は任用しない。今後は永く本日の決定に従え。

○癸巳 二十八日　従四位下藤原朝臣仲成《なかなり》を大和守《やまとのかみ》に任じ、従五位上百済王鏡仁《きょうじん》を河内《かわち》守に任じ、従五位下紀朝臣南麻呂《みなみまろ》を河内介に任じ、兵部大輔《ひょうぶのたいふ》正五位上藤原朝臣継業《つぐなり》を兼山城《やましろ》守に任じ、従四位下和《やまと》　朝臣入鹿麻呂《いるかまろ》を伊勢《いせ》守に任じ、斎宮頭《さいぐうのかみ》　従五位下中臣　丸《なかとみのわに》朝臣豊国《とよくに》を兼伊勢介に任じ、従五位下藤原朝臣真川《まかわ》を尾張《おわり》守に任じ、従五位下菅原朝臣清公《きよとも》を尾張介に任じ、従五位下路真人《みちのまひと》年継《としつぐ》を参河介《みかわのすけ》に任じ、従五位下大枝《おおえ》朝臣菅麻呂《すがまろ》を遠　江守《とおとうみのかみ》に任じ、従五位下大宅《おおやけ》真人継成《つぐなり》を駿河《するが》介に任じ、中納言従三位藤原朝臣内麻呂を兼武蔵《むさし》守に任じ、近衛大《このえのたい》将《しょう》は故《もと》のままとし、従五位下桑田《くわた》真人甘南備《かんなび》を武蔵介に任じ、従五位上安曇宿禰《あずみのすくね》広吉《ひろよし》を安《あ》房《わ》守に任じ、宮内《くない》大輔従五位上藤原朝臣道雄《みちお》を兼上総《かずさ》守に任じ、従五位下石川《いしかわ》朝臣道成《みちなり》を上総介に任じ、右衛士佐《うえじのすけ》従五位下田中《たなか》朝臣八月麻呂《はつきまろ》を兼上総権介に任じ、外従五位下千葉国造《くにのみやつこ》　大私部直善人《おおきさいべのあたいよしひと》を上総大掾《だいじょう》に任じ、参議従三位紀朝臣勝長《かつなか》を兼下総《しもうさ》守に任じ、左兵衛督《さひょうえのかみ》は故のままとし、従五位下藤原朝臣城主《しろぬし》を下総介に任じ、従四位下葛野《かどの》王を常陸《ひたち》守に任じ、主馬頭《しゅめのかみ》は故のままとし、左兵衛権佐従五位下安倍《あべ》朝臣益成《ますなり》を兼常陸権介に任じ、大内記《だいないき》従五位下平群《へぐり》朝臣真常《まつね》を兼近江権介《おうみのごんのすけ》に任じ、左衛士佐《さえじのすけ》従五位下百済王教　俊《きょうしゅん》を兼美濃《みの》守に任じ、従五位上坂本《さかもと》朝臣佐太気麻呂《さたけまろ》を信濃《しなの》介に任じ、侍従《じじゅう》従四位下大庭《おおにわ》王を兼上野《かみつけ》守に任じ、正四位下三嶋真人名継《みしまのまひとなつぐ》を越前《えちぜん》守に任じ、従五位下和朝臣氏継《うじつぐ》を越後《えちご》守に任じ、従五位下紀朝臣百継《ももつぐ》を越後介に任じ、近衛将　監《このえのしょうげん》は故《もと》のままとし、左少弁《さしょうべん》従五位下藤原朝臣貞嗣《さだつぐ》を兼丹後守に任じ、外従五位下山田　造　大庭《やまだのみやつこおおにわ》を丹後介に任じ、参議右衛士督従四位下藤原朝臣緒嗣《おつぐ》を兼但馬守に任じ、従五位下佐伯宿禰《さえきのすくね》清岑《きよみね》を但馬介に任じ、内厩頭《ないきゅう》従五位下坂上大宿禰石津《いしつ》麻呂《まろ》を兼因幡介に任じ、従五位下作良王《つくら》を伯耆《ほうき》守に任じ、従五位下大中臣《おおなかとみ》朝臣全成《またなり》を出雲《いずも》守に任じ、従五位下安倍朝臣宅麻呂《やかまろ》を出雲介に任じ、従五位下秋篠《しの》朝臣全継《またつぐ》を石見《いわみ》守に任じ、従五位下藤原朝臣友人を播磨介に任じ、中内記《ちゅうないき》外従五位下出雲連広貞《ひろさだ》を兼美作権掾《みまさかのごんのじょう》に任じ、従五位下藤原朝臣諸主《もろぬし》を備中守に任じ、外従五位下掃守《かにもり》宿禰弟足《おとたり》を安芸《あき》介に任じ、従五位下紀朝臣国雄《くにお》を讃岐介に任じ、参議正四位下菅野朝臣真《ま》道《みち》を兼大宰大弐《だざいのだいに》に任じ、従五位下大野朝臣犬養を肥前守に任じ、従五位下多治比真人氏守《うじもり》を肥前介に任じ、従五位上高倉《たかくら》朝臣殿継《とのつぐ》を肥後守に任じ、従五位下小野朝臣木村《きむら》を豊前介に任じた。

○甲午（二十九日）　天皇が次のように勅した。

以前諸国が雑稲《ざっとう》を出挙《すいこ》するときは、五割の利息を取ることが不易《ふえき》の規定として定められていたが、延暦十四年（延暦十四年閏七月乙未条詔）に、十束につき三束の利を収めることに改めた。これは民の財が豊かになり、世の中が盛んになることを期してのことであったが、「富裕な者は利息が少ないので競って多くの稲を借り、貧者は稲を借りることができずに苦しんでいる。役人のなかには愚かで清廉・公平の原則に背く者がおり、百姓《ひゃくせい》は欠乏し、国庫は減るばかりである」と耳にしている。弊害を改めることが切実となっている。さらに出挙した官稲《かんとう》を収納するときに、借りた者が死去していても免除しないことになっている。遺族のことを思うと深い憐れみの気持ちが起きてくる。そこで、今後は公稲である公廨《くげ》と雑色稲《ぞうしきとう》の出挙の利息は五割とし、死者の負っている借稲は、以前のあり方に倣い免除せよ。

○大同元年春正月丙寅朔、廃朝、聖躬不予也、」宴ニ次侍従已上於前殿一賜レ衣、○庚午、右京人外従五位下竪部使主広人賜ニ姓豊宗宿禰一、」賜ニ大法師永忠度二人、僧最澄三人、治部卿四品葛原親王二人一、○壬申、勅、永停ニ五位以上進ニ装馬一、○壬午、射、天子不レ御、」左京人正七位上阿倍小殿朝臣真直・従五位下阿倍小殿朝臣真出等賜ニ姓阿倍朝臣一、○辛卯、勅、攘レ災植レ福、仏教最勝、誘レ善利レ生、無レ如ニ斯道一、但夫諸仏所ヨ以出ニ現於世一、欲レ令ヨ一切衆生悟ニ一如之理一、然衆生之機、或利或鈍、故如来之説、有レ頓有レ漸、所レ有経論、所レ趣不レ同、開門雖レ異、遂期ニ菩提一、譬猶ニ大医随レ病与レ薬、設レ方万殊、共期レ済レ命、今欲下興ニ隆仏法一、利中楽群生上、凡此諸業、廃レ一不レ可、宜ヨ華厳業二人・天台業二人・律業二人・三論業三人・法相業三人、分レ業勧催、共令ニ競学一、仍須下各依ニ本業疏一、読中法華・金光明二部経、漢音及訓上、経・論之中、問ニ大義十条一、通ニ五以上一者、乃聴ニ得度一、縦如一一業中無ニ及第者一、闕ニ置其分一、当年勿レ度、省・寮・僧綱、相対案記、待レ有ニ其人一、後年重度、遂不レ得レ令ヨ彼此相奪廃ニ絶其業一、若有ニ習レ義殊高一、勿レ限ニ漢音一、受戒之後、皆令下先

必読三誦二部戒本一、諳中案一巻羯摩四分律鈔上、更試二十二条一、本業十条・戒律二条、通二七以上一者、依レ次差三任立義・複講及諸国講師一、雖レ通二本業一、不レ習二戒律一者、莫レ聴二任用一、自レ今以後、永為二恒例一、○癸巳、従四位下藤原朝臣仲成為二大和守一、従五位上百済王鏡仁為二河内守一、従五位下紀朝臣南麻呂為レ介、兵部大輔正五位上藤原朝臣継業為二兼山城守一、従四位下和朝臣入鹿麻呂為二伊勢守一、斎宮頭従五位下中臣丸朝臣豊国為二兼介一、従五位下藤原朝臣真川為二尾張守一、従五位下菅原朝臣清公為レ介、従五位下路真人年継為二参河介一、従五位下大枝朝臣菅麻呂為二遠江守一、従五位下大宅真人継成為二駿河介一、中納言従三位藤原朝臣内麻呂為二兼武蔵守一、近衛大将如レ故、従五位下桑田真人甘南備為レ介、従五位上安曇宿禰広吉為二安房守一、宮内大輔従五位上藤原朝臣道雄為二兼上総守一、従五位下石川朝臣道成為レ介、右衛士佐従五位下田中朝臣八月麻呂為二兼権介一、外従五位下千葉国造大私部直善人為二大掾一、参議従三位紀朝臣勝長為二兼下総守一、左兵衛督如レ故、従五位下藤原朝臣城主為レ介、従四位下葛野王為二常陸守一、主馬頭如レ故、左兵衛権佐従五位下安倍朝臣益成為二兼権介一、大内記従五位下平群朝臣真常為二兼近江権介一、左衛士佐従五位下百済王教俊為二兼美濃守一、従五位上坂本朝臣佐太気麻呂為二信濃介一、侍従従四位下大庭王為二兼上野守一、正四位下三嶋真人名継為二越前守一、従五位下和朝臣氏継為二越後守一、従五位下紀朝臣百継為レ介、近衛将監如レ故、左少弁従五位下藤原朝臣貞嗣為二兼丹後守一、外従五位下山田造大庭為レ介、参議右衛士督従四位下藤原朝臣緒嗣為二兼但馬守一、従五位下佐伯宿禰清岑為レ介、内廐頭従五位下坂上大宿禰石津麻呂為二兼因幡介一、従五位下作良王為二伯耆守一、従五位下大中臣朝臣全成為二出雲守一、従五位下安倍朝臣宅麻呂為レ介、従五位下秋篠朝臣全継為二石見守一、従五位下藤原朝臣友人為二播磨介一、中内記外従五位下出雲連広貞為二兼美作権掾一、従五位下藤原朝臣諸主為二備中守一、外従五位下掃守宿禰弟足為二安芸介一、従五位下紀朝臣国雄為二讃岐介一、参議正四位下菅野朝臣真道為二兼大宰大弐一、従五位下大野朝臣犬養為二肥前守一、従五位下多治比真人氏守為レ介、従五位上高倉朝臣殿継為二肥後守一、従五位下小野朝臣木村為二豊前介一、○甲午、勅、承前出二挙雑稲一、収二半倍利一、法令恒規、不易之典、延暦十四年改率二十束一、利収二其三一、此欲下民阜二財用一、俗期中隆泰上也、如聞、富豪之輩、競求二多得一、貧弊之家、倶苦レ不レ贍、吏或愚闇、治乖二清公一、遂令下百姓不レ免二罄乏一、倉廩徒致中減損上、革レ弊之途、於レ此為レ切、加以収二納官稲一、不レ免二死人一、思二彼孤遺一、深以矜愍、自レ今以後、論二定公廨及雑色稲出挙息利一、収二半倍利一、死者負稲、依レ旧免除、

○二月丙申《二日》　外従五位下秦《はた》宿禰都伎麻呂《つきまろ》を少工《しょうこう》に任じた。

○丁酉《三日》　造営職を廃止して木工《もく》寮に併合した。このため事務量がふえたので、木工寮に史生《ししょう》六員を加置し、都合十二員とした。

従四位下藤原朝臣大継《おおつぐ》を伊勢守、神祇伯《じんぎはく》従四位下和《やまと》朝臣入鹿麻呂《いるかまろ》を兼常陸《ひたち》守に任じた。

○甲辰《十日》　従五位上多治比真人八千足《やちたり》を少納言に任じ、従五位下安倍朝臣鷹野《たかの》を治部少輔に任じ、従五位下路《みち》真人年継《としつぐ》を兵部少輔《ひょうぶのしょうふ》に任じ、従五位下高澄《たかすみ》真人名守《なもり》を左京亮《さきょうのすけ》に任じ、従五位下大中臣朝臣諸人《もろひと》を右京亮に任じ、従五位下佐伯宿禰鷹成《たかなり》を参河《みかわ》介に任じ、外従五位下豊山忌寸真足《またり》を駿河《するが》介に任じ、従五位下御長真人仲継《なかつぐ》を伊豆《いず》守に任じ、従五位下大伴宿禰長村《ながむら》を安房《あわ》守に任じた。

○丁未《十三日》　天皇が「令《りょう》（官位令）によれば、大宰大弐《だざいのだいに》は正五位上相当の官であるが、従四位下の官とせよ」と勅した。

○戊申《十四日》　従五位下藤原朝臣貞継《さだつぐ》に従五位上を授けた。

○己酉《十五日》　正六位上下道朝臣継成《つぐなり》・安都宿禰豊永《とよなが》に外従五位下を授けた。

○庚戌《十六日》　参議正四位下藤原朝臣縄主《ただぬし》を左大弁《さだいべん》に任じ、近衛中将《このえのちゅうじょう》は故《もと》のままとし、正五位下御長真人広岳《ひろおか》を左中弁に任じ、従五位上藤原朝臣貞嗣《さだつぐ》を右中弁に任じ、丹後守は故のままとし、従五位下石川朝臣清直《きよなお》を左少弁に任じ、従五位下多治比真人今麻呂《いままろ》を右少弁に任じ、従五位下文室《ふんや》真人乙直《おとなお》を左大舎人《ひだりのおおどねり》助に任じ、従五位下紀朝臣岡継《おかつぐ》を右大舎人助に任じ、参議正四位下藤原朝臣縄主《ただぬし》を陰陽《おんよう》頭に任じ、左大弁・近衛中将は故のままとし、従五位上和気《わけ》朝臣広世《ひろよ》を式部大輔《しきぶのたいふ》に任じ、大学《だいがく》頭・美作守は故のままとし、従五位下藤原朝臣永貞《ながさだ》を式部少輔に任じ、従五位下紀朝臣良門《よしかど》を大学助に任じ、従五位下藤原朝臣綱継《つなつぐ》を治部少輔に任じ、従五位下大春日《おおかすが》朝臣魚成《うおなり》を玄蕃助に任じ、従五位下乙野《おとの》王を諸陵頭《しょりょうのかみ》に任じ、従五位上藤原朝臣継彦《つぐひこ》を民部《みんぶ》大輔に任じ、従五位下大伴宿禰久米主《くめぬし》を民部少輔に任じ、外従五位下日下部《くさかべ》連得足《とくたり》を主税助《ちからのすけ》に任じ、従四位下藤原朝臣仲成《なかなり》を兵部大輔に任じ、従五位上藤原朝臣道雄《みちお》を刑部大輔《ぎょうぶのたいふ》に任じ、上総守は故《もと》のままとし、従五位下淡海《おうみ》朝臣真直《さだなお》を刑部少輔に任じ、従四位上藤原朝臣園人《そのひと》を宮内卿《くないきょう》に任じ、相模守《さがみのかみ》は故のままとし、従五位上石川朝臣吉備人《きびひと》を宮内大輔に任じ、従五位下和朝臣男成《おなり》を主殿頭《とのものかみ》に任じ、外従五位下出雲連広貞《いずものむらじひろさだ》を典薬助《てんやくのすけ》に任じ、美作権掾は故のままとし、従五位下百済王元勝《げんしょう》を鍛冶正《かぬちのかみ》に任じ、従五位上下毛野《しもつけぬ》朝臣年継《としつぐ》を官奴正《かんぬのかみ》に任じ、従五位下藤原朝臣千引《ちびき》を弾正弼《だんじょうのひつ》に任じ、従三位藤原朝臣葛野麻呂《かどのまろ》を春宮大夫《とうぐうのだいぶ》に任じ、従五位下大伴宿禰人益《ひとます》を伊豆《いず》守に任じ、従五位下安倍朝臣鷹野《たかの》を下総《しもうさのすけ》介に任じ、従五位下葛井《ふじい》宿禰豊継《とよつぐ》を安芸《あき》介に任じ、従五位下小野朝臣真野《まの》を紀伊《き》介に任じ、従五位下安倍朝臣兄雄《あにお》を中衛少将《ちゅうえのしょうしょう》に任じ、従五位下平群朝臣加世麻呂《かせまろ》を隼人正《はやとのかみ》に任じ、従四位下巨勢《こせ》朝臣野足《のたり》を左衛士督《さえじのかみ》に任じ、下野守は故のままとし、従五位下紀朝臣真鴨《まかも》を左衛士下野権佐に任じ、従五位下紀朝臣八原《やはら》を主馬《しゅめ》助に任じた。

○辛亥十七日　皇太子（安殿親王）が奉献した。贈皇后〈淳和《じゅんな》天皇の后（高志内親王）〉が皇孫（恒世親王）を生んだことによる。

○甲寅二十日　従三位行皇太子傅《こうたいしのふ》大伴宿禰弟麻呂《おとまろ》が次のように上表した。

私は幸いにも盛んな時代に巡りあい、高位に昇り、犬が軒下《のきした》の敷石《しきいし》に伏すように三十余年間忠実に仕えてきました。そして、位は三位となり、職は八省の長官（治部卿）となりました。また、畏《おそ》れ多くも東宮傅《とうぐうのふ》に選任され、貴族としての家門を守っています。陛下の御恩には測りしれないものがあり、絶えずみずからを顧みて努力してきましたが、恥じいることははなはだしいものがあります。心中みずからに鞭打《むちう》ち、国家に尽くして生命をすり減らし、陛下の命令を受ければ家を破っても誠意を尽くし、死に甘んじる決意をしていますが、いま年八十歳となろうとして、自由に動くことができず、悲しいことに思いどおりにいかなくなってしまいました。進むことも退くこともできず、病気により力は衰え、何もしないのに責任は重く、時の鐘は鳴り、漏刻《ろうこく》の水も尽き、生涯の終わりが近づいていますので辞職を願い出ます。人生の日暮れ時に当たり、日の昇る方角を見て退き、衰弱した体ながら宮廷を仰ぎ見て申し上げるしだいです。謹んで参内《さんだい》し、請願します。

天皇は中納言近衛大将従三位藤原朝臣内麻呂を大伴弟麻呂の邸へ派遣し、辞職を許可し、春秋に参内せよ、との勅語を伝えた。

○丁巳《二十三日》　これより先、尚縫《ぬいのかみ》正四位下五百井《いおい》女王が桓武天皇の平癒を祈願して、薬師仏像を造り『法華経』を書写した。本日完成し、二十一人の僧侶を請い招いて、前殿で斎食《さいじき》を施す法会《ほうえ》を行い、百官が奉仕した。

○戊午（二十四日） 従五位下藤原朝臣城主《しろぬし》を典薬《てんやく》頭に任じた。
○庚申（二十六日） 和泉《いずみ》国の人 陵戸村主黒人《みささぎべのすぐりくろひと》に村主《すぐり》を賜姓した。
故従五位下箭集《やつめ》宿禰虫麻呂《むしまろ》の功田《こうでん》五町を収公した。養老《ようろう》六年に律令を編纂した功績により支給された（『続日本紀《しょくにほんぎ》』養老六年二月戊戌条）もので、その死後、子がいないので収めることになった。

○二月丙甲、外従五位下秦宿禰都伎麻呂為二少工一、○丁酉、停二造宮職一併二木工寮一、事務繁多、因加二史生六員一、合レ前十二員、」従四位下藤原朝臣大継為二伊勢守一、神祇伯従四位下和朝臣入鹿麻呂為二兼常陸守一、○甲辰、従五位上多治比真人八千足為二少納言一、従五位下安倍朝臣鷹野為二治部少輔一、従五位下路真人年継為二兵部少輔一、従五位下高澄真人名守為二左京亮一、従五位下大中臣朝臣諸人為二右京亮一、従五位下佐伯宿禰鷹成為二参河介一、外従五位下豊山忌寸真足為二駿河介一、従五位下御長真人仲継為二伊豆守一、従五位下大伴宿禰長村為二安房守一、○丁未、勅、准レ令、大宰大弐是正五位上官、宜三改為二従四位下官一、○戊申、従五位下藤原朝臣貞継授二従五位上一、○己酉、正六位上下道朝臣継成・安都宿禰豊永授二外従五位下一、○庚戌、参議正四位下藤原朝臣縄主為二左大弁一、近衛中将如レ故、正五位下御長真人広岳為二左中弁一、従五位上藤原朝臣貞嗣為二右中弁一、丹後守如レ故、従五位下石川朝臣清直為二左少弁一、従五位下多治比真人今麻呂為二右少弁一、従五位下文室真人乙直為二左大舎人助一、従五位下紀朝臣岡継為二右大舎人助一、参議正四位下藤原朝臣縄主為二陰陽頭一、左大弁・近衛中将如レ故、従五位上和気朝臣広世為二式部大輔一、大学頭・美作守如レ故、従五位下藤原朝臣永貞為二少輔一、従五位下紀朝臣良門為二大学助一、従五位下藤原朝臣綱継為二治部少輔一、従五位下大春日朝臣魚成為二玄蕃助一、従五位下乙野王為二諸陵頭一、従五位上藤原朝臣継彦為二民部大輔一、従五位下大伴宿禰久米主為二少輔一、外従五位下日下部連得足為二主税助一、従四位下藤原朝臣仲成為二兵部大輔一、従五位上藤原朝臣道雄為二刑部大輔一、上総守如レ故、従五位下淡海朝臣貞直為二少輔一、従四位上藤原朝臣園人為二宮内卿一、相摸守如レ故、従五位上石川朝臣吉備人為二大輔一、従五位下和朝臣男成為二主殿頭一、外従五位下出雲連広貞為二典薬助一、美作権掾如レ故、従五位下百済王元勝為二鍛冶正一、従五位上下毛野朝臣年継為二官奴正一、従五位下藤原朝臣千引為二弾正弼一、従三位藤原朝臣葛野麻呂為二春宮大夫一、従五位下大伴宿禰人益為二伊豆守一、従五位下安倍朝臣鷹野為二下総介一、従五位下葛井宿禰豊継為二安芸介一、従五位下小野朝臣真野為二紀伊介一、従五位下安倍朝臣兄雄為二中衛少将一、従五位下平群朝臣加世麻呂為二隼人正一、従四位下巨勢朝臣野足為二左衛士督一、下野守如レ故、従五位下紀朝臣真鴨為二権佐一、従五位下紀朝臣八原為二主馬助一、○辛亥、皇太子奉献、以二贈皇后、淳和后也、誕二皇孫一也、○甲寅、従三位行皇太子傅大伴宿禰弟麻呂上表言、臣幸遇二昌運一、見列二貴班㆒、如㆓狗伏㆑砌、于㆑今卅有余年、遂位昇㆓三品㆒、職参㆓八卿㆒、又東宮之傅、忝当㆓此選㆒、続㆓門華族㆒、聖恩難㆑測、顧㆑影捫㆑躬、靦顔亦甚、心謂、策㆑駑引㆑挳、奉㆑国損㆑生、授㆑命輸㆑誠、破㆑家甘㆑死、而今年逮㆓八十㆒、進退不㆑便、自悲㆓老狼㆒、前却失㆑拠、疾侵力衰、素食責重、鐘鳴漏尽、骸骨願㆑帰、連石余輝、顧㆓東天㆒而匿㆑影、就木危魄、仰㆓北闕㆒而奉㆑辞、謹詣㆓朝堂㆒、陳乞以聞、遣㆓中納言近衛大将従三位藤原朝臣内麻呂㆒就㆑第宣、許㆑之、令㆑奉㆓朝請㆒、○丁巳、先㆑是、尚縫正四位下五百井女王、為㆑令㆓聖躬平善㆒、造㆓写薬師仏像幷法華経㆒、至㆑是功畢、因屈㆓僧廿一人㆒、設㆓斎於前殿㆒、百官供奉、○戊午、従五位下藤原朝臣城主為㆓典薬頭㆒、○庚申、和泉国人陵戸村主黒人賜㆓姓村主㆒」収㆓故従五位下箭集宿禰虫麻呂功田五町㆒、養老六年以㆘刪㆓定律令㆒功㆖所㆑賜也、依㆑無㆓胤子㆒収焉、

○三月戊寅（十四日）　右京の人従八位下物部首縵麻呂《かずらまろ》に高狩忌寸《たかかりのいみき》を賜姓した。

○己卯（十五日）　桓武天皇の病が募り、重態となった。五百枝王を宮中へ召した。

○庚辰（十六日）　五百枝王を本来の位階である従四位上に、氷上《ひがみ》真人川継《かわつぐ》と藤原朝臣清岡《きよおか》を従五位下に復した。

○辛巳（十七日）　天皇が次のように勅した。

延暦四年のこと（同年九月の藤原種継暗殺事件）に連座して配流となった者はすでに

罪を許し帰郷させている。いま朕は思うことがあり、生死を論ぜず、本位に復することにする。大伴宿禰家持《やかもち》を従三位、藤原朝臣小依《おより》を従四位上、大伴宿禰継人《つぐひと》・紀朝臣白麻《しろま》呂《ろ》を正五位上、大伴宿禰真麻呂《ままろ》・大伴宿禰永主《ながぬし》を従五位下、林宿禰稲麻呂《いなまろ》を外従五位下に復せ。

崇道《すどう》天皇（早良親王）のために、諸国の国分寺僧に春秋二仲月《ちゅうげつ》（二月、八月）の七日に『金剛般若経《こんごうはんにゃきょう》』を読ませることにした。

しばらくして桓武天皇が内裏正殿で死去した。行年七十。皇太子は悲しみ泣き叫び、手足を搔《か》きむしり、臥《ふ》し転《まろ》び、立つことができなくなった。参議従三位近衛中将坂上大宿禰田村麻呂と春宮大夫《とうぐうのだいぶ》従三位藤原朝臣葛野麻呂《かどのまろ》が皇太子をしっかりと支え、内裏正殿の母屋《おもや》から東廂《ひがしびさし》へ移った。次いで、皇位を象徴する天子神璽《しんじ》と、宝剣を入れた櫃《ひつ》を東宮（皇太子の宮殿）へ奉呈した。これには近衛将監従五位下紀朝臣縄麻呂《ただまろ》と従五位下多朝臣入鹿《いるか》がつき従った。

使人を伊勢・美濃・越前三国の故関（鈴鹿《すずか》・不破《ふわ》・愛発関《あらちのせき》）へ派遣し、警固させた。

本日、皇太子の宮の正殿に血が流れた。

○壬午 十八日　中納言従三位藤原朝臣内麻呂が参議正四位下藤原朝臣縄主《ただぬし》・従四位下藤原朝臣緒《お》嗣《つぐ》・従四位下秋篠朝臣安人《やすひと》・散位《さんに》従四位上五百枝王らを率いて、桓武天皇の死体を柩《ひつぎ》に納めた。正三位藤原朝臣雄友《おとも》・従三位藤原朝臣内麻呂・藤原朝臣葛野麻呂・従四位上五百枝

王・正四位下藤原朝臣縄主・従四位上藤原朝臣園人《そのひと》・正五位下御長《みなが》真人広岳《ひろおか》・従五位上藤原朝臣継彦《つぐひこ》・石川朝臣河主《かわぬし》・従五位下池田朝臣春野《はるの》・藤原朝臣永貞《ながさだ》・紀朝臣咋麻呂《くいまろ》・息長《おきなが》真人家成《いえなり》および六位以下七人を御装束司《みしょうぞくし》（葬儀の衣服・調度・設営などに当たる臨時の官司）に任じ、従三位藤原朝臣乙叡《たかとし》・紀朝臣勝長《かつなが》・従四位下吉備《きび》朝臣泉《いずみ》・従四位下藤原朝臣仲成《なかなり》・文室真人八太麻呂《はたまろ》・正五位下藤原朝臣黒麻呂《くろまろ》・布勢《ふせ》朝臣尾張麻呂《おわりまろ》・従五位上淡海《おうみ》真人福良麻呂《ふくらまろ》・従五位下路真人年継《としつぐ》および六位以下八人を山作司《さんさくし》（山陵の築造に当たる臨時の官司）に任じ、従五位下田口朝臣息継《おきつぐ》・田中朝臣八月麻呂《はつきまろ》および六位以下六人を養役夫《ようえきふ》司《し》（山陵の築造などに当たる労務者への給養に当たる臨時の官司）に任じ、従五位下安倍朝臣益成《ますなり》・外従五位下秦宿禰都伎麻呂《つきまろ》および六位以下三人を作方相司《さくほうそうし》（方相氏を作る臨時の官司）に任じ、正五位上大野《おおの》朝臣真雄《まお》・従五位下百済王教俊《きょうしゅん》および六位以下三人を作《さく》路司《ろし》（山陵へ至る道路を造る臨時の官司）に任じた。左右京・五畿内《ごきない》・近江・丹波等の国の人夫五千人を動員することにした。

従三位藤原朝臣葛野麻呂と従四位上藤原朝臣園人を権《かり》に参議に任命した。

○癸未 十九日 山城国葛野郡の宇太野《うだの》（京都市右京区宇多野のあたり）を桓武天皇の山陵築造地とした。

本日、皇太子安殿《あて》親王が喪服を着した。喪服には遠江《とおとうみ》の貲布《さよみのぬの》（粗く織った麻布）を使用し、頭巾《ずきん》には黒い厚絹を用いた。百官が初めて素服（白布で作った喪服）を着用した。

京都盆地の西と北の山に火災が発生した。

○二十日甲申　公卿《くぎょう》以下の官人が「桓武天皇の生年の干支《えと》である丁丑および重日（陽ないし陰が重なる日で忌事を避ける）と復日（その月を支配する五行〈木火土金水〉と日の五行とが一致する日で、忌事を避ける）は、以前からの慣行により挙哀《こあい》を停止したいと思います」と言上したが、安殿親王は許可しなかった。

○二十一日乙酉　本日夜、月蝕があった。

○二十二日丙戌　太陽は赤く陽光が薄くなり、夜、兵庫が鳴動した。本日夜、月蝕があった。

安殿親王が公卿に次のように言った。

急に体調が悪く、ひどい病となり、湯や火に触れているような思いである。いましきりに災異が起こっているが、その原因は私にある。ただし、前代の賢人が徳を尊ぶことにより災異を消去している実例がある。そこで、私も努力するが、内外の官人らは人民を治める良い方策で私の及ばないところを補え。天皇の死後、特別に武装し、警戒に当たっている禁衛の舎人《とねり》らはすべて武装を解除し、諸国の関や津の固守《こしゅ》も解除せよ。

これに対し、公卿らが天皇の死に伴う禁衛の舎人らの特別武装と、関と津への固守は昔からの決まりであり、今回だけのことではないと言うと、皇太子は次のように答えた。

大行天皇（死後諡号《しごう》が贈られるまでの間の呼称。ここは桓武天皇）は優れた徳を広く及ぼし、国内は静かに治まっていたのであるから、人々は心を一つにし、離反することはあり得ない。喪服の上に武装するのは、草地の上に身を横たえてよじり、死んだ帝を悼み、悲哀の情を示すことにならない。また、関や津を封鎖すると人の移動を妨げ、民を煩わして農業を深く損なうことになる。関係する官司に指示して、関や津の封鎖を解け。

○二十三日 丁亥　大行天皇の初七日の仏事を京内および京周辺の諸寺で行った。

本日、太陽は赤く陽光は薄く、大井《おおい》（大堰《おおい》）・比叡《ひえい》・小野《おの》（京都市山科区小野のあたり）・栗栖野《くるすの》等の山地で火災が発生し、煙や灰が充満し、京内は日中でも薄暗くなってしまった。皇太子が桓武天皇の山陵予定地が賀茂《かも》神社に近いので、神が災火を起こしているのではないかと考え、占ってみると、そのとおり神の祟りと出た。皇太子は「はじめ山陵の地を卜《うらな》ったとき、筮竹《ぜいちく》による卜いの結果は可であったが、亀卜《きぼく》のほうは不可と出ていた。このため、災異がしきりに起こっているのである。慎まなければいけない」と言い、みずから除災を祈願したところ、火災はたちどころに消滅した。

○二十四日 戊子　新任の国司に、給与に当たる公廨《くげ》稲《とう》額の四分の一の官稲《かんとう》を無利子で貸し付けることにした。貸与された新任国司が出挙《すいこ》に出し、その利を挙げる以前に離任した場合は、後任が出挙された稲の回収と官庫への返納を行うことにした。

○二十五日 己丑　これより先、皇太子は食膳に関係する役所に指示して、精進のため粥《かゆ》のみを摂《と》り、他の食物の提供を停止させていた。本日、群臣が通常の食膳をとることを要請したところ、それに従うことになった。

○癸巳（二十九日）　大和・伊賀《いが》両国に行宮《かりみや》を造らせることにした。斎内親王《いつきのひめみこ》（布勢《ふせ》内親王。父桓武天皇の死により解かれた）が帰京することになったためである。

○三月戊寅、右京人従八位下物部首緌麻呂賜二姓高狩忌寸一、○己卯、上病大漸弥留、召二五百枝王一、○庚辰、復二五百枝王本位従四位上、氷上真人川継・藤原朝臣清岡従五位下一、○辛巳、勅、縁二延暦四年事一配流之輩、先已放還、今有レ所レ思、不レ論二存亡一、宜レ叙二本位一、復二大伴宿禰家持従三位、藤原朝臣小依従四位上、大伴宿禰継人・紀朝臣白麻呂正五位上、大伴宿禰真麻呂・大伴宿禰永主従五位下、林宿禰稲麻呂外従五位下一、奉三為崇道天皇一、令三諸国国分寺僧春秋二仲月別七日、読二金剛般若経一、有レ頃天皇崩二於正寝一、春秋七十、皇太子哀号、擗踊、迷而不レ起、参議従三位近衛中将坂上大宿禰田村麻呂・春宮大夫従三位藤原朝臣葛野麻呂、固請扶下レ殿而遷二於東廂一、次璽幷剣櫃、奉二東宮一、近衛将監従五位下紀朝臣縄麻呂・従五位下多朝臣入鹿相副従レ之、遣レ使固三守伊勢・美濃・越前三国故関一、是日、有レ血、灑二東宮寝殿上一、○壬午、中納言従三位藤原朝臣内麻呂率二参議正四位下藤原朝臣縄主・従四位下藤原朝臣緒嗣・従四位下秋篠朝臣安人・散位従四位上五百枝王等一奉二御斂一、正三位藤原朝臣雄友・従三位藤原朝臣内麻呂・藤原朝臣葛野麻呂・従四位上五百枝王・正四位下藤原朝臣縄主・従四位上藤原朝臣園人・正五位下御長真人広岳・従五位上藤原朝臣継彦・石川朝臣河主・従五位下池田朝臣春野・藤原朝臣永貞・紀朝臣咋麻呂・息長真人家成・六位以下七人為二御装束司一、従三位藤原朝臣乙叡・紀朝臣勝長・従四位下吉備朝臣泉・従四位下藤原朝臣仲成・文室真人八太麻呂・正五位下藤原朝臣黒麻呂・布勢朝臣尾張麻呂・従五位上淡海真人福良麻呂・従五位下路真人年継・六位以下八人為二山作司一、従五位下田口朝臣息継・田中朝臣八月麻呂・六位以下六人為二養役夫司一、従五位下安倍朝臣益成・外従五位下秦宿禰都伎麻呂・六位以下三人為二作方相司一、正五位上大野朝臣真雄・従五位下百済王教俊・六位以下三人為二作路司一、発二左右京、五畿内・近江・丹波等国夫五千人一」従三位藤原朝臣葛野麻呂・従四位上藤原朝臣園人、並為二権参議一、○癸未、以二山城国葛野郡宇太野一為二山陵地一」是日、上著レ服、服用二遠江貲布一、頭巾用二皂厚繒一、百官初素服、」西北両山有レ火自焚、○甲申、有司言上、生年及重・復日、並依二故事一停二挙哀一、不レ許、○乙酉、是夜、月蝕之、○丙戌、日赤無レ光、兵庫夜鳴、是夜、月蝕之、」上謂二公卿一曰、奄丁二酷疚一、若レ寘二湯火一、今災眚頻見、責深在レ予、但崇レ徳消レ災、著在二前修一、内外群官、勤匡二治道一、以補レ不レ逮、其近仗之甲、尽従二脱却一、其諸国関津、宜レ停二其守一、公卿言、近仗著レ甲、及固二守関津一、往古恒制、不二唯今日一、報曰、大行天皇、聖徳弘茂、海内清平、有二何疑弐一、喪服加レ甲、非レ所下以枕二伏草土一、攀慕、哀号上者也、又固二絶関津一、令二人擁滞一、煩レ民害レ農、無レ深二於此一、宜下二所司一、咸以開通上、○丁亥、行二大行天皇初七斎於京下諸寺一」是日、日赤無レ光、大井・比叡・小野・栗栖野等山共焼、煙灰四満、京中昼昏、上以為、所レ定山陵地、近二賀茂神一、疑是神社致二災火一乎、即決二卜筮一、果有二其祟一、上曰、初卜二山陵一、筮従亀不レ従也、今災異頻来、可レ不レ慎歟、即自禱祈、火災立滅、○戊子、新任国司、准二公廨四分之一一、聴レ貸二官稲一、未レ及二得分一有二遷代一者、於二後任一塡納、○己丑、先レ是、命二所司一、毎レ日進二米粥一、勿レ進二余味一、是日、群臣固請レ進レ膳、従レ之、○癸巳、令三大和・伊賀両国造二行宮一、為二斎内親王帰一レ京也、

○夏四月甲午一日　中納言正三位藤原朝臣雄友《おとも》が、後誄《こうるい》の人として左方《ひだりかた》に中納言従三位藤原朝臣内麻呂・参議従三位坂上大宿禰田村麻呂・侍従従四位下中臣王《なかとみおう》・侍従従四位下大庭王《おおにわ》・参議従四位下藤原朝臣緒嗣、右方《みぎかた》に権中納言従三位藤原朝臣乙叡《たかとし》・参議従三位紀朝臣勝長《かつなが》・散位従四位上五百枝王《いおえ》・参議正四位下藤原朝臣縄主《ただぬし》・従四位下秋篠朝臣安人《やすひと》らを率い、次の誄《しのびごと》を奉《たてまつ》った（宣命体《せんみょうたい》）。

畏《おそ》れ多くも、平安宮《たいらのみや》におられました天皇《すめらみこと》の御名《みな》のことを、恐《かしこ》まって申し上げます。

臣《やつこなにがし》末が畏れ多い日本根子天皇《やまとねこすめらみこと》の、天地《あめつち》とともに長く日月とともに遠くまで伝える

諡《おくりな》と称《たた》え申しまして、日本根子皇統弥照尊《あまつひつぎいやてらすみこと》と称え申し上げますと、恐まって称え申し上げます。臣末。

○庚子 七日 桓武天皇を山城《やましろ》国紀《き》伊郡の柏原山陵《かしわばらさんりょう》へ葬った。天皇は諱《いみな》が山部《やまべ》で、天宗高紹天皇《あめむねたかつがすすめらみこと》（光仁天皇）の長子である。〈『続日本紀』に桓武天皇の伝記を載せていないので、ここに詳しく記す〉母を高野太皇太后《たかののたいこうたいごう》（高野新笠《たかののにいがさ》）と言い、皇位に即く以前、従四位下を授けられ、官は侍従、大学頭を歴任して、宝亀《ほうき》元年に四品を授けられ、同二年に中務卿《なかつかさきょう》に任じ、四年に皇太子となった。光仁天皇は政務に倦《う》み、皇位から離れようとの思いを強くして桓武天皇に譲位した。当時の歌謡に、「宮城に直面している八重の坂を、ただの土だからと言ってあまり踏みつけるな」という歌意のものがあり、識者は桓武天皇の即位の前兆であると解釈した。天皇は生まれつきこの上ない孝の徳目を身につけ、光仁天皇が死亡すると、追悼の礼を行えないほど悲しみで打ちひしがれ、一年後になっても服喪を釈《と》かなかった。天皇は徳が高く、容姿に抜きんでて優《すぐ》れ、華やいだものを好まず、遠方の地まで威厳と徳を及ぼした。即位すると、治政につとめ、国内的には平安京の造営を行い、外に向かっては蝦夷《えみし》を征討した。これらは大きな財務負担となったが、後代はこの恩恵に与った。

○辛丑 八日 桓武天皇の三七日《みなのか》の仏事を山陵（柏原《かしわばら》山陵）で行った。

○乙巳 十二日 従五位下大中臣朝臣真広《まひろ》を神祇大副《じんぎのたいふ》に任じ、従五位下藤原朝臣綱継《つなつぐ》を少納言に任じ、従五位下高村《たかむら》忌寸田使《たづかい》を大外記《だいげき》に任じ、従五位下野倍王《のべおう》を大監物《だいげんもつ》に任じ、外従五位下下道《しもつみち》朝臣継成《つぐなり》を主計《かぞえ》助に任じ、中衛少将《ちゅうえのしょうしょう》従五位下安倍朝臣兄雄《あにお》を兼内膳権正《ないぜんのごんのかみ》に任じ、従五位下石川朝臣魚麻呂《うおまろ》を左京大夫に任じ、従五位下藤原朝臣城主《しろぬし》を下総《しもうさ》介に任じ、右衛士佐《すけ》従五位下田中朝臣八月麻呂を兼越後守に任じ、従五位下藤原朝臣伊勢人《いせひと》を安芸《あき》守に任じた。

○丙午《十三日》　右大臣神王《みわ》らが次のような啓《けい》（三后〔太皇太后・皇太后・皇后〕ないし皇太子へ差し出す文書の書式）を差し出した。

　私たちが思いますに、偉大な天は四季の季節をもたらして農桑《のうそう》の時期を示し、王者は天意を受けて天・地・人からなる三才を統括して生物を育み、勝れた計略により万国を入朝させ、帝位に即いて八方の果てまで面倒をみるものです。こうして帝王の帝業は永く隆盛し、その威光と教えは遠方にまで届くことになります。ところで、大行天皇（桓武天皇）は天・地・人の三才に通じて皇位に即き、帝徳を盛んにし、中国古代伝説上の帝王である軒昊《けんこう》（黄帝軒轅と白帝少昊）の偉業をめざして功績をあげ、中国古代の殷《いん》・周《しゅう》の時代に倣《なら》い政治が栄えましたが、たちまち国土を棄てて死去されました。私たちは桓武天皇の遺品を仰ぎ見て、熱湯烈火を踏みこえるような苦しみの状態にあります。伏して思いますに、皇太子殿下は優れた容姿を受け継いで帝業を継承し、礼の規範を越えて桓武天皇に対するまことの孝を示され、父を慕う気持ちは余人の追いつくものではありません。私たちが従前の冊書を調査して皇太子の例に当たってみますに、どの方も国家の法理に従い、帝位についています。伏して、皇太子殿下が先帝を哀慕する苦痛を抑え、気持ちを公のほうに向け、法に従って皇位に即き、天下を治め、隅々《すみずみ》まで人民が生活できるよう、請願します。思いつめた気持ちのままに、謹んで啓を奉ります。

　本日、従四位下藤原朝臣緒嗣《おつぐ》・秋篠朝臣安人《やすひと》に従四位上、従五位上和気朝臣広世《ひろよ》、石川朝臣河主《かわぬし》に正五位下、従五位下平群《へぐり》朝臣真常《まつね》・池田《いけだ》朝臣春野《はるの》に従五位上を授けた。いずれも桓武天皇に仕え、併せて山陵を監護したことによる。

○丁未十四日　無位和気朝臣嗣子《つぎこ》に従五位下を授けた。嗣子は正五位下和気朝臣広世《ひろよ》の母であり、広世が自分の位階を母に譲ることを申請し、皇太子がその気持ちを憐れみ、嗣子への授位となったのである。

　本日参議従四位上兼行右衛士督但馬守藤原朝臣緒嗣と正五位下行侍従左兵衛佐《さひょうえのすけ》藤原朝臣嗣業《つぐなり》らが、桓武天皇から賜わった別勅《べっちょく》の封戸二百戸を返還したが、皇太子は従五位下中衛権少将《ちゅうえのごんのしょうしょう》兼春宮亮《とうぐうのすけ》藤原朝臣真夏《まなつ》に、先帝が格別に賞して与えたものであるから、朝廷が納めるべきものではない、と伝達させた。

○戊申十五日　桓武天皇の四七日《しなのか》の仏事を佐比《さい》・鳥戸《とりべ》・崇福寺《すうふくじ》で行った。

　本日、右兵庫頭従五位下佐伯王・左衛士佐従五位下百済王教俊らを伊勢国へ派遣して、斎《いつきのひめみこ》内親王を迎えさせることにした。

○己酉《十六日》　使いを伊勢大神宮へ派遣して、奉幣《ほうべい》した。斎内親王が帰京することになったためである。

○辛亥《十八日》　百官が再度啓を奉り、次のように言上した。

従うべき規範では、天子の代が替わるごとに法律・制度を改定し、適宜対処するものであります。謹んで礼を検討しますと、先帝が死亡しますと、葬儀の段階で後嗣が決定し、即位することになっていまして、そのようにすることに疑いはありません。私たちは、今月十三日に啓を捧呈しまして、従来の方式に倣い即位されますことを申し上げましたが、亡帝を哀慕されるばかりで、願いを拒絶されました。伏して思いますに、皇太子殿下の気持ちが勝れ、心から先帝を追慕し、悲しみのあまり皇位に即くべきなのに即かず、命令を令（皇太子ないし三后の命令）と称し、上申を奏と言わず啓《けい》と言っております。これを礼の原則にあてはめますと、違背していると言わざるを得ず、人間社会のあり方として適当ではありません。私たちは愚かながら、穏やかではないと思いますので、伏して、即位されて令を勅に改め施行できますことを要望します。

これに対し皇太子は、「私はまだ皇帝を称する気分になれない。みながしばしば啓を捧呈し、筋から言えば即位を求める要請を拒むことはできないが、追慕の気持ちをふっきることができず、悲しみの思いを増すばかりである」と報答した。

本日、正三位藤原朝臣雄友・従三位藤原朝臣内麻呂を大納言に任じ、従三位藤原朝臣乙

叡・坂上大宿禰田村麻呂・紀朝臣勝長を中納言に任じ、従三位藤原朝臣葛野麻呂・従四位上藤原朝臣園人《そのひと》を参議に任じ、文章博士《もんじようはかせ》従五位下賀陽《かや》朝臣豊年《とよとし》を兼陰陽頭に任じ、従三位藤原朝臣葛野麻呂《かどのまろ》を式部卿《しきぶきよう》に任じ、正五位上三諸朝臣綿麻呂《わたまろ》を播磨守《はりまのかみ》に任じ、従五位下多《おおの》朝臣入鹿《いるか》・従五位下藤原朝臣真雄《まかつ》を近衛少将に任じ、従五位下安倍朝臣鷹野《たかの》を衛門権佐《えもんのごんのすけ》に任じ、右大弁従四位上秋篠朝臣安人《やすひと》を兼左衛士督《さえじのかみ》に任じ、従五位下紀朝臣百《もも》継《つぐ》を右衛士権佐《うえじのごんのすけ》に任じ、越後介《えちごのすけ》は故《もと》のままとし、従四位下巨勢朝臣野足《のたり》を左兵衛督に任じ、下野守は故のままとし、従五位下紀朝臣縄麻呂《ただまろ》を左兵衛佐に任じ、従四位下藤原朝臣仲成《なかなり》を右兵衛督に任じ、兵部大輔は故のままとし、従五位下藤原朝臣山人《やまひと》を主馬権助《しゆめのごんのすけ》に任じた。

○甲寅《二十一日》 従五位下安倍朝臣鷹野を少納言に任じ、衛門権佐は故《もと》のままとし、従三位藤原朝臣乙叡《たかとし》を兵部卿に任じ、中納言は故のままとし、近衛少将従五位下多朝臣入鹿《いるか》を兼武蔵権介《むさしのごんのすけ》に任じ、中納言従三位坂上大宿禰田村麻呂を兼中衛大将に任じた。

○乙卯《二十二日》 桓武天皇の五七日《いつなのか》の仏事を大安《だいあん》・秋篠《あきしの》などの寺で行った。

○丙辰《二十三日》 少僧都大法師《しようそうずだいほつし》勝虞《しようぐ》・大法師玄賓《げんぴん》を大僧都《だいそうず》に任じ、律師《りつし》大法師如宝《によほう》・大法師泰信《たいしん》を少僧都に任じ、大法師永忠《ようちゆう》を律師に任じた。正六位上錦部足人《にしごりのたるひと》に外従五位下を授けた。

○丁巳《二十四日》 摂津《せつつ》国住吉郡《すみのえ》の住吉大神《すみのえのおおかみ》に従一位を授けた。遣唐使のことで祈願したことによる。

侍医外従五位下出雲連《いずものむらじ》広貞を兼但馬権掾《たじまのごんのじよう》に任じ、外従五位下若江造《わくえのみやつこ》家継《いえつぐ》を典薬允《てんやくのじよう》に任じた。

本日、右大臣従二位神王《みわ》が死去した。詔《みことの》りして正二位を贈った。大臣は田原天皇（施基皇子）の孫で、榎井《えのい》親王の子である。天平神護《てんぴょうじんご》三年（神護景雲元年）に従五位下を授けられ、光仁《こうにん》天皇が即位すると従四位下を授けられ（宝亀元年）、美弩摩《みぬま》内親王を妻とし、左大舎人頭《ひだりのおおどねりのかみ》に任じられ、延暦のはじめに正四位下を授けられ、弾正尹《だんじょうのいん》に任じられ、延暦十二年に従三位となり、中納言に任官して、同十五年に大納言に遷《うつ》り、ついで右大臣となった。生まれつき慎み深く、飾ることがなく、物に執着せずさっぱりしていた。高位高官となったが、よく終わりを全うすることができた。行年七十。

○二十二日乙未　大和国葛上郡《かつらぎのかみ》の正四位上高天彦神《たかまひこのかみ》を四時《しじ》（二月祈年祭・六月・十二月月次《つきなみ》・十一月新嘗祭《にいなめさい》）の幣帛《へいはく》を頒《わか》つ神社とした。これは吉野皇大后《よしののこうたいごう》（井上内親王）の請願による。

○二十九日壬戌　桓武天皇の六七日《むなのか》の仏事を崇福寺《すうふくじ》で行った。

○夏四月甲午朔、中納言正三位藤原朝臣雄友、率二後誄人左方中納言従三位藤原朝臣内麻呂・参議従三位坂上大宿禰田村麻呂・侍従従四位下中臣王・侍従従四位下大庭王・参議従四位下藤原朝臣緒嗣、右方権中納言従三位藤原朝臣乙叡・参議従三位紀朝臣勝長・散位従四位上五百枝王・参議正四位下藤原朝臣縄主・従四位下秋篠朝臣安人等一、奉レ誄曰、畏哉、平安宮尓御坐志天皇乃、天都日嗣乃御名事袁、恐牟恐母誄白、臣未、畏哉日本根子天皇乃天地乃共長久、日月乃共遠久、所白将去御謚止、称白久、日本根子皇統弥照尊止称白久止、恐牟恐母誄白、臣未、○庚子、葬二於山城国紀伊郡柏原山陵一、天皇、諱山部、天宗高紹天皇之長子也、前史闕而不レ載、故具二於此一也、母曰二高野太皇太后一、竜潜之日、授二従四位下一、歴二官侍従、大学頭一、宝亀元年授二四品一、二年拝二中務卿一、四年為二皇太子一、天宗天皇、心倦二万機一、慮深二釈重一、遂譲二位于天皇一、初有二童謡一曰、於保美野邇、多太仁武賀倍流、野倍能佐賀、伊太久那布美蘇、都知仁波阿利登毛、有識者以為、天皇登祚之徴也、天皇性至孝、及二天宗天皇崩一、殆不レ勝レ喪、雖レ踰二歳時一、不二肯釈一レ服、天皇徳度高峙、天姿嶷然、不レ好二文華一、遠照二威徳一、自レ登二宸極一、励二心政治一、内事二興作一、外攘二夷狄一、雖二当年費一、後世頼焉、○辛丑、行二三七斎於山陵一、○乙巳、従五位下大中臣朝臣真広為二神祇大副一、従五位下藤原朝臣綱継為二少納言一、従五位下高村忌寸田使為二大外記一、従五位下野倍王為二大監物一、外従五位下下道朝臣継成為二主計助一、中衛少将従五位下安倍朝臣兄雄為二兼内膳権正一、従五位下石川朝臣魚麻呂為二左京大夫一、従五位下藤原朝臣城主為二下総介一、右衛士佐従五位下田中朝臣八月麻呂為二兼越後守一、従五位下藤原朝臣伊勢人為二安芸守一、○丙午、右大臣神王等上啓曰、惟天為レ大、運二四序一、以授レ時、惟辟奉レ天、括二三才一而育レ物、故能拠二竜図一而朝二万国一、握二鳳紀一而撫二八荒一、鼎業於レ是永隆、風声所以自遠、大行天皇、膺二通三之嘉命一、乗二得一之昌期一、籠二軒昊一而功成、躡二殷周一而治定、奄棄二率土一、遄及二登仙一、徒仰二弓剣一、痛踰二湯火一、伏惟皇太子殿下、稟二惟叡之神姿一、承二元嗣之洪緒一、誠孝過レ礼、哀慕靡レ追、神等遐観二往冊一、緬歴二前脩一、莫レ不下俯就二弘規一、式纂中洪業上、伏乞殿下、可下割二荼毒一而存二至公一、率二典章一而昇二宝位一、裁二成四海一、字中済万方上、無レ任二懇性之至一、謹奉レ啓以聞、」是日、従四位下藤原朝臣緒嗣・秋篠朝臣安人授二従四位上一、従五位上和気朝臣広世・石川朝臣河主正五位下、従五位下平群朝臣真常・池田朝臣春野従五位上、並以下奉二侍先帝一、兼監中護山陵上也、○丁未、無位和気朝臣嗣子授二従五位下一、正五位下和気朝臣広世之母也、広世請二以レ位譲レ母、上愍二其志一、故有二此授一」是日、参議従四位上兼行右衛士督但馬守藤原朝臣緒嗣・正五位下行侍従左兵衛佐藤原朝臣嗣業等、返二上先帝所レ賜別勅封二百戸一、即令二従五位下中衛権少将兼春宮亮藤原朝臣真夏勅一曰、先帝特所二賞封一也、不レ可二更納一之、○戊申、行二四七斎於佐比・鳥戸・崇福寺一」是日、遣二右兵庫頭従五位下佐伯王・左衛士佐従五位下百済王教俊等一、迎二斎内親王於伊勢国一、○己酉、遣レ使奉二幣於伊勢大神宮一、以二斎内親王帰一レ京也、○辛亥、百官重復上啓曰、夫令者、随レ代垂レ制、臨レ時定レ議、依レ事改張、備二於権宜一、謹案二礼家一、先君崩、嗣子位定二於初喪一、即位既明、無レ疑二遵行一、臣等今月十三日奉レ啓、率二迪旧章一、欲レ申二礼典一、荼毒之始、不レ許レ所レ請、伏惟殿下、叡情天縦、孝心自然、哀痛、攀慕、抑レ礼不レ従、綸旨尚称レ令、敷奏毎曰レ啓、稽二之礼家一、当レ為二違失一、求二於人事一、亦有レ不レ慥、臣等愚情、窃懐レ不レ穏、伏望改レ令称レ勅、使レ易二施行一、報曰、余小子、未レ忍二即称二帝号一、然卿等数有二上啓一、義在レ難レ違、不レ果レ窮レ心、唯増二摧感一」是日、正三位藤原朝臣雄友・従三位藤原朝臣内麻呂為二大納言一、従三位藤原朝臣乙叡・坂上大宿禰田村麻呂・紀朝臣勝長為二中納言一、従三位藤原朝臣葛野麻呂・従四位上藤原朝臣園人為二参議一、文章博士従五位下賀陽朝臣豊年為二兼陰陽頭一、従三位藤原朝臣葛野麻呂為二式部卿一、正五位上三諸朝臣綿麻呂為二播磨守一、従五位下多朝臣入鹿・従五位下藤原朝臣真雄為二近衛少将一、従五位下安倍朝臣鷹野為二衛門権佐一、右大弁従四位上秋篠朝臣安人為二兼左衛士督一、従五位下紀朝臣百継為二右衛士権佐一、越後介如レ故、従四位下巨勢朝臣野足為二左兵衛督一、下野守如レ故、従五位下紀朝臣縄麻呂為レ佐、従四位下藤原朝臣仲成為二右兵衛督一、兵部大輔如レ故、従五位下藤原朝臣山人為二主馬権助一、○甲寅、従五位下安倍朝臣鷹野為二少納言一、衛門権佐如レ故、従三位藤原朝臣乙叡為二兵部卿一、中納言如レ故、近衛少将従五位下多朝臣入鹿為二兼武蔵権介一、中納言従三位坂上大宿禰田村麻呂為二兼中衛大将一、○乙卯、行二五七斎於大安・秋篠等寺一、○丙辰、少僧都大法師勝虞・大法師玄賓為二大僧都一、律師大法師如宝・大法師泰信為二少僧都一、大法師永忠為二律師一、正六位上錦部足人授二外従五位下一、○丁巳、摂津国住吉郡住吉大神奉レ授二従一位一、以二遣唐使祈一也、」侍医外従五位下出雲連広貞為二兼但馬権掾一、外従五位下若江造家継為二典薬允一」是日、右大臣従二位神王薨、詔贈㆓正二位㆒、大臣者、田原天皇之孫、榎井親王之子也、天平神護三年授㆓従五位下㆒、及㆓天宗高紹天皇登極㆒、授㆓従四位下㆒、尚㆓美努摩内親王㆒、為㆓左大舎人頭㆒、延暦初授㆓正四位下㆒、除㆓弾正尹㆒、十二年授㆓従三位㆒、拝㆓中納言㆒、十五年転㆓大納言㆒、拝㆓右大臣㆒、性恭謹少㆑文、接㆑物淡若、雖㆑居㆓顕貴㆒、克有㆑終焉、時年七十、
○己未、大和国葛上郡正四位上高天彦神預㆓四時幣帛㆒、縁㆓吉野皇大后願㆒也、○壬戌、行㆓六七斎於崇福寺㆒、

○五月甲子《一日》　諱《いみな》〈淳和天皇《じゅんなてんのう》〉が次のように上表した。

私は「昔も今も高く聳立《しょうりつ》するものは欠けたところがないことにより、天地自然の理から見て忌《い》むべきであり、遜《へりくだ》るものは、その謙虚さの故《ゆえ》に神の助けを賜わることができる。これは賢人の教えである」と聞いています。私は皇統に連なっていますが、常に一歩退き恐れ慄《おのの》く気持ちを抱いてきました。いま陛下（平城《へいぜい》天皇）は天皇としての優《すぐ》れた徳を受け嗣《つ》ぎ、帝業を盛んにし、あらゆるものが日ごとに新たとなり、千年もの長寿がさらに長くなり、全国土が恩恵に浴しています。陛下の臣下で幸甚の思いをもたない者はいないでしょう。ただ私には長らく抱いてきた謙譲の気持ちがあり、本日がそれを実現する適当な日に思われます。伏して、陛下が身分をわきまえた私の言い分を容《い》れて、親王の号を捨てることを認め、愚かながら陛下に尽くしたいという私の志を憐れん

で、臣籍への降下を許されることを請願します。私が陛下に仕えますのは明らかであり、伏して、心中の真心を述べ、うわべを飾ってのことでなく、心からの思いに迫られ、謹んで表を捧呈します。

平城天皇は勅により、上表を許可しなかった。

本日、正五位下和気《わけ》朝臣広世《ひろよ》を左中弁に任じ、大学頭・美作守は故《もと》のままとし、従四位下吉備朝臣泉《いずみ》を式部大輔に任じ、正五位上三諸《みもろ》朝臣綿麻呂《わたまろ》を侍従に任じ、播磨守は故のままとし、正五位上藤原朝臣継業《つぐなり》を兵部大輔に任じ、従五位上百済王聡哲《そうてつ》を越後守に任じ、従五位下安倍朝臣小笠《おがさ》を越後介に任じた。

○丁卯《四日》　天皇が次のように勅した。

天応《てんおう》元年の詔《みことの》りにより従四位上五百枝王を二世王とした（『続日本紀』天応元年二月丙午条詔）が、延暦四年に罪を犯し官職を剝奪された（藤原種継暗殺事件に連座）。今般、天応元年詔りにより、五百枝王を二世王とせよ。

○戊辰《五日》　尚殿《とのもりのかみ》従四位下和朝臣家吉《いえよし》が死去した。

○己巳《六日》　桓武天皇の七七《しちしち》の仏事を内裏の正殿で行った。

本日、天皇が次のように勅した。

いま聞くところによれば、「年来、穀物が稔らず、人民は食料不足となっている。官官の公稲《こうとう》を貸し付けているが、それでも飢えている者が多い。このため民間の私稲《しとう》を借り、返済する段になると元本の二倍もの利息を払うはめになり、富強の者は食料に余裕があるものの、貧しい者は糟《かす》や糠《ぬか》を食べざるを得ない状況である」という。対策として正税《しょうぜい》を無利子で貸与し、窮乏状態を救済せよ。使人を派遣し貧者を登録して保《ほ》（五戸を単位とする連帯責任組織）に編成し、稲を借りながら逃亡した場合は、保に返済させよ。貸与に当たる国司が自分の恣意《しい》で弱者を退け強者に貸し付けたり、貸し付ける稲を百姓の滞納分に充てることや、国司が個人としてもっている債権の回収に充てることを行ったときは、発覚段階で重罪を科せ。人民の生活が多少安定した段階で、無利子の貸し付けを停止せよ。

○庚午（七日）　大極殿と東宮（皇太子の殿舎）で『大般若経』を読んだ。

本日、群臣が次の上表を行った。

　私たちは古くからのあり方に従い、天皇として即位し、政務をみることを求めてきましたが、陛下はお聞き届けになっていません。陛下はまことに優れておられますが、実情を考慮しますに、政務処理に不都合があり、心中に不安な思いがいたします。限りない皇帝の恩徳が行われれば凡庸《ぼんよう》な人間でも節に従い、徳化が人民に及べば社会の秩序を破るようなことはありません。おおいなる天下の政務事項は次々に出来し、陛下により処理されるべき政務事項は一日であっても放置できません。そこで伏して、陛下が上は国家の重大なことを思い、下は人民の願いに従い、天皇として、治政に当たることを請願します。それによりすべての人の心が睦《むつ》み和《やわ》らぎ、国家は穏やかで天下はこの上ない幸福となりましょう。私たちはよい日柄を選んで、即位の日を示されますことを願い、現状を憂《うれ》える気持ちを抑えられず、謹んで参内して申し上げます。

これに対し、次のように答えた。

最近の公卿《くぎょう》らの上表による請願を見ると、国家や皇位の重要性を述べている。私は亡帝への哀慕《あいぼ》の気持ちを少しも忘れることができないが、公卿らは再三にわたり服喪《ふくも》を釈《と》くことを求めてきた。そこで、私は要請に従おうと思う。左右京と天下の諸国は派遣される大祓使《おおはらえのつかい》の到着を待って祓清《ふっせい》し、その後服喪を止めることにする。ただし、これにより宴会や音楽を行ったり美服を着用してはならない。

○壬申 九日 三品伊予《さんぼんいよ》親王を中務卿《なかつかさきょう》兼大宰帥《だざいのそち》に任じ、三品諱〈淳和天皇〉を治部卿に任じ、四品葛原《かずらはら》親王を大蔵《おおくら》卿に任じ、三品諱〈嵯峨《さが》天皇〉を弾正尹に任じ、左京大夫従四位下藤原朝臣大継を兼典薬頭《てんやくのかみ》に任じ、従五位下大中臣朝臣諸人《もろひと》を伊勢介に任じた。

○癸酉 十日 散位《さんに》従四位下粟田朝臣鷹守《たかもり》が死去した。

○丁丑 十四日 天皇が次のように勅した。

備後《びんご》・安芸《あき》・周防《すおう》・長門《ながと》等の諸国の駅館《えきかん》は海外からの使節の利用に備えて、屋根を瓦で葺《ふ》き、白壁《しらかべ》仕立てにしているが、このところ百姓が疲弊して、修理することができなくなっている。他方、使節が朝廷へ向かうに当たっては駅館を利用せず、海路をとることがある。そこで、駅館の破損箇処は農閑期に修理せよ。ただし、長門《ながと》国の駅館は海岸にあり、海路をとる使節の目に触れるので、特別に手当てをして、従前の規模を維持せよ。新造する場合は規格の下付を待って造れ。

○己卯〔十六日〕　従四位上五百枝王が次のように上表した。

私は才能がありませんが、畏れ多くも皇親《こうしん》の末席となり、天皇の愛寵を得ました。授けられた位は才能によるものではありません。私の光栄は身の程を過ぎ、国家に仕えて功績《こうせき》がなく、心中に喜びと恐れが入り交じり、気持ちが落ち着きません。私は先に事件（藤原種継暗殺事件）に巻きこまれ、伊予国に流され（延暦四年九月）、運命の激変を悲しみながら、長らく辺境で零落した生活を送りましたが、いまありがたい免《ゆるし》を得て、再び陛下に謁見《えっけん》することができました。何度も死んだ思いをして生き延び、十分満足しているうえ、配流以前の位階（従四位上）に復し、高官として華やぎ、喜びの気持ちは常の百倍にもなっています。ただし、思いますに、陛下に対し切実な忠貞の気持ちがありますが、それで十分ではありません。ここで私がみずからを新たにしなければ、一族の不名誉になりましょう。私が従前の慣行を調べますと、諸王の臣籍降下は申請により認められています。そこで、伏して、皇親を脱して臣籍となり、春原朝臣《はるはらのあそん》の賜姓を要望します。そして、伏して、長く恩沢《おんたく》に浴し、一門がいつまでも安泰で栄える計略を立て、一族が万代まで繁栄できるようになりますことを望みます。心からの思いのままに謹んで参内し、表を捧呈いたします。

天皇は勅して許可した。

本日、諸国の種々の贄《にえ》のうち腹赤魚《はらかのうお》（ニベあるいはマスか）と木蓮子《いたび》（ムクロジ）の貢進を停止した。民の負担を軽減するためである。

日本後紀　巻第十三

○五月甲子朔、諱、淳和、上表曰、臣聞、崇高者、天理忌二其満盈一、卑下者、神道祐二其謙虚一、古今之攸レ同、聖哲之遺訓、臣諱疏二潤天津一、分二景扶木一、毎以二沖退一為レ心、悚懼為レ念、今陛下竜徳嗣興、鴻基紹構、万物改レ旦、千齢配レ長、普天率土、沐二浴恩波一、凡厥臣子、孰不二幸甚一、唯臣之私情、宿懐降挹、事随レ宜制、当レ在二今辰一、伏願陛下、納二臣撝レ分之言一、許レ捨二親王之号一、矜二臣竭レ愚之志一、垂レ同二諸臣之姓一、事レ君之道、無二敢所レ隠、伏瀝二中誠一、実非二外飾一、無レ任二懇款之至一、謹奉レ表以聞、有レ勅、不レ許、」是日、正五位下和気朝臣広世為二左中弁一、大学頭・美作守如レ故、従四位下吉備朝臣泉為二式部大輔一、正五位上三諸朝臣綿麻呂為二侍従一、播磨守如レ故、正五位上藤原朝臣継業為二兵部大輔一、従五位上百済王聡哲為二越後守一、従五位下安倍朝臣小笠為レ介、○丁卯、勅、天応元年有レ詔、従四位上五百枝為二二世王一、而延暦四年有レ罪降貶、宜下依二先詔一為中二世王上、○戊辰、尚殿従四位下和朝臣家吉卒、○己巳、行二七七御斎於寝殿一、是日、勅、今聞、頻年不レ登、民食惟乏、雖レ出二挙公稲一、而猶多二阻飢一、因レ玆私託二民間一、更事二乞貸一、報償之時、息利兼倍、遂使二富強之輩、膏粱有レ余、貧弊之家、糟糠不レ厭、宜下貸二正税一、済中彼絶乏上、須下差レ使実二録貧人一、結レ保給上レ之、若有二亡者一、令二保内塡一、其情渉二愛憎一、退レ弱進レ強、及補二塡未納一、兼収二私債一者、発覚之日、必処二重科一、待二民稍給一、乃従二停止一、○庚午、奉二読大般若経於大極殿并東宮一、是日、群臣上表曰、臣等近稽二之旧章一、請以レ昇二朝位一、陛下不レ垂二省納一、未レ允二翹誠一、在二於聖躬一、実雖レ尽レ美、議二諸凡厥一、窃恐レ未レ安、豈有下徳被無レ方者、殉二疋夫之小節一、化覃二有截一者、略中皇王之宏規上哉、天下至大、庶政至殷、一日万機、不レ可二蹔曠一、伏願陛下、上念二社稷之重一、下従二黎元之望一、負レ扆臨レ朝、凝レ旒布レ政、則小大之心允睦、遠近之情克諧、国家惟寧、天下幸甚、臣等請択二良辰一、班二示有司一、不レ勝二憂惶之至一、謹詣レ闕以聞、勅、近省二公卿等表請一、以二宗社事重一、哀慟之情、不レ能二弭忘一、而再三敦逼、因依二来請一、其左右京并天下諸国、待二大祓使到一祓清、然後釈レ服、不レ得三因レ此飲宴作レ楽并著二美服一、○壬申、三品伊予親王為二中務卿兼大宰帥一、三品諱《淳和》、為二治部卿一、四品葛原親王為二大蔵卿一、三品諱《嵯峨》、為二弾正尹一、左京大夫従四位下藤原朝臣大継為二兼典薬頭一、従五位下大中臣朝臣諸人為二伊勢介一、○癸酉、散位従四位下粟田朝臣鷹守卒、○丁丑、勅、備後・安芸・周防・長門等国駅館、本備二蕃客一、瓦葺粉壁、頃年百姓疲弊、修造難レ堪、或蕃客入朝者、便従二海路一、其破損者、農閑修理、但長門国駅者、近臨二海辺一、為二人所一レ見、宜二特加レ労、勿レ減二前制一、其新造者、待二定様一造之、○己卯、従四位上五百枝王上表曰、臣稟二散樗之微質一、忝二天潢之末流一、世依二寵昇一、位非二才授一、叨レ栄過レ分、奉レ国無レ効、喜懼交并、□魂飛越、臣五百枝往年運値二長険一、忽放二海南一、自悲二革命一、永淪二辺壌一、而今猥蒙二恩宥一、重謁二宸厳一、万死百生、臣幸已足、況復列二昔日之周行一、飛二故年之華蓋一、抃躍之至、倍二百恒情一、但慮葵藿之誠徒切、止足之道未レ申、若不二自新一、恐黷二戚族一、臣誠検二旧章一、諸王自願二改為二臣姓一、依レ請聴之、伏望改二此皇親一、就二彼臣氏一、被レ賜二春原朝臣姓一、伏冀長沐二霈沢一、保二終吉於一門一、遠貽二孫謀一、栄二宗枝於万葉一、無レ任二懇情之至一、謹詣二闕庭一、奉レ表以聞、勅許レ之、」是日、停二諸国雑贄腹赤魚・木蓮子等一、以レ息二民肩一也、

日本後紀　巻第十三

森田　悌（もりた　てい）

1941年埼玉県生まれ。東京大学文学部国史学科，同法学部公法課程卒業。専攻は日本古代史。文学博士。金沢大学教授を経て，群馬大学教授。著書に『王朝政治』（講談社学術文庫）『平安時代政治史研究』『研究史王朝国家』『日本古代律令法史の研究』『日本古代の政治と宗教』『長屋王の謎』他。

講談社学術文庫

定価はカバーに表示してあります。

日本後紀《にほんこうき》（上）

森田《もりた》　悌《てい》

2006年10月10日　第1刷発行
2023年6月27日　第11刷発行

発行者　鈴木章一
発行所　株式会社講談社
東京都文京区音羽2-12-21 〒112-8001
電話　編集（03）5395-3512
販売（03）5395-4415
業務（03）5395-3615

装　幀　蟹江征治
印　刷　株式会社広済堂ネクスト
製　本　株式会社国宝社

ISBN4-06-159787-6

「講談社学術文庫」の刊行に当たって

これは、学術をポケットに入れることをモットーとして生まれた文庫である。学術は少年の心を養い、成年の心を満たす。その学術がポケットにはいる形で、万人のものになることは、生涯教育をうたう現代の理想である。

こうした考え方は、学術を巨大な城のように見る世間の常識に反するかもしれない。また、一部の人たちからは、学術の権威をおとすものと非難されるかもしれない。しかし、それはいずれも学術の新しい在り方を解しないものといわざるをえない。

学術は、まず魔術への挑戦から始まった。やがて、いわゆる常識をつぎつぎに改めていった。学術の権威は、幾百年、幾千年にわたる、苦しい戦いの成果である。こうしてきずきあげられた城が、一見して近づきがたいものにうつるのは、そのためである。しかし、学術の権威を、その形の上だけで判断してはならない。その生成のあとをかえりみれば、その根は常に人々の生活の中にあった。学術が大きな力たりうるのはそのためであって、生活をはなれた学術は、どこにもない。

開かれた社会といわれる現代にとって、これはまったく自明である。生活と学術との間に、もし距離があるとすれば、何をおいてもこれを埋めねばならない。もしこの距離が形の上の迷信からきているとすれば、その迷信をうち破らねばならぬ。

学術文庫は、内外の迷信を打破し、学術のために新しい天地をひらく意図をもって生まれた。文庫という小さい形と、学術という壮大な城とが、完全に両立するためには、なおいくらかの時を必要とするであろう。しかし、学術をポケットにした社会が、人間の生活にとってより豊かな社会であることは、たしかである。そうした社会の実現のために、文庫の世界に新しいジャンルを加えることができれば幸いである。

一九七六年六月

野間省一

日本の古典

古事記（上）（中）（下）
次田真幸全訳注

本書の原典は、奈良時代初めに史書として成立した日本最古の古典である。これに現代語訳・解説等をつけ、素朴で明るい古代人の姿を平易に説き明かし、神話・伝説・文学・歴史への道案内をする。（全三巻）

207〜209

竹取物語
上坂《うえさか》信男全訳注

日本の物語文学の始祖として古来万人から深く愛された「かぐや姫」の物語。五人の貴公子の妻争いは風刺を盛った民俗調が豊かで、後世の説話・童話にも発展する。永遠に愛される素朴な小品である。

269

言志四録《げんししろく》（一）〜（四）
佐藤一斎著／川上正光全訳注

江戸時代後期の林家の儒者、佐藤一斎の語録集。変革期における人間の生き方に関する問題意識で貫かれた本書は、今日なお、精神修養の糧として、また処世の心得として得難き書と言えよう。（全四巻）

274〜277

和漢朗詠集《わかんろうえいしゅう》
川口久雄全訳注

王朝貴族の間に広く愛唱された、白楽天・菅原道真の詩、紀貫之の和歌など、珠玉の歌謡集。詩歌管絃に秀でた藤原公任の感覚で選びぬかれた佳句秀歌は、自然の美をあまねく歌い、男女の愛怨の情をつづる。

325

日本霊異記《りょういき》（上）（中）（下）
中田祝夫《のりお》全訳注

日本霊異記は、南都薬師寺僧景戒の著で、日本最初の仏教説話集。雄略天皇（五世紀）から奈良末期までの説話百二十篇ほどを収めて延暦六年（七八七）に成立。奇怪譚・霊異譚に満ちている。（全三巻）

335〜337

伊勢物語（上）（下）
阿部俊子全訳注

平安朝女流文学の花開く以前、貴公子が誇り高く、颯爽と行動してひたむきな愛の遍歴をした。その人間悲哀の相を、華麗な歌の調べと絢い合わせ纏め上げた珠玉の歌物語のたまゆらの命を読み取ってほしい。

414・415

古典訳注

とはずがたり（上）（下）
次田香澄全訳注

後深草院の異常な寵愛をうけた作者は十四歳にして男女の道を体験。以来複数の男性との愛欲遍歴を中心に、宮廷内男女の異様な関係を生々しく綴る個性的な手記。鎌倉時代の宮廷内の愛欲を描いた異彩な古典。

795・796

日本書紀（上）（下）全現代語訳
宇治谷《うじたに》 孟《つとむ》訳

厖大な量と難解さの故に、これまで全訳が見送られてきた日本書紀。二十年の歳月を傾けた訳者の努力により全現代語訳が文庫版で登場。歴史への興味を倍加させる、現代文で読む古代史ファン待望の力作。

833・834

続日本紀《しょくにほんぎ》（上）（中）（下）全現代語訳
宇治谷 孟訳

日本書紀に次ぐ勅撰史書の待望の全現代語訳。上巻は全四十巻のうち文武元年から天平十四年までの十四巻を収録。中巻は聖武・孝謙・淳仁天皇の時代を、巻三十からの下巻は称徳・光仁・桓武天皇の時代を収録した。

1030〜1032

今物語
三木紀人全訳注

埋もれた中世説話物語の傑作。全訳注を付す。和歌・連歌を話の主軸に据え、簡潔な和文で綴る。風流譚・遁世譚・恋愛譚・滑稽譚など豊かで魅力的な逸話を五十三編収載し、鳥羽院政期以降の貴族社会を活写する。

1348

出雲国風土記
荻原千鶴全訳注

現存する風土記のうち、唯一の完本。全訳注。古代出雲の土地の状況や人々の生活の様子はもとより、出雲の神の国引きや支佐加比売命の暗黒の岩窟での出産などの神話も詳細に語られる。興趣あふれる貴重な書。

1382

枕草子（上）（中）（下）
上坂信男・神作光一全訳注

「春は曙」に始まる名作古典『枕草子』。自然と人生に対する鋭い観察眼、そして愛着と批判。筆者・清少納言の独自の感性と文才とが結実した王朝文学を代表する名随筆に、詳細な語釈と丁寧な余説、現代語を施す。

1402〜1404